二十五史藝文經籍志考補萃編續刊 第十三卷

新補金史藝文志

王承略 劉心明 主編

楊家駱 撰
李兵 整理

清華大學出版社 北京

版權所有，侵權必究。舉報：010-62782989，beiqinquan@tup.tsinghua.edu.cn。

圖書在版編目(CIP)數據

二十五史藝文經籍志考補萃編續刊. 第十三卷/王承略，劉心明主編. —北京：清華大學出版社，2021.1
ISBN 978-7-302-57024-0

Ⅰ. ①二… Ⅱ. ①王… ②劉… Ⅲ. ①中國歷史－古代史－紀傳體 ②二十五史－研究 Ⅳ. ①K204.1

中國版本圖書館CIP數據核字(2020)第238038號

責任編輯：馬慶洲
封面設計：曲曉華
責任校對：劉玉霞
責任印製：楊　艷

出版發行：清華大學出版社
　　　　網　　址：http://www.tup.com.cn，http://www.wqbook.com
　　　　地　　址：北京清華大學學研大廈A座　　郵　　編：100084
　　　　社　總　機：010-62770175　　　　　　　　郵　　購：010-62786544
　　　　投稿與讀者服務：010-62776969，c-service@tup.tsinghua.edu.cn
　　　　質量反饋：010-62772015，zhiliang@tup.tsinghua.edu.cn
印　裝　者：三河市金元印裝有限公司
經　　　銷：全國新華書店
開　　　本：148mm×210mm　　印　張：15　　字　數：333千字
版　　　次：2021年1月第1版　　　　　　　印　次：2021年1月第1次印刷
定　　　價：88.00元

產品編號：091310-01

《二十五史藝文經籍志考補萃編續刊》編纂委員會

學術顧問：張高評
主　　編：王承略　劉心明
副 主 編：馬慶洲　李　兵
特約作者：劉兆祐　顧力仁　劉　琳　聶鴻音　張固也
點校整理：辛智慧　李學玲　張　雲　杜志勇　于少飛
　　　　　楊勝男　由墨林　張　偉　陳福盛　解樹明
　　　　　邱琬淳
校　　對：王成厚　李　博　王　瑞　王志遠　肖鴻哉
　　　　　楊潤東　靳亞萍　馬慶輝　李古月　王銀萍
　　　　　張孜烜　盧姝宇　林　相　朱世堯　侯穎格

目　　錄

自序——金源著述及史料彙考 …………………………………… 3

卷一　經部 ……………………………………………………… 11
　易類 …………………………………………………………… 11
　書類 …………………………………………………………… 15
　詩類 …………………………………………………………… 17
　禮類 …………………………………………………………… 17
　樂類 …………………………………………………………… 17
　春秋類 ………………………………………………………… 18
　四書類 ………………………………………………………… 20
　　論語之屬 …………………………………………………… 20
　　大學之屬 …………………………………………………… 21
　　中庸之屬 …………………………………………………… 22
　　孟子之屬 …………………………………………………… 23
　　總義之屬 …………………………………………………… 23
　孝經類 ………………………………………………………… 24
　群經總義類 …………………………………………………… 24
　小學類 ………………………………………………………… 25
　　字書之屬 …………………………………………………… 25

	韻書之屬	26
卷二 史部		32
正史類		32
國史類		34
	起居注之屬	34
	實錄之屬	35
	詔令奏議之屬	39
	雜撰之屬	41
編年史類		42
紀事本末類		42
別史類		44
雜史類		45
譜牒類		49
傳記類		55
政書類		59
	儀制之屬	59
	科舉之屬	61
	職官之屬	65
	刑法之屬	66
地理類		68
目錄類		73
	書目之屬	73
	金石之屬	73

史評類 …………………………………………… 75
　　　評事之屬 ……………………………………… 75
　　　蒙求之屬 ……………………………………… 77

卷三　子部上 …………………………………………… 80
　　古子書注釋類 …………………………………… 80
　　儒學類 …………………………………………… 94
　　兵書類 …………………………………………… 98
　　醫藥類 …………………………………………… 99

卷四　子部下 …………………………………………… 139
　　天文類 …………………………………………… 139
　　曆算類 …………………………………………… 140
　　術數類 …………………………………………… 144
　　藝術類 …………………………………………… 148
　　雜家類 …………………………………………… 152
　　類書類 …………………………………………… 159
　　小說類 …………………………………………… 161
　　道教類 …………………………………………… 163
　　佛教類 …………………………………………… 186

卷五　集部一 …………………………………………… 191
　　注釋前人別集類 ………………………………… 191
　　金人別集類上 …………………………………… 191

卷六　集部二	245
金人别集類中	245

卷七　集部三	286
金人别集類下	286

附一　詩賦之疑爲單行者	294

附二　石刻所見金代文	295
墓碑	295
墓誌	303
造像記	308
題記	310
雜刻	312

附三　石刻所見金代詩詞	343
詩詞	343
總集類	350
詩文評類	358

卷八　集部四	360
詞曲類上	360
詞別集之屬	360
詞總集之屬	365
散曲之屬	365
諸宮調之屬	366

院本之屬上 ················· 368
　　　和曲院本 ················· 369
　　　上皇院本 ················· 372
　　　題目院本 ················· 375
　　　霸王院本 ················· 378
　　　諸雜大小院本 ············· 378

卷九　集部五 ··················· 399

　詞曲類中 ····················· 399
　　院本之屬中 ················· 399
　　　院么 ····················· 399
　　　諸雜院㸑 ················· 401
　　　沖撞引首 ················· 408
　　　拴搐艷段 ················· 414

卷十　集部六 ··················· 423

　詞曲類下 ····················· 423
　　院本之屬下 ················· 423
　　　打略拴搐 ················· 423
　　　諸雜砌 ··················· 430

卷十一　書名索引 ··············· 435

卷十二　著者索引 ··············· 458

新補金史藝文志

楊家駱 撰
李兵 整理

底本:《中國學術類編》,鼎文書局,1980 年

自　序
——金源著述及史料彙考

　　駱《新補金史藝文志》十二卷，又《總目》一卷[1]，著録金源一代著述一千三百五十一種，附石刻文字六百六十一種，並《總目》《索引》都三十餘萬言，較前賢所作，驟增多四倍之量。雖以時力所迫，仍未能盡如理想，然後之研治金史，或擬撰"《金史長箋》"者，必能視之爲直接史料之淵藪，其實舍此亦無可旁求，故別標一副題曰"金源著述及史料彙考"，俾今之學者易於明其性質，而可以善加利用也。竊駱近年爲逐日改正四十年來所著舊稿，日有定程，兼之講授於諸大學間，本已無須臾之暇更事於此，而亡友姚從吾先生數年前當《金史》編纂委員會集會時推駱任之，駱不克辭，遂督門下莊嘉廷、趙振績、謝朝栻、張樹三、高志彬、孫先助、馬少娟、徐恩琦、陳海霞、楊珠如、郭素鳳、游蓬丹、林桂貞、程小蘋、盧淑英、張瑛瑛、葉惠珠、林奇芍、龔秀珠、湯文苑、朱璽輝、黃蓓英、許玉珠、彭潤蘭、薛吉雄等同學先後分別助之，高志彬除平日相助外，復獨力成《索引》二卷。區區一編，先後助之者二十五人，耗時兩載，猶未克臻於理想者，實緣駱獨少暇時所致。今幸勉得成書，以塞《金史》編纂委員會諸公之責，並得完成對姚從吾先生之宿諾，自不能無一言以弁其端，兹謹序其首曰：

　　昔人謂正史撰志最難，而藝文一志爲尤甚，故二十五史中有藝文經籍志者僅漢、隋、兩唐、宋、明六史而已。其中漢、隋二

---

[1] 整理者按：本書卷十一、卷十二已有《書名索引》和《著者索引》，爲避免重複繁冗，今删除卷首《總目》一卷。

志，本爲名作，姚振宗復分別爲撰《條理》《拾補》《考證》，於是二志著錄各書之内容及撰人傳記之可考者，悉以大明。《金史》本無藝文志，黄虞稷《千頃堂書目》(本書内省稱爲"黄目")始著錄金人著作一百九十種，此可視爲補金志之創始。同時倪燦、盧文弨有《補遼金元藝文志》(本書内省稱爲"倪目")之作；金門詔有《補三史藝文志》(本書内省稱爲"金目")之作；錢大昕撰《補元史藝文志》(本書内省稱"錢目")亦泛及遼金人著述。然倪目較黄目僅多一種，金目反少於黄目，只一百七十八種，惟錢目著錄金人著作二百六十八種，較諸家爲獨富。後龔顯曾合諸目成《金藝文志補錄》(本書内簡稱爲"龔目")，著錄共四百四十九種，然斷限不嚴，專書、單篇不分，所可據反不如孫德謙後成之《金史藝文略》(本書内簡稱爲"孫目")。孫目著錄雖僅四百零六種，然於各書内容，撰人傳記，凡有可徵，皆曾引入，實爲金志之佳本，惜其書本爲未完未刊之稿。以集部論，孫目著錄僅五十一種，視駱輯錄至一百七十八種者，尚不包括"院本名目"七百一十三種在内。可知其不完殊甚。駱率諸生撰集此《志》，以孫目爲藍本，經史子三部皆有增補，而於集部缺者補充尤多，並就《全金詩》《金文雅》《金文最》等錄其現存篇目，倘據此進而從事輯佚工作，則"《全金文》"亦漸次可以成書也。

　　本《志》於金人著作，其今存有板本可考者，悉加按語列明。著錄經部書凡六十九種爲一卷，卷一。著錄史部書凡一百五十九種，亦爲一卷，卷二。著錄子部書凡二百三十二種，分爲上、下二卷，卷三、卷四。著錄集部書注釋前人別集類及金人自撰別集類凡一百七十八種，分爲三卷。卷五、卷六撰人之見於《全金詩》者，並依其先後爲次。卷七則爲不見於《全金詩》者。卷七後並收詩賦之疑曾單行者列爲別集類附一，石刻所見金代文列爲別集類附二，石刻所見金人詩詞，列爲別集類附三，皆一一注明其原著錄之金石書及所在卷數，蓋石刻文字與單行專書，在歷史文獻之價值上，初無軒輊也。所錄石刻凡六百五十九種，[①]他日輯"《全金文》"，此實爲主要之資料。石刻文字最重要者爲附二，即石刻所見金代文，分爲墓碑、墓誌、造像記、題記、雜刻五小類，各據其刻石之年代排列，駱於此中發現新史料不少，非本文所可詳述。

本《志》卷八、卷九、卷十爲集部詞曲類。金人詞曲最足焜燿於文學史者爲董解元《西廂記諸宮調》，迨一九〇七年至一九〇八年間，俄國柯智洛夫探險隊至蒙古、青海一帶，發掘張掖黑水故城，在所得古籍中，有金時《劉知遠諸宮調》四十二頁，於是掀起學者對諸宮調研究之高潮，其實今可考知之金人所撰諸宮調，除《董西廂》《劉知遠》外尚有九種。然金人撰作戲曲之主流，尤在"院本"。元末明初人陶宗儀《輟耕錄》，其卷二十五有"院本名目"條，列舉金代院本名目七百十一種。既稱爲"本"，無論其篇幅之多寡，皆爲書本之形式可知。昔人賤視戲曲，多不列之於書目，幸陶氏存之，駱除加校定外，並就近人研探之說，稍著其概。在金人著述總數中，院本幾佔其半，故本《志》於詞曲類分之爲三卷。卷八、卷九、卷十。

補撰前代藝文志，撰人生平，多無可考，故斷代極難。本《志》所列不敢謂其盡當，如宋金之際人馬居易、宇文懋昭、成無己等之不列於宋，金元之際人薛元、劉因、元好問、劉祁之仍列於金，從其事與志也。至如邱處機既應蒙主之詔，其《長春真人西游記》，雖爲名著，不復以之厠於本《志》矣。又如王若虛《滹南遺老集》，實爲一叢書，其中多種，寫成既不在一時，似亦曾分別單行，故援目錄學"互見"例——著錄之。

金源國書，稱女真字，完顏希尹既撰有《字書》，而《易》《書》

[①] "六百五十九種"，原誤作"六百六十一種"，據本書實際著錄數量改。

《孝經》《唐書》《老子》《列子》《揚子》《家語》《中説》皆有國語女真字。譯本，四書五經、《史記》《漢書》且有譯解，今各就内容分類，不別立爲一部。

本《志》收書既多，故於卷首列《總目》一卷，將書名撰人一一按類先爲簡單之著録，庶可得見金源著述之全貌。每書下復以漢字編寫順序代號，正書之卷一至卷十皆然，除卷七石刻部分，詳下。卷十一、卷十二則爲《書名索引》《著者索引》，於書名或著者下列其順序代號，此二索引各按書名或著者姓名之筆劃寡多排列，以便檢尋。惟書代號如"〇五五二"《元遺山詩集箋注》，著者爲金人元好問，而箋注者則爲清人施國祁，對施國祁不列於《著者索引》内者，《總目》上亦未列。蓋此《索引》所列皆金人，其非金人者，自應不予以編列也。又金人著述凡不詳著者之條，在《書名索引》中仍有其目，在《著者索引》中自無從編列，故《書名索引》之條數，多於《著者索引》之條數，恐讀者誤以《著者索引》爲不完，故特説明如上。又《著者索引》於一人名下所列代號有在一條以上者，係因其所著書不僅一種也。至石刻詩文之順序代號概以阿剌伯字編爲"0001"至"0659"者，①爲使與著述不相厠雜也。石刻詩文未編於兩索引内，因各書著録石刻之標題不一致也。

駱以爲以文字叙述一代之學術思想，每有偏於重點之失，自《漢書》本《七略》創《藝文志》，於是可見先秦兩漢學術思想，並不偏於經學。又如世多以晋人之學偏於清談，宋人之學偏於性理，特命門下廖吉郎撰《兩晋史部遺籍考》二十餘萬言，有嘉新水泥公司刊本。駱復率門下莊嘉廷次《兩宋今存史部書知見目》於《中國文化季刊》七卷一期，凡得九百一十種，遂知兩晋、兩宋史

---

① "0659"，原誤作"0611"，據本書實際著録數量改。

學之發達,初不減於清談及性理也。故以爲最客觀完整之學術史,唯詳盡之書目可以當之。今讀本《志》,知金人醫學、道教及文學皆甚發達,幾不減於中原,其詳駱當別撰"《金源學術考》"以論述之,今不及詳。夫金源崛起東北,文化本低,其卒能有所表見者,實以得書於遼宋之故。兹錄駱曩撰《明文淵閣藏書考·前記》有關金人得書情形如下:

今存內閣大庫書,一部分爲明文淵閣藏書之殘餘。而文淵閣藏書,據孫承澤《春明夢餘錄》卷十二,則係承宋、金、元之所蓄而爲一代之書者,當明初時,其量多至數百萬卷。見《明史·陳濟傳》。駱讀史見其承轉日期昭然可考,因錄爲前紀如次:

一、後晉汴藏書運遼上京及遼中京書運金會寧之日期

《遼史·太宗本紀》:大同元年(946,後晉出帝開運三年)正月丁亥朔,備法駕入汴,御崇元殿,受百官賀。三月壬寅(十一日),晉諸司僚吏、嬪御、宦寺、方技、百工、圖籍、曆象、石經、銅人、明堂刻漏、太常樂譜、諸宮縣、①鹵簿、法物及鎧仗,悉送上京。

《遼史·文學傳序》:太宗入汴,取晉圖書、②禮器而北,然後制度漸以修舉。

《遼史·道宗本紀》:清寧十年(1064)冬十一月丁丑(十六日),詔求乾文閣所闕經籍,命儒臣校讐。

《金史·太祖本紀》:天輔五年(1122,遼天祚帝保大二年)十一月戊申,駱按董作賓《歷代年曆總譜》,是年十一月無戊申日。詔曰:"若克(遼)中京,所得禮樂儀仗、圖書文籍,並先次津發赴闕。"

---

① "縣",原誤作"懸",據清乾隆武英殿刻本《遼史》(以下《遼史》皆據此本,不再注明)卷四改。

② "晉"字原脱,據《遼史》卷一百二補。

二、北宋收荆南、後蜀、南唐、吴越書及金據北宋汴京書之日期

《宋史·藝文志序》：宋初，有書萬餘卷。其後削平諸國，收其圖籍。及下詔遣使，三館之書，稍復增益。

《文獻通考·經籍考》：（宋太祖）乾德元年（963），平荆南，盡收其書，以實三館。

《文獻通考·經籍考》：乾德三年（965）平蜀，遣右拾遺孫逢吉往收其圖籍，凡得書萬三千卷。① 駱案，乾德三年當指下詔時。

《宋史·太祖本紀》：乾德四年（966）五月乙亥（十一日），閲蜀法物、圖書。

《玉海·書籍門》：國初，三館書纔萬三千餘卷。乾德四年五月乙亥，收僞蜀圖書付史館，凡一萬三千卷。閏八月，詔求遺書。涉弼等應詔獻書，總千二百二十八卷，分寘書府。駱案，北南宋金元承平時訪書獻書之事，史不絶書，不煩悉舉，兹惟取其有關兩朝承轉者録之。

《文獻通考·經籍考》：開寶八年（975）冬，平江南。明年春，遣太子洗馬吕龜祥就金陵籍其圖書，得二萬餘卷，悉送史館，自是群書漸備。兩浙錢俶歸朝，又收其書籍。

《玉海·書籍門》：開寶九年（976），得江南圖書二萬餘卷。

又：建隆初，三館書僅萬二千餘卷。及平諸國，收書籍，蜀、江南最多。開寶中，參以舊書，② 爲八萬卷。凡得蜀書二萬三千卷，江南書二萬餘卷。

《宋史·欽宗本紀》：靖康二年（1127）四月庚申朔，金人以帝及皇后、太子北歸。凡法駕、鹵簿，皇后以下車輅、鹵簿，冠服，銅人、刻漏、古器、景靈宮供器，太清樓秘閣三館書、天下州

---

① "書"字原脱，據清光緒二十二年浙江書局刻本《文獻通考·經籍考》（以下《文獻通考》皆據此本，不再註明）補。

② "舊"字原脱，據清光緒九年浙江書局刊本《玉海·藝文》補。

府圖及官吏、內人、①內侍、技藝、工匠、娼優,府庫畜積,爲之一空。

《金史·太宗本紀》:天會五年(1127)四月丙戌(二十七日),宗翰、宗望以宋二帝歸。

《金史·宗翰傳》:天會五年四月,以宋二主及其宗族四百七十餘人及珪璋、寶印、袞冕、車輅、祭器、大樂、靈臺、圖書,與大軍北還。

《金史·劉彥宗傳》:彥宗謂宗翰、宗望曰:"蕭何入關,秋毫無犯,惟收圖籍。遼太宗入汴,載輅車②、法服、石經以歸,皆令則也。"二帥嘉納之。

《金史·文藝傳序》:太宗繼統,乃行選舉之法,及伐宋,取汴經籍圖書,宋士多歸之。

三、金就宋書目購求闕書及元取金汴京書之日期

《金史·章宗本紀》:明昌五年(1194)春正月丁酉,駱案董作賓《歷代年曆總譜》,是年正月無丁酉日。詔購求《崇文總目》所闕書籍。

《金史·章宗本紀》:泰和元年(1201)冬十月,敕有司,購遺書宜償其價,③以廣搜訪。藏書之家有珍惜不願送官者,官爲謄寫,畢後還之,仍量給其值之半。

《元史·太宗本紀》:五年(1233,金哀宗天興二年)春正月戊辰(二十三日),崔立以南京降。

《元史·張柔傳》:柔授保州等處都元帥,從睿宗伐金。崔立以汴京降,柔於金帛一無所取,獨入史館,取《金實錄》並秘府

---

① "內"字原脱,據清乾隆武英殿刻本《宋史》(以下《宋史》皆據此本,不再注明)卷二十三補。

② "輅",百衲本影印元至正刊本《金史》(以下《金史》皆據此本,不再注明)卷七十八作"路"。

③ "償",《金史》卷十一作"尚"。

圖書。

　先是駱於民國二十三年刊行所編《歷代經籍志》二巨册，少作自無可取。民國二十五年，商務印書館出版姚名達《中國目錄學史》，曾加以評述。一九五一年後，時駱在臺復整理各史藝文志及"志補""補志"，重刊爲《中國目錄學名著》第三輯，凡十餘册，皆附有索引，雖較前有進，然仍不如理想。此後因率諸生更爲重撰，起於先秦，迄於元代，皆有初稿，本《志》即就其初稿之稍加整理者，徒以"國防研究院"出版部催排甚急，而駱之時間、資力皆不能稱其心所欲爲，惟取較前賢諸作，或已進步甚多，但願他日能再度率徒衆重修，庶使四十年來心願，終能表襮於斯世。然駱年已逾六十，未完之稿山積，終日惶惶，求進已艱，是否終獲如願，殆已不可知矣！援筆書此，不禁長嘆！

一九七一年十二月二十六日金陵楊家駱識

卷一　經部

易　類

易叢說十卷　　　　　　　　　　　　　　〇〇〇一

礼部尚書滏陽趙秉文周臣撰。秉文事迹見元好問《閑閑公墓銘》及《金史》本傳。劉祁《歸潛志》云："秉文酷好學，至老不衰，後兩目頗昏，猶孜孜執卷抄録。上至六經解，外至浮屠、莊老、醫學丹訣，無不究心，其所著有《太玄解》《老子解》《南華指要》《滏水集》《外集》，無慮數十萬言，自號閑閑居士。"

按，黃、倪、金、錢、龔、孫目皆有。

易解　　　　　　　　　　　　　　　　　〇〇〇二

同知北京轉運司渾源雷思西仲撰。思爲希顏淵之父。元好問《中州集》云："思，天德三年進士，大定中任大理司直，仕至同知北京轉運使事。有《易解》行於世。"世稱之爲"學易先生"。

按，錢、龔、孫目皆有。

學易記　　　　　　　　　　　　　　　　〇〇〇三

礼部侍郎吉州馮延登子駿撰。延登讀書，長於《易》《左氏傳》。承安二年進士。正大末，奉命北使，見留。使招鳳翔，[①]不從，欲殺者久之。割其鬚髯，羈管豐州二年，乃還。及汴京陷，自投井中。元好問作《神道碑》，其末云："平生以《易》爲

---

① "翔"，原誤作"祥"，據《四部叢刊》影印元刊本《中州集》（以下《中州集》皆據此本，不再注明）卷五、上海圖書館藏稿本《金史藝文略》（以下《金史藝文略》皆據此本，不再注明）改。

業,及安置豐州,止以《易》一編自隨,日夕研究,大有所得,既歸,集前人章句爲一書,目曰《學易記》,藏於家。"
按,錢、龔、孫目皆有。

易説 ○○○四

修武吕豫彦先撰。元好問有《南峰先生墓表》,其略云:"先生自成童知讀書,既冠,游學東州,以《易》爲專門,經明行修,高出倫輩,醇德先生王廣道特器重焉。家近太行五峰山,因以爲號,示不忘本也。有《易説》若干卷,傳於時。"
按,錢、龔、孫目皆有。

易學集説 ○○○五

汲縣王天鐸振之撰。正大初,以律學中首選。仕至户部主事,爲仲謀惲之父。《元史》附載惲傳。
按,錢、龔、孫目皆有。①

三十家易解 ○○○六

平原單渢撰。
按,倪、錢、龔、孫目皆有。

易略釋 ○○○七

虞鄉袁從義用之撰。從義年十九入道,師事玉峰胡先生,盡傳其學。通經史百家,旁及釋典,而於《易》學,蓋終身焉。如史季宏、王隆吉、羅鳴道、李欽止、吉仲器、馬元章、王可道、許德臣、元禮昆弟,皆就傳《易》道,所著《易略釋》《列子章句》《莊子略釋》《雲庵妙選方》傳於世。元好問有《藏雲先生墓表》。
按,錢、龔、孫目皆有。

易集説 ○○○八

東明張特立文舉撰。特立泰和三年進士,正大四年拜監察御

---

① "孫",原誤作"存",據《金史藝文略》及上下文意改。

史。《金史》入《循吏傳》。通程氏《易》，晚教授諸生。年七十五卒。元世祖賞賜號"中庸先生"，且名其讀書之堂曰"麗澤"。然終其身未嘗仕元，故《元史》列之《隱逸傳》。考李簡《學易記序》云："歲壬寅，予挈家遷東平，^①張中庸特立、劉佚庵肅與王仲徽輩，方集諸家《易》解而節取之，得厠講席之末。"又《理學宗傳》云："是時關洛之學未行於中國，獨金儒張特立頗以程學教授北方，可知特立深於程《易》者，其說見施國祁《遺山詩集箋》。"

按，黃、倪、龔、孫目皆有。

易解 ○○○九

張氏撰。其爵里、名字無可考。

按，錢、龔、孫目皆有。

易解 ○○一○

華陰薛元微之撰。元鮮于樞《困學齋雜錄》："庸齋先生仕至河南府提舉，有《易解》行於世。"考錢氏《補元史藝文志》："中統初召為平陽、太原宣撫，提舉河南學校，俱不赴。"則微之未嘗仕元者也。《程鉅夫集》有《微之碑》，其略曰："微之制行立言，□□□然，當世搢紳尊之曰'庸齋先生'。日與女几辛愿、^②柳城姚嫗、稷山張德直、太原元好問、南陽吳傑、洛西劉繪、淄川李國維、^③濟南杜仁傑、解梁劉好謙，講貫古學，且以淑人。"是所交皆當代名士，而元、杜為金末遺佚，則微之實元初逸民也。錢氏補《志》既考其生平，而仍編入元人，未是，爰訂正之。

---

① "東"，原誤作"束"，據清道光二年南海瑞松堂蔣氏刻本《元遺山詩集箋注》（以下《元遺山詩集箋注》皆據此本，不再注明）卷十、《金史藝文略》改。
② "與"，原誤作"然"，據《元遺山詩集箋注》卷十、《金史藝文略》改。
③ "淄"，原誤作"溜"，據《元遺山詩集箋注》卷十、《金史藝文略》改。

按,龔、孫目皆有。

女真字譯易經一部 ○○一一

世宗大定二十三年譯經所譯。

按,金、錢、龔目皆有,錢目作《國語易經》。

象數雜說 ○○一二

翰林學士樂平楊雲翼之美撰。之美博通經傳,於天文、律曆、醫卜之學,無不臻極。南渡後二十年,與禮部閑閑公代掌文柄,時人號"楊趙"。其書見元好問《遺山集·內相文獻楊公神道碑銘》及《金史》本傳。① 清金門詔《補三史藝文志》、盧文弨《補遼金元藝文志》、錢大昕《補元史藝文志》,俱以爲趙秉文作,非也。施國祁《盧氏補金藝文志說》云:"楊之美之《象數雜說》,趙閑閑之《老子集解》,張鉉之《韋齋集》,張潔古之《珍珠囊》,各有小辨,稍加是正,蓋已訂其誤矣。"

按,金、盧、②錢、龔、孫目皆有,黃、倪目誤作《氣數雜說》。

易繫辭說 ○○一三

容城劉因夢吉撰。父述壬辰北歸,刻意問學。元中統初,劉肅辟武邑令,以疾辭。則述乃金之遺民也。因當元世,屢徵不起,朝廷亦不強致,稱爲不召之臣。年四十五卒。延祐中封容城郡公,諡文靖。初爲經學,究訓詁疏釋之說,輒嘆曰:"聖人精義,殆不止此。"及得周、程、張、邵、朱、呂之書,一見能發其微,曰:"我固謂當有是也。"嘗愛諸葛孔明"靜以修身"之說,表所居曰"靜修"。《元史》本傳:"因所著有《四書精要》十卷;詩五卷,號《丁亥集》,因所自選。又有文集十餘卷,及《小學四書語錄》,皆門生故友所錄。惟《易繫辭說》,乃因病

---

① "銘"字原脫,據《四部叢刊》影印明弘治本《遺山集》(以下《遺山集》皆據此本,不再注明)卷十七補。

② 此處"盧目"即倪燦、盧文弨《補遼金元藝文志》,據本書體例,應改作"倪目"。

中親筆云。"顧自來著録家，皆編列元人。不知因從祖國寶嘗登興定進士第，官終樞密院經歷。其父又守志不事，則因當入金爲是。後見莫子偲《經眼録》，《靜修先生文集》題金劉因撰，今從其例。並以《四書精要》諸書俱載於金，而附其説於此。

按，孫目有。

周易卜筮斷 ○○一四

斡道沖撰。道沖字宗聖，西夏國相。

按，錢、龔目皆有。

書 類

尚書要略 ○○一五

待制吕造子成撰。書於正大四年八月萬年節進，見《金史·哀宗紀》。王鶚《汝南遺事》總論注："正大五年設益政院，取獻替有益於政之義。以翰林學士楊雲翼，直學士完顔素蘭、蒲察世達、裴滿阿虎帶，待制史公弈、吕造六人，充院官。日以二員直官，①或二日，或三日，或四日，或五日，進講《尚書》《貞觀政要》《資治通鑑》。"又云："子成，承安二年詞賦狀元。"考子成《金史》無傳，其可見者如此。

按，金、錢、龔、孫目皆有。

尚書義粹三卷 ○○一六

翰林學士豪城王若虛從之撰。若虛承安二年經義進士。崔立之變，群小爲立起功德碑，以都堂命召從之，從之外若遜辭，而實欲以死守之，時議稱焉。北渡後，居鄉里，癸卯三月

---

① "直官"，《金史藝文略》同，清文淵閣《四庫全書》本《汝南遺事》卷四作"宮直"。

登泰山，憩黄峴峰之萃美亭，談笑而化。時年七十。《中州集》云："自從之殁，經學史學，文章人物，公論遂絶。"其書元好問作《墓表》，《金史》本傳皆不載。

按，黄、倪、錢、龔、孫目皆有。

女真字譯尚書一部　　　　　　　　　　　　○○一七

大定二十三年譯經所進。

按，金、錢、龔目皆有，錢目作《國語書經》。

尚書無逸直解　　　　　　　　　　　　　　○○一八

趙秉文撰。《歸潛志》："正大初，末帝鋭於政，朝議置益政院官，院居宫中，選一時宿望有學者，如楊學士雲翼、史修撰公奕，吕待制造數人兼之，輪直。每日朝罷，侍上講《尚書》《貞觀政要》數篇。"元好問《閑閑公墓銘》："今天子即位，公以上嗣德在初，當日親經史，以自裨益，進《無逸直解》《貞觀政要申鑑》各一通。"則此書秉文在哀宗正大初年所作。其《自序》曰："伏觀自古忠之大者，未有若周公者也。以成王年幼，恐其怠荒，作《無逸》一篇，以申勸戒。①舉殷三賢王及周文王，皆以憂勤得壽考之福。其意欲使祚允長遠，又欲其君憂勤無逸，頤愛精神，壽考無窮，以致成王享國長久，刑錯四十年而不用，至今稱爲賢王之首。此皆周公篤實愛君之力也。其後唐明皇時，宋相獻《無逸圖》，帝列爲屏風，置之左右。穆帝時，崔植又請以《無逸》爲元龜。然則《無逸》一篇，周公之所以啓其君，後世之所以開陳善道，匡其君以盡君道，而即以效臣職者。取法乎是，不費辭説，引而伸之，莫有逸於是，②而後知其道之廣且遠也。至於婉轉曲諭，務盡其心，抑揚辭氣之

---

① "申"，原誤作"中"，據《四部叢刊》影印明抄本《滏水集》（以下《滏水集》皆據此本，不再注明）卷十五、《金史藝文略》改。

② "逸"，原誤作"過"，據《滏水集》卷十五改。

間,其爲文也至矣。萬世而下,奉爲龜鑑,不亦宜乎?臣某蒙國之厚恩,愧無以圖報於萬一,謹依注疏,乃撰《無逸直解》,因以獻,仰祝無疆。"文見《滏水集》。

按,金、錢、龔、孫目皆有。

詩　類

詩說①　　　　　　　　　　　　　　　　○○一九

祝簡撰。

按,龔目有。

禮　類

周禮辨一篇　　　　　　　　　　　　　　○○二○

楊雲翼撰,見元好問《神道碑》。

按,黃、倪、金、龔、孫目皆有。

樂　類

律呂律曆禮樂雜志三十卷　　　　　　　　○○二一

信安杜瑛文玉撰。父時升,《金史》列《隱逸傳》。金將亡,瑛避地河南緱氏山中。時兵後,文物彫喪,瑛搜訪諸書讀之,究其指趣,間關轉徙,教授汾、晋間。元世祖召見問計,謂可大用,命從行,以疾弗果。中統初,張文謙奏爲提舉學校官,又辭,杜門著書,不以窮通得喪動其志,優游道藝,以終其身。

---

① "詩說",原誤作"說詩",據《中州集》卷一乙正。

年七十，遺命其子曰："吾即死，當表吾墓曰'緱山杜處士'。"則其抗節不仕，固金之遺老也。《元史》入之《隱逸傳》，宜矣。嘗見《畿輔通志》厠諸金人，故今取其著述分編本《志》。本傳云："其於律則究其始，研其義，長短清濁，周徑積實，各以類分，取經史之說以實之。"是瑛真深於樂律者也。

按，孫目有。

春秋類

春秋握奇圖一卷　　　　　　　　　〇〇二二

盱江利鑾孫士貴撰。見《續文獻通考》。鑾孫有《自序》，其略云："《握奇圖》者，《春秋》家之學也。二百四十二年而該之萬八千言，編年以爲經，而列五伯内外諸侯以緯之，① 縱取則年與事類，衡切則國之本末俱在，乃各叙事略於其後，一覽而思過半矣。"《提要》謂"據其所言，則此書所重在於年表。② 今年表散佚，祇存其論，已非鑾孫著書之本旨"。

按，龔、孫目皆有。

春秋地理源委十卷　　　　　　　　〇〇二三

杜瑛撰。見《元史》本傳。

按，龔、孫目皆有。

春秋備忘三十卷　　　　　　　　　〇〇二四

敬鉉撰。

按，倪、金、龔目皆有。倪氏、金氏《補志》俱入之元人，倪作

---

① "伯"，原誤作"百"，據清乾隆武英殿刻本《四庫全書總目》（以下《四庫全書總目》皆據此本，不再注明）卷三十、《金史藝文略》改。

② "所重"二字原脱，據《四庫全書總目》卷三十補。

《備忘》十卷、《續備忘遺說》三十卷，金作四十卷。誤題敬儼_{儼為鉉之從孫。}著。

明三傳例八卷　　　　　　　　　　〇〇二五
敬鉉撰。

按，龔目有，倪《志》作《讀明三傳例說略》。

春秋傳　　　　　　　　　　　　　〇〇二六
馬定國撰。

按，龔目有。

春秋紀咏三十卷　　　　　　　　　〇〇二七
宇文虛中撰。見《宋史·藝文志》。

按，孫目有。

左氏賦一篇　　　　　　　　　　　〇〇二八
楊雲翼撰。見元好問《神道碑》。

按，金、孫目皆有。

屏山杜氏春秋遺說　　　　　　　　〇〇二九
李純甫撰。案此書《中州集》、《金史》本傳不載。據倪氏《補遼金元藝文志》有敬鉉《續屏山杜氏春秋遺說》八卷，則純甫先有是書，而鉉遂賡續之耳。鉉字鼎臣，《元史》無傳，其人在金時與元好問為同年，故《遺山集》有《贈鼎臣》詩。考《歸潛志》："純甫初為詞賦學，後讀《左氏春秋》，大愛之。"又云："為文法《莊》《周》《左氏》，故其詞雄奇簡古。"知純甫長於《左氏傳》矣。

按，孫目有。

續屏山杜氏春秋遺說八卷　　　　　〇〇三〇
敬鉉從孫儼編。

按，倪、龔目皆有，倪《志》入之元人。

四書類

論語之屬

刪集論語解十卷　　　　　　　　　　　〇〇三一

趙秉文撰。見元好問《墓銘》。

按，黄、倪、金、錢、孫目皆有。

論語辨惑五卷　　　　　　　　　　　　〇〇三二

王若虛撰。若虛所著書，今存者有《滹南遺老集》，凡《五經辨惑》以下，皆載集中。然鮑廷博刻《知不足齋叢書》有《滹南詩話》一卷，則諸書自可單行。今援其例，分列各類，以爲著錄，其《自序》曰："解《論語》者，不知其幾家，義略備矣。然舊説多失之不及，而新説每傷於太過。夫聖人之意，①或不盡於言，亦不外乎言也。不盡於言，而執其言以求之，宜其失之不及也；不外乎言，而離其言以求之，②宜其傷於太過也。蓋亦揆以人情而約之中道乎？③嘗謂宋儒之議論，不爲無功，而亦不能無罪焉。彼其推明心術之微，剖析義利之辨，而斟酌時中之權，委曲疏通，多先儒之所未到，斯固有功矣。至於消息過深，揄揚過侈，以爲句句必涵養氣象，而事事皆關造化，將以尊聖人，而不免反累，名爲排異端，而實流於其中，亦豈爲無罪也哉？至於謝顯道、張子韶之徒，迂談浮夸，往往令人發笑。噫！其甚矣。永嘉葉氏曰：'今世學者，以性爲不可不言，命爲不可不知。凡六經孔子之書，無不牽合其論，而上下

---

① "意"，原誤作"言"，據《四部叢刊》影印舊抄本《滹南遺老集》（以下《滹南遺老集》皆據此本，不再注明）卷二改。

② "宜其失之不及也不外乎言而離其言以求之"十八字原脱，據《滹南遺老集》卷二補。

③ "蓋"，《滹南遺老集》卷二、《金史藝文略》皆作"盍"。

其詞,精深微妙,①茫然不可測識,而聖賢之實,猶未著也。昔人之淺,不求之於心也;今世之妙,不止之於心也。不求於心,不止於心,皆非所以至聖賢者。'可謂切中其病矣。晦庵刪取衆説,最號簡當,然尚有不安及未盡者。竊不自揆,嘗以所見正其失而補其遺,凡若干章。非敢以傳世也,姑爲吾家童蒙之訓云。"文即見本集。

按,錢、龔、孫目皆有。又按,有《滹南集》本。

論語旁通二卷　　　　　　　　　　○○三三

杜瑛撰。載《元史》本傳。

按,孫目有。

論語集義一卷　　　　　　　　　　○○三四

王鶚撰。

按,龔目有。

論語章旨　　　　　　　　　　　　○○三五

劉莊孫撰。

按,龔目有。

論語小義二十卷　　　　　　　　　○○三六

斡道沖撰。

按,錢、龔目皆有。

大學之屬

大學解　　　　　　　　　　　　　○○三七

趙秉文撰。此書元好問《墓銘》《中州集》《金史》本傳均未言。《中州啓劄》載《與楊煥然書》:"《孟子解》先寄去,《中庸》《大學》相次了畢,續當寄呈。"是秉文於《孟子》《中庸》外,並爲《大學》作解矣。

---

① "深",原誤作"選",據《滹南遺老集》卷二、《金史藝文略》改。

按,孫目有。

大學發微一卷 〇〇三八

黎立武撰。

按,龔目有。

大學本旨一卷 〇〇三九

黎立武撰。

按,龔目有。

中庸之屬

中庸説一卷 〇〇四〇

趙秉文撰。考《滏水集》有《中説》《庸説》,又有《性道教説》《誠説》《和説》,凡五篇,足觀其崖略。其於《庸説》篇,吕氏論之詳矣。注見《中庸解》。《中州啓劄》載《與楊焕然書》別一通云:"《論語》及《中庸》未有紙印,即續當寄去。"則《中庸解》自有專書也。元好問《墓銘》稱之。

按,黄、倪、金、錢、龔、孫目皆有。

中庸集解一卷 〇〇四一

弘州李純甫之純撰。承安二年進士,仕至尚書右司都事。自號屏山居士。《金史》入《文藝傳》。《歸潛志》云:"又有《中庸集解》《鳴道集解》,號爲'中國心學,西方文教',數十萬言。"

按,黄、倪、金、錢、龔、孫目皆有。

中庸分章一卷 〇〇四二

黎立武撰。

按,龔目有。

中庸指歸一卷 〇〇四三

黎立武撰。

按,龔目有。

孟子之屬

删集孟子解十卷 　　　　　　　　　　〇〇四四

趙秉文撰。見元好問《墓銘》。

按,黄、倪、金、錢、龔、孫目皆有。

剌剌孟一卷 　　　　　　　　　　　　〇〇四五

劉章撰。章,《金史》無傳。

按,黄、倪、金、錢、龔、孫目皆有。

孟子辨惑一卷 　　　　　　　　　　　〇〇四六

王若虛撰。案此與《論語辨惑》,錢氏《補元史藝文志》亦分入論孟類。觀此則《滹南集》中《史記》《唐書》諸辨惑,正當別出,以類相從矣。

按,錢、龔、孫目皆有,有《滹南集》本。

總義之屬

四書集注説 　　　　　　　　　　　　〇〇四七

王若虛撰。《提要》引蘇天爵《安熙行狀》云:"國初有傳朱子《四書集注》至北方者,①滹南王公雅以辨博自負,爲説非之。"

按,孫目有。

四書精要三十卷 　　　　　　　　　　〇〇四八

劉因撰。見《元史》本傳。

按,倪、錢、孫目皆有,倪、錢二氏均作《四書集義精要》。

四書語録 　　　　　　　　　　　　　〇〇四九

劉因撰,亦見《元史》本傳。

按,孫目有。

四書譯解 　　　　　　　　　　　　　〇〇五〇

温迪罕締達宗壁阿魯、張克忠等譯,一作楊克忠。

---

① "四書"二字原脱,據《四庫全書總目》卷三十六補。

按，金、錢、龔目皆有，錢目分作《國語論語》《國語孟子》。

語孟旁通八卷 〇〇五一

杜瑛撰。

按，龔、孫目皆有。

孝經類

孝經傳 〇〇五二

汴人白賁撰。自號決壽老。《中州集》云："賁自上世以來，至其孫淵，俱以經學顯。"又錄其詩一首，詩小引云："客有求觀予《孝經傳》者，感而賦詩，故取以備一家。"中有句云："君看六藝學，天葩吐其芬，詩書分體製，禮樂造乾坤，千歧更萬轍，要以一理存，如何臻至理？當從踐履論。"知賁於《孝經》能識其爲六經總匯矣。

按，孫目有。

女真字孝經 〇〇五三

大定年間譯。

按，金、錢、龔目皆有，錢目作《國語孝經》。

群經總義類

六經考 〇〇五四

莊平馬定國子卿撰。定國《金史》入《文藝傳》。此書本傳與《中州集》皆不載。

按，倪、金、錢、龔、孫目皆有。

五經辨惑二卷 〇〇五五

王若虛撰。倪氏《補遼金元藝文志》於經解類入《經史辨惑》四十卷，殊未合。其四十卷中並有文辨、詩話，豈亦釋經之書耶?《説文》叙云:"分別部居,不相雜厠。"故今但取此二卷云。錢氏《補元史藝文志》不誤。

按,錢、龔、孫目皆有,有《潯南集》本。

五經譯解 　　　　　　　　　　　　　　　　○○五六

温迪罕締達宗壁阿魯、張(揚)克忠譯解,移剌傑、移剌履講究其義。

按,金、龔目皆有。

小學類

字書之屬

大定重較類篇十五册 　　　　　　　　　　　○○五七

無撰人。

按,錢、龔、孫目皆有。

字書 　　　　　　　　　　　　　　　　　　○○五八

完顏希尹撰。《金史》本傳:"金人初無文字,國勢日強,與鄰國交好,乃用契丹字。太祖命希尹撰本國字,備制度。希尹乃依仿漢人楷字,因契丹字制度,合本國語,製女真字。天輔三年八月,《字書》成,太祖大悦,命頒行之。"

按,金、龔、孫目皆有。

女真小字 　　　　　　　　　　　　　　　　○○五九

金熙宗撰。《金史·希尹傳》:"熙宗亦製女真字,與希尹所製字俱行用。希尹所撰謂之女真大字,熙宗所撰謂之小字。[①]"金氏《補三史藝文志》亦以爲希尹撰,未是。

按,金、龔、孫目皆有。

---

① "撰",原誤作"傳",據《金史》卷七十三改。

女真字百家姓　　　　　　　　　　　〇〇六〇

大定年間譯。

按,錢、龔目皆有。

女真字盤古書　　　　　　　　　　　〇〇六一

大定年間譯。

按,錢、龔目皆有。

女真字黄氏女書　　　　　　　　　　〇〇六二

大定年間譯。

按,錢、龔目皆有。

韻書之屬

四聲篇海十五卷　　　　　　　　　　〇〇六三

松水韓孝彥允中撰。見王圻《續文獻通考》。

按,龔、孫目皆有,黄、倪、錢目皆省作《五音篇》。

又按,有明成化十年刊本。

重編改併五音篇海十五卷　　　　　　〇〇六四

松水韓道昭伯耀—作伯暉,"暉"或作"輝"。撰。道昭爲孝彥次子。明王世貞《讀書後》曰:"《改併五音篇》者,金老儒韓孝彥允中病古集字之未精,因改《玉篇》歸於五音,逐三十六母之中取字。而次子道昭復與其子德恩、猶子德惠、婿王德珪增訂之加詳焉。"則道昭輩取孝彥《篇海》而成之耳。書成於章宗泰和八年,有孝彥侄韓道升爲之序。其《序》曰:"夫篇韻者,自古文章士常用者也。韻乃群經之祖,篇由衆字之基。故有聲無形者,隨韻而準知;有體無聲者,依篇而的見。據兹篇韻,爲其副正。至於修書取義,豈可斯須而離也。自梁大同間,黄門侍郎顧野王肇修《玉篇》,文成三十卷,[①]計五百四十二

---

① "文",清光緒二十一年重刻本《金文最》(以下《金文最》皆據此本,不再注明)卷二十一、《金史藝文略》皆作"立"。

部。雖區別偏傍,而音義釋文蔑然不載,失於擇而不精、缺而不備。至唐處士孫強,增加字數,理尚未周,但依前賢底蘊而已。① 故《集韻》《省篇》《川篇》《類篇》雜沓而興。其取字加損,②各擅其能。又至大朝甲辰歲,先有後陽王公與秘詳等,③以人推而廣之,④以爲《篇海》,分其畫段,使學人取而有準。其間疏駁,亦以頗多。復至明昌丙辰,有真定校將元注《指玄》。⑤ 松水韓公先生孝彥,字允中,著其古法,未盡其理,特將己見,創立門庭,改《玉篇》歸於五音,逐三十六母之中取字,最爲絕妙。此法新行,驚儒駭衆,⑥難哉!自古迄今,無以加於斯法者也。又至泰和戊辰,有先生次男韓道昭,字伯暉,搜尋旨範,考校前規。然觀五音之篇,美即是美,未盡其詳。明之部目,尚亦文繁。只如'誩''叩'之部,'言''口'同倫;'麤''猋'之形,'虎''爻'一類。本是一宗形質,何須各立其門。故以再行規矩,改併增析,⑦詳其理,察其源,皆前賢之所未至,使後人之所指漏者焉。今特將'誩''叩'隨'口',⑧併入於'溪'。再定'雔''雥'依'佳',終歸於'照'。⑨ '麤'隨'鹿'走,'羴'從'羊'行。余即隨他人類,⑩奏形送白天庭。背篇隱注,覩篇傍散在諸門;十五單身,覷頭尾布於衆部。添減筆俗

---

① "蘊",原誤作"韻",據《金文最》卷二十一、《金史藝文略》改。
② "損",《金史藝文略》同,《金文最》卷二十一作"增"。
③ "後",原誤作"浚",據《金文最》卷二十一、《金史藝文略》改。
④ "以"字原脱,據《金文最》卷二十一、《金史藝文略》補。
⑤ "注"字原脱,據《金文最》卷二十一、《金史藝文略》補;"玄",原避諱作"元",今回改。
⑥ "駭",《金史藝文略》同,《金文最》卷二十一作"動"。
⑦ "析",《金史藝文略》同,《金文最》卷二十一作"新"。
⑧ "誩叩",《金文最》卷二十一、《金史藝文略》皆作"叩品"。
⑨ "終",《金文最》卷二十一、《金史藝文略》皆作"總"。
⑩ "他",原誤作"化",據《金文最》卷二十一、《金史藝文略》改。

傳之字，少約二千；續《搜真玉鏡》之集，多達一萬。① 取《周易》三百八十四爻、六十甲子，二數相合，改併作四百四十四部，方成規式者也。仍依五音四聲舊時畫段，分爲一十五卷。取叙目爲初見，祖金部爲首，至日、母、自部方終。比於五音舊本，增加字數，計一萬二千三百四十五言，目之曰《五音增改併類聚四聲篇》，不亦宜乎？觀之上件，韓伯暉改併之能者，如明鏡之中照物，令久習之者不厭，好事之者無疑。② 酷似久居暗室，豁然而覩明焉。往者披雲，倏忽而觀日矣。僕因覽之，固無暫捨，興然爲序，以冠篇首。"據此，則原書命名，本爲《五音增改併類聚四聲篇》矣。

按，孫目有。

又按，有《韻書四種》本，題《改併五音類聚四聲篇》。

改併五音集韻十五卷　　　　　　　　　　〇〇六五

韓道昭撰。道昭《自序》曰："聲韻之學，其來尚矣。書契既造，文籍乃生，然訓解之士，猶多闕焉。迄於隋唐，斯有陸生、長孫之徒，詞學過人，聞見甚博，於是同劉臻輩探賾索隱，鈎深致遠，取古之所有、今之所記者，定爲《切韻》五卷，析爲十策。夫切韻者，蓋以上切下韻，合而翻之，因爲號以爲名，而《字統》《字林》《韻集》《韻略》，③不足比也。議者猶謂注有差錯，文復漏誤，若無刊正，何以討論，則《唐韻》所以修焉。採摭群言，撮其樞要，六經之文自爾煥然，九流之學在所不廢。古人之用心，爲何如哉？④ 嘗謂以文學爲事者，必以聲韻爲心；以聲韻爲心者，必以五音爲本。則字母次第，其可忽乎？

---

① "達"，《金文最》卷二十一、《金史藝文略》皆作"迖"。
② "好"，原誤作"如"，據《金文最》卷二十一、《金史藝文略》改。
③ "而"，《金史藝文略》同，《金文最》卷二十一作"則"。
④ "何如"，《金史藝文略》同，《金文最》卷二十一作"如何"。

故先覺之士，其論辨至詳，推求至明，著書立言，蔑無以加。然愚不揆度，欲修飾萬分之一。是故引諸經訓，正諸訛舛，陳其字母，序其等第。以見母牙音爲首，終於來日字，廣大悉備，靡有或遺。始終有倫，先後有別，一有如指諸掌，庶幾有補於初學，未敢併其於達者。① 已前印行音韻，現增加三千餘字。玆韻也，方之於此，又以《龍龕》訓字，增加五千餘字焉。是以再命良工，謹鎪佳板，學者觀之，目擊而道存。時崇慶元年歲在壬申長至日序。"

又有韓道升一《序》，爲同時作。其《序》曰："夫聲韻之術，其來尚矣。證群經之義訓，別使字之因由，辨五音之輕重，論四聲之清濁。② 至於天地之始、日月運行、星辰名號、人間姓氏、山川草木、水陸魚蟲、飛禽走獸、四方呼吸，全憑字樣，豈可離於聲韻哉？嘗聞古者，陸詞創本，劉臻等八人隋朝進韻，抱賞歸家，人皆稱嘆。流通於世，豈不重與。又至大金皇統年間，有洨川荊璞，字彥實，善達聲韻幽微，博覽群書奧旨，特將三十六母添入韻中，隨母取切，致使學流取之易也。詳而有的，檢而無謬，美即美矣，未盡其善也。復至泰和戊辰，有吾弟韓道昭，字伯輝，乃先叔之次子也。先叔者，諱孝彥，字允中。況於聲韻之中，③最爲得意，注疏指玄之論、撰集澄鑑之圖、述門法《滿庭芳》詞、作切韻指迷之頌，④鎪板通行，其名遠矣。今即重編，改併五音之篇，暨諸門友，精加衆字，得其旨趣，標名於世也。又見韻中古法繁雜，取之體計，同聲同韻，兩處安排；一母一音，方知改併。卻想舊時，'先''宣'一類，

---

① "其"，《金文最》卷二十一、《金史藝文略》皆作"期"。
② "清"，原誤作"輕"，據《金文最》卷二十一、《金史藝文略》改。
③ "聲"，《金史藝文略》同，《金文最》卷二十一作"篇"。
④ "作"，《金史藝文略》同，《金文最》卷二十一作"序"。

'移''齊'同音,'薛''雪'相親。舉斯爲例,只如'山刪''獼銑''赚槛''庚耕''支脂之',本是一家;'怪''卦''夬',何分三類?開合無異,等第俱同,姓例非差,故云可併。今將'幽'隨'尤'隊,①'添'入'鹽'叢,②'臻'歸'真'内沉埋,'嚴'向'凡'中隱匿,③'覃''談'共住,'笑''嘯'同居。如弟兄啓户皆逢,若侄叔開門總見。增添俗字,廣改正違,門多依開合、等第之聲音,棄一母復張之切脚。使初學檢閱無遺,④今後進披尋有準。僕因覽之,筆舌難盡。爲吾弟伯暉篇韻之中,有出俗之藝業,貫世之才能,喜之讚之,美之嘆之,興然爲序,以表同流好事者矣。"考崇慶爲衛紹王年號,壬申者其元年也。
按,黄、倪、錢、龔、孫目皆有。
又按,有《韻書四種》本、《四庫全書》本。

增注禮部韻略　　　　　　　　　　　〇〇六六

平水王文郁撰。有許古道真《序》文曰:"科舉之設久矣。⑤詩賦取人,自隋唐始。厥初公於心,至陳書於庭,聽舉子檢閱之。及世變風移,公於法以防其弊,糊名考校,取一日之長,而韻得入場屋。比年以來,主文者避嫌疑,略選舉之體,或點畫之錯,輕爲黜退,錯則誤也。誤而黜之,與選者亦不光矣。近平水書籍王文郁,攜新韻見頤庵老人曰:'稔聞先禮部韻,或譏其嚴且簡,今私韻歲久又無善本。文郁累年留意,隨方見學士大夫,精加校讎,又少添注語,既詳且當,不遠數百里,敬求韻引。'僕嘗披覽,貴於舊本遠矣。僕略言之。"案是書有元刻本,名《平水新刊韻略》,見《儀顧堂題跋》。今據許《序》

---

① "尤",原誤作"冘",據《金文最》卷二十一、《金史藝文略》改。
② "添",原誤作"替",據《金文最》卷二十一、《金史藝文略》改。
③ "匿",原誤作"慝",據《金文最》卷二十一、《金史藝文略》改。
④ "遺",《金史藝文略》同,《金文最》卷二十一作"移"。
⑤ "設",原誤作"没",據《金文最》卷二十一、《金史藝文略》改。

以立斯目,至道真爲當時直臣,與陳規齊譽,其卒時年七十四,在哀宗正大七年,此《序》作於六年季夏,然則有金槩也。
按,孫目有。

鐘鼎集韻　　　　　　　　　　　　　　　〇〇六七

翰林學士承旨奉符党懷英世傑撰。懷英大定十年進士,篆籀入神,李陽冰後一人。《元文類》載熊朋來《鐘鼎篆韻序》:"臨江楊信父參訂舊字,博采金石奇石之迹,益以奉符党氏。"馮子振《增廣鐘鼎篆韻序》:"楊鉤著《增廣鐘鼎篆韻》七卷,政和中王楚作《鐘鼎篆韻》一卷,薛尚功廣之爲七卷。鉤又博采金石奇古之迹,①益以党世傑《集韻》,補所未備。"則此書在元猶見之。
按,孫目有。

漢隸分韻七卷　　　　　　　　　　　　　〇〇六八

馬居易撰。《儀顧堂題跋》:"《宋史·藝文志》有馬居易《漢隸分韻》七卷,則此書乃居易所著也。分韻與大定六年王文郁《平水韻略》同,不用《禮部韻略》,則居易當是金人,非宋人。"
按,孫目有。

草書韻會　　　　　　　　　　　　　　　〇〇六九

張天錫撰。明趙崡《石墨鐫華》載趙秉文《序》云:"徘徊閑雅之容,飛走流注之勢,驚竦峭拔之氣,卓犖跌宕之志,矯若游龍,疾若驚蛇,似邪而復直,欲斷而還連,千態萬狀,不可端倪,亦閑中之一樂也。"其文不載《滏水集》,可錄以補遺。
按,錢、龔、孫目有,錢、龔目皆作《草韻》十册,題張天錫、趙昌世同撰,當別有依據矣。

---

① "鉤",原誤作"韻",據上下文意改。

卷二　史部

正史類

史記注一百卷　　　　　　　　　　　　　　○○七○

户部尚書咸陽蕭貢貞卿撰。貢，大定二十二年進士。此書見《金史》本傳、《中州集》。《歸潛志》云："公博學，嘗注《史記》，又著《蕭氏公論》數萬言。"

按，黃、倪、金、龔、孫目皆有。

史記辨惑十一卷　　　　　　　　　　　　　○○七一

王若虛撰。其書首二卷爲"採摭之誤"，三卷爲"取舍不當"，四卷爲"議論不當"，五卷爲"文勢不相承接"，六卷爲"姓名冗複"，七卷爲"字語冗複"，八卷爲"重叠載事"，九卷爲"疑誤"，十卷爲"用而字多不安"，十一卷爲"雜辨"。元盛如梓《庶齋老學叢談》云："《史記》初看，竊怪語多重複，事多夸誕。及看子由《古史》，删除簡當，固爲奇特。然稱太史公爲人淺近而不學，疏略而輕信，又怪其貶之太過，況是時書籍未備，諸子雜行，有未暇詳考。其易編年而爲紀傳，其法一本於書，後世莫能易。洪容齋云：'《太史公書》，若褒贊其高古簡妙，殆是模寫日星之光輝，①多見其不知量。'近年得滹南《經史辨惑》，論《史記》者十一卷，'採摭之誤'若干，'取舍不當'若干，'議論不當'若干，'姓名字語冗複'若干，'文勢不接'若干，'重叠載事'若干，指瑕摘疵，略不少恕，且有'遷之罪不容誅矣'之

---

① "輝"，原誤作"耀"，據清修明崇禎馬元調刻本《容齋隨筆》卷五、清《知不足齋叢書》本《庶齋老學叢談》《金史藝文略》改。

辭。吁！太史公初意豈期如此？可哀也已。洪則專取其長，王則專攻其短，人之好惡不同。"案如盛説，蓋其不滿於若虛者。然其持之有故，言之成理，卓識精論若此，乃能不爲古人所拘也。孟子曰"盡信書則不如無書"，於若虛見之矣。

按，孫目有，有《滹南集》本。

史記譯解 ○○七二

徒單鎰於大定六年以女真字譯。

按，金、龔目皆有。

西漢書譯解 ○○七三

徒單鎰大定六年以女真字譯。

按，金、龔目皆有。

南北史志三十卷 ○○七四

真定蔡珪正甫撰。珪，松年子，天德三年進士，辨博爲天下第一，朝廷稽古補禮文之事，取其議論爲多。此書合沈約、蕭子顯、魏收，《宋》《齊》《魏志》作。《中州集》作《補南北史志書》六十卷。珪，《金史》列《文藝傳》。

按，黄、倪、金、龔、孫目皆有。

新唐書辨惑三卷 ○○七五

王若虛撰。書專攻子京而作。其首條曰："作史與他文不同。寧失之質，不可至於華靡而無實；①寧失之繁，不可至於疏略而不盡。宋子京不識文章正理而惟異之求，肆意雕鐫，無所顧忌，以至字語詭僻，殆不可讀。其事實則往往不明，或乖本意，自古史書之弊，未有如是之甚者。嗚呼！筆力如韓退之，而《順宗實録》不愜衆論。或勸東坡重修《三國志》，②而坡自

---

① "華"，《金史藝文略》同，《滹南遺老集》卷二十一作"蕪"。
② "志"字原脱，據《滹南遺老集》卷二十一補。

謂非當行家,莫敢當也。① 以祁輩奇偏之識,②而付之斯事,非其宜矣。"此雖非序文,而論史之理與評子京之刻意求新,失其本事,語多扼要,實可作書敘觀矣。特録出之,以存其崖略云。
按,孫目有,有《濘南集》本。

國語新唐書　　　　　　　　　　　　　　　〇〇七六
大定年間譯。
按,錢、龔目皆有。

遼史七十五卷　　　　　　　　　　　　　　〇〇七七
尚書左丞蕭永祺景純撰。《金史·文藝傳》:"少好學,通契丹大小字。耶律固奉詔譯書,辟置門下,盡傳其學。固作《遼史》未成,永祺繼之,作紀三十卷、志五卷、傳四十卷,上之。"
按,黄、倪、金、錢、龔、孫目皆有。

遼史　　　　　　　　　　　　　　　　　　〇〇七八
党懷英、陳大任、蕭貢撰。《金史·蕭貢傳》:"與陳大任刊修《遼史》。"又《文藝傳·党懷英傳》:"懷英致仕後,章宗詔直學士陳大任繼成《遼史》。"
按,黄、倪、金、錢、龔、孫目皆有。
又按,脱脱《遼史》卷四十四志十四、卷四十九志十八、卷五十八志二十七、卷六十三表一、卷七十一傳一、卷一百十六語解,皆明引陳大任書。駱别有輯本。

國史類

起居注之屬

天德朝起居注　　　　　　　　　　　　　　〇〇七九
翰林待制宗叙修,在海陵天德三年。

---
① "莫",《金史藝文略》同,《濘南遺老集》卷二十一作"不"。
② "識",原誤作"口",據《濘南遺老集》卷二十一改。

按，金、龔、孫目皆有。

世宗起居注　　　　　　　　　　　〇〇八〇

永定軍節度使華陰楊邦基德懋修，在大定七年時。同修者有紇石烈良弼、石琚、夾谷衡。案邦基《金史》有傳。天眷二年進士，好學，能屬文，善畫山水人物，尤以畫名當世。

按，金、龔、孫目皆有。

章宗起居注　　　　　　　　　　　〇〇八一

完顏守貞修。據《金史》本傳："守貞與修起居注張暐奏言：'唐中書門下入閣，諫官隨之，欲其預聞政事，有所開說。又起居郎、起居舍人，每皇帝視朝，左右對立，有命則臨階俯聽，退而書之，以爲起居注。緣侍從官每遇視朝，正合侍立。自來左司上殿，諫官、修起居注不避，或待從官除授及議便遣，始令避之。比來一例令臣等迴避，及香閣奏陳言文字，亦不令臣等侍立。則凡有聖訓及所議政事，臣等無緣得知，何所記錄，何所開說，似非本設官之義。若漏泄政事，自有不秘罪。'①上從之。"如此，則其書若傳，必有可觀者矣。

按，金、龔、孫目皆有。

實錄之屬

始祖以下十帝實錄三卷　　　　　　〇〇八二

金源郡王完顏勖勉道撰。勖，穆宗第五子，好學問，國人呼爲秀才。太宗天會六年，詔書求訪祖宗遺事，以備國史，命勖與耶律迪越掌之，勖採摭遺言舊事，自始祖以下十帝，綜爲三卷。凡部族既曰某部，復曰某水之某，又曰某鄉某村，以別識之。凡與契丹往來，又征伐諸部，其間詐謀詭計，一無所隱，事有詳有略，咸得其實。書成於皇統元年，事載《金史》本傳。

---

① "秘"，《金史》卷七十三作"密"。

明陳第連江《世善堂書目》有《金實録抄》三本,則勖所著在明時猶見完帙也。

按,黄、倪、金、龔、孫目皆有,錢目作《金先朝實録》。

太祖實録二十卷 〇〇八三

完顔勖撰。《金史》本傳:"八年,奏上《太祖實録》二十卷。"所謂"八年"者,即熙宗皇統八年也。乃《熙宗紀》又於皇統八年云:"宗弼進《太祖實録》。"[1]紀、傳不合,當以本傳爲正。據《宗弼傳》,弼於皇統八年薨,不記進實録事,則本紀誤矣。案厲鶚《遼史拾遺》云:"《金太祖實録》曰:'太祖先爲完顔部人,以遼天慶五年建國,曰:遼以鑌鐵爲國號,鑌鐵雖堅,終有銷壞,唯金一色,最爲珍寶。自今本國可號大金。'"若然,則《實録》一書,厲氏猶及見之。惟首列鈔撮群書目録,則不注撰人。

按,黄、倪、金、錢、龔、孫目皆有,黄、倪、錢目皆作"宗弼修"。

太宗實録 〇〇八四

右丞相監修國史紇石烈良弼撰。據《金史》本傳云:"《太宗實録》成,同修國史張景仁、曹望之、劉仲淵以下賜有差。"是張、曹諸臣與良弼同修實録者也。時爲世宗大定七年。

按,金、錢、龔、孫目皆有。

熙宗實録 〇〇八五

吏部侍郎大定鄭子聃景純撰。見《補三史藝文志》。子聃,《金史》入《文藝傳》。此書本傳不載,《補元史藝文志》亦無撰人。

按,金、錢、龔、孫目皆有。

---

[1] "祖",原誤作"宗",據《金史》卷四及上下文意改。

海陵實録 　　　　　　　　　　　〇〇八六

鄭子聃撰。《金史》本傳："上曰：'修《海陵實録》，知其詳無如子聃者。'蓋以史事專責之也。"

按，黄、倪、錢、龔、孫目皆有，錢目作"紇石烈良弼進"，黄、倪目皆作《海陵庶人實録》，無撰者。

睿宗實録 　　　　　　　　　　　〇〇八七

紇石烈良弼撰。大定十一年進。

按，黄、倪、金、錢、龔、孫目皆有。

世宗實録 　　　　　　　　　　　〇〇八八

尚書左臣完顏匡撰。匡，始祖九世孫，明昌四年進。

按，黄、倪、金、錢、龔、孫目皆有。

章宗實録一百卷　事目二十卷 　　〇〇八九

趙秉文撰。《金史·宣宗紀》："興定元年冬，命高汝礪、張行簡修《章宗實録》。"秉文本傳："興定元年，同修國史。"秉文有表見《滏水集》，今録之於此。表曰："臣秉文等言：'伏以唐虞之際有典謨，茂彰洪烈；文武之政在方策，迄爲顯王。① 自昔人君，必存史籍。既有其豐隆顯懿之德，亦賴夫温醇深潤之文。鋪張對天之洪休，揚厲無前之偉績。② 然後事辭不苟，聲實相當。伏以章宗皇帝，聖敬日躋，聰明時乂，光膺大業，祗述先猷。稟大有爲之資，千古挺出；行不忍人之政，期年有成。發廩粟以賑貧窮，置外臺以審刑獄。罷征斂於即日，減租税者累年。敦勸農桑，裁定制度，孝承祖廟，③款謁天壇。④ 秩曠古之無文，定國朝之大禮。生徒徧學校，冠蓋環橋門。

---

① "顯王"，原誤作"丕顯"，據《滏水集》卷十改。

② "無"，原誤作"光"，據《滏水集》卷十改；"績"，原誤作"蹟"，據《滏水集》卷十改。

③ "廟"，《金史藝文略》同，《滏水集》卷十作"烈"。

④ "天"，《金史藝文略》同，《滏水集》卷十作"大"。

煥乎之文，足以藻飾百度；赫然之怒，足以震疊萬方。始以殷高之明，鬼方肆伐；終然宣后之烈，淮夷來舒。① 故得孽宋增幣以乞盟，阻韃革心而效順。西服銀夏，東撫辰韓，歲時相望，琛寶入貢。由是蒸爲瑞氣，散爲祥風，神鳳來翔，寶鼎出現，野蠶成繭，嘉穀旅生。至於奎璧之文，河洛之畫，日月出矣，光其不亦難乎？江漢濯之，皜乎不可尚已。尚卻徽稱而不受，愈彰聖德之難名。二十年間，鼓舞太和之治；②億萬世後，光華惇史之書。③ 況夫良將之遠籌，賢相之婉畫；所表忠臣節婦，所舉異行茂才；本兵興賦之煩，生齒版圖之數，所宜具載，以示方來。欽惟皇帝陛下，貪紹燕謀，思光前烈。謂信書之未畢，恐遺美之不昭。深詔儒臣，詳爲實錄。往在東海之際，已抽中秘之書。踵此編年，俾之載筆。屬典策之未上，④值敵寇之不虞。⑤ 師旅繹騷，篇帙散逸。欽承聖訓，復命編摩。徧閱官縢，曲加搜訪。然而起居注有所未備，行止錄有所未詳。或捃摭於案牘之餘，或採拾於見聞之際。載之行事，誠咸五而登三；及此成書，懼挂一而漏萬。臣等所編成《章宗皇帝實錄》一百卷，並《事目》二十卷，總計一百二十卷。繕寫了畢，謹具進呈狀。伏望聖慈，⑥曲垂省覽。臣文章曖昧，學術空疏。遺美不彰，雖乏三長之妙；直辭無愧，庶伸一得之愚。'"

按，錢、孫目皆有。

---

① "舒"，原誤作"徐"，據《滏水集》卷十改。
② "鼓"，《金史藝文略》同，《滏水集》卷十作"歌"。
③ "惇"，原誤作"淳"，據《滏水集》卷十、《金史藝文略》改。
④ "策"，《金史藝文略》同，《滏水集》卷十作"册"。
⑤ "敵"，《金史藝文略》同，《滏水集》卷十作"虜"。
⑥ "望"字原脱，據《滏水集》卷十補。

章宗實錄 ○○九○

王若虛撰。元好問《墓表》:"哀宗正大初,章宗、宣宗實錄成,遷平涼府判官。"

按,黃、倪、金、龔、孫目皆有。

顯宗實錄十八卷 ○○九一

泰和三年左丞完顏匡等進。

按,錢、龔目皆有。

衛王事迹 ○○九二

無撰人。《補元史藝文志》:"蘇天爵謂'《衛王實錄》竟不及爲'。"

按,黃、倪、錢、龔、孫目皆有。

宣宗實錄 ○○九三

王若虛撰。據《金史・哀宗紀》,於正大五年十一月進。

按,黃、倪、錢、龔、孫目皆有。

詔令奏議之屬

四朝聖訓 ○○九四

楊廷秀撰。此書編類太祖、太宗、熙宗、世宗聖訓,在承安二年。

按,黃、倪、金、錢、龔、孫目皆有。

大定遺訓 ○○九五

翰林修撰大名史公奕季宏撰。公奕,大定二十八年進士,工書有能名,自號歲寒堂主人。《中州集》有小傳,趙秉文爲作墓碑,見《滏水集》。此書與呂造《尚書要略》同進,蓋正大初嘗充益政院官也。

按,金、錢、龔、孫目皆有。

皇統制 ○○九六

無撰人。

按，錢、龔、孫目皆有，錢、龔目皆作《皇統制條》。

正隆續降制書　　　　　　　　　　　〇〇九七
　　無撰人。
　　按，孫目有。

軍前權宜條理　　　　　　　　　　　〇〇九八
　　無撰人。以上三種，見《金史·刑志》。
　　按，孫目有。

熙宗尊號册文　　　　　　　　　　　〇〇九九
　　完顏勗撰。
　　按，金、龔、孫目皆有。

宣宗哀册　　　　　　　　　　　　　〇一〇〇
　　翰林修撰磁州潘希孟仲明撰。《歸潛志》云："爲文條暢有法，《宣宗哀册》《玉册》皆其筆也。"
　　按，孫目有。

宣宗玉册　　　　　　　　　　　　　〇一〇一
　　潘希孟撰。
　　按，孫目有。

泰和律令　　　　　　　　　　　　　〇一〇二
　　蕭貢撰。
　　按，龔目有。

世宗幸金蓮川疏一卷　　　　　　　　〇一〇三
　　梁襄撰。
　　按，金、龔目皆有。《金文雅》《金文最》中有梁襄《諫幸金蓮川疏》，當即是此卷，然亦不敢確定，姑照金、龔目列之。

國朝憲章十五卷　　　　　　　　　　〇一〇四
　　敬儼撰。
　　按，龔目有。

許古章奏 〇一〇五

　許古撰。

　按,金、龔目皆有。

陳規章奏 〇一〇六

　陳規撰。

　按,金、龔目皆有。

雜撰之屬

金國志二卷 〇一〇七

　張棣撰。《世善堂書目》作《金源記》。

　按,龔目有。

金國志一卷 〇一〇八

　無名氏撰。

　按,龔目有。

大金國志四十卷 〇一〇九

　宇文懋昭撰。錢曾《讀書敏求記》:"宇文懋昭於端明元年表上所輯《大金國志》。懋昭竊祿金朝,爲淮西歸正人,宋改授承事郎工部架閣。① 其所載誓書下直書差康王出質,且詳列北遷宗族等於獻俘,可謂無禮於其君者矣。敢於表上其書,而端平君臣竟漫至不省,何也?"案此書今有刊本,以錢氏"竊祿金朝"諸語,則其書固在金時作也,故目録家皆題爲金。

　按,黃、倪、孫目皆有。

　又按,此書刊本甚多。

金國節要三卷 〇一一〇

　張匯撰。《世善堂書目》作《金人節要圖》。

　按,龔目有。

---

① "承",原誤作"永",據清雍正四年松雪齋刻本《讀書敏求記》(以下《讀書敏求記》皆據此本,不再注明)改。

金圖經一卷　　　　　　　　　　　　　　　　○一一一

　　無名氏。《四庫附存目》云："一名《金國志》。"
　　按，龔目有。

大金弔伐錄四卷　　　　　　　　　　　　　　○一一二

　　無撰人。見王圻《續文獻通考》。所記爲伐宋往來文檄盟誓書。
　　按，黃、倪、錢、龔、孫目皆有。
　　按，有《四庫全書》本、《守山閣叢書》道光本、鴻文書局景道光本、博古齋景道光本。本、《叢書集成初編》本、《中國内亂外禍歷史叢書》本、《墨海金壺》嘉慶本、景嘉慶本。本、《四部叢刊》本。

金德運議一册　　　　　　　　　　　　　　　○一一三

　　無撰人，見《菉竹堂書目》。此編爲貞祐二年尚書省集議之文。
　　按，錢、龔、孫目皆有，書名作《大金德運圖説》。
　　又按，有《守山閣叢書》本。

編年史類

續資治通鑑　　　　　　　　　　　　　　　　○一一四

　　楊雲翼、趙秉文撰。衛紹王大安元年編輯。《金史》但載之《雲翼傳》，言《續通鑑》若干卷。
　　按，黃、倪、金、龔、孫目皆有。

歷年係事記　　　　　　　　　　　　　　　　○一一五

　　張特立撰，見《元史》。
　　按，黃、倪、龔、孫目皆有。

紀事本末類

征蒙記一卷　　　　　　　　　　　　　　　　○一一六

　　明威將軍登州刺史李大諒撰。陳振孫《直齋書錄解題》："建炎鉅寇之子，隨其父成降金者也。所記家人跳梁，自其全盛時已不能制矣。"《世善堂書目》作《征蒙古記》。

按，龔、孫目皆有。

南征錄彙一卷①　　　　　　　　　　　〇一一七

李天民輯。

按，有《靖康稗史》本、《己卯叢編》本。

南遷錄一卷　　　　　　　　　　　〇一一八

著作郎張師顏撰。《書錄解題》云："頃初見此書，疑非北人語，其間有曉然傅會者，或曰華岳所爲也。近叩之汴人張總管翼則云：②'歲月皆牴牾不合。'益證其妄。"錢謙益《絳雲樓書目》入編年類，錢曾《述古堂書目》亦著錄。

按，錢、龔、孫目皆有。

按，有《學海類篇》道光本、景道光本。本、《叢書集成初編》本。

北遷錄　　　　　　　　　　　　〇一一九

中都路轉運使玉田王寂元老撰。寂，《金史》無傳。《中州集》："元老天德三年進士，興陵朝以文章政事顯，終於中都路轉運使。壽六十七，③諡文肅。有《拙軒集》《北遷錄》傳於世。"

按，錢、龔、孫目皆有。

甲寅通和錄　　　　　　　　　　〇一二〇

太常卿濟南王繪質夫撰。天會二年進士。《中州集》有傳，此書不載。《提要》著錄一卷，於"甲寅"上有"紹興"二字，稱宋王繪撰。然施國祁《史論互答》"王繪《甲寅通和錄》載李聿興

---

① "錄彙"，原誤作"彙錄"，據清光緒刻本《善本書室藏書志》卷八乙正。

② "叩"，《金史藝文略》同，清《武英殿聚珍版叢書》本《直齋書錄解題》卷五作"扣"。

③ "六十七"，原誤作"六十六"，據《中州集》卷二改。

言本朝制度，多是宇文相公所定，眞所喜歡，時復支賜，宅舍都滿"。宇文相公者，當謂宇文虛中也。① 則觀其所言似非宋人矣。

按，孫目有。

章宗飛龍記　　　　　　　　　　　　　　○一二一

無撰人。《歸潛志》："章宗天資聰悟，詩詞多有可稱者。《宮中》絕句云：'五雲金碧拱朝霞，樓閣崢嶸弟子家。三十六宮簾盡捲，東風無處不揚花。'眞帝王詩也。《命翰林待制朱瀾侍夜飲》詩云：②'夜飲何所樂，所樂無喧嘩。三杯淡醨醁，一曲冷琵琶。坐久香成穗，夜深燈欲花。陶陶復陶陶，醉鄉豈有涯。'又《聚骨扇》詞云：'幾股湘江龍骨瘦，巧樣翻騰，叠作湘波皺。金縷小鈿花草鬭，翠條更結同心扣。金殿日長承宴久，招來暫喜清風透。忽聽傳宣須急奏，輕輕褪入香羅袖。'又擘橙爲《軟金杯詞》云：'風流紫府郎，痛飲烏沙岸。柔軟九回腸，冷怯玻璃碗。纖纖白玉葱，分破黃金彈。借得洞庭春，飛上桃花面。'嘗爲《鐵券行》數十韻，筆力甚雄。又有《送張建致仕歸》《弔王庭筠下世》詩，具載《飛龍記》中。"案此所錄，雖僅詩詞，然全書體例，當不外是，今備引之，覽者可以得其大凡矣。

按，孫目有。

別史類

大遼古今錄　　　　　　　　　　　　　　○一二二

無撰人。

---

① "中"字原脫，據《金史》卷七十九、《金史藝文略》及上下文意補。

② "制"，原誤作"囗"，據清《武英殿聚珍版叢書》本《歸潛志》（以下《歸潛志》皆據此本，不再注明）卷一改。

按，龔、孫目皆有。

大遼事迹 〇一二三

無撰人。案此與《古今録》二書，《補元史藝文志》云："皆金時高麗所進。"

按，龔、孫目皆有。

雜史類

歸潛志十四卷 〇一二四

渾源劉祁京叔撰。祁爲從益子，《金史·文藝傳》云：[①]"京叔爲太學生，甚有文名。值金末喪亂，作《歸潛志》以紀金事，修《金史》多採用焉。"又云："劉京叔《歸潛志》與元裕之《壬辰雜編》二書，雖微有異同，而金末喪亂之事，猶有足徵者焉。"祁《自序》曰："金王八年，去鄉里，從祖文游宦於大河之南。時南京爲行宫，因得從名士大夫問學。不幸弱冠而先子殁，其後進於有司，不得志，將歸隱於太皞之墟，一旦遭值金亡，干戈流落，由魏過齊入燕，凡二千里。甲午歲，復於鄉，蓋年三十二矣。因思向日二十餘年間所見富貴權勢之人，一時烜赫如火烈烈者，迨遭喪亂，皆煙銷灰滅無餘。而吾雖貧賤一布衣，猶得與妻子完歸，是亦不幸之幸也。由是以其所經涉憂患，[②]與夫被攻劫之苦，奔走之勞，雖飯蔬飲水，囊中無寸金，[③]未嘗蒂諸胸臆。獨念昔所與交游，[④]皆一代偉人，今雖物故，其言論談笑，想之猶在目。且其所聞所見，可以勸戒規鑑

---

① "史"下原衍"附"字，據《金史》卷一百二十六及上下文意删。
② "以其所"，原誤作"其所以"，據《金文最》卷二十三改。
③ "囊"，《金文最》卷二十三、《金史藝略》皆作"橐"。
④ "昔"，原誤作"者"，據《金文最》卷二十三、《金史藝文略》改。

者,不可使湮没無傳。因暇日記憶,隨得隨書,題曰《歸潛志》。歸潛者,①予所居堂之名也。因名其書,以誌歲月。異時作史,亦或有取焉。"案祁入元後,就試南京,充山西東路考試官,是其晚節不終。然明王世偵作序,與《讀書敏求記》皆稱金人,今從之。有知不足齋刊本。②

按,黃、倪、③金、龔、孫目皆有。

資暇錄十五卷　　　　　　　　　　　　〇一二五

趙秉文撰,見《遺山集》墓銘。此書《世善堂書目》載之,入野史稗史雜史類。

按,金、錢、孫目皆有。

壬辰雜編三卷　　　　　　　　　　　　〇一二六

左司員外郎秀容元好問裕之撰。好問別字遺山,興定五年進士。金亡不仕。晚年尤以著作自任。以金有天下,典章法度幾及漢、唐,國亡史作,己所當任。構亭於家,著述其上,名曰"野史"。凡金源君臣遺言往行,采撫所聞,有所得,輒以寸紙細字為記錄,至百餘萬言。惟《金史·文藝傳》此書止言若干卷,今據葉盛《篆竹堂書目》著錄。考歐陽玄《圭齋集·送振先宗丈歸祖庭》詩序云:"近來奉詔修三史,④一日於翰林故府擷金人遺書,得元遺山裕之手寫《壬辰雜編》一帙。"然則修《金史》者必取之是書矣。故本傳言纂修《金史》多本其所著。

按,黃、倪、金、龔、孫目皆有。

金源野史　　　　　　　　　　　　　　〇一二七

元好問撰。案本傳所謂"構亭於家,著述其上,因名曰'野

---

① "潛"下原衍"志"字,據《金文最》卷二十三、《金史藝文略》刪。
② "齋"下原衍"倪"字,據上下文意刪。
③ "倪"字原脫,據清光緒十七年廣雅書局刻本《補遼金元藝文志》(以下《補遼金元藝文志》皆據此本,不再注明)補。
④ "來",《四部叢刊》影印明成化本《圭齋文集》卷二、《金史藝文略》皆作"年"。

史'",言亭以"野史"爲名乎,抑書以"野史"爲名乎。《補三史藝文志》既列此目,今姑據以著録,而附辨之。

按,金、龔、孫目皆有,龔目作《野史》。

中興事迹　　　　　　　　　　○一二八

翰林學士完顏㝢迭撰。

按,黄、倪、錢、龔、孫目皆有。

煬王江上録一卷　　　　　　　○一二九

無撰人。王圻《續文獻通考》云:"是書所載皆金事,蓋金人所撰也。"余見湯雲泰《金源紀事詩》引《江上録》云:"岐王亮弑主自立,改元天德。内史梁漢臣本宋内侍,進曰:'燕京自古霸國,虎視中原,爲萬世之基,陛下宜修燕京,時復巡幸。'遂納其言,差漢臣充修燕京大内正使,孔彥舟爲副使。自天德四年起,至貞元元年畢工。以燕京都爲中都,擇日遷燕山府。"今以其書傳世絶希,爰録此節,以存其概云。

按,龔、孫目皆有。

北風揚沙録　　　　　　　　　○一三○

無撰人。《補遼金元藝文志》云:"記金國始末。"案此書世無傳本,嘗見《遼史拾遺》載其文,未知是全書與否。顧其末言"本朝建隆二年,始遣使來貢方物名馬貂皮"。考建隆爲宋太祖年號,而又稱爲"本朝",則似係宋人作。然《補遼金元藝文志》則附金末,今從之。

按,黄、倪、龔、孫目皆有。駱有輯本。

天興墨淚　　　　　　　　　　○一三一

無撰人。見《補遼金元藝文志》,謂記金亡事。《補元史藝文志》入元代。案此名爲墨淚,當是金末遺民,有感於天興之亡也。

按,黄、倪、龔、孫目皆有。

青宮譯語節本一卷 〇一三二

　　王成棣撰。

　　按,有《靖康稗史》本、《己卯叢編》本。

宋俘記一卷 〇一三三

　　可恭撰。

　　按,有《靖康稗史》本、《己卯叢編》本。

蒙古備錄二卷 〇一三四

　　無名氏撰。

　　按,龔目有。

汝南遺事 〇一三五

　　王鶚撰。《十駕齋養新錄》云:"王鶚《汝南遺事》,雜史也。"

　　按,龔目有。

鳳山思遠記 〇一三六

　　東陽滕秀穎撰。滕茂實記三滕始末,茂實宋人,留金,見《中州集》南冠類。

　　按,龔目有。

戒嚴記 〇一三七

　　張行簡撰。

　　按,金、龔目皆有,龔目作《皇華戒嚴記》。

金國文具錄 〇一三八

　　無撰人。見尤袤《遂初堂書目》雜史類。

　　按,孫目有。

大定治績二卷 〇一三九

　　王磐、徐世隆撰,後於至元二年進呈,凡一百八十餘事。

　　按,黃、倪目皆有。

便宜十事書 〇一四〇

　　劉炳撰。

按，金、龔目皆有。

龜鑑 ○一四一

趙秉文撰。

按，金目有。

女真字貞觀政要 ○一四二

徒單鎰譯。

按，金、龔目皆有。

譜牒類

本朝譜牒 ○一四三

阿離合懣撰。景祖第八子，《金史》本傳云："爲人聰敏辨洽，凡一聞見，終身不忘。始未有文字，祖宗族屬時事並能默記，與斜葛同修本朝譜牒。見人舊未嘗識，聞其父祖名，即能道其部族世次所出。或積年舊事，偶因他及之，①人或遺忘，輒一一辯析言之，②有質疑者皆釋其意義。世祖嘗稱其強記，人不可及也。"

按，孫目有。

金重修玉牒 ○一四四

無撰人。承安五年大睦親府進。

按，錢、龔、孫目皆有。

金國世系 ○一四五

無撰人。見尤袤《遂初堂書目》地理類。此類中又有《女真實錄》，雜記金國事；《燕北金疆地理記》，附載於此。

按，孫目有。

---

① "偶"字原脱，據《金史》卷七十三補。
② "辯"，《金史》卷七十三、《金史藝文略》皆作"辨"。

女真郡望姓氏譜　　　　　　　　　〇一四六
完顏勗撰。
按，黃、倪、金、錢、龔、孫目皆有。

五聲姓譜五卷　　　　　　　　　〇一四七
蕭貢撰。《金史》本傳不載，見《中州集》。
按，錢、龔、孫目皆有。

孔氏實錄一卷　　　　　　　　　〇一四八
《四庫附存目》採集《永樂大典》本。末一條云："大蒙古國領中書省耶律楚材奏准皇帝聖旨，於南京特取襲封孔元措，令赴闕里奉祀。"此書或即元措先人之所撰歟。
按，龔目有。
又案，有輯錄《永樂大典》本。

續編祖庭廣記　　　　　　　　　〇一四九
孔瓛撰。瓛有《跋》，其文曰："叔祖父昔年編此既成，欲鏤版藏於祖庭，值建炎之事，廟宇與書籍俱爲灰燼。後二十餘年，或見於士大夫家，皆無完本，甚可惜。瓛宣和間嘗預檢討，輒因公暇，考諸傳記，證以舊聞，重加編次，僅成完書，比之舊本，又取其事繫於先聖而非祖庭者，及以聖朝，皆纂集而附益之，遂鏤版流傳。非特成叔祖父之志，將使歷代尊師重道優異之典，①昭昭可見，不其韙歟？正隆元年丙子歲五月甲午初一日辛丑朔，四十九代孫瓛謹識。"文見《祖庭廣記》。
按，孫目有。

孔氏祖庭廣記十二卷　　　　　　　〇一五〇
襲封衍聖公五十一代孫孔元措夢得撰。元措有《自序》，並張行信一《序》，並錄於此。元措《序》曰："先聖傳世之書，其來

---

① "典"，原誤作"曲"，據清光緒《琳琅秘室叢書》本《孔氏祖庭廣記》卷三、《金史藝文略》改。

久矣,由略積詳,愈遠而愈著,①蓋聖德宏博,自有不可揜者。爰自四十六代族祖知洪州軍州事柱國纂集所傳,板行四遠,於是乎有《家譜》,尚冀講求,以俟他日。逮四十七代從高祖邠州軍州事朝散克承前志,推原譜牒,參考載籍,摘拾遺事,復成一書。值宋建炎之際,不暇鋟行。至四十九代從祖主祥符縣簿承事,懼其亡逸,證以舊聞,重加編次,遂就完本,布之天下,於是乎《祖庭記》有二書並行。凡搢紳之流,靡不家置,獲覽聖迹,②與夫歷代襃崇之典,奕葉繼紹之人,如登崑崙而披日月,咸快瞻仰。比因兵災,③闕里家廟半爲灰燼,中朝士大夫家藏文籍多至散没,豈二者獨能存歟?④元措託體先人,襲封世嗣,悼斯文之將泯,恐祖牒之久湮,去聖愈遠,來者難考。乃與太常諸公討尋傳記及諸典禮,⑤於二書之外,得三百二事,皆往古尊師之懿範,皇朝重道之宏規,前此所未見聞者。於是增益二書,合爲一編,及圖聖像、廟宇、山林、手植檜等列於篇首,⑥題曰《孔氏祖庭廣記》。其兩漢以來林廟碑刻,舊書止載名數,今併及其文而錄之,⑦蓋慮久而磨滅,不可復得。且先聖生於周靈王二十一年庚戌,迄今凡一千七百七十八歲,其間經世變亂,不知其幾,而聖澤流衍,無有窮已,固不待紙傳而可久也。然所以規規於此者,⑧特述事之心不得不然。是書之出也,不惟示訓子孫,修身慎行,不墮先業,⑨流芳萬

---

① "愈著",《金史藝文略》同,《金文最》卷二十一作"益著"。
② "獲",原誤作"復",據《金文最》卷二十一、《金史藝文略》改。
③ "比",原誤作"此",據《金文最》卷二十一、《金史藝文略》改。
④ "者",《金文最》卷二十一、《金史藝文略》皆作"書"。
⑤ "討",原誤作"封",據《金文最》卷二十一、《金史藝文略》改。
⑥ "首",原誤作"目",據《金文最》卷二十一改。
⑦ "及"字原脱,據《金文最》卷二十一、《金史藝文略》補。
⑧ "於",《金史藝文略》同,《金文最》卷二十一作"爲"。
⑨ "墮",《金文最》卷二十一、《金史藝文略》皆作"墜"。

古,是亦學者之光也。"時在正大四年。

張行信《序》曰:"古之君子皆論撰其先祖之德,明著之後世。當先世有美而不知者,不明也。知而不傳,不仁也。明足以見,仁足以顯,然後爲君子。故素王之孫穆公師事子思,自論祖述憲章之道,魏相子順亦稱相魯之政化,漢博士安國復推明所修六經,垂世之教,當世莫不賢之。自夢奠兩楹之後,迄今千七百載,傳家奉祀者數贏五十,繼繼公侯,象賢載德,如聯珠叠璧,輝映今古。嗚呼,休哉!聖人之流光若此,後之人能奉承不墮又如此。① 宜有信書,廣記備言,顯揚世美,以示於將來,傳之永久。於是襲封資政公因《家譜》《庭記》之舊,質諸前史,參以傳記,並録林廟累代碑刻,兼述皇統、大定、明昌以來崇奉先聖故事,博采詳考,正其誤,補其闕,增益纂集,共成一書,凡一十二卷,名曰《孔氏祖庭廣記》。應祖庭事迹、林廟族世、古今名號、典禮沿革之始末,並列於篇,粲然完備。於國則累朝尊師重道之美,靡所不載;於家則高曾祖考保世承祧之美,靡所不揚。故先聖配天之德,愈久而愈彰。噫,若資政公者,可謂仁明君子,能世其家者也。資政公嘗以書示予,予斂衽觀之,既欽仰其世德,又嘉公之用心,得繼志述事之義,乃磨鈍雕朽,爲之題辭焉。"此《序》爲同時作,時行信已致仕矣。

書今有刊本,黃丕烈嘗得元刻,見近編《士禮居題跋》。《皕宋樓藏書志》有影寫金刻本。

按,龔、孫目皆有。

又按,有《四部叢刊續編》本、《續古逸叢書》本,又有《琳琅秘室叢書》咸豐本,題《孔氏祖庭廣記》十二卷,附《校訛》一卷。

---

① "墮",《金文最》卷二十一、《金史藝文略》皆作"墜"。

又有《琳琅秘室叢書》光緒本、《叢書集成初編》本,題《孔氏祖庭廣記》十二卷,附《校訛》一卷《續補校》一卷。

南冠錄　　　　　　　　　　　　　　　〇一五一

元好問撰。好問《自序》:"予以始生之七月,出繼叔父隴城府君。① 迨大安庚午,府君卒官,扶護還鄉里,時予年二十有一矣。元氏之老人、大父,彫喪殆盡。問之先世之事,諸叔皆晚生,止能道其梗概。予亦以家牒具存,碑表相望,他日論次之,蓋未晚也。因循二三年,中原受兵,避寇陽曲、秀容之間,歲無寧居。貞祐丙子,南渡河,家所有物,經亂而盡。舊所謂譜牒,②乃於河南諸房得之,故宋以後事爲詳,③而宋前事皆不可得而考也。④ 益之兄嘗命予修《千秋錄》,⑤雖略具次第,他所欲記者尚多而未暇也。歲甲午,羈管聊城,益之兄邈在襄漢,遂有彼疆此界之限。姪搏俘縶之平陽,存亡未可知。伯男子叔儀、姪孫伯安皆尚幼,未可告語。予年已四十有五,殘息奄奄,朝夕待盡。使一日顛仆於道路,則世豈復有知河南元氏哉?⑥ 維祖考承三公餘烈,⑦賢雋輩出,文章行業,皆可稱述。不幸而與皂隸之室,混爲一區,泯泯默默,無所發見,可不大哀耶?乃手寫《千秋錄》一篇,付文嚴,⑧以備遺忘,又自爲講說之。嗚呼! 前世功名之士,人有愛慕之者,必問其形質顏貌、言語動作之狀,史家亦往往爲記之,在他人且然,吾

---

① "父",《金史藝文略》同,《遺山集》卷三十七作"氏"。
② "謂",《遺山集》卷三十七、《金史藝文略》皆作"傳"。
③ "事"字原脱,據《遺山集》卷三十七補。
④ "可"字,《金史藝文略》同,《遺山集》卷三十七無。
⑤ "嘗"字原脱,據《遺山集》卷三十七、《金史藝文略》補。
⑥ "有知",《金史藝文略》同,《遺山集》卷三十七作"知有"。
⑦ "三",《金史藝文略》同,《遺山集》卷三十七作"王"。
⑧ "文",《金史藝文略》同,《遺山集》卷三十七作"女"。

先人之形質顔貌、言語動作，乃不欲知之，豈人之情也哉？故以先世雜事附焉。予自四歲讀書，八歲學作詩，作詩今四十年矣。十八，先府君教之民政。從仕十年，出死以爲民。自少日有志於世，雅以氣節自許，不甘落人後。四十五年之間，與世合者不能一二數。得名爲多，而謗亦不少。舉天下四方，①知己之交，唯吾益之兄一人。人生一世間，業已不爲世所知，②又將不爲吾子孫所知，何負於天地鬼神而至然耶？故以行年雜事附焉。先祖銅山府君，正隆二年賜出身。訖正大之末，吾家食先朝禄七十餘年矣。京城之圍，予爲東曹都事。知舟師將有東狩之役，言於諸相，請小字書國史一本，隨車駕所在，以一馬負之。時相雖以爲然，而不及行也。崔子之變，歷朝實録，皆滿城帥所取。百年以來，明君賢相可傳後世之事甚多，不三二十年，則世人不復知之矣。予所不知者亡可奈何，其所知者忍棄之而不記之耶？③故以先朝雜事附焉。④合而一之，名曰《南冠録》。叔儀、伯安而下，乃至傳數十世，當家置一通。有不解者，就他人訓釋之。違吾此言，非元氏子孫。"文見《遺山集》。

按，孫目有。

千秋録一篇　　　　　　　　　　　　　　　〇一五二

元好問撰，見《南冠録序》。

按，孫目有。

李氏家譜　　　　　　　　　　　　　　　　〇一五三

晋城李俊民用章撰。見《莊靖集》。《山西通志》："俊民別號

---

① "舉"，原誤作"與"，據《遺山集》卷三十七、《金史藝文略》改。
② "已"字原脱，據《遺山集》卷三十七補。
③ "記"下"之"字，《金史藝文略》同，《遺山集》卷三十七無。
④ "事"，原誤作"録"，據《遺山集》卷三十七、《金史藝文略》改。

鶴鳴老人，唐韓王元嘉之後。家於澤州，少通程氏之學。承安中，以經義舉進士第一，應奉翰林文字。棄官教授，南遷後隱於嵩山，嘗遇隱士，授以邵伯温皇極數。元世祖在藩邸，劉秉忠盛稱之，以安車召見，廷訪無虛日。遽乞還山，卒賜諡莊靜先生。世祖嘗曰：'朕求賢三十年，惟得竇漢卿及俊民二人。'澤守段正卿刻其遺集十卷。"考《元史》，俊民附《竇漢卿傳》。

按，孫目有。

傳記類

金元勳傳十卷 〇一五四

鳳翔府判相人韓玉温甫撰。見《世善堂書目》。玉，明昌五年經義詞賦兩科進士，入翰林為應奉應制，一日百篇，文不加點。所作《元勳傳》，章宗嘆曰："勳臣何幸得此家作傳耶？"事詳《金史》本傳。

按，金、龔、孫目皆有。

王子小傳 〇一五五

大興王鬱飛伯撰。載《歸潛志》《金史》本傳。

按，金、龔、孫目皆有。

屏山居士傳 〇一五六

李純甫撰，見別集類《李純甫內外稿》。

屏山故人外傳 〇一五七

李純甫撰。見《中州集》。於《王庭筠傳》引云："子端世家子，風流醞藉，冠冕一時，[①]為人眉目如畫，美談笑，俯仰可觀，外

---

① "冠冕"，原誤作"冕冠"，據《中州集》卷三乙正。

視若簡貴，人初不敢與接，一見之後，和氣津津，溢於衡宇間。又其折節下士，如恐不及，苟有可取，極口稱道之，故人人恨相見之晚也。"

於《周昂傳》引云："德卿以孝友聞，又喜名節，藹然仁義人也。學術醇正，文筆高雅，以杜子美、韓退之爲法，諸儒皆師尊之。既歷臺省，爲人所擠，竟坐詩得罪，謫東海上，十數年始入翰林，言事愈切，出佐三司，非所好。從宗室承裕軍，承裕失利，跳走上谷，衆欲逭歸，德卿獨不可。城陷，與其從子嗣明同死於難。嗣明字晦之，短少精悍，有古俠士風。年未三十，交游半天下，識高而志大，善談論而中節。作詩喜簡澹，樂府尤溫麗。最長於義理之學，下筆數千言，初不見其所從來。試於府，於禮部，俱第一擢第。主淶水簿，從其叔北征而還，而不忍去。使晦之不死，文字不及其叔，而理性當過之。嘗謂學不至邵康節、程伊川，非儒者也。"

於《劉昂傳》云："昂天資警悟，律賦自成一家，輕便巧麗，爲場屋捷法。作詩得晚唐體，尤工絕句，往往膾炙人口。張秦娥者，頗能小詩，其賦《遠山》云：'秋水一抹碧，殘霞幾縷紅。水窮霞盡處，隱隱兩三峰。'其後流落，昂贈詩云：'遠山句好畫難成，柳眼才多總是情。今日衰顏人不識，倚爐空聽煮茶聲。'又云：'二頃山田半欲蕪，子孫零落一身孤。寒窗昨夜蕭蕭雨，紅日花梢入夢無。'娥爲之泣下。《屏山故人外傳》記之。"

於《劉中傳》引云："正夫爲人短小精悍，滑稽玩世。中明昌五年詞賦經義第。詩清便可喜，賦甚得《楚辭》句法，尤長於古文，典雅雄放，①有韓柳氣象。教授弟子王若虛、高法颺、張

---

① "雅"，原誤作"字"，據《中州集》卷四改。

履、張雲卿皆擢高第，學古文者翕然宗之曰劉先生。以省掾從軍南下，①改授應奉翰林文字，爲主帥所重，常預秘謀，書檄露布皆出其手。軍還，授左司都事，將大用矣，會卒，有文集藏於家。"

於《史肅傳》云："其平生則見之《屛山故人外傳》。"

於《高憲傳》引云："《外傳》説仲常年未三十，作詩已數千首矣。"

案其書久不傳，屛山著述甚富，今存者止《鳴道集説》，亦不僅見，故備録之。

按，孫目有。

吕跛子傳　　　　　　　　　　　　　　　〇一五八

大興吕子羽唐卿撰。《中州集》："晚年感末疾，又號吕跛子，自作傳以見志。"

按，孫目有。

胥莘公家傳　　　　　　　　　　　　　　〇一五九

無撰人。元好問《續夷堅志》："胥莘公嘗夢泰山神告之曰：'敬我無福，慢我無殃。當行善道，家道久長。'每以此語人，事見《家傳》。"考莘公名鼎，字和之，代之繁畤人。官至平章政事，封莘國公，《金史》有傳。《歸潛志》："公通達吏事，有度量，爲政鎮靜，所在無賢不肖，皆得其歡心。南渡以來，書生有方面之柄者，惟公一人而已。"

按，孫目有。

張侯言行録　　　　　　　　　　　　　　〇一六〇

徒單公履撰。文見蘇天爵《元文類》。然莊仲方《金文雅》、張金吾《金文最》皆取之。莊氏並以公履列《作者姓名考略》，故

---

① "軍"，原誤作"事"，據《中州集》卷四改。

附著於此。

按，孫目有。

金源君臣言行錄　　　〇一六一

元好問撰。郝經《陵川集·遺山先生墓銘》："爲《中州集》百餘卷，又爲《金源君臣言行錄》。往來四方，采摭遺逸，有所得，輒以寸紙細字親爲記錄，雖甚醉不忘於是，雜錄近世事至百餘萬言。捆束委積，塞屋數楹，名之曰'野史亭'，書未就而卒。"觀此則此書非即《壬辰雜編》矣，故兩列之。

按，龔、孫目皆有。

節義事實　　　〇一六二

鄭昌時撰

按，黃、倪、錢、龔、孫目皆有。

清臺記　　　〇一六三

張行簡撰。

按，金、錢、龔、孫目皆有。

皇華記　　　〇一六四

張行簡撰。

按，金、錢、龔、孫目皆有。

爲善記　　　〇一六五

張行簡撰。

按，金、錢、龔、孫目皆有。

自公記　　　〇一六六

張行簡撰。以上四種見《金史》本傳。

按，金、龔、孫目皆有。

衍慶宮功臣圖像　　　〇一六七

畫宰相韓克先等像。

按，龔目有。

徒單克寧圖像　　　　　　　　　　　〇一六八

世宗二十八年,詔畫克寧像藏內府。

按,金、龔目皆有。

政書類

儀制之屬

大金集禮四十卷　　　　　　　　　　〇一六九

無撰人。《續文獻通考》入故事類,云"不著撰人名氏"。黃虞稷《千頃堂書目》:"明昌六年,禮部尚書張暐進。"考《金史·禮志序》:"故書之存,僅《集禮》若干卷。"亦不詳作者姓氏。《讀書敏求記》云:"首列太祖、太宗即位儀,諸凡朝家大典,輿服制度禮文,莫不班班可考。嗟乎!'杞宋無徵',子之所嘆。金源有人,勒成一代掌故。後之考文者,宜依仿編集,以詔來葉。此書諸家目錄俱不載,藏書家亦無有蓄之者。尚是金人鈔本,撫卷有諸夏之亡之慨。"則錢氏固甚重其書矣。後何義門、黃蕘圃兩家,皆以鈔本著錄,即遵王故物也。去歲有持目求售者,此書在焉。而其書竟未見,故止載錢氏之說,以存其大凡云。

按,黃、倪、錢、龔、孫目皆有。

按,有《四庫全書》本,又有《廣雅書局叢書》本、《叢書集成初編》本,題《大金集禮》四十卷,附《校刊識語》一卷《校勘記》一卷。

大金儀禮　　　　　　　　　　　　　〇一七〇

無撰人。見《補遼金元藝文志》,云"明昌六年禮部尚書張暐進"。案此疑即《大金集禮》。然《補志》於是書下並列《大金集禮》,故亦存其目。

按,倪、龔、孫目皆有。

大金禮儀　　　　　　　　　　　　〇一七一

楊雲翼校。

按，金、錢、龔目皆有。

禮例纂一百二十卷　　　　　　　　〇一七二

禮部尚書日照張行簡敬甫撰。行簡大定十九年進士。

《金史》："司天臺劉道用改進新曆，詔學士院更定曆名。行簡奏乞覆校測驗，俟將來月食無差，然後賜名。詔翰林侍講學士党懷英等覆校。① 懷英等校定道用新曆：②明昌三年不置閏，即以閏月爲三月；二年十二月十四日，金木星俱在危十三度，道用曆在十三日，差一日；二年四月十六日夜月食，時刻不同。③ 道用不曾考驗古今所記，比證事迹，輒以上進，不可用。當徒長行彭徽等四人各罷去。久之，改官禮部侍郎，提點司天台直學士。群臣請上尊號，上不許，詔行簡作批答，因問行簡范祖禹作《唐鑑》論尊號事。行簡對曰：'司馬光亦嘗諫尊號，不若祖禹之詞深至，以謂臣子生謚君父，頗似慘切。'上曰：'卿用祖禹意答之，仍曰太祖雖有尊號，太宗未嘗受也。'行簡乞不拘對偶，引祖禹以微其意，其文深雅，得代言之體。所著《文集》十五卷、《禮例纂》一百二十卷，會同、朝獻、禘祫、喪葬皆有記錄，及《清臺》《黃華》《戒嚴》《爲善》《自公》等記藏於家。"

按，黃、倪、錢、龔、孫目皆有。

禮纂一百二卷　　　　　　　　　　〇一七三

金世宗命禮部尚書張暐等參校。

按，金目有。

---

① "侍"，原誤作"傳"，據《金史》卷一百六改。
② "新"字原脫，據《金史》卷一百六補。
③ "時"字原脫，據《金史》卷一百六補。

金纂修雜録四百餘卷 〇一七四

無撰人。《金史·禮志序》："世宗既興，復收嚮所遷宋故禮器以旋，乃命官參校唐、宋故典沿革，開'詳定所'以議禮，設'詳校所'以審樂，統以宰相通學術者，①於一事之宜適、一物之節文，既上聞而始彙次，至明昌初書成，凡四百餘卷，名曰《金纂修雜録》。凡事物名數，支分派引，珠貫棋布，井然有序，炳然如丹。又圖吉、凶二儀：鹵簿十三節以備大葬，小鹵簿九節以備郊廟。而命尚書左右司、春官、兵曹、太常寺各掌一本，其意至深遠也。"

按，黃、倪、龔、孫目皆有。

諸禮記録三百餘卷 〇一七五

金世宗命禮部尚書張暐等參校。

按，金目有。

會同朝獻禘祫喪葬録 〇一七六

張行簡撰。

按，金、錢、龔目皆有。金目分作《會同記録》《朝獻記録》《禘祫記録》《喪葬記録》。

遼禮儀志 〇一七七

陳大任撰，見《補遼金元藝文志》。

按，黃、倪、龔、孫目皆有。

科舉之屬

歷代登科記 〇一七八

省元絳州孫鎮安常撰。《中州集》云："有《注東坡樂府》《歷代登科記》行於世。"

按，錢、龔、孫目皆有。

---

① "學"下原衍"校"字，據《金史》卷二十七刪。

登科記　　　　　　　　　　　　　　　　〇一七九

東原李世弼撰。世弼《自序》曰："道散而有六經，六經散而有子史。子史之是非，取證於六經；六經之折衷，必本諸道。道也者，通治之路，①天下之理具焉，二帝三王所傳是已。三代而上，道見於事業而不在於文章；三代而下，道寓於文章而不純於事業。故鄉舉里選，取人之事業也；射策較藝，②取人之文章也。兩漢以經術取士，六朝以薦舉得人，莫不稽舉於經傳子史焉。隋合南北，始有科舉。自是盛於唐，增光於宋。③迄於金，又合遼、宋之法而潤色之，卒不以六藝爲致治之成法。進士之目名以鄉貢進士者，本周之鄉舉之遺意也；試之以賦義、策論者，本漢射策之遺法也。金天會元年始設科舉。④有詞賦，有經義，有同進士，有同三傳，有同學究，凡五等。詞賦於東西兩京，或蔚、朔、平、顯等州，或涼廷試。⑤試期不限定月日，試處亦不限定府州。⑥詞賦之初，以經傳子史內出題。次又令逐年改一經，亦許注內出題。以《書》《詩》《易》《禮》《春秋》爲次，蓋循遼舊也。至天眷三年，析津府試。⑦迨及海陵天德三年，親試於上京。貞元二年，遷都於燕，自後止試於析津府。收遼、宋之後，正隆二年以五經、三史正文內出題。明昌二年，改令群經子史內出題，仍與本傳。此詞賦之大略也。經義之初，詔試真定府，所放號七十二賢

---

① "通"，《金史藝文略》同，清文淵閣《四庫全書》本《玉堂嘉話》（以下《玉堂嘉話》皆據此本，不再注明）卷五作"適"。
② "射"，原誤作"謝"，據《玉堂嘉話》卷五、《金史藝文略》改。
③ "光"字原脫，據《玉堂嘉話》卷五補。
④ "天"字原脫，據《玉堂嘉話》卷五、《金史藝文略》補；"元年"，《金史藝文略》同，《玉堂嘉話》卷五作"改元"。
⑤ "廷"，《金史藝文略》同，《玉堂嘉話》卷五作"庭"。
⑥ "府州"，《金史藝文略》同，《玉堂嘉話》卷五作"州府"。
⑦ "府"，原誤作"賦"，據《玉堂嘉話》卷五、《金史藝文略》改。

榜。迨及蔚州、析津，令《易》《書》《詩》《禮》《春秋》專治一經內出問，①蓋循宋舊也。天德三年，罷去經義及諸科，止以詞賦取人。明昌初，詔復興經義。此經義之大略也。天眷三年，②令大河以南別開舉場，謂之南選。貞元二年，遷都於燕，遂合南北通試於燕。正隆二年，令每二年一次開闈，立定程限月日，更不擇日，以定爲例。府試初分六路，次九路，後十路。此限定日月分格也。③天德二年，詔舉人鄉、府、省、御四試中第。明昌三年，罷去御試，止三試中第。府試五人取一名合試，依大定間例，不過五百人。後以舉人漸多，會試四人取一名，得者常不下八九百人。御試取奏旨。此限定場數、人數格也。自天眷二年，析津放第，於廣陽門西一僧寺門上唱名。④至遷都後，命宣陽門上唱名。後爲定例。此唱名之格也。明昌初，五舉終場，入直赴御試，不中者別作恩榜，賜同進士出身。會元御試不中者，令榜末安插。府元被黜者，許來舉直赴部。初，⑤貞祐三年，⑥終場人年五十以上者，便行該恩。此該恩之格也。大定三年，孟宗獻四元登第，特授奉直大夫，第二第三人授儒林郎，餘皆從仕郎。後不得爲例。明昌間，以及第者多，第一甲取五六人，狀元授一十一官，⑦第二、第三人授九官，餘皆授三官。此授官之法也。進士第一，任丞、簿、軍防、判；第二，任縣令。此除授之格也。近披閱金國《登科》，顯官升相位及名卿士大夫，間見迭出，代不乏人。

---

① "問"，《玉堂嘉話》卷五、《金史藝文略》皆作"題"。
② "三年"，《金史藝文略》同，《玉堂嘉話》卷五作"二年"。
③ "日月"，《金史藝文略》同，《玉堂嘉話》卷五作"月日"。
④ "西"字原脱，據《玉堂嘉話》卷五補。
⑤ "初"字原脱，據《玉堂嘉話》卷五補。
⑥ "祐"，原誤作"佑"，據《玉堂嘉話》卷五、《金史藝文略》改。
⑦ "狀元"原脱，據《玉堂嘉話》卷五、《金史藝文略》補。

所以翼贊百年，如大定、明昌五十餘載，朝野閑暇，時和歲豐，則輔相佐佑，所益居多，科舉亦無負於國家矣。是知科舉豈徒習其言説、誦其句讀、摘章繪句而已哉？篆刻雕蟲而已哉？固將率性修道，①以人文化成天下，上則安富尊榮，下則孝悌忠信，而建萬世之長策。科舉之功，不其大乎！國家所以稽古重道者，以六經載道，所以重科舉也。後世所以重科舉者，以維持六經，能傳帝王之道也。科舉之功，不其大乎！庚子歲季秋朔日。"文載王惲《玉堂嘉話》。

近張金吾云："世弼山東須城人，仕金爲教授，見《山東通志·選舉考》。庚子爲蒙古太宗十二年，彼時距金亡已七載，世弼仕元與否，固不可考。惟是篇述金科舉之制，較《金史》所載加詳。一代典章，瞭如指掌，不可謂非有用之文也。故亟録之。"案世弼在金官教授，而入元以後，其仕又無可考，並祇書庚子，或亦有慕於靖節詩文，僅題甲子也。爰編列於此。又案《元史·李昶傳》："父世弼，金貞祐三赴廷試不第，推恩受彭城簿，②後復求試，中三甲第三人，遂不復仕。東平教授以卒。"則世弼此記正當入金矣。

按，孫目有。

承安庚申登科記　　　　　　　　　　　〇一八〇

無撰人。李俊民《莊靖集》有《跋》一篇，謂"余閲《承安庚申登科記》三十三人後，獨與高平趙楠庭幹二人在"。所記者止經義榜，其首列俊民名者，知是歲俊民爲統義狀元也。

按，孫目有。

---

① "修"，原誤作"率"，據《玉堂嘉話》卷五、《金史藝文略》改。
② "推"，原誤作"惟"，據清乾隆武英殿刻本《元史》(以下《元史》皆據此本，不再注明)卷一百六十、《金史藝文略》改。

職官之屬

金國官制一卷 〇一八一

無撰人。見焦竑《國史經籍志》。《宋史·藝文志》作《金國明昌官制新格》一卷，云不知何人撰。

按，龔、孫目皆有。

總格 〇一八二

無撰人。

按，孫目有。

金格 〇一八三

無撰人。以上二種，見《金史·百官志》注。[①]

按，孫目有。

天眷新官制 〇一八四

無撰人。《金史·選舉志》："自太宗天會十二年，始法古立官，至天眷元年，頒《新官制》。"

按，孫目有。

河南北官通注格 〇一八五

吏部尚書蕭頤撰。《金史·選舉志》："天德四年，始以河南、北選人並赴中京，吏部各置局銓注。又命吏部尚書蕭頤定河南、[②]北官通注格。"

按，孫目有。

換官格 〇一八六

無撰人。《金史·百官志》："熙宗頒《新官制》及《換官格》。"

按，孫目有。

---

① "史"，原誤作"官"，據《金史·百官志》及上下文意改。
② "頤"，《金史》卷五十四作"賾"。

大定官制　　　　　　　　　　　　　○一八七

無撰人。見《金史·輿服志》。尤袤《遂初堂書目》職官類有《金國大定官制》。

按，孫目有。

百里指南一卷　　　　　　　　　　　○一八八

趙秉文撰。此書元好問《墓銘》、《中州集》及《金史》本傳皆不載，惟見《菉竹堂書目》。今無傳本。以與《漢官儀》諸籍並入政書，故次之於此。

按，錢、龔、孫目皆有。

刑法之屬

金國刑統　　　　　　　　　　　　　○一八九

無撰人。見尤袤《遂初堂書目》。

按，錢、龔、孫目皆有。

刑統賦刪要　　　　　　　　　　　　○一九○

太原李祐元撰。賦爲宋傅霖作，①《提要》云："其後注者不一，金泰和中李祐元有《刪要》。"②

按，錢、龔、孫目皆有。

大定律例十二卷　　　　　　　　　　○一九一

大理卿移剌愼撰。

按，金、錢、龔、孫目皆有。金目作《皇統制條大定律例》，錢目、龔目皆作《大定重修制條》。

大定編制一卷　　　　　　　　　　　○一九二

任邱齊伯顏士元撰。見《畿輔通志》引《任邱縣志》。

---

① "傅"，原誤作"傳"，據《文獻通考·經籍考》改。

② "泰"，原誤作"太"，據《四庫全書總目》卷一百一改。

泰和新定律令敕條格式五十三卷　　　　〇一九三

無撰人。泰和元年司空襄進。内《泰和律令》二十卷、《新定敕條》三卷、《六部格式》三十卷。《菉竹堂書目》有《泰和律令格式》三册。

按,黄、倪、錢、龔、孫目皆有。

泰和律義三十卷　　　　〇一九四

無撰人。見《金史·刑志》。《菉竹堂書目》作《泰和新定律義》,題十六册。

按,黄、倪、錢、龔、孫目皆有。

承安律義　　　　〇一九五

無撰人。

按,錢、龔、孫目皆有。

叠代世範　　　　〇一九六

太常寺掌故張珍撰。其字未詳,《元史·禮樂志》注:"張珍所著《叠代世範》載金制:舞人服黑衫,皆四襈,有黄插口,左右垂之,黄綾抹帶,其衫以紬爲之,①胸背二答,兩肩二答,前後各一答,皆彩色,綉二鸑盤飛之狀,綴之於衫。冠以平冕,亦有天板、口圈,天門納言以紫絹標背,銅裹邊圈,前後各五旒,以青白硝石珠相間。"按,此節僅論樂舞服制,然其名爲"世範",當全書皆言掌故也。今列之於此。《菉竹堂書目》有張珍《叠代世範纂要》二册。

按,孫目有。

士民須知　　　　〇一九七

無撰人。《金史·百官志》"御史臺,登聞檢院隸焉"注:"見《士民須知》。"又"正八品,直長"注:"見《士民須知》。"又"令,

---

① "紬",原誤作"袖",據《元史》卷七十一改。

正七品。丞,從七品。直長"注:"見《士民須知》。"凡三見。其書今不傳,脫脫等修史時必見之。《遂初堂書目》刑法類有《金國須知》,似即此書。

按,錢、龔、孫目皆有。

皇制 〇一九八

太師張浩撰。《歸潛志》:"省吏,前朝止用胥吏,號'堂後官'。金朝大定初,張太師浩制《皇制》,袒免親、宰執子試補外,雜用進士。凡登第歷三任至縣令,以次召補充,一考,三十月出得六品州倅。兩考,六十月得五品節度副使、留守判官,或就選爲知除知案。由之以漸,得都事、左右司員外郎、郎中,故仕進者以此途爲捷徑。如不爲省令史,即循資級,得五品甚遲,故有'節察令推何日了,鹽度户勾幾時休'之語。浩初定制時,語人曰:'省庭天下儀表,如用胥吏,定行貨賂混淆,用進士,清源也。且進士受賕,如良家子女犯奸也;胥吏公廉,如倡女守節也。'議者皆以爲當,屏山嘗爲余言之。"

按,孫目有。

地理類

補正水經三卷 〇一九九

蔡珪撰。《金史》本傳作五篇,《中州集》作四十篇。今從歐陽玄《序》著錄。《序》曰:"金禮部郎中蔡正甫作《補正水經》三卷,翰林應奉蘇君伯修購得其書,將版行之,屬余敘其篇端。案《隋·經籍志》有兩《水經》,一本三卷,郭璞注;一本四十卷,酈善長注。①善長即道元也。② 然皆不著撰人名氏。唐杜

---

① "長",原誤作"辰",據《四部叢刊》影印元至正刻本《元文類》(以下《元文類》皆據此本,不再注明)卷三十六、《金史藝文略》改。

② "長",原誤作"辰",據《元文類》卷三十六、《金史藝文略》改。

佑作《通典》時，尚見兩書，言郭璞疏略，於酈注無所言，撰人則概未之考也。《舊唐志》始云郭璞作。宋《崇文總目》亦不言撰人爲誰，但云酈注四十卷，亡其五。然未知兩《水經》之一存一亡，已見於斯時否也？《新唐志》乃謂漢桑欽作《水經》，一云郭璞作，今人言桑欽者本此也。《崇文總目》作於宋景祐，與《新唐書》同時，又未知《新志》何所據以爲説也。余嘗參訂之，説者疑欽爲東漢順帝以後人，以巂一縣疑之也。今經言江水東逕永安宫南。永安宫，昭烈託孤於孔明之地也。今特著於斯，又若因其人而重者，得非蜀漢間人所爲也。不寧惟是也，其言北縣名多曹氏置，南縣名多孫氏置，余又未暇一二數也，斯則近代宇文氏以爲經傳相淆者，此説近之也。然必作經、作傳之人定，而後可分也。或者又曰：'豈非欽作於前，二氏附益於其後。'他書或然也，而此未必也。西漢《儒林傳》言塗惲授河南桑欽君長《尚書》。晁氏言欽成帝時人。使古有兩桑欽則可，審爲成帝時欽，則是書不當見遺於《漢·藝文志》也。① 抑余又有疑於斯。水經述作，往往見於南北分裂之時，借曰《舊唐志》可據，則作者南人，注者北人，在當時皆有此疆彼界之殊，又焉知其詳略異同，不限於一時聞見之所述也？② 嗟夫！古今有志之士，思皇極之不作，傷同風之無時，又焉知其不寓深意於是書也？然則景純也，③道元也，正父也，是或一道也。然以余觀正父之博洽多識，其見於它著作者，蓋有劉原父、鄭漁仲之風，中州士之巨擘也。是書雖因宇文氏之感發，④而有以正蜀版遷就之失，其詳於趙代間水，

---

① "遺"字原脱，據《元文類》卷三十六、《金史藝文略》補。
② "述"，《元文類》卷三十六、《金史藝文略》皆作"逑"。
③ "則"，原誤作"作"，據《元文類》卷三十六、《金史藝文略》改。
④ "之"字原脱，據《元文類》卷三十六、《金史藝文略》補。

此固景純之所難。若江自尋陽以北,吳松以東,則又能使道元之無遺恨者也。伯修生車書混一之代,身爲史官,年學具富,於金人放失舊聞,多所收攬。而是書又有關於職方之大者,故余亦願附著其説焉,而不自知其妄也。"序文載《元文類》。

按,黄、倪、金、錢、龔、孫目皆有,倪、龔目皆作《水經補亡》。

齊記補　　　　　　　　　　　　　　　　　　　〇二〇〇

李餘慶撰。爲補宋張朏《齊記》作,見張國淦《中國古方志考》。

按,元于欽纂《齊乘》六卷中,曾引是書八條。駱有輯本。

西湖行記　　　　　　　　　　　　　　　　　　〇二〇一

蕭顯之撰。《中州集》錄王競無競詩一首,其題爲《奉使江左,讀同官蕭顯之〈西湖行記〉,因題其後》。

按,孫目有。

遼東行部誌一卷　　　　　　　　　　　　　　　〇二〇二

王寂撰。案此書《皕宋樓藏書志》有鈔本,謂從《永樂大典》中錄出。

按,錢、龔、孫目皆有。

又按,有《藕香零拾》本、《晨風閣叢書》本、《遼海叢書》本。

鴨江行部誌一卷　　　　　　　　　　　　　　　〇二〇三

王寂撰。以上二書《中州集》小傳不載,今見《補元史藝文志》。

按,錢、龔、孫目皆有。

又按,有《遼海叢書》本,題《鴨江行部志節本》一卷,《遼東行部志》附。

碣石志　　　　　　　　　　　　　　　　　　　〇二〇四

大興呂貞幹周卿撰。《中州集》附《呂子羽傳》並引《屏山故人外傳》:"呂氏自國朝以來,父子昆弟凡中第者六人,以'六桂'

名其堂。貞幹字周卿，尤自刻苦，酷嗜文書，著《碣石志》數十萬言，皆近代以來事迹，幽隱譎怪，詼諧嘲評，無所不爲。"案子羽字唐卿，則貞幹殆其兄弟行也。其書今無傳本。《續夷堅志》："司天測景，冬夏二至，中都以北漸差。中都冬至一丈五尺七寸六分，夏至二尺二寸六分，晝六十一刻，夜三十九刻。山後涼陘金蓮川在都西州四百里而近，②其地最高，夏至晝六十三刻，夜三十七刻。上京臨潢府在都北三千里，夏至晝六十四刻，夜三十六刻。呂氏《碣石志》云。"觀此，則呂氏著書大略亦可見矣。

按，錢、龔、孫目皆有。

鴨江行記　　　　　　　　　　　　　　　〇二〇五

河南府治中長清閻長言子秀撰。長言少慕張忠定爲人，名咏，避衞紹王諱，改焉。王寂《拙軒集·送張仲謀使三韓》詩自注："高麗稱中原使節，皆曰天車某官。事見閻子秀《鴨江行記》。"《中州集》寂傳又引《行記》載其先人《雞山》一詩云："記得垂髫此地游，雞山孤立水平流。而今重過山前路，山色青青人白頭。"所言《行記》，當即謂子秀作也。蓋《送張仲謀》詩，好問亦錄原注耳。

按，孫目有。

金初州郡志　　　　　　　　　　　　　　〇二〇六

無撰人。

按，孫目有。

正隆郡志　　　　　　　　　　　　　　　〇二〇七

無撰人。以上二種，見《金史·地理志》注。

---

① "爲"，《中州集》《金史藝文略》皆作"有"。

② "百"，原誤作"十"，據清刻本《續夷堅志》（以下《續夷堅志》皆據此本，不再注明）卷三改。

按,孫目有。

大定職方志　　　〇二〇八
無撰人。見張國淦《中國古方志考》。

按,《大元大一統志》卷五百四十八引是書二條。駱有輯本。

晉陽志十二卷　　　〇二〇九
蔡珪撰。見張國淦《中國古方志考》。

按,黄、倪、金、錢、龔、孫目皆有。

華山志一卷　　　〇二一〇
王處一撰。

按,龔目有。

龍角山記一卷　　　〇二一一
無名氏輯。

按,有《道藏》正統本、景正統本。本。

燕王墓辯一卷　　　〇二一二
蔡珪撰。見《中州集》。《金史》本傳云:"初,兩燕王墓舊在中都東城外,海陵廣京城圍,墓在東城內。前嘗有盜發其墓,大定九年詔改葬於城外。俗傳六國時燕王及太子丹之葬,① 及啓壙,其東墓之柩題其端曰'燕靈王舊'。② '舊',古'柩'字,通用。乃西漢高祖子劉建葬也。其西墓,蓋燕康王劉嘉之葬也。③ 珪作《兩燕王墓辯》,考葬制名物款刻甚詳。④"

按,錢、龔、孫目皆有。

---

① "時"字原脱,據《金史》卷一百二十五補。
② "端",《金史藝文略》同,《金史》卷一百二十五作"和"。
③ "蓋",原誤作"孟",據《金史》卷一百二十五、《金史藝文略》改。
④ "考",《金史》卷一百二十五、《金史藝文略》皆作"據"。

目錄類

書目之屬

萬壽道藏經目錄十卷 〇二一三
無撰人。
按,錢、孫目皆有。

金石之屬

續歐陽文忠公集錄金石遺文六十卷 〇二一四
蔡珪撰。見《中州集》。此書《金史》不載。
按,錢、龔、孫目皆有。

續金石遺文跋尾十卷 〇二一五
蔡珪撰。見《金史》本傳。《中州集》無"續"字。
按,金、錢、龔、孫目皆有。

古器類編三十卷 〇二一六
蔡珪撰。《金史》本傳未載。本傳云:"《補正水經》《晋陽志》、文集今存,餘皆亡。"則此書在元時已未見,不但如《南北史志》《續金石遺文跋尾》猶得引其目也。《中州集》云:"正隆三年銅禁,行官得三代以來鼎鐘彝器無慮千數,禮部官以正甫博物且識古文奇字,辟爲編類官。"則書當作於此時矣。《續夷堅志》:蔡內翰正夫《古器類編》記二鼎云:①"其一,明昌三年二月藍田玉山鄉農民李興穿地得之,高二尺,兩耳有字一十行,文曰:'王四月初吉,丁亥。'以長曆考之,魯莊公十二年四月丁亥,即周安釐王初立之歲,未改元,故不稱年而僅以月數焉。又有一百二字,必周侯伯所作之器也。其一,太原三交西南,大定九年,汾水壞東岸古墓,有鼎及鐘磬之屬,鼎

---

① "編",《金史藝文略》同,《續夷堅志》卷四作"倫"。

小者五寸許，大幾三尺，中作黃金色，①所實牛羹尚可辨。鐘磬小者不及二尺，凡十六等，蓋音律之次也。雖無款識，皆周物也。"觀此所記，則書雖不傳，而其略可知矣。《續志》又有《鏡辨》一則，其言曰：蔡內翰正甫云："大定七年秋，與蕭彥昭俱官都下。蕭一日見過，出古鏡相示曰：'頃歲得之關中，雖愛之甚，然背四字不盡識，且不知爲何時物。'手取視之，漢物也。文曰'長宜子孫'。《宣和博古圖》有焉。出圖視之，殆若符合，②彥昭驚喜。有姚仲瞻在坐，言曰：'僕家一鏡，制作亦奇，宋末得於長安士人家。③相傳爲太真奩中物，不之信也。'使取而觀，背有楷字數十，爲韻語，句四言，其略有'華屋交映，珠簾對看。潛窺聖淑，麗則常端'等語，而紐有'開元'二字。姚曰：'考其年則唐物，安知爲太真之舊耶？'予笑而不答，徐出浮休居士張芸叟所作《冗長錄》使讀，④其間有載：元祐中，有耕望賢驛故地得鏡遺予者，⑤銘爲四字，詩中有'潛窺聖淑'之句。'聖淑'二字，皆少空，意取'聖'爲君、'淑'爲后耳。與此制正合。望賢去馬嵬數十里，蓋遷幸時遺之。浮休，陝右人，得之長安信矣。彥昭歡甚，以爲一日有二奇事，不可不書。予曰：'多言屢中，仲尼所以譏子貢也。'然世喜道其偶中，予不書可乎？"此雖未引書名，然或亦類編之一，故並錄之。

按，錢、龔、孫目皆有。

---

① "金"字原脱，據《續夷堅志》卷四、《金史藝文略》補。
② "符合"，《續夷堅志》卷四、《金史藝文略》皆作"合符"。
③ "士"，《續夷堅志》卷四、《金史藝文略》皆作"土"。
④ "冗"，原誤作"宂"；"使"，原誤作"史"。皆據《續夷堅志》卷四改。
⑤ "有"字原脱，據《續夷堅志》卷四補。

史評類

評事之屬

貞觀政要申鑑　　　　　　　　　　　　〇二一七

趙秉文撰。《滏水集》有《自序》一篇，録之於此。《序》曰：
"《書》曰：'與治同道，罔不興。'孫卿子曰：'欲知上世，審周道，法後王是也。'近世帝王之明者，莫如唐文皇，天縱聖德，文謀武略，高出近古，而又得房玄齡、杜如晦、魏徵、王珪、馬周、虞世南、褚遂良、劉洎爲之輔佐，朝夕論思，日月獻納，無非以畏天愛民，求賢納諫，安不忘危爲戒，故能功業若此巍巍也。其後明皇，初鋭於治，用姚元崇、宋廣平、韓休之徒，致開元三十年之太平。末年罷張九齡，用牛仙客、李林甫、楊國忠，旋至天寶之亂。憲皇剛斷，初用杜黃裳、韋貫之、裴度，削平僭亂，末年用皇甫鎛，而不克其終。治亂之效，於斯可見。史臣吳兢纂集《貞觀政要》十卷，凡四十篇，爲之鑑戒。起自《君道》，訖於《慎終》，豈無意哉？欽惟聖上聰明仁孝，超皇軼帝，而猶孜孜治道，俯稽前訓，然一日萬幾，豈能徧覽？謹撮其樞要，附以愚見，目之曰《貞觀政要申鑑》。文理鄙拙，無所發明，特於鑑戒申重而已。昔張九齡因明皇千秋節進《金鏡録》，以申諷諭。臣竊慕之，謹以聖壽萬年節繕寫獻上。① 雖爝火之末，不足裨日月之光，區區之忱，②獻芹而已。伏望略紆聖覽，③不勝幸甚。謹言。"

按，金、錢、龔、孫目皆有。金目分作《貞觀政要》《申鑑》，非。

---

① "寫"，原誤作"善"，據《滏水集》卷十五、《金史藝文略》改。
② "忱"，《金史藝文略》同，《滏水集》卷十五作"誠"。
③ "紆"，原誤作"行"，據《滏水集》卷十五、《金史藝文略》改。

初政録十五篇　　　　　　　　　　　〇二一八

太常卿濟南范拱青叔撰。《金史》有傳。拱深於《易》學，此書在廢齊時作，凡十五篇：一曰《得民》，二曰《命將》，三曰《簡禮》，四曰《納諫》，五曰《遠圖》，六曰《治亂》，七曰《舉賢》，八曰《守令》，九曰《延問》，十曰《畏慎》，十一曰《節祥瑞》，十二曰《戒雷同》，十三曰《用人》，十四曰《御將》，十五曰《御軍》。時劉豫鎮東，納其說而不能盡用。

按，金、錢、龔、孫目皆有。

龜鏡萬年録　　　　　　　　　　　　〇二一九

楊雲翼、趙秉文撰。《金史·哀宗紀》："正大二年，詔趙秉文、楊雲翼作《龜鏡萬年録》。"其書據雲翼本傳有"聖學""聖孝"之類，凡二十篇。《菉竹堂書目》有三册，作《萬年龜鏡録》，未言撰人。

按，黄、倪、金、錢、龔、孫目皆有。

君臣政要　　　　　　　　　　　　　〇二二〇

楊雲翼、趙秉文撰。《歸潛志》："楊公又與趙學士秉文共集自古治術，分門類，號《君臣政要》，爲一編進之。"

按，金、錢、龔、孫目皆有。

君事實辨二卷　　　　　　　　　　　〇二二一

王若虛撰。見《滹南遺老集》。

按，孫目有。

臣事實辨三卷　　　　　　　　　　　〇二二二

王若虛撰。見《滹南遺老集》。

按，孫目有。

興亡金鏡録一百卷　　　　　　　　　〇二二三

禮部尚書沙溪傅慎微幾先撰。《金史》入《循吏傳》，謂慎微博學喜著書，嘗奏《興亡金鏡録》一百卷。其書明時尚存，見《世善堂書目》。

按，黃、倪、金、錢、龔、孫目皆有。

瑤山往鑑 ○二二四

平陽尹藁城楊伯雄希雲撰。伯雄皇統二年進士。《金史》本傳："顯宗爲皇太子，選東宮官屬，張浩薦伯雄，起復少詹事。集古太子賢不肖爲書，號《瑤山往鑑》，進之。"

按，黃、倪、錢、龔、孫目皆有。

蒙求之屬

十七史蒙求 ○二二五

交城吳廷秀撰。元好問《序》曰："安平李瀚撰《蒙求》二千餘言，李華作序，李良薦於朝，蓋在當時已甚重之。迄今數百年之間，孩幼入學，人挾此册，少長則遂講授之。宋王逢源復有《十七史蒙求》，與瀚並傳。及詩家以次韻相夸尚，以《蒙求》韻語也，故姑汾王琢又有《次韻蒙求》出焉。評者謂次韻是近世人之弊，以志之所之而求合他人律度，遷就附會，何所不有。惟施之賦物、咏史，舉古人徵之事例，遷就附會，①或當聽其然。是則韻語、次韻爲有據矣。始予年二十餘，任太原學舍，交城吳君廷秀洎其弟廷俊與予結夏課於由義西齋，嘗以所撰《蒙求》見示，且言：'逢源既以十七史命篇矣，而間用《吕氏春秋》《三輔決録》《華陽國志》《江南野録》，謂之史，可乎？今所撰，止於史書中取之。諸所偶儷，必事類相附，其次強韻，亦力爲搜討。自意可以廣異聞。子爲我序之，可乎？'予欣然諾之，而未暇也。後三十七年，予過鎮陽，見張參議耀卿，②耀卿受學於吳君之門者也。③ 問以此書之存亡，乃云版

---

① "附"，《金史藝文略》同，《金文最》卷二十一作"傳"。
② "卿"，原誤作"然"，據《金文最》卷二十一改。
③ "卿"，原誤作"然"，據《金文最》卷二十一改。

蕩之後,得於田家故箱中。因得而序之。按,李瀚自嫌文碎,此特自抑之辭。華謂可以不出卷而知天下,是亦許與太過。惟李良薦章謂其錯綜經史,隨便訓釋,童子固多宏益,而老成頗覺起予,此爲切當耳。載籍之在天下,有棟宇所不能容而牛馬所不能舉者。① 精力有限,記誦無窮。果使漫而無統,廣心浩大,將不有遺亡之謬乎?如曰記事者必提其要,吾知《蒙求》之外,不復有加矣。古有云:②'積絲成寸,積寸成尺。尺寸不已,遂成丈匹。'信斯言也。雖推廣三千言爲十萬,其孰曰不可哉?吳君博覽强記,九經傳注,輒手抄寫,且諷誦不去口。史書又其專門之學。文賦華贍,有聲場屋間。教授生徒,必使知己之所知,能己之所能。時議以此歸之。貞祐兵亂,負母入山,道中遇害,年甫四十云。"文見《遺山集》。

按,孫目有。

帝王鏡略　　　　　　　　　　　　　　　　〇二二六

元好問撰。元王惲有《序》,其略云:"近讀遺山先生《鏡略》書,所謂立片言而得要者也。其馳騁上下數千載之間,綜理繁會數百萬言之内,③駢以四言,叶以音韻,世數代謝,如指諸掌。"案此書《金史》本傳不載,其《序》見《秋澗集》。

按,孫目有。

次韻蒙求　　　　　　　　　　　　　　　　〇二二七

平陽王琢器之撰。琢酷嗜讀書,往往手自抄寫,所著《蒙求》,《中州集》未載。元好問《十七史蒙求序》:"詩家以次韻相夸尚,以《蒙求》韻語也,故姑汾王琢又有《次韻蒙求》出焉。"爰

---

① "所",原誤作"有",據《金文最》卷二十一改。
② "云",《金文最》卷二十一、《金史藝文略》皆作"之"。
③ "綜",原誤作"總",據《四部叢刊》影印明弘治本《秋澗集》卷四十一改。

據以著録云。

按,龔、孫目皆有。

韻類節事 ○二二八

汾州教授洪洞鄭昌時仲康撰。

按,黄、倪、金、錢、龔、孫目皆有。

卷三　子部上

古子書注譯類

道德真經集解四卷　　〇二二九

趙秉文撰，此書刻入《小萬卷樓叢書》。錢培名作《跋》云："《道德真經集解》四卷，從《道藏》鈔出，原題'趙學士句解'，不著名字。解中有'趙秉文曰''秉文獨異之'云云。按《金史·趙秉文傳》，興定元年授侍讀學士，①晋禮部尚書，仍兼侍讀學士。此題趙學士，其爲秉文無疑。本傳及元遺山《閑閑老人神道碑》述秉文所著，有《易叢説》《中庸説》《揚子發微》《太玄箋贊》《文中子類説》《南華略識》《列子補注》《删集論語解》《資暇録》諸書，獨不及《道德經》，蓋偶失之。《道德經》注者既多，諸本經文亦參差互異，趙氏出入諸家，無所偏主。其所引如開元、政和陸希聲、司馬君實、吕惠卿諸注，皆存《道藏》；僧肇羅什、王雱遺説，亦見諸家援引。惟葉石林《老子解》，僅見於《直齊書録解題》；劉巨濟《老子注》，僅見於《郡齋讀書志》。今並失傳，而趙氏頗及之，亦可見其采輯之博。金源人著撰，傳世頗稀，趙氏此書，亦簡質近古，故校以授梓。考《歸潛志》謂秉文上至六經解、外至浮屠莊老、醫學丹訣，無不究心。其所著有《太玄解》《老子解》。"則錢氏據《道藏》趙學士句解，而斷爲秉文作，得劉祁説，益可信矣。余故節録錢氏跋文，而並爲證成之。

---

① "興"，原誤作"典"，據《金史》卷一百十、《金史藝文略》改。

按，龔、孫目均有，龔目作《老子解》。

又按，有《道藏》正統本、景正統本。本、《小萬卷樓叢書》咸豐本、光緒本。本、《道藏舉要》本、《叢書集成初編》本。

老子解 ○二三○

李純甫撰。《歸潛志》云："純甫又解《楞嚴》《金剛經》《老子》《莊子》。"

按，金、錢、龔、孫目皆有，金目作《老子集解》。

道德真經全解六卷 ○二三一

無撰人。時雍作《序》曰："混元《五千文》注解，行於世者亦多矣，類皆分章析句，前後不相貫穿，智鑿臆說，非自得之學。致微言奧義，①暗而不明，鬱而不發，覽者病於多歧，莫知所向。故人卻去華，自真定復歸於亳，出《道德全解》示僕，莫知名氏。玩味紬繹，②心目洞開，平昔疑難，渙然冰釋，内外混融，義若貫珠，度越常情倍萬，殆非世學所能擬義。③ 蓋高仙至人，愍世哀蒙，披發玄奧，所謂道隱無名，而善貸且成者也。僕既得斯文，不忍獨善，遂勉兩金諸友，哀諸好事，命工鏤板，以廣其傳。時在正隆四年。"案如序文，不言卷數，今從《補元史藝文志》。然此書竟以為時雍作，非也。

按，錢、龔、孫目皆有。錢目作《道德經全解》，時雍撰。

又按，有《道藏》正統本、景正統本。本、《道藏舉要》本。

道德真經四子古道集解十卷 ○二三二

古襄寇才質志道撰。《自序》曰："僕草澤無名之野人也，素不以進取介意。及冠之後，酷嗜怡淡之樂，究丹經卜筮之術。

---

① "奧"，原誤作"異"，據《金文最》卷十九、《金史藝文略》改。
② "紬繹"，原誤作"細釋"，據《金文最》卷十九、《金史藝文略》改。
③ "義"，《金文最》卷十九作"議"。

至於晚年，讀古人書，披閱諸子，探賾聃經之奧，①章章有旨，可謂深矣遠矣。因觀諸家解注，言多放誕，互起異端，諸子殽亂，殆越百家，失其古道本真，良可嘆也。獨莊、列、文、庚四子之書，乃老氏門人親授五千言教，②各著撰義與相同。其餘諸解，紛紜肆辨，徒以筆舌爲功，虛無爲用，了無所執，又豈可與四子同日而語哉？僕昔隨仕，嘗游京都，得參高道講師，略叩玄關，③盡爲空性之説，不能述道之一二。內省不疚，深其造道而自得，欲以拯世欲之多蔽，悼聖道之不行。又恐膠疑泥惑之流，翻起蜂喧之議，故摭其四子，引其真經，集爲一編，計一十卷，以破雷同之説，因目之曰《四子古道義》。又述《經史疏》十卷，以相爲之表裏，今幸苟完。是論非常恃其臆説，不惟新當時聞見，抑爲千古之龜鑑也。請好事君子，幸無哂焉。偃息之暇，因援筆而直書之。"

又有劉諤庭直《後序》云："竊聞莊、列、文、庚者，乃老氏之門人高弟也。當此周時，親授五千言教，探道德之奧旨。捨四子之外，其孰能與於此哉？今之諸集解，義多浮誕，了無所執，各尚異端，百無一當。尚辭者逞於談辨，遺於理要；玩理者拘於淺近，昧乎指歸。是以大道隱於小成，固閉而不能開，久屈而不能伸，由是天下莫不以空性爲科、邪説爲惑，皆不能反於正道也。今古襄寇志道者，多聞博識，有生知自然之性，自幼及冠，心不挂細務，不以名利爲念，酷嗜怡淡之樂，然而經史不輟於涉獵。諸子之中，僻好《道德》二篇，閲及舊注，背義者多。故慨然篤志，累日滋久，不舍晝夜，遂成一編之書，以論《道德》之根本。然猶不肯恃己所長，輒引莊、列、文、庚

---

① "賾"，原誤作"迹"，據《金文最》卷十九、《金史藝文略》改。
② "授"，原誤作"受"，據《金文最》卷十九改。
③ "叩"，《金史藝文略》同，《金文最》卷十九作"扣"。

爲證，庶息天下未達者之謗議也，乃目之曰《四子古道義》十卷。或隨經辨注，或總章定名。纂違義者，有一百餘家；議改本者，近八百餘家。尊上古結繩之化，述聖人體道之規，誚尚怪以遺其鄙，①泥空而失治。門目備次，章句有歸。鬼神之説，斥之於無稽；方術之事，屏之於不用。其道之功用粲然，靡所不載，可使後之宗風者，開卷見道而不勞聰明。昔孔子推高老氏之言，故嘗嘆之猶龍，以其變化不測，可謂玄德深矣遠矣。驗之於古，考之於今，俾人甚易知易行，爲萬世之龜鑑者，不據是論，余何言哉？於戲！聖道之興，信由乎時，業得觀高論，醉眼豁然，如披霧而覩光明，蓋天下之未喪斯文也。謹援筆直叙，跋之卷尾，豈足讚先生之用心耶。②"
按，錢、龔、孫目皆有。
又按，有《道藏》正統本、景正統本。本、《道藏舉要》本，又《重刊道藏輯要》本題《太上道德真經四子古道集解》。

道德經取善集十二卷　　　　　　　　　　〇二三三

饒陽李霖宗傳撰。霖《自序》曰："物之共由者道也，道之在我者德也。道妙無形，③變化不測；德顯有體，同焉皆得。自其異者視之，則有兩名；自其同者視之，其實一致。末學之人，言道者每不及德，言德者罔及於道。此道德所以分裂，不見其純全也。猶龍上聖，當商末世，嘆性命之爛漫，憫道德之衰微，著書九九篇，以明玄玄之妙。言不踰於五千，義實貫乎三教，内則修心養命，外則治國安民，爲群言之首，萬物之宗，大無不該，細無不徧，其辭簡，其義豐，洋洋乎大哉！自有書籍以來，未有如斯經之妙也。後之解者甚多，得其全者至寡，各

---

① "誚"，原誤作"消"，據《金文最》卷十九改。
② "豈足"，《金文最》卷十九作"姑以"。
③ "妙"，原誤作"貌"，據《金文最》卷十九、《金史藝文略》改。

隨所見，互有得失。通性者，造全神之妙道，於命或有未至；達命者，得養生之要訣，於性或有未盡。不知性命兼全，道德一致爾。霖自幼及壯，謾誦玄言，以待有司之問。今已老矣，欲討深義，以修自己之真，自度耄荒，難測聖意。今取諸家之善，斷以一己之善，非以啓迪後學，切要便於檢閱，目之曰《取善集》，覽者幸勿誚焉。"

又有劉允升《序》曰："老氏當周之季，憫其世道衰微，由乎文弊，於是思復太古之純，載暢皇風，①以激其流俗。至於輕蔑仁義，屏斥禮樂，蓋非過直，無以矯枉。仲尼所以欽服，既見則嘆其猶龍。惟聖知聖，始云其然也。關尹覘紫氣之瑞，識其真人度關，虔誠叩請，方垂至言。議者咸謂五經浩浩，不如二篇之約，良有以也。莊周、列禦寇羽翼其教，亦猶鼓大浪於滄溟，聳奇峻於喬嶽。此尚逸其迹而口蓋其意，要在忘言而後識其指歸也。漢文、景間，治尚清靜，世治隆平，率自曹參，宗蓋公之訓，足知道德範世之驗，果不虛云。惜乎晉朝流為浮誕，王衍清談，反壞淳風，阮籍猖狂，又隳名教，失其本而循其末，可不哀哉！賴隋之王仲深譏其故，以謂虛口而晉室削，非老莊之罪，以其用之不善也。唐韓愈猶譏其小仁義，猶坐井觀天。嗚呼！愈負其才而昧於道，是亦聾盲於心，而不知太山雷霆可以驚其耳而駭其視也。一言以為不智，每貽君子之嘆息焉。篤信之士，代不乏人，各隨其意為之注解，殆數十家，不惟觀覽之煩，抑亦集之不易。② 饒陽李霖，字宗傳，性喜恬淡，自幼而老，終身確然，研精於五千之文，可謂知堅高之可慕，忘鑽仰之為勞，會叙諸家之長，③並叙己見，成六卷。譬

---

① "皇"，《金史藝文略》同，《金文最》卷十九作"玄"。
② "抑"，原誤作"卻"，據《金文最》卷十九、《金史藝文略》改。
③ "叙"，《金史藝文略》同，《金文最》卷十九作"聚"。

若八音不同,均適於平;五味各異,皆可於口。庶廣其見而博其知,以斯而資同道,爲功豈小補哉。王賓乃先生之舊友也,賞其勤而成其志,①命工鏤版,俾好事者免繕寫之勞。推而用之,②可不謂之仁乎?"

按,錢、龔、孫目皆有。

道德經注　　　　　　　　　　　　　　　　○二三四

東萊劉處玄通妙撰。見《甘水仙源録》秦志安《長生真人劉宗師道行碑》。

按,孫目有。

國語老子　　　　　　　　　　　　　　　　○二三五

大定年間譯。

按,錢、龔目皆有。

列子補注一卷　　　　　　　　　　　　　　○二三六

趙秉文撰。

按,金、錢、龔、孫目皆有,金目作《列子解》。

列子章句　　　　　　　　　　　　　　　　○二三七

袁從義撰。

按,孫目有。

沖虚至德真經四解　　　　　　　　　　　　○二三八

平陽高守元善長輯。毛麾《序》曰:"太史公序黃、老而先六經,蓋知崇道術矣,何偶遺《列子》?劉向乃校勘成書,其言明内外,證死生,齊物我,大抵與蒙莊合。至於謂不知我之乘風,風之乘我,周之爲蝶,蝶之爲周,若出一口矣。然後世注説傳者,俱少《列子》。在晉有張湛,唐有盧重元。方之《南華》,湛則郭象,盧則成玄英也。逮宋政和有解,而左轄范致

---

① "賞",原誤作"嘗",據《金文最》卷十九、《金史藝文略》改。
② "之",《金史藝文略》同,《金文最》卷十九作"心"。

虚謙叔亦有説。當是時，天下之道學與三舍進士同教養法。儒臣王禮上言：《莊》《列》二書，羽翼老氏，猶孔門之有顔、孟。微言妙理，啓迪後人，使黄老之道，粲然復見，功不在顔、孟之下。宜詔有司講究，所以崇事之禮。崇之，①故其書大行。平陽逸民高守元善長收得二解，並張、盧二家，合爲一書，誠增益於學者。因之，得以叩玄關、探聖域，致廣大而盡精微，顧不偉歟？②竊嘗謂訓詁之義，自昔爲難。盧《序》曰：'千載一賢，猶如比肩。萬代有知，不殊朝暮。'可爲喟然嘆息也！"
按，孫目有。
又按，有《道藏》正統本、景正統本。本，《道藏舉要》本。

列子 〇二三九

大定年間譯。

按，錢、龔目皆有，錢目誤作《劉子》。

莊子解 〇二四〇

李純甫撰。

按，金、錢、龔、孫目皆有，金目作《莊子集解》。

南華略釋一卷 〇二四一

趙秉文撰。

按，金、錢、龔、孫目皆有。

莊子略解 〇二四二

袁從義撰。

按，孫目有。

莊列賦一篇 〇二四三

楊雲翼撰。③

---

① "崇"，《金史藝文略》同，《金文最》卷十九作"從"。
② "偉"，《金文最》卷十九、《金史藝文略》皆作"韙"。
③ "翼"，原誤作"冀"，據《金史藝文略》改。

按，金、孫目皆有。

法言微旨一卷　　　　　　　　　　　　○二四四

趙秉文撰。《滏水集·自序》曰："揚子聖人之徒歟？其《法言》《太玄》，漢二要書也。① 漢興，賈誼明申、商，司馬遷好黃、老，董仲舒溺災異，劉向鑄黃金，獨揚子得其正傳，非諸子流也。余既整輯《太玄》舊文，《法言》有宋哀注，亡之，今世傳四注：柳、李二注，才釋一二；宋、吳二注，頗有牴牾。其十二注中，數家大抵祖臨川王氏，無甚發明，又多詆忤，而不中其說矣。② 獨溫公《集解》，③徧採諸本，微辨四家之得失，斷以己意，十得七八矣。其終篇詳辨揚子得聖人之行藏，為得其正，實百世之通論也。故今斷以《集解》為定。然《法言》之作，雖擬《論語》，不同門人問答，先後無次，乃揚子自著之書也。不應辭意不相連屬，其命名自序，思過半矣。或先義而後問，或後答以終義，或離章以發微，或終篇以明數，旁鈎遠近，微顯著晦，州屬脈貫，會歸正道。今所謂分章微旨者，非敢有異於先儒也，但使一篇之義，自相連屬，穿鑿之罪，余何敢逃。萬一有得於言辭之表者，或有助於發機云。"

王若虛又有《序》云："《法言》之行於世尚矣。始注釋者，四家而已，疏略粗淺，無甚可觀。其後益而為十二，互有所長，視其舊殊勝而未盡也。④ 今禮部尚書趙公，素嗜此書，得其機要，因復為之訓解，參取衆說，析之以己見，號曰《分章微旨》。論高而意新，蓋奇作也。予嘗竊怪子雲之自叙，以為《法言》，《論語》之體耳。⑤ 隨問更端，雜錯無次，而獨取篇首二字以為

---

① "二要書"，《金文最》卷二十作"二百年之書"。
② "說矣"，《金文最》卷二十作"失"。
③ "解"，原誤作"釋"，據《金文最》卷二十改。
④ "而"下，《金文最》卷二十有"猶"字。
⑤ "體"，原誤作"類"，據《金文最》卷二十改。

名而冠之,無乃失其宜耶? 及觀公解,則始終貫穿,①通爲一義,燦有條理而不亂,乃知子雲之意,初非苟然,但學者未之深考也。昔人以杜預、顔師古爲邱明、孟堅忠臣,今公於子雲之書,辨明是正,厥功多矣。至於進退隱見之際,尤爲反覆而致意,使千載之疑,可以盡釋而無遺恨,兹不亦功之大者歟? 古澤陳氏者,將購工版行,以廣其傳,友人張君茂進,實贊成之,而屬予爲序。嗚呼! 公一代鉅儒,德業文章,皆可師法。自少年名滿四海間,生平著述,殆不可勝紀,而晚年益勤,心醉乎義理之學,六經百子,莫不討論,迄今孜孜,筆不停綴。其所發揮往典而啓迪來者,非特一書而止也。如鄙不肖,曷足爲公重輕,而斯書之傳,豈待予言而後信。雖然,陳氏細民,而能好事如此,其用心固已可喜,且不肖於公門下之士也,②辱知爲深,而是區區者敢辭乎?③ 乃書而授之。"文載《滹南遺老集》。此書本集無卷數,元好問《墓銘》作一卷,並題爲《揚子發微》,今參取之。

按,黄、倪、金、錢、龔、孫目皆有。

揚子 〇二四五

大定年間譯。

按,錢、龔目皆有。

箋太玄贊一卷 〇二四六

趙秉文撰。《自序》云:"《太玄》何爲者也? 將以發明大《易》而羽翼之者也。《易》有八物,而五行萬事在其中,《玄》則列之以三才,本之以五行,表之以陰陽,推之以律曆,④而天下萬

---

① "始終",《金文最》卷二十作"終始"。
② "之"字,《金文最》卷二十無。
③ "而是區區者",《金文最》卷二十作"是區區者而"。
④ "以"字原脱,據《金文最》卷二十補。

事之理,具在其中,①爲仁義而作也。卦用八,蓍用七,《玄》則首用九,蓍用六五,②彰之也。《易》有道義、象數,③説《易》者言道義則遺象數,言象數則遺道義,《玄》實兼之,其於聖經不爲無助。昔人譏屋下架屋,不猶愈於章句一偏之學乎?後之言術數者,孰與張平子?以平子不敢輕議《太玄》,而後儒非之,恐幾率易。顧僕何足以知《太玄》?姑以范《注》之小誤,以證本經之不誤。范《注》以九首次九陽家陽畫,至十首羨之初一,又爲陽家陽畫,則畫多於夜,④禍福殽亂,故其説時有不通,⑤王氏已辨之矣。揲法一扐之後,而數其餘,王氏依之。注本作'兩扐',非經誤也。《經》云:'旦筮用經,夕筮用緯。'舊注以旦用一五七,⑥夕用三四八,日中、夜中用二六。⑦ 蘇氏攻之,以爲中夕筮,吉凶雜至,旦筮非大吉則大凶,是吉凶雜終不可得而遇也。揚子大賢,擬聖而作,不應筮法尚誤,此殆歲久失其傳也。及考《玄》數,五爲中央。注:'土行所在,經緯雜用。'旦筮有三表:一二三,一表也;四五六,一表也;七八九,一表也。表取其一,次爲占,旦筮用一與七,皆取其初遇。至於四爲緯,五爲經,緯雜無已,則用六矣。一六七吉凶雜,與日中、夜中、夕筮同。況粹首一六七皆吉,而唫首一六七皆凶,亦有時而純吉純凶矣。恐旦筮當用一六七,夕筮用三四八,日中、夜中用二五九。二爲經,九爲緯,五雜用之也。筮有四:星、時、數、辭,注:'星若干一度也,時謂旦中夕也,

---

① "在",《金文最》卷二十作"要"。
② "五",原誤作"互",據《金文最》卷二十改。
③ "道義象數",原誤作"道數象義",據《滏水集》卷十五改。
④ "則",原誤作"刻",據《滏水集》卷十五改。
⑤ "時"字原脱,據《金文最》卷二十補。
⑥ "注",原誤作"筮",據《金文最》卷二十改。
⑦ "夜"下"中"字原脱,據《滏水集》卷十五、《金文最》卷二十補。

數謂首數之奇,辭若九贊之辭也。'時若旦筮遇陽家,其數自奇,辭自多吉。是時、數、辭皆同,何以別之?竊意星若二十八宿是也。又有四方之宿,各分配日月五星,數有支干之數、律曆之數、玄算之數,與策數雜用之。此揚子所以知漢二百載而中天,平子所以知漢四百載《玄》其興乎之驗也。其然,豈其然乎?《玄》有《文》誥等十一篇,①道義象數之學也,宋、陸二注及王氏辨之詳矣,茲不復云。獨首贊與日夜不合,②及首贊之辭與首之名義,亦如六十四卦與卦義當相合,如同人暌六爻,皆言同人暌之類是也。而注間有不悟,輒以他義釋之,恐有未安,理當釐正,使贊者與首名義相合,庶幾初明《玄經》之萬一。僕亦未能審於是非,姑錄以備遺忘,以爲學《玄》之階耳。俟得前人之注,改而正諸。"文亦見《滏水集》。惟本集不言卷數,今從元好問《墓銘》著錄,至《墓銘》則名《太玄箋贊》云。

按,黃、倪、金、錢、龔、孫目皆有,黃、倪、錢目作《大玄箋贊》,黃、錢目皆作六卷,金目作《太玄箋》。

女真字家語　　　　　　　　　　　　　○二四七

大定年間譯。

按,錢、龔目皆有。

陰符經注一卷　　　　　　　　　　　　○二四八

劉處玄撰。有范懌德裕《序》曰:"《陰符真經》三百餘字,言簡而意詳,文深而事備。天地生殺之機,陰陽造化之理,妙用真功,包涵總括,盡在其中矣。昔軒轅黃帝萬幾之暇,淵默沖虛,獲遇真經。就崆峒山而問天真黃人廣成先生,③得其旨

---

① "誥",《金文最》卷二十同,《滏水集》卷十五作"告"。
② "日",《金文最》卷二十作"晝"。
③ "問"字原脫,據《金文最》卷二十一補。

趣，勒而行之。一旦鼎湖乘火龍而登天，斯文遂傳於世。後之修仙慕道者，而能默識玄機，深造閫域，往往高舉遠致，躡景升虛，不爲不多矣。數千載之間，爲之注解直説者，曾無一二，皆辭多假諭，旁引曲説，真源弗露，使夫學者困於多歧。以至皓首區區，勞而無功，愈窮而愈惑，半途而止者，不可勝紀，遂指仙徑爲虛語，深可憫也。神山長生劉公真人，教法令器，師席宏才，學貫古今，心游道德。乃殫思研精，①探賾索隱，爲之注解。坦然明白，易知易行，以利後人，可謂慈憫仁人之用心也。濟南畢守真命懌作序，欲廣傳於四方，爲學者之指南。而學者詳覽斯文，可以悟疑辨惑，皆能擺脱塵網，直廁真游，清遥於混茫之域矣。"

按，錢、龔、孫目皆有。又按，有《道藏》正統本、景正統本。本，題《黄帝陰符經注》，劉處玄撰。

陰符經注二卷　　　　　　　　　　〇二四九

唐淳撰。孟綽然《序》曰："深達天機者，乃能説天道之妙；未造聖域者，烏能釋聖人之經。何哉？蓋聖人之言遠如天，非探頤索隱者，豈能知哉！如黄帝《陰符經》者，章纔止一二，字不過於三百，言雖約而旨益遠，文雖簡而意彌深。或以富國安民爲修鍊之術，或以強兵戰勝爲養攝之方，包羅乎天地，總括乎陰陽，視之無色，聽之無聲，冥冥然孰察其真情，杳杳然莫窮其微妙。自非内外虛朗，表裏玲瓏，能提挈乎天地、把握乎陰陽，先剖析而注解之，孰能窺其壺奥，測其涯涘矣！然注此經者，不啻十數家，得聖人之微旨者，唐公一人而已。公諱淳，號金陵道人，不知何代人也。於是乃述己所聞，依聖意而解之，旁引諸書而證之，使後來觀者，視其經則雖至深而至

① "殫"，《金文最》卷二十一作"覃"。

遠,求其注則誠易見而易知。一字所説,如燈之破暗;一言所解,如龜之決疑。① 非唐公素識有無之源,深窮造化之端,達乎天機,造乎聖域,安能爲此耶? 邇來瑩然子周至明,實今之好事者,因游崆峒,感黄帝故事,慨然有兼善之心,懇求此本,鏤版印行。庶修真者亦得淘真而去僞,入聖而去凡,握陰陽乎掌上,撮日月於胸中,真古人之用心也。求予爲序,予欲不言,蓋有美不揚,友之罪也。於是援毫而書之,以繼公之好事耳。"案,如《序》言,淳似非金代人,且無卷數,今從《補元史藝文志》。

按,錢、龔、孫目皆有。

又按,有《道藏》正統本、景正統本。本。

黄帝陰符經注一卷　　　　　　　　　〇二五〇

侯善淵撰。

按,有《道藏》正統本、景正統本。本。

周易參同契簡要釋義　　　　　　　　〇二五一

廣寧郝大通撰。大通《自序》曰:"教者,道之所以生也。道本無名,強名曰道;教本無形,假言曰教。教之精粹,備包有無。故以無言之,存乎道體;以有言之,存乎器用。體之以爲無,用之以爲利。若曰有形生於無形,則乾坤安從而生? 用教化於無知,則真知安從而出? 若夫太極肇分,三才定位,布五行於玄極,列八卦於空廓,發揮七政,躔次紀網,垂萬象於上方,育群靈於下土。是故聖人仰觀俯察,裁成輔相,信四時而生萬物,通變化而行鬼神。通精無門,藏神無穴,寂然不動,感而遂通。至於修真達道之士,用之德化十方,慧超三界,升沈而龍吟虎嘯,消息而蛇隱龜藏。一往一來,神號而鬼哭;一伸

---

① "如",《金文最》卷二十一作"若"。

一屈,物我以俱忘。當是時,電激而八表騰輝,①雷震而三山動色,鶴飛鳳舞,鹿返羊迴,沖氣盈盈,瑞雲密密,萬神羅列,群魔遁形。玄珠迸落於靈臺,②芝草齊生於紫府,覺花才放,法海淵深,直入玄都,永超陸地。所謂毛吞大海,芥納須彌,木馬嘶鳴,石人唱和,此皆開悟後覺,不得已而爲言。是道也,用之以順,兩儀序而百物和;行之以逆,六位傾而五行亂。非夫至極玄妙,其孰能與於此乎?於是略叙玄文,删爲節要云耳。"

按,孫目有。

中説類解一卷 〇二五二

趙秉文撰。元好問撰《墓銘》作《文中子類説》,此書秉文有《引》,其文曰:"文中子,聖人之徒歟?孔、孟而下得其正傳,非諸子流也。自唐皮氏、司空氏始知尊尚,宋司馬公爲之傳,其書大行。大抵唐賢雖見道未至,而有忠厚之氣。至於宋儒多出新意,務詆斥,忠厚之氣衰焉。學聖人之門,豈以勝劣爲心哉?《中説》舊有阮氏注,所得多矣。某今但纂爲三類:一明續經,有爲而作;二明問答,與聖道不異;三明文中子行事,使學者知聖賢踐履之實,庶有助於萬一云。"

按,黄、倪、金、錢、龔、孫目皆有,黄、倪目作《文中子類説》。

文中子 〇二五三

大定年間譯。

按,錢、龔目皆有。

皇極經世圖説 〇二五四

薛玄撰。

按,孫目有。

---

① "八",原誤作"入",據《金文最》卷二十三、《金史藝文略》改。
② "迸",原誤作"逆",據《金文最》卷二十三、《金史藝文略》改。

皇極引用八卷 ○二五五

　杜瑛撰。

　按，龔、孫目皆有。

皇極疑事四卷 ○二五六

　杜瑛撰。

　按，龔、孫目皆有。

極學十卷 ○二五七

　杜瑛撰。

　按，龔、孫目皆有。

儒學類

道學發源 ○二五八

無撰人。趙秉文作《引》曰："天地間有大順至和之氣，①自然之理，根於心，成於性，雖聖人教人，不能與之以具所無。② 有疾苦，必呼父母，此愛之見於性者也；有悖逆，愧生於其心，③此敬之見於性者也。然愚者知愛，而不知敬，賢者知之，而不能擴而充之以及天下，非孝之盡也。故夫愛親者，仁之源；敬親者，義之源。文斯二者，禮之源。無所不體之謂誠，無所不盡之謂忠。貫之之謂一，會之之謂恕。④ 及其至也，蟠天地，溥萬物，推而放諸四海而準，其源皆發於此。此吾先聖所以垂教萬世，吾先師曾子之所傳者。百世之後，門弟子張氏名九成者所解。九成之解，足以啓發人之善心，由之足以見聖

---

① "間"字原脱，據《滏水集》卷十五補。
② "具"，《滏水集》卷十五作"其"。
③ "其"字，《滏水集》卷十五無。
④ "恕"，《滏水集》卷十五作"忠"。

人之蘊。今同省諸生傅起等，將以講明九成之解，傳一而千，傳千而億。聖人之意，庶幾其有傳乎？某聞之，喜而不寐。抑聞之，致知力行，猶車之二輪，鳥之雙翼，闕一不可。學者苟曰：'吾求所謂知而已，而於力行則闕焉。'非所望於士君子也。間有窮深極遠、爲異學高論者，曰：'此家人語耳，①非惟不足以知聖人之道，是猶詫九層之臺，未覆一簣，欺人與自欺也，其可乎？'愚謂雖圓頂黃冠，村夫野婦，猶宜家置一書，②渠獨非人子乎？至於載之東、西《銘》，子罃之《聖傳論》，譬之户有南北東西，由之皆可以至於堂奧。總而類之，名曰《道學發源》，其諸異乎同源而有異流者歟？"文載《滏水集》。

王若虛又有《後序》曰："韓愈《原道》曰：'孟軻之死，不得其傳。'其論嶄然，③君子不以爲過。夫聖人之道，亘萬世而常存者也。軻死而遂無傳焉，何耶？愚者昧之，邪者蠹之，駁而不純者汩之，而真儒莫繼，則雖存而幾乎息矣。秦漢以來，日就微滅，治經者局於章句訓詁之末，而立行者陷於功名利欲之私。至其語道，則又例爲荒忽之空談，而不及於世用，髣髴疑似而失其真，支離汗漫而無所統，④其弊可勝言哉！故士有讀書萬卷，辯如懸河，而不免爲陋儒。負絕人之奇節，高世之美名，而毫釐之差，反入於惡者，唯其不合於大公至正之道故也。韓愈故知言矣。⑤然其所得，亦未至於深微之地，則信其果無傳已。自宋儒發揚秘奧，使千古之絕學一朝復續，開其致知格物之端，而力明乎天理人欲之辨，始於至粗，極於至精，皆前人之所未見。然後天下釋然，知所適從，如權衡指南

---

① "此"字原脱，據《滏水集》卷十五補。
② "宜"，原誤作"疑"，據《滏水集》卷十五改。
③ "嶄"，《湛南遺老集》卷四十四作"斬"。
④ "汗漫"，原誤作"汙漫"，據《湛南遺老集》卷四十四改。
⑤ "故"，《湛南遺老集》卷四十四作"固"。

之可信,其有功於吾道,豈淺淺哉?國家承平既久,特以經術取人,使得參稽衆論之所長,以求夫義理之真,而不專於傳疏,其所以開廓之者至矣。而鳴道之説亦未甚行,三數年來,其傳乃始浸廣,好事者往往聞風而悦之。今省庭諸君,尤爲致力,慨然以興起斯文爲己任,且將與未知者共之,此發源之書,所以汲汲於鋟木也。學者嘗試觀之,其必有所見矣。心術既明,趨向既正,由是而之焉。雖至於聖域無難,猶發源不已,則汪洋東海注,放諸海而後止。嗚呼!其可量哉!亦任之而已矣。僕嘉諸君樂善之功,爲人之周,而喜爲天下道也,故略書其末云。"序見《滹南遺老集》。

按,龔、孫目皆有,龔目作"趙秉文撰"。

論道編　　　　　　　　　　　　　　　　〇二五九

河南府治中潞州董國華文甫撰。自號無事老人。《歸潛志》云:"其學參取佛老二家,不喜高遠奇異,循常道。於六經、《論》《孟》諸書,凡一章一句皆深思,而有得,必以力行爲事,不徒誦説而已。得所著一編,皆論道之文,迄今藏余家。"

按,孫目有。

聖經心學篇　　　　　　　　　　　　　　〇二六〇

薛玄撰。

按,孫目有。

中國心學　　　　　　　　　　　　　　　〇二六一

李純甫撰。

按,倪目有。

希聖解　　　　　　　　　　　　　　　　〇二六二

劉因撰。《元史》本傳:"因弱冠,才器超邁,日閲方册,思得如古人者友之,作《希聖解》。"

按,孫目有。

律身日錄　　　　　　　　　　　　○二六三

中京府留守陳規正叔撰。段成己《墓表》云："規自始至疾病，書未嘗一日去手，有《律身日錄》，雖筐篋細碎，必謹記無遺漏，則公自修可知矣。"表見《金文雅》。考規《金史》有傳。

按，孫目有。

處言四十三篇　　　　　　　　　　○二六四

劉祁撰。郝經《陵川集》有《渾源劉先生哀辭》，其略曰："其弟文季來，以先生易簀時所付一書四十篇曰《處言》見示，經再拜雪泣讀之，其辭汪洋煥爛，高壯廣厚，約而不缺，肆而不繁。其理則詣乎極而窮乎性命，於死生禍福之際尤爲明析，非世之所謂文章、古所謂立言者也。"然則書雖不傳，而著述之旨可窺矣。

按，黃、龔、孫目皆有。

小學語錄　　　　　　　　　　　　○二六五

劉因撰。

按，孫目有。

學之急一篇　　　　　　　　　　　○二六六

左丞相猛安徒單鎰撰。《金史》有傳，本傳謂"嘗嘆文士委頓，雖巧拙不同，要以仁義道德爲本，乃著《學之急》《道之要》二篇。太學諸生刻之於石"。按，《漢書·藝文志》儒家者流，留意於仁義之際，則此二篇固儒家之旨也。

按，孫目有。

道之要一篇　　　　　　　　　　　○二六七

徒單鎰撰。

按，孫目有。

十二訓　　　　　　　　　　　　　○二六八

路鐸撰。

按，龔目有。

憂國如飢渴論 〇二六九

鄭子聃撰。

按，金、龔目皆有。

兵書類

平遼議三卷 〇二七〇

張守愚撰。《補遼金元藝文志》作三篇，云："國子監齋長承安二年進。"

按，黃、倪、錢、龔、孫目皆有。

北新子 〇二七一

奉聖馬餌升公撰。《中州集》："高永，字信卿，出於盤陽大族。父元，字善長，教信卿作舉子，讀書略通，即棄之去。爲人不顧細謹，有幽并豪俠之風，賓客入門，則盡家所有者爲具，不爲明日計，人以此愛之。貞祐初，避兵太原，與李長源居於廣平寺，有盜穴牆而入，長源性恇怯，聞騷窣聲，噤不敢語，盜盡挈信卿所有而去，長源徐曰：'綠林之子至矣。'於是信卿生理大狼狽。南渡居嵩州，出入屏山之門，其學遂進。初名夔，字舜卿，又名揆，屏山改焉。真定王之奇士衡攻雜學，屏山目爲怪魁，王從之内翰爲賦善哭詩，奉聖馬餌升公敢爲大言。著書十萬言，號《北新子》，大略以談兵爲主，且曰古人兵法非不盡，但未有北新子五十里火雨耳。信卿皆與之游，故其詩豪宕譎怪，不爲法度所窘，①有冰柱雪車風調。觀《咀龍篇》及《大雨後見寄》，可概見矣。正大壬辰病歿於京師，年四十六。"

---

① "窘"，原誤作"窮"，據《中州集》卷九改。

按，龔、孫目皆有。

女真字太公書　　　　　　　　　　　　　○二七二

　　大定年間譯。

　　按，錢、龔目皆有。

女真字伍子胥書　　　　　　　　　　　　○二七三

　　大定年間譯。

　　按，錢、龔目皆有。

女真字孫臏書　　　　　　　　　　　　　○二七四

　　大定年間譯。

　　按，錢、龔目皆有。

醫藥類

傷寒論注十卷　　　　　　　　　　　　　○二七五

聊攝成無己撰。嚴器之《序》曰："夫前聖有作，後必有繼而述之者，則其教乃得著於世矣。醫之道源自炎黃，以至神之妙，始興經方。繼而伊尹以元聖之才，撰成《湯液》，俾黎庶之疾疢咸遂蠲除，使萬代之生靈普蒙拯濟。後漢張仲景又廣《湯藥》爲《傷寒卒病論》十數卷，然後醫方大備。兹先聖、後聖若合符節。至晋太醫令王叔和，以仲景之書，撰次成叙，得爲完帙。昔人以仲景方一部，爲衆方之祖，蓋能繼述先聖之所作，迄今千有餘年不墜於地者，又得王氏闡明之力也。《傷寒論》十卷，其言精而奧，其法簡而詳，非寡聞淺見所能賾究，後雖有學者，又各自名家，未見發明。僕忝醫業，自幼徂老，耽味仲景之書五十餘年矣。雖粗得其門，而近升乎堂，未能入室，[①]常爲

―――――――――
① "未能入室"，《金文最》卷十八作"然未入於室"。

之歉然。昨天眷間西樓，邂逅聊攝成公，議論該博，術業精通，而又有家學，注成《傷寒論》十卷，出以示僕。其三百九十七法之內，分析異同，彰明隱奧，調陳脈理，區別陰陽，使表裏以昭然，俾汗下而灼見。百一十二方之後，通明名號之由，彰顯藥性之主，十劑輕重之攸分，七精用之斯見，別氣味之所宜，明補瀉之所適。又皆引《內經》，旁牽眾說，方法之辨，莫不允當。實前賢所未言，後學所未識，是得仲景之深意者也。昔所謂歉然者，今悉達其奧矣。親覿其書，誠難默默，不揆荒蕪，聊序其略。"

魏公衡《序》曰："張仲景所著《傷寒論》，聊攝成無己爲之注解。言意簡詣，援引有據，直本仲景之注，多所發明，非醫家傳釋比。未及刊行，而成君不幸去世，此書間關流離，積有歲年，竟自致於退翁先生，若成君之靈，婉轉授手。然退翁既愛重其書，且憤舊注之淺陋蕪駁也，遽欲大傳於世，顧其力有所不贍，又不忍付非其人苟以利爲也。① 每用嘆悒，事與願違，俯仰逾紀。近因感念，慨然謂所知曰：'吾年逾從心，後期難必，誠恐一旦不諱，因循失墜，使成公之志，湮沒不伸，吾亦抱恨泉壤矣。'遂斷意力爲之，經營購募，有所不避，歲律迄周，功始克究。噫！是書之成也，成君得所附記，②退翁私願獲畢，相與不朽矣！此其所以屬予爲序歟？不然，則退翁清節素著，其筆耕餘地，足樂終身，豈以遲暮之年，遑遑爲庶人計哉？退翁，道號也，姓王名鼎，字大來，詩筆之妙，莫不推仰，至於內行過人，世未必盡知也。"

王緯《序》曰："古有言曰：'百病之急，莫急於傷寒；傷寒之

---

① "非"字原脫，據《金文最》卷十八補。
② "記"，《金文最》卷十八作"託"。

書，莫出於仲景。'蓋仲景之書，意深理奧，非夫明經絡、①曉運氣、達藥性於運氣之用者，則莫得而擬議也。如晉之王叔和，止叙次而已；唐之孫思邈，亦間或引用，而必欲尋其發明之意，皆不可得矣。又如宋謝復古之注，則疑信未明；朱奉議之集，則簡略不備。今者聊攝成無己先生注解，内則明人之經絡，外則合天之運氣，中間説藥之性味，深造運氣之用，錯而綜之，以釋其經。由是，仲景之意，較然大著。噫！若先生早生於世，豈特使向之注集者閣筆，抑亦使病者不致横夭，百數年間，可勝紀哉？今此書既已鏤板，好事君子，宜探其命工刊行之本意焉，無忽爲幸。"

王鼎《序》曰："此書乃前宋國醫成公無己四十餘年方成，所謂萬全之書也。後爲權貴挈居臨潢，時已九十餘歲矣，僕曩緣訪尋舍弟，親到臨潢，寄迹鮑子□大夫百有餘日，目擊公治病，百無一失。僕嘗求此書，公云：'未經進，不能傳。'既歸，又十七年，一鄉人自臨潢遇恩放還，首遺此書，不覺驚嘆。復自念平日守一小學，於世無毫髮補，欲力自刊行，竟不能就。今則年逾從心，晚景無多，兼公别有《明理論》一編，十五年前已爲邢臺好事者鏤版流傳於世，獨此書沈墮未出。僕是以日夜如負芒刺，食息不遑。遂於辛卯冬出謁故人，以干所費，一出而就，何其幸也。或曰：'非子之幸，世之幸也。'醫者得以爲矜式，好事君子得之，亦可與醫家商略，使病人不伏枕而愈。乃此書駕説《難》《素》之功，於書豈小補哉。"

案，成無己《金史·方伎》無傳，或以爲宋人則非是。雖王鼎《序》稱爲前宋國醫，然言爲權貴挈居臨潢，蓋由宋而入金者也。元陶宗儀《輟耕録》叙歷代醫家，列無己於金代，所見誠

---

① "絡"，原誤作"略"，據《金文最》卷十八改。

正。《提要》云："無己，聊攝人，生於宋嘉祐治平間，後聊攝入於金，遂爲金人。至海陵王正隆丙子，年九十餘尚存。見開禧元年歷陽張孝忠《跋》中。明吳勉學刻此書，題曰宋人，誤也。"是亦力辨之矣。《讀書敏求記》於《明理論》後云："《序》稱成公，不知誰何，蓋北宋時人。"殆未詳考耳。

按，錢、龔、孫目皆有，有吳勉學刻本。

傷寒明理論三卷 〇二七六

成無己撰。張孝忠《跋》云："於襄陽訪得《明理論》四卷，因爲刊版於彬山。"其言四卷者，蓋並《論方》而數之也。嚴器之有《序》，其文曰："余嘗思歷代明醫，迴骸起死，祛邪愈疾，非曰生而知之，必也祖述前聖之經。才高識妙，探微索隱，研究義理，得其旨趣，故無施而不可。且百病之急，莫急於傷寒，或死或愈，止於六七日之間、十日以上。故漢張長沙感往昔之淪喪，傷橫夭之莫救，撰爲《傷寒論》一十卷，三百九十七法，一百一十三方，爲醫門之規繩，治病之宗本。然自漢逮今，千有餘年，惟王叔和得其旨趣，後人皆不得其門而入，是以其間少於注釋，闕於講義。自宋以來，名醫間有著述者，如龐安常作《卒病論》，朱肱作《活人書》，韓祗和作《微旨》，王實作《證治》。雖皆互有闡明之義，然而未能盡張長沙之深意。聊攝成公，家世儒醫，性識明敏，記問該博，撰述傷寒義，皆前人未經道者。指在定體，分形析證，若同而異者明之，似是而非者辨之，釋戰慄有內外之診，①論煩躁有陰陽之別。讝語鄭聲，令虛實之灼知；四逆與厥，使淺深之類明。始於發熱，終於勞復，凡五十篇，目之曰《明理論》，所謂真得長沙公之旨趣也。使習醫之流，讀其論而知其理，識其症而別其病，胸次了然而

---

① "有"，原誤作"於"，據《金文最》卷十八、《金史藝文略》改。

無惑,①顧不博哉！余家醫業五十載,究旨窮經,自幼迄老,凡古今醫書,無不涉獵。觀此書義理燦然,不能默默,因序其略。"

按,錢、龔、孫目皆有。

又按,有《仲景全書》光緒本、民國本。本、《張仲景醫學全書》本、《中國醫學大成》本、《古今醫統正脈全書》吳勉學本、朱文震本、京師醫局本。本、《醫統正脈全書》本、《叢書集成初編》本。又有《四庫全書》本,題《傷寒明理論》三卷《論方》一卷。又有《宛委別藏》本,題《傷寒明理論》三卷《後集》一卷。

論方一卷　　　　　　　　　　　〇二七七

成無己撰。見前。

按,錢、龔、孫目皆有。

附廣肘後方八卷　　　　　　　　〇二七八

汴京國子監博士楊用道撰。《自序》曰:"昔伊尹著湯液之論,周公設醫師之屬,皆所以拯救民疾,俾得以全生而盡年也。然則古之賢臣,愛其君以及其民者,蓋非特生者遂之而已。人有疾病,坐視其危苦,而無以救藥之,亦其心有所不忍也。仰惟國家受天成命,統一四海,主上以仁覆天下,輕稅損役,約法省刑,蠲積負,柔遠服,專務以德養民。故人臣奉承於下,亦莫不以體國愛民為心。惟政府內外宗公,協同輔翼,以共固天保無疆之業,其心則又甚焉。於斯時也,蓋民罹兵火,獲見太平。邊境寧而盜賊息矣,則人無死於鋒鏑之慮;刑罰清而狴犴空矣,則人無死於桎梏之憂;年穀豐而畜積富矣,則人無死於溝壑之患。其所可虞者,獨民之有疾病夭傷而已。思亦有以救之,其不在於方書矣乎？然方書之行於世者多

---

① "惑",原誤作"憾",據《金文最》卷十八、《金史藝文略》改。

矣，①大編廣集，奇藥群品，自名醫貴胄，或不能以兼通而卒具，況可以施於民庶哉？②於是行省乃得乾統間所刊《肘後方》善本，即葛洪所謂'皆單行經易，約而已驗，籬陌之間，顧盼皆醫，③家有此方，可不用醫者也'。其書經陶隱居增修而益完矣。既又得唐慎微《證類本草》，其所附方，皆洽見精取，切於救治，而卷帙尤爲繁重，且方隨藥著，檢用卒難。乃復摘録其方，分以類例，而附於《肘後隨證》之下，目之曰《附廣肘後方》，下監俾更加讎次，且爲之序而刊行之。方雖簡要，而該病則衆；藥多易求，而論效則遠。將使家自能醫，人無夭横，以溥濟斯民於仁壽之域，④以上廣國家博施愛物之德，其爲利豈小補哉？"案，如《序》言，此書似非用道作。然《提要》云："金楊用道又取唐慎微《證類本草》諸方，附於《肘後隨證》之下，爲《附廣肘後方》。元世祖至元間有烏某者，得其本於平鄉郭氏，始刻而傳之，段成己爲之序。"則書本葛洪作，爲陶弘景所增修，而附廣者，則用道也。《補三史》諸志未列其目，失之。

按，孫目有。

素問病機氣宜保命集三卷　　　　　　〇二七九

河間劉完素守真撰。完素《金史》列《方伎傳》，自號通玄處士。嘗遇異人陳先生，以酒飲，守真大醉，及寤，洞達醫術，若有授之者。其治病好用涼劑，以降心火益腎水爲主。此書完素有《自序》，其文曰："夫醫道者，以濟世爲良，以愈疾爲善。蓋濟世者憑乎術，愈疾者仗乎法，故法之與術，悉出《內經》之

---

① "書"字，《金文最》卷十八、《金史藝文略》皆無。
② "施"，原誤作"庶"，據《金文最》卷十八、《金史藝文略》改。
③ "醫"，《金史藝文略》同，《金文最》卷十八作"藥"。
④ "溥"字原脱，據《金文最》卷十八、《金史藝文略》補。

玄機。此經固不可力而求，智而得也。況軒、岐問答，理非造次，①奧藏金丹寶典，深隱生死玄文，爲修行之徑路，作達道之天梯。得其理者，用如神聖；失其理者，似隔水山。② 其法玄妙，其功深固，非小智所能窺測也。若不訪求師範，而自生穿鑿者，徒勞皓首耳。余年二十有五，志在《内經》，日夜不輟。殆至六旬，得遇天人，授飲美酒，若橡斗許，面赤若醉。一醒之後，目至心靈，大有開悟。衍其功療，左右逢原，百發百中。今見世醫多賴祖名，倚約舊方，恥問不學，特無更新之法，縱聞善説，反怒爲非。嗚呼！患者遇此之徒，十誤八九，豈念人命死而不復活者哉？③ 仁者鑑之，可不痛歟？以此觀之，是未知陰陽變化之道。況木極似金，金極似火，火極似水，水極似土，土極似木，故《經》曰：'亢則害，承乃制。'謂已亢極，反似勝己之化，俗流未知，故認似作是，以陰爲陽，失其本意。《經》所謂'誅罰無過，命曰大惑'。醫徒執迷，反肆傍識，縱用獲效，終無了然之語，其道難與語哉！僕見如斯，首述玄機，刊行於世者，已有《宣明》等三書，革庸醫之鄙陋，正俗論之舛訛，宣揚古聖之法則，普救後人之生命。今將餘三十年間，信如心手，親用若神，遠取諸物，近取諸身，比物立象，④直明真理治法方論，裁成三卷三十二論，目之曰《素問病機氣宜保命集》。此集非崖略之説，蓋得軒、岐要妙之旨，故用之可以濟人命，捨之無以活人生。得乎心髓，秘之篋笥，不敢輕以示人。非絶仁人之心，蓋聖人之法，不遇當人，未易授爾。後之

---

① "次"，原誤作"此"，據《金文最》卷十八、《金史藝文略》改。
② "似"，原誤作"以"，據《金文最》卷十八、《金史藝文略》改。
③ "活"字，《金文最》卷十八、《金史藝文略》皆無。
④ "比"，原誤作"此"，據《金文最》卷十八、《金史藝文略》改。

明者，當自傳爾。①"

又有楊威《序》曰："天興末，予北渡，寓東原之長清。一日，過前太醫王慶先家，於几案間得一書，曰《素問病機氣宜保命集》。試閱之，乃劉高尚守真先生之遺書稿也。其文則出自《內經》中，②撮其要而述之者，朱塗墨注。凡三卷，分三十二門。門有資次，合理契經，如原道則本性命之源，論脈則盡死生之説，攝生則語存神存氣之理，陰陽則講抱玄守一之妙，病機則終始有條有例，治病之法，盡於此矣。本草則驅用有佐有使，處方之法，盡於此矣。③至於解傷寒論氣宜説，曲盡前聖意，讀之使人廓然有所醒悟，恍然有所發明，使六脈十二經、五臟六腑、三焦四肢，目前可得而推見之也。後二十三論，隨論出證，隨證出方，先後加減，用藥次第，悉皆藴奥，精妙入神。嘗試用之，十十皆中，真良醫也！雖古人不是過也。雖軒、岐復生，不廢此書也。然先生有序，序己行藏，言幼年已有《直格》《宣明》《原病式》三書，雖義精確，猶有不盡聖理處，今是書也復出，與前三書相爲表裏，非曰後之醫者龜鏡歟？至如平昔不治醫書者得之，隨例驗證，度己處藥，則思亦過半矣。予謂是書雖在農夫、工販、緇衣、黃冠、儒宗，人人家置一本可也。若己有病，尋閱病源，不至亂投湯劑，況醫家者流者哉？④惜哉！先生卒，書世不傳，使先生之道竊入小人口，以爲己書者有之。予憫先生之道，屏翳於茅茨荊棘中，故存心精校，今數年矣。命工鏤板，擬廣世傳，使先生之道，出

---

① "爾"，《金文最》卷十八、《金史藝文略》皆作"焉"。
② "其"，原誤作"有"，據《金文最》卷二十一、《金史藝文略》改。
③ "本草則驅用有佐有使處方之法盡於此矣"十七字原脱，據《金文最》卷二十一、《金史藝文略》補。
④ "流"下"者"字原脱，據《金文最》卷二十一、《金史藝文略》補。

於茅茨荊棘中,亦起世膏肓之一端也。"
案,此書《提要》以爲張元素作,謂金末楊威始得本刊行,而題爲河間劉完素所著。明初寧王權重刊,亦沿其誤,並僞撰完素序文詞調於卷首,以附會之。至李時珍作《本草綱目》,始糾其謬,而定爲出於元素之手,於序例中辨之甚明,今特爲改正,其僞託之《序》,亦並從刪削。如其言,定此書作者姓名不當稱劉氏矣。然《金文最》録完素與楊氏《序》,並不加辨,故今從不知蓋闕之例,而附《提要》説於此,使學者自審焉。
按,黄、倪、龔、孫目皆有。
又按,有《劉河間傷寒三書》宣德本、萬曆本、宣統石印本。本、《古今醫統正脈全書》吴勉學本、朱文震本、京師醫局本。本、《醫統正脈全書》本、《劉河間傷寒六書》本、《叢書集成初編》本,又有《四庫全書》本,題《病機氣宜保命集》,金張元素撰。

運氣要旨論一卷　　　　　　　　　　○二八○

劉完素撰。
按,金、錢、龔、孫目皆有。

精要宣明論五卷　　　　　　　　　　○二八一

劉完素撰。以上二書,見《金史》本傳。
按,金、錢、龔、孫目皆有。

傷寒直格三卷　　　　　　　　　　　○二八二

劉完素撰。無名氏《序》曰:"習醫要用《直格》,乃河間高尚先生劉守真所述也。守真深明《素問》造化陰陽之理,比嘗語予曰:'傷寒謂之大病者,死生在六、七日之間。《經》曰:人之傷於寒也,則爲病熱,古今亦通謂之傷寒熱。[①] 病前三日,太陽陽明少陽受之,熱壯於表,汗之則愈。後三日太陰少陰厥

---

① "熱"字原脱,據《金文最》卷十八、《金史藝文略》補。

陰受之，熱傳於裏，下之則痓。六經傳自淺至深，皆是熱證，皆非陰寒之病。古聖訓陰陽爲表裏，惟仲景深得其旨。厥後朱肱奉議作《活人書》，尚失仲景本意，將陰陽字作爲寒熱，此差之毫釐，失之千里，而中間誤罹横夭者，蓋不少焉，不可不知也。'予語守真曰：'先生之論如此，何不闢此說以暴耀當世，以革醫流之弊，反忍而無言，何耶？'守真曰：'世之所集各異，人情喜温而惡寒，恐論者不詳，反生疑謗。'又曰：'欲編書十卷，尚未能就，故弗克耳。'今太原書坊劉生，鋟梓以廣其傳，深有益於世。如宵行冥冥，迷不知徑，忽遇明鐙巨火，正路昭然。若有執迷而不知信行者，固不足言，而聰明博雅君子，能於此者，原始反終，研精覃思，則其所得又何待予之喋喋也。"據《皕宋樓藏書志》，此書有元刊本，附《後集》一卷、《續集》一卷、張子和《心鏡》一卷。《後集》瑞泉野叟鎦洪輯編，臨川華蓋山樵葛雍校正；《續集》平陽馬宗素撰述，臨川葛雍校正；《心鏡》門人饒陽常德仲明編。《士禮居題跋》亦載《後集》數卷。《補元史藝文志》則以《心鏡》爲別集。

按，錢、龔、孫目皆有。

傷寒心要一卷　　　　　　　　　　　　　〇二八三

劉完素撰。《四庫存目》云："舊題都梁劉洪撰。"

按，龔目有。

傷寒心鏡一卷　　　　　　　　　　　　　〇二八四

劉完素撰。張從正亦有此書，或名偶同，抑即此書，未詳。

按，黃、倪、龔目皆有。

治病心印一卷　　　　　　　　　　　　　〇二八五

劉完素撰。

按，黃、倪、錢、龔、孫目皆有。

河間劉先生十八劑一卷　　　　　　　　　○二八六

劉完素撰。以上二種,見《補元史》《補遼金元》兩志。

按,黃、倪、錢、龔、孫目皆有。

素問要旨論八卷　　　　　　　　　　　　○二八七

劉完素撰。完素《自序》云:"天地之道,生一氣而判清濁。清者輕而上升爲天,濁者重而下降爲地。天爲陽,地爲陰,乃爲二儀。陰陽之氣,各分三品,多寡不同,故有三陰三陽之六氣。然天非純陽,而亦有三陰;地非純陰,而亦有三陽。故天地各有三陰三陽,①總之以十二矣。然天之陰陽者,寒暑、燥濕、風火也;地之陰陽者,②木火、土金、水火也。金火不同其運,是故五行彰矣。然天地氣運升降,不以陰陽相感,化生萬物矣。其在天則氣結成象,以爲日月星辰也;在地則氣化爲形,以生人爲萬物也。然人爲萬物之靈也,非天垂象而莫能測矣。其我機理歸自然也,其非聖意而宣悟玄元之理。故有祖聖伏羲,占天望氣,及視龍馬靈龜,察其形象,而密解玄機,無不符其天理。乃以始爲文字畫卦,造六甲曆紀,命曰《太始天元冊文》,垂示之於後人也。以謂神農昭明其道,乃始命人食穀,③以嘗百藥,而制《本草》矣。④ 然後黃帝命其岐伯及鬼臾區,以發明太古靈文,宣陳造化之理,論其疾苦,以著《內經》焉。凡此三皇三經,命曰三墳,通爲教之本始,爲萬法宗源,誠爲天之候也。若論愈病疾濟苦,保命防危,非斯聖典,則安得致之矣。然經之所論,玄機奧妙,旨趣幽深,習者卒無

---

① "地",原誤作"以",據清光緒八年十萬卷樓刻本《皕宋樓藏書志》(以下《皕宋樓藏書志》皆據此本,不再注明)卷四十六改。

② "陰陽",原誤作"陽陰",據《金文最》卷十八、《金史藝文略》乙正。

③ "命",《金文最》卷十八、《金史藝文略》皆作"令"。

④ "而",原誤作"百",據《金文最》卷十八、《金史藝文略》改。

所悟，而悟得其意者鮮矣。完素愚誠，輒考聖經，撮其樞要，積而歲久，集就斯文，以分三卷，叙爲九篇，勒成一部，乃號《内經運氣要旨論》。爾乃以爲設圖彰奧，①綺貫紀偶，襲句注辭而敷其言，②意或可類推者。以例旁通，例成而陳精粹之文。訓詁難明者□□□□□，兼義釋字音以附於後。雖言辭鄙陋，所乘從俗，而庶覽者易爲悟古聖之妙道矣。"

又有馬宗素一《序》，其文曰："夫三皇設教，上帝垂慈，愍群生有困篤之疾，救黎庶有夭傷之厄。遂談運氣，説太始之册文；開榮醫鑑，彰《太素》之妙門。先聖既遺規範，《素問》《靈樞》二經共爲一十八卷。其理奧妙，披會難明。今有劉守真先生者，曾遇陳先生，服仙酒，醉覺，得悟《素問》玄機，如越人遇長桑君飲上泉水，隔腹觀病之説也。然先生談《原病式》一卷、《宣明論》五卷、《要旨論》三卷。其《原病式》者，明病機本説六氣病源。《宣明論》者，精要醫方、五運六氣用藥，古往及今，淵奧妙旨，莫越於此也。《要旨論》者，《素問》隱微，天地大紀，人身通應，變化殊途，其理簡易，其趣深幽，惟此經釋爲龜鏡者也。然九篇三卷者，猶後之學者尚難明矣。宗素自幼習醫術，酷好《素問》《内經》《玉册靈文》，以師事先生門下，粗得其意趣。釋《要旨論》九篇，分作八卷，入式運氣，載設圖輪，開明五運六氣，主客勝復，太過不及，淫邪反正，重釋《天元玉册》《金匱靈文》《素問》《靈樞》，撮其隱奧運氣之旨也。主藥當其歲，味當其氣，性用燥靜，力化淺深，四時主用。制勝扶客主，須安一氣失所，餘遁更作，藏府淫井，危敗消亡，君

---

① "爲"字，《金文最》卷十八、《金史藝文略》皆無。
② "句"，原誤作"白"，據《金文最》卷十八、《金史藝文略》改。

臣佐使，明病標本，安危盛衰。若不知年之所加，氣之盛衰，不可以爲攻矣。□若不推其《素問》，曉達玄機，天地有運氣之升沈，人身有血氣之流轉，周天度數，榮衛循環，通應人身，晝夜不息。《素問》者，五太之名也。太者，大之極也；素者，形質潔白，非華綺之問也。《素問》者，問答形質之始也，形質具而疴瘵由是萌生。然啓元子詮注，朱書其文，間其理隱奧，習之者濫觴其説，遺而不解者，實其多矣。今時太古靈文，乃《素問》之關鑰也，究其源流，發明解惑耳。後之學者，識天地之大紀，變化之殊邈。妙哉《太素》，視如深淵，如迎浮雲，莫窮其涯際，玄通隱奧，不可測量，若非劉氏，孰可發明，用釋玄機，敬資昭告。"

案，其書據《皕宋樓藏書志》有元刊元印本，目上有"新刊圖解"四字，題金劉完素撰。馬宗素重編，並謂各家書目罕見著錄，則誠醫家秘笈矣。

按，黃、倪、錢、龔、孫目皆有。

素問玄機原病式二卷　　　　　　　　〇二八八

劉完素撰。本傳云："完素慮庸醫或出妄説，又著《素問玄機原病式》，①特舉二百八十八字，注二萬餘言。"《自序》曰："夫醫教者，源自伏羲，流於神農，注於黃帝，行於萬世，合於無窮，本乎大道，法乎自然之理。孔安國序《書》曰：'伏羲、神農、黃帝之書，謂之三墳，言大道也；少昊、顓頊、高辛、唐虞之書，謂之五典，言常道也。'蓋五典者，三墳之本也。② 非無大道，但專明治世之道。三墳者，五典之本也。非無常道，但以大綱爲體，常道爲用，天下之能事畢矣。然而玄機奧妙，聖意

---

① "原病"，原誤作"病原"，據《金史》卷一百三十一乙正。
② "本"，《金史藝文略》同，《金文最》卷十八作"末"。

幽微，浩浩乎不可測，使之習者，雖賢智明哲之士，亦非輕易可得而悟矣。洎乎周代，老氏以精大道，專爲道教；孔子以精常道，專爲儒教，由是儒、道二門之教著矣。歸其祖，則三墳之教一焉。儒、道二教之書，比之三墳之經，則言象義理，昭然可據，而各得其一意也。故諸子百家，多爲著述，所宗之者，庶博知焉。嗚呼！今之醫家，自黃帝之後，二千五百有餘年。漢末之魏，有南陽太守張機仲景，恤於生民多被傷寒之疾，損害橫夭，因而輒考古經，以述《傷寒卒病方論》一十六卷，使後之學者有可依據。然雖所論未備諸病，仍爲道要，若能以意推之，則思過半矣。且所述者衆，所習者多，故自仲景至今，甫僅千歲，凡著述醫書過往古者幾八九倍矣。①夫三墳之書者，大聖人之教也。法象天地，理合自然，本乎大道。仲景者，亞聖也。雖仲景之書未備聖人之教，亦幾於聖人，文亦玄奧，以致今之學者尚爲難焉。故今人所習，皆近代方論而已，但求其末，而不求其本。況仲景之書，復經晉太醫王叔和撰次遺方，唐開寶中節度使高繼沖編集進上。雖二公操心用智，自出心意，廣其法術，雜於舊説，亦有可取。其間或失仲景本意，未符古聖之經，愈令後人學之難也。況仲景之世，四升乃咀湯劑，有異今時之法，故今人未知其然，②而妄謂時世之異，以爲無用，而多不習焉。惟近世朱奉議多得其意，遂以本仲景之論，而兼諸書之説，編集作《活人書》二十卷。其門多，其方衆，其言直，其類辨，使後學者易爲尋檢施行，故今之用者多矣。然而，其間亦有未合聖人之意者，往往但相肖而已。由未知陰陽變化之道，所謂木極似金，金極似火，火極似水，水極似土，土極似木者也。故《經》曰：'亢則害，承乃制。'

---

① "幾"字，《金文最》卷十八無。
② "故"下原衍"古"字，據《金文最》卷十八、《金史藝文略》刪。

謂已亢過極，則反似勝己之化也。俗未之知，認似爲是，以陽爲陰，失其意也。嗟夫！醫之妙用，尚在三墳。觀夫後所著述者，必欲利於後人，非但矜衒而已，皆仁人之用心也，非不肖者所敢當。其間互有得失者，由乎言本求其象，象本求其意，意必合其道，故非聖人而道未全者，或盡其善也鮮矣。豈欲自涉非道，而亂聖經以惑人志哉？① 自古如祖聖伏羲畫卦，非聖人孰能明其意？二萬餘年，至周文王，方始立象演卦，而周公述爻。五百餘年，②孔子以作《十翼》，而《易》書方完。然後易爲推究，所習者衆，而注說者多。其間或所見不同，而互有得失者，未及於聖，竊窺道教故也。《易》教體乎五行八卦，儒教存乎三綱五常，醫家要乎五運六氣，其門三，其道一，故相須以用，而無相失，蓋本教一而已矣。若忘其根本，而求其華實之茂者，未之有也。故《經》曰：'夫五運陰陽者，天地之道也。萬物之綱紀，變化之父母，生殺之本始，神明之府也，可不通乎？'《仙經》曰：'大道不可以籌算，道不在數故也。可以籌算者，天地之數也。若得天地之數，則大道在其中矣。'《經》曰：'天地之至數，始於一而終於九。數之可十，推之可百，數之可千，推之可萬，萬不之不可勝數，③然其要一也。'又云：'知其要者，一言而終；不知其要，流散無窮。'又云：'至數之機，迫迮而微，其來可見，其往可追。敬之者昌，慢之者亡。無道行私，必得天殃。'又云：'治不法天之紀、地之理，則災害至矣。'又云：'不知年之所加，氣之興衰，虛實之所起，不可以爲工矣。'由是觀之，則不知運氣求醫，無失者鮮矣。今詳《内經》《素問》，雖已校正、改誤、音釋，往往尚有失古聖之

---

① "惑"，原誤作"感"，據《金文最》卷十八、《金史藝文略》改。
② "五百"上，《金文最》卷十八有"後"字。
③ "不之"，《金史藝文略》同，《金文最》卷十八作"之不"。

意者,愚俗聞之,未必不曰:'爾何人也,敢言古昔聖賢之非?'嗟夫!聖人之所爲,自然合乎規矩,無不中其理者也。① 雖有賢哲而不得自然之理,亦豈能盡善而無失乎?況經秦火之殘文,世本稀少,故自仲景之後,有缺第七一卷,天下至今無復得其本。然雖存者布行於世,後之傳寫鏤板,重重差誤,不可勝舉。以其玄奧而俗莫能明,故雖舜誋而孰知之?故近代敕勒孫奇、高保衡、林億等校正,孫兆改誤。其《序》有言曰:'正謬誤者六千餘字,增注義者二千餘條。'若專執舊本,以謂往古聖賢之書,而不可改易者,信則信矣,終未免泥於一隅。及夫唐王冰次注,《序》云:'世本紕謬,篇目重叠,前後不備,文義懸隔,施行不易,披會亦難。歲月既淹,習以成弊,或一篇重出而別立一名,或兩論併合而都爲一目,或問答未已而別樹篇題,或脱簡不書而云世缺。重合經而冠鍼服,併方宜而爲欬篇,②隔虚實而爲逆從,合經絡而爲要論,節皮部而爲經絡,退至道以先針,如此之流,不可勝數。'又曰:'其中簡脱文斷、義不相接者,③搜求經論,有所遷移,以補其處;篇目墜缺、指事不明者,詳其意趣,加字以昭其義;其篇論吞併、④義不相涉、缺漏名目者,區分事類,别目以冠篇首;君臣請問、義理乖失者,考校尊卑,增益以光其意;錯簡碎文、前後重叠者,詳其旨趣,刪去繁雜,以存其要;辭理秘密、難粗論述者,别撰玄珠,以陳其道。凡所加字,皆朱書其文,使今古必分,字不雜糅。'然則豈但僕之言哉?設若後人或恕王冰、林億之輩,言舊有訛謬者,弗去其注,而惟考其經,⑤則未必易知而過其意

---

① "乎",《金文最》卷十八、《金史藝文略》皆作"於"。
② "方",原誤作"云",據《金文最》卷十八、《金史藝文略》改。
③ "斷義",原誤作"義斷",據清嘉慶内府刻本《全唐文》卷四百三十三乙正。
④ "其"字,《金文最》卷十八、《金史藝文略》皆無。
⑤ "考",《金文最》卷十八、《金史藝文略》皆作"攻"。

也。然而王冰之注，善則善矣，以其仁人之心而未備聖賢之意，故其注或有失者也。由是校正改誤者，往往證當王冰之所失，其間不見其失，而不以改證者，不爲少矣。雖稱校正改誤，而或自失者亦多矣。嗚呼！不惟注未盡善，而王冰遷移加減之經，亦有臆說，而不合古聖之意者也。雖言凡所加字，皆朱書其文，既傳於後，即世文皆爲墨字也。凡所改易之間，或不中其理者，使智哲以理推之，終莫得其真意，豈知未達真理而不識其僞所致也。近世所傳之書，若此說者多矣。然而非其正理，而求其真意者，未之有也，但略相肖而已。雖今之經與注，皆有舛訛，比之舊者，則亦易爲學矣。若非全元起本及王冰次注，則林億之輩，未必知若是焉。後之知者，多因之也。今非先賢之說者，僕且未能知之，蓋因諸舊說而方入其門，躭翫既久而粗見得失。然諸舊失而今有得者，非謂僕之明也。因諸舊說之所得者，以意類推而得其真理，自見其僞，亦皆古先聖賢之道也。僕豈生而知之者哉？夫別醫之得失者，但以類推運氣造化之理，而明可知矣。觀夫世傳運氣之書多矣，蓋舉大綱乃學之門戶，皆歌頌鈐圖而已，終未備其體用，及互有得失而惑人志者也。況非其人，百未得於經之一二，而妄撰運氣之書傳於世者，是以矜己惑人而莫能彰驗，致使學人不知其美，俾聖經妙典，日遠日疏，而習之者鮮矣。悲夫！世俗或以謂運氣無徵，而爲惑人之妄說者；或但言運氣爲大道玄機，若非生而知之，則莫能學之者，由是學者寡而知者鮮。設有攻其本經而後有注說、雕寫之誤也。況乎造化玄奧之理，未有比物立象，略得其意。惜乎天下尚有未若僕之知者。據乎所見，而輒伸短識，本乎三墳之聖經，兼以衆賢之妙論，編集運氣要妙之說十餘萬言，九篇三卷，勒成一部，命曰《內經運氣要旨論》，備見聖賢經之用矣。然妙則妙矣，以其妙道，乃爲對病臨時處方之法，猶恐後學未精貫者，或難施用。復宗仲景之書，卒參聖賢之説，推夫運氣造化自然之理，以集傷寒雜病、脈證方論之文，一部三卷，十萬餘言，目曰《醫方精要宣明論》。凡有世説之誤者，詳以此證明之，庶令學者真僞自分，而易爲得用。且運氣者得於道同，蓋明大道之一也。觀夫醫者，唯以別陰陽虛實最爲樞要。識病之法，以其病氣歸於五運六氣之化，明可見矣。謹率經之所言二百餘字，兼以語辭二百七十七言，緒歸五運六氣而已。大凡明病陰陽虛實，無越此法。雖已並載前之二帙，復慮世俗多出妄説，有違古聖之意，今特舉二百七十七字，獨爲二本，名曰《素問玄機原病式》。① 遂以比物立象，詳論天地運氣造化自然之理，②注二萬餘言，仍以改證世俗謬説。雖不備舉其誤，其意足可明矣；雖未備論諸疾，以此推之，則識病六氣、陰陽、虛實，幾於備矣。蓋求運氣言象之意，而得其自然神妙之情理。《易》曰：'書不盡言，言不盡意。'然則聖人之意，其不可見乎？子曰：③'聖人立象以盡意，設卦以盡情僞，繫辭焉以盡其言。變而通之以盡利，鼓之舞之以盡神。'《老子》曰：'不出户見天下，不窺牖見天道。其出彌遠，其知彌少，蓋由規矩而取方圓也。④'夫運氣之道者，猶諸此也。嗟夫！僕勉述其文者，非但欲以美於己而非於人，矜於名而苟於利也，但貴學者易爲曉悟，而行無枉錯耳。如通舉《内經運氣要旨論》及《醫方精要宣明論》者，欲令習者求其備也。其間或未臻其理者，幸冀將來君子以改正焉。但欲同以宣揚古聖之妙道，而普救後人之

---

① "原病"，原誤作"病原"，據《金文最》卷十八、《金史藝文略》乙正。
② "運氣"二字原脱，據《金文最》卷十八、《金史藝文略》補。
③ "曰"，原誤作"已"，據《金文最》卷十八、《金史藝文略》改。
④ "圓"，《金文最》卷十八、《金史藝文略》皆作"員"。

生命爾。"

又有程道濟《序》曰："夫梓人之巧，不能逃繩墨之式；冶者之工，不能出規模之制。故繩墨規模者，天下之通用，古今之不易，本聖人所制作者也。且醫道幽微，玄之又玄，典人性命，非聖人孰能與於此？原自伏羲得河圖之象，始畫八卦，引而伸之，觸類而長之，天下之能事畢矣。因而重之爲六十四卦，則天地三才之道，萬物之象備焉。故軒轅得之，謂人壽命本道統天地陰陽造化而生，其壽夭修短，莫不有數。能持而守之者，得盡終其數；不能持守，恣情縱欲、憂患所傷以致夭亡者，不爲少矣。故與天師岐伯參酌天地三陰三陽六氣行運一歲十二月之間，分布在人爲手足三陰三陽十二經左右之要會，作八十一篇，垂爲世範，名曰《內經素問》，至今用之，而爲醫家繩墨規模者也。故知其要者，一言而終；不知其要者，流散無窮，蓋知要之人鮮矣。粵自守真先生者，本河間人也，姓劉，名完素，字守真，夙有聰慧。自幼年耽嗜醫書，千經百論，往往過目無所取，①皆謂非至道造化之書。因披翫《素問》一經，朝勤夕思，手不釋卷，三五年間，廢寢忘食，參詳其理，至於意義深遠，研精覃思，期於必通。一日於靜室中，澄神宴坐，②沈然畢露，探索《難》《素》之義，③神識杳冥似寤寐間，有二道士者，自門而入，授先生美酒一小盞，若橡碗許，咽而復有，如此三二十次，咽不能盡。二道者笑曰：'如厭飫，反吐於盞中。'復授道者，倒於小葫中。道者出，④恍然一醒，覺面赤酒香，杳無所據，急於內外追之不見，而後目至心靈，大有開

---

① "無"字原脱，據《金文最》卷十八、《金史藝文略》補。
② "澄神宴坐"，原誤作"證神冥坐"，據《金文最》卷十八、《金史藝文略》改。
③ "素"，《金史藝文略》同，《金文最》卷十八作"解"。
④ "道者出"，原誤作"道出者"，據《金文最》卷十八、《金史藝文略》乙正。

悟。此説幾乎誕妄,默而不言。以僕爲知言,先生故以誠告。與夫史稱扁鵲遇長桑君飲藥,以此視病,盡見五臟癥結,特以診脈爲名,亦何異焉？因著醫書《内經運氣要旨論》《醫方精要宣明論》二部,總爲一十七萬餘言,①精微浩汗,造化詳悉,而又述《習醫要用直格》並藥方,已板行於世。外又作《素問玄機原病式》並注二萬餘言,②特採摭《至真要大論》一篇病機氣宜之説,撮其樞要,自成一家,精貫古今,無非神授。蓋天之未喪斯文也,復生其人,發明醫道,乃今時五宗教之師,以致於此,莫不效驗,直明五運六氣之至要,傷寒雜病之指歸。其言簡,其理明,易爲披究,足以察陰陽二證之隱顯,醫家前後之得失。如《式》中所説,木極似金,火極似水之類,謂亢則害,承乃制,鬱極乃發,變化之理,大爲要妙,非智者焉能及此？可謂旨意昭昭,萬舉萬全,神聖工巧,能事畢矣,真知要之書也。但見今之醫人,竊用先生諸藥得效者衆多,以今十數年,猶給其名,恥言涼藥,謂去熱藥爲非。不稱其人,或反毀謗,③其道難行也如此,哀哉哀哉！是知中人以下,不可以語上,信矣。僕自幼年氣弱多病,醫書脈證粗明,所以天德四年在中都監修大内,正患腰酸疼痛之疾,④殆時二十,⑤服食湯藥,皆薑、附、硫磺種種燥熱之藥,中脘臍下,艾炷十數,終無一效,愈覺膝寒胃冷,少力多睡,飲食日少,精神日衰。詢諸名醫,衆口一辭,僉曰腎部虛寒,非熱藥不能療,及自體究,亦覺惡寒喜暖,但知此議爲是。因謁後醫董系者,彼云腎經積熱,氣血不通故也。洎與談論,惟舉五行旨略,黔斷語言,用

---

① "爲"字,《金文最》卷十八無。
② "原病",原誤作"病原",據《金文最》卷十八、《金史藝文略》乙正。
③ "或反",《金文最》卷十八、《金史藝文略》皆作"反或"。
④ "酸",《金文最》卷十八、《金史藝文略》皆作"脚"。
⑤ "二十",《金史藝文略》同,《金文最》卷十八作"二年"。

藥治病只五七方而已，其餘醫書脈訣一無所有。僕意寡學不通之人，不能信之，及試用通經涼藥，但藏府滑利，伏困愈甚，以至捨而不問。後相識數月，見治諸人傷寒雜病，止用寒涼疏通，平醫十醫十愈，其應如神。貧者酬勞，辭而不受，及有周急之者。以此漸漸信之，日加敬重，似有所得。再論脚疾，彼陳五行造化、勝負伏遇真理，始似喚醒，灑然不疑，方肯聽信。再用辛甘寒藥，瀉十二經之積熱，日三四服，通利十餘。行數十日後，覺痛減，飲食有味，精力爽健，非舊日之比。心神喜悅，服藥不輟。迤邐覺熱，熱勢滋甚。自後飲食服餌，皆用寒涼，數年之間，疾去熱除，神清體健。以此知平昔將攝失宜，醫藥差錯之過也。舉世醫工，亦未嘗語此。自爾處病用藥，治身治家，及其他親識外人，但來求醫，①不避巇危，意無圖報，專一治療，無不全愈。大率計之，三十餘年間，所療傷寒，三二日至五六日間，使之和解痊安者，可四五千人；汗前汗後，諸般惡證，危篤至死，衆醫不救者，活及二百餘人。百發百中，千不失一。率因董始以傳授，②次得《玄機原病式》，大明終始，開發良多。在後親見守真先生，詳加請益，推惟要妙，愈究愈精。始知董氏之學，始得先生《原病式》簡要之書施用，③兼傳澤承賦者，乃先生門下高弟子，真良醫也，並已過世，同爲一家，與世醫可謂冰炭。自天德五年以後，董氏醫名大著，傳聞遠近，病者生，危者安，士夫之家，極爲推重。十數年間，所獲數萬，其舉薦稱揚，僕有力焉。僕自是應歷任所，不惜此書，教授諸醫，復與開說《素問》要妙至理，使之解悟，改革前非，以救生靈之疾病。至於士人有求問學醫者，僕皆

---

① "來求"，原誤作"求來"，據《金文最》卷十八、《金史藝文略》乙正。
② "董"下，《金文最》卷十八有"醫"字。
③ "施用"下，《金文最》卷十八有"故也"二字。

一一直與傳授,使知要妙治法及處方等。①雖不能通明造化,②但能用藥治病得驗者,亦不下百數。大定二十一年,予自京兆運使移邢臺,下車視事之餘,擇醫者數人,與説《素問》,兼授以知要之法。衆中有孫執中者,尤爲好事,一日請求《原病式》,欲爲之開板,廣傳於世,庶幾普救生民夭橫之厄,兼證醫家從來所傳相習之非。予憫其仁者之用心,欣而授之,非惟得截要治法歷行於世,兼以揄揚先生特達奇才,獨得要妙造化之理,著成方書,流行於世,豈非規模繩墨者歟?又非《活人書》之較焉。嗚呼!自秦越人、張仲景之後,迨今千有餘年,此道湮淪,苟非斯人,真僞混淆,似是而非,觸目而已。有孫子復告予,願爲之後序,故不揆狂斐,而作是語,聊以旌表先生事業之萬一云。"

按,黄、倪、金、錢、龔、孫目皆有。

又按,有《劉河間傷寒三書》宣德本、萬曆本、宣統石印本。本、《古今醫統正脈全書》吴勉學本、朱文震本、京師醫局本。本、《醫統正脈全書》本、《四庫全書》本、《劉河間傷寒六書》本、《叢書集成初編》本。

宣明方論十五卷　　　　　　　　　　〇二八九

劉完素撰。

按,黄、倪、錢、龔、孫目皆有。

又按,有《劉河間傷寒三書》宣德本、萬曆本、宣統石印本。本、《古今醫統正脈全書》吴勉學本、朱文震本、京師醫局本。本、《醫統正脈全書》本,《劉河間傷寒六書》本題《黄帝素問宣明方論》,又有《四庫全書》本。

---

① "處方等",《金文最》卷十八、《金史藝文略》皆作"方"。
② "雖"上,《金文最》卷十八、《金史藝文略》皆有"伊等"二字。

傷寒直格論方三卷　　　　　　　　　　　〇二九〇

劉完素撰。《提要》云："前序一篇,不知何人所撰。馬宗素《傷寒醫鑑》引平城翟公'宵行遇燈'之語,與此序正相合,殆即翟公所撰歟?"案,《傷寒直格》有無名氏序,①卻有宵行之説,可知前序爲翟公作,然如此,則是書與《傷寒直格》似爲一書,且卷數亦符。惟《補元史藝文志》兩列其目,②故今從之。

按,黄、倪、錢、龔、孫目皆有。

又按,有《古今醫統正脈全書》吳勉學本、朱文震本、京師醫局本。本、《醫統正脈全書》本、《劉河間傷寒六書》本、《四庫全書》本、《叢書集成初編》本。

傷寒標本心法類萃二卷　　　　　　　　　〇二九一

劉完素撰。

按,黄、倪、錢、龔、孫目皆有。

又按,有《古今醫統正脈全書》吳勉學本、朱文震本、京師醫局本。本、《醫統正脈全書》本、《劉河間傷寒六書》本、《四庫全書》本、《叢書集成初編》本。

傷寒醫鑑一卷　　　　　　　　　　　　　〇二九二

劉完素撰。據《讀書敏求記》及《提要》,皆稱馬宗素作,然如《補遼金元》與《元史》兩志,均提"完素"名,今亦本之以著録焉。

按,黄、倪、錢、龔、孫目皆有。

又按,有《古今醫統正脈全書》吳勉學本、朱文震本、京師醫局本。本、《醫統正脈全書》本、《劉河間傷寒六書》本、《叢書集成初編》本。

---

① "直",原誤作"值",據《金史藝文略》及上下文意改;"無"字原脱,據《金史藝文略》及上下文意補。

② "志"字原脱,據《金史藝文略》及上下文意補。

六經傳變直格　　　　　　　　　　　〇二九三

劉完素撰。《提要》據《醫鑑》云："完素著《六經傳變直格》一部，計一萬七千零九字。"則完素又著此書矣。

按，孫目有。

傷寒類證　　　　　　　　　　　　　　〇二九四

劉完素撰。宋雲公《序》云："竊聞天地師道以覆載，聖人立醫以濟物，道德、醫藥，皆源於一。醫不通道，無以知造物之機；道不通醫，無以盡養生之理。然欲學此道者，必先立其志。志立則格物，物格則學專。學雖專也，必得師匠，則可入其門矣。更能敏惠愛物，公正無私，方合其道。夫掌命之職，其大矣哉！且聖智玄遠，自有樞要，強欲穿鑿，徒勞皓首。僕於常山醫流張道人處，①密受《通玄類證》，乃仲景之鈐法也。彼得之異人，而世未有本。切念仲景之書，隱奧難見，雖有上士，所見博達，奈以一心日應衆病，萬一差誤，豈不憂哉？今則此書，總其微言，宗爲直說，使難見之文明於掌上，故曰舉一綱而萬目張，標一言而衆理顯。若得是書以補廢志，其濟於人也不亦深乎？故命工開版，庶傳永久。"案，此書本不言撰人，觀《序》謂《通玄類證》，以守真自號通玄處士，爰題劉氏姓名云。

按，孫目有。

又按，有《仲景全書》萬曆本、光緒本、民國本。本、《張仲景醫學全書》本。

三消論一卷　　　　　　　　　　　　〇二九五

劉完素撰，清周學海注。

按，有《周氏醫學叢書》宣統本、景宣統本。本、《周澂之評注醫書》

---

①　"處"，原誤作"交"，據《金文最》卷十八、《金史藝文略》改。

本、《中西醫學群書國粹部》本、《古今醫學會通》本。

張子和汗下吐法　　　　　　　　　　　〇二九六

太醫睢州考城張從正子和撰。《金史·方伎傳》云："從正精於醫，貫穿《難》《素》之學，其法宗劉守真，用藥多寒涼，然起疾救死多取效。古醫書有《汗下吐法》，亦有不當汗者，汗之則死；不當下者，下之則死；不當吐者，吐之則死。各有經絡脈理，世傳黃帝、岐伯所爲書也。從正用之最精，號《張子和汗下吐法》。妄庸淺術，習其方劑，不知察脈原病，往往殺人，此庸醫所以失其傳之過也。其所著有六門三法之目，①存於世云。"《歸潛志》："張子和初名從正，爲人放誕，無威儀，頗讀書作詩，嗜酒。久居陳，游余先子門，後召太醫院，旋告去，隱然名重。東州麻知幾九疇與之善，使子和論說其術，因爲文之有六門三法之目，將行於世。會子和、知幾相繼死，迄今其書存焉。"據《提要》，子和又號戴人。

按，金、錢、龔、孫目皆有。

治病撮要一卷　　　　　　　　　　　　〇二九七

張從正撰。

按，黃、倪、錢、龔、孫目皆有。據《士禮居題跋》，有金刊本《撮要圖》一卷。

傷寒心鏡一卷　　　　　　　　　　　　〇二九八

張從正撰。

按，黃、倪、錢、龔、孫目皆有。

秘錄奇方二卷　　　　　　　　　　　　〇二九九

張從正撰。案，此當即《世傳神效名方》，見《士禮居題跋》。且彼止一卷耳。

---

① "三"，《金史》卷一百三十一、《金史藝文略》皆作"二"。

按，黃、倪、錢、龔、孫目皆有，黃、倪目皆作《秘傳奇方》。

儒門事親三卷 ○三○○

張從正撰。《許州志》："張從正子和，興定中召補太醫，居無何，辭去。乃與麻知幾輩日游濔水之上，講明奧義，辨析玄理。遂以平日聞見及嘗試效者輯爲一書，凡十五卷，名曰《儒門親事》。"

按，黃、倪、金、錢、龔、孫目皆有，金目作十四卷，黃、倪、錢、孫、龔目皆作十五卷。孫德謙辨之曰："此書補遼、金、元諸志皆作十五卷，《士禮居題跋》作三卷，並云：'潛研老人《元史藝文志》有補金藝文者，取證目驗金張從正之書，多所吻合。唯《儒門事親》十五卷，尚襲傳訛之多耳。幸有原書，可正其誤。'則書本是三卷矣。"

又按，有《古今醫統正脈全書》吳勉學本、朱文震本、京師醫局本。本、《醫統正脈》本、《四庫全書》本、《豫醫雙璧》本、《國中醫學大成》本。

張氏經驗方二卷 ○三○一

張從正撰，見《國史經籍志》。

按，黃、倪、錢、龔、孫目皆有。

直言治病百法二卷 ○三○二

張從正撰。

十形三療三卷附雜記一卷 ○三○三

張從正撰。

治法雜論一卷 ○三○四

張從正撰。以上三種，見《士禮居題跋》。並於此書下注云："附劉河間先生《三消論》。"

按，孫目有。

六二法門　　　　　　　　　　　　〇三〇五

張從正撰。

按,金目有,錢、龔、孫目皆録於《張子和汗下吐法》書下,曰:"有六門二法之目。"

傷寒纂類四卷　　　　　　　　　　〇三〇六

洛人李慶嗣撰。《金史·方伎傳》云:"慶嗣少舉進士不第,棄而學醫,讀《素問》諸書,洞曉其義。天德間,歲大疫,廣平尤甚,貧者往往闔門臥病。慶嗣攜藥與米分遺之,全活者衆。慶嗣年八十餘,無疾而終。所著《傷寒纂要》四卷、《改證活人書》二卷、《傷寒論》三卷、《針經》一卷傳於世。"

按,黃、倪、金、錢、龔、孫目皆有。

改證活人書二卷　　　　　　　　　〇三〇七

李慶嗣撰。

按,黃、倪、金、錢、龔、孫目皆有。

傷寒論三卷　　　　　　　　　　　〇三〇八

李慶嗣撰。案,此書《絳雲樓書目》有之。

按,黃、倪、金、錢、龔、孫目皆有。

針經一卷　　　　　　　　　　　　〇三〇九

李慶嗣撰。

按,黃、倪、金、錢、龔、孫目皆有。

醫學啓元　　　　　　　　　　　　〇三一〇

李慶嗣撰。案本傳不載此目。

按,黃、倪、錢、龔、孫目皆有。

集注難經五卷　　　　　　　　　　〇三一一

醫學博士泰安紀天錫齊卿撰。《金史》天錫入《方伎傳》。傳云:"早棄進士業,學醫,精於其技,遂以醫名世。《集注難經》五卷,大定十五年上其書,授醫學博士。"《補元史藝文志》注:

"一作三卷。"

按，黄、倪、金、錢、龔、孫目皆有。

流注指微鍼賦一卷　　　　　　　　　　　〇三一二

何若愚撰，閻明廣注。此書《補元史藝文志》列入元代，未是。閻明廣《序》稱"近有南唐何公"。又稱"近於貞元癸酉年間，收何公所作《指微鍼賦》一道"。貞元癸酉，爲海陵王貞元元年。張金吾曰："明若愚爲金人可知。"則《補志》以爲元人者，足證其誤矣。明廣《序》云："竊以幼習醫業，好讀《難》《素》，辨理精微，妙門隱奧，古今所難而不易也。是以鍼刺之理，尤爲難解，是以博而寡效，勞而少功。窮而通之，積有萬端之廣。近世指病真刺，不務法者多矣。近有南唐何公，務法上古，撰《指微論》三卷，探經絡之原，賾鍼刺之理，則榮衛之清濁，别孔穴之部分，然未廣傳於世。又近於貞元癸酉年間，收何公所作《指微鍼賦》一道，叙其首云：'皆按《指微論》中之妙理，先賢秘隱之樞機，復增多事，凡一百餘門，悉便於討閱者也。'非得《難》《素》不傳之妙，孰能至此哉！廣不度荒拙，隨其意韻，輒伸短説，採摭群經，爲之注解。廣今復採《難》《素》遺文，賈氏井榮六十首法，布經絡往還，附還刺孔穴部，①欽括圖形，集成一集，②名之曰《流注經絡井榮圖歌訣》，續於賦後，非顯不肖之狂述，故明何氏之用心，③致念於人也。自懷未備其善，更俟明者，④仍懇續焉。"

按，孫目有。

---

① "還刺孔穴部"，《金史藝文略》同，《金文最》卷十八作"鍼刺孔穴部分"。
② "一集"，《金史藝文略》同，《金文最》卷十八作"一義"。
③ "故"，原誤作"固在"，據《金文最》卷十八、《金史藝文略》改。
④ "俟"，原誤作"是"，據《金文最》卷十八、《金史藝文略》改。

指微論三卷 　　　　　　　　　　　　　　〇三一三
何若愚撰。
按,孫目有。

流注經絡井滎圖歌訣 　　　　　　　　〇三一四
常山閻明廣撰。① 其《自叙》曰:"夫流注者,爲刺法之深源,作鍼術之大要。是故流者,行也;注者,住也。蓋流者要知經脈之行流也。注者謂十二經脈各至本時,皆有虛實、邪正之氣注於所括之穴也。夫得時謂之開,失時謂之闔。夫開者鍼之必除其病,闔者刺之難愈其疾,可不明茲二者?況於經氣内干五藏,外應支節,鍼刺之道,經脈爲始。若識經脈,則知行氣部分、脈之短長、血氣多少、行之逆順,袪逐有過,補虛瀉實,則萬舉萬痊。若夫經脈之源而不知,邪氣所在而不辨,往往病在陽明,反攻少陰;疾在厥陰,卻和太陽。遂致賊邪未除,本氣受弊。以此推之,經脈之理,不可不通也。昔聖人深慮此者,恐後人勞而少功也。廣因閒暇之際,爰取前經,以披舊典,緣何摘葉,採擷精華,以明流注之幽微,庶免討尋之倦怠。不揣荒拙,列圖於後。凡我同聲之者,見其違闕,改而正之,不亦宜乎?"
按,孫目有。

鍼經指南一册 　　　　　　　　　　　　〇三一五
太師竇傑漢卿撰,見《絳雲樓書目》。張金吾云:"金之漢卿,仕至太師,即撰《鍼經指南》者。"《菉竹堂書目》作一册,今本之。
按,孫目有。

標幽賦 　　　　　　　　　　　　　　　〇三一六
竇傑撰,見《絳雲樓書目》。

---

① "山",原誤作"正",據《金文最》卷十八、《金史藝文略》改。

按，龔、孫目皆有。

流注通玄指要賦 〇三一七
竇傑撰，見《述古堂書目》。

按，孫目有。

雲庵選方 〇三一八
袁從義撰，見元遺山《藏雲先生袁君墓表》。《表》云："雅好醫術，病者來，以藥請，賴以全濟者甚衆。"則從義固長於醫者也。

按，孫目有。

小兒痘疹方論一卷 〇三一九
和安郎判太醫局兼翰林良醫陳文中撰。《自序》曰："嘗謂小兒病證雖多，而瘡疹最爲重病。何則？瘡疹之病，蓋初起疑似難辨，投以他藥，不惟無益，抑又害之。況不言受病之狀，孰知畏惡之由？父母愛子，急於救療，醫者不察，用藥差舛，鮮有不致夭橫者。文中每思及此，惻然於心，因取家藏已驗之方，集爲一卷，名曰《小兒痘疹方論》，刻梓流布，以廣古人活幼之意，顧不偉歟！"

按，孫目有。

素問標注 〇三二〇
趙秉文撰。劉祁《書證類本草後》云："後居大梁，得閑閑趙公家《素問》善本，其上有公標注，夤緣一讀。"

按，孫目有。

注叔和脈訣十卷 〇三二一
易州張元素潔古撰，[①]見《國史經籍志》。《金史·方伎傳》："元素八歲試童子舉，三十七試經義進士，[②]犯廟諱下第，乃去

[①] "易"，原誤作"蜀"，據《金史》卷一百三十一、《金史藝文略》改。
[②] "三十七"，《金史藝文略》同，《金史》卷一百三十一作"二十七"。

學醫，無所知名。夜夢有人用大斧長鑿，鑿心開竅，納書數卷於其中，自是洞徹其術。治病不用古方，其説曰：'運氣不齊，古今異軌，古方新病不相能也。'自爲家法云。"

按，黄、倪、錢、龔、孫目皆有，黄、倪、龔目皆作《潔古注叔和脈訣》。

潔古本草二卷　　　　　　　　　　　　　　　〇三二二

張元素撰，亦見《國史經籍志》。

按，錢、龔目皆有。

難經注　　　　　　　　　　　　　　　　　　〇三二三

張元素撰，《絳雲樓書目》載之。

按，孫目有。

潔古老人醫學啓源三卷① 　　　　　　　　　〇三二四

張元素撰。《讀書敏求記》："潔古治病，不用古方，刻期見效。劉守真嘗病傷寒，潔古診其脈，而知其用藥之差，守真大服。自是名滿天下。是書採輯《素問》五運六氣、《內經》治要、《本草》藥性而成。其門下高弟李明之請蘭泉張建吉甫序於首卷。"

按，錢、龔、孫目皆有。

治法機要三卷　　　　　　　　　　　　　　　〇三二五

張元素撰。《補遼金元》《補元史》兩志於《病機氣宜保命集》下皆注云"一名《治法機要》"，爰立其目。惟"治法"，《補元史志》作"活法"。至《儀顧堂題跋·書元槧濟生拔萃方後》云"東垣之《活法機要》，今皆不傳"，則"治法"固有作"活法"者。

按，黄、倪、錢、龔、孫目皆有，黄、倪目皆作四卷。

---

①　"源"，原誤作"元"，據清《潛研堂全書》本《元史藝文志》（以下《元史藝文志》皆據此本，不再注明）及《讀書敏求記》改。

潔古珍珠囊一卷 〇三二六

張元素撰,見《濟生拔萃方》《補遼金元藝文志》^①。後人易其書爲韻語,以便誦習,謂之《東垣珍珠囊》,非原書也。

按,黄、倪、龔、孫目皆有。

又按,有《濟生拔萃方》本、《景印元明善本叢書》本題《潔古老人珍珠囊》。

潔古雲岐鍼法 〇三二七

張元素撰。

按,孫目有。

潔古家珍一卷 〇三二八

張元素撰。以上二書,見《濟生拔萃方》。

按,孫目有。

又按,有《濟生拔萃方》本、《景印元明善本叢書》本。

藏府標本藥式一卷 〇三二九

張元素撰。

按,有《周氏醫學叢書》宣統本、景宣統本。本、《周澂之評注醫書》本、《中西醫學群書國粹部》本、《古今醫學會通》本。

風科集驗名方二十八卷 〇三三〇

北京太醫趙大中撰。^②《讀書敏求記》:"此書乃趙大中編修。值金亂,遁於吴山,覃懷趙子中傳習之。虛白處士趙素才卿獲原本於湖湘,訂訛補缺,釐爲二十八卷,得成全書。"據《儀顧堂題跋》有元槧本。

按,錢、龔、孫目皆有。

内外傷辨惑論三卷 〇三三一

鎮人李杲明之撰。杲自稱東垣老人,《元史》入《方伎傳》。世

---

① "元"字原脱,據《補遼金元藝文志》補。
② "北京",原誤作"八其",據清刻《潛園總集》本《儀顧堂題跋》、《金史藝文略》改。

以貲雄鄉里。杲幼歲好醫學，時易人張元素以醫名燕趙間，捐千金從之學，不數年盡傳其業。其學於傷寒、癰疽、眼目病尤長，事詳本傳。然杲爲金末遺民，自宋濂等誤列元代，而補遼、金、元諸志遂承其謬，此非知人論世之義。自《提要》正其乖舛，而著錄家因有標爲金人者，今從之。此書有《自序》，今錄其文曰："僕自幼受《難》《素》於易水張元素先生，講論既久，①稍有所得。中年以來，更事頗多，諸診治坦然不惑。② 曾撰《內外傷辨惑論》一篇，以證世人用藥之誤。陵谷變遷，忽成老境，神志既惰，懶於語言，此論束之高閣十六年矣。崑崙范尊師曲相獎借，屢以活人爲言，謂此書果行，使天下之人不致夭折，是亦仁人君子濟人利物之事，就令著述不已，精力衰耗，書成而死，不愈於無益而生乎？予敬受其言，謹力疾就成之，雖未爲完備，聊答尊師慈憫之志。師，宋文正公之後也。"
按，孫目有。

又按，有《東垣十書》正德本、梅南書屋本、文奎堂本、文盛書局本、肇經堂本、受古書店石印本。本、《醫學十書》本、《四庫全書》本，另有《古今醫統正脈全書》吳勉學本、朱文震本、京師醫局本。本、《醫統正脈全書》本、《叢書集成初編》本。

蘭室秘藏六卷　　　　　　　　　　　〇三三二

李杲撰，《補遼金元藝文志》作五卷。《提要》云："其曰《蘭室秘藏》者，蓋取黃帝藏諸靈蘭之室語。此書載所自製諸方，動至一二十味，而君臣佐使，相制相用，條理井然，他人罕能效之者。"

按，龔、孫目皆有。

又按，有《濟生拔萃方》本、《景印元明善本叢書》本、《東垣十

---

① "論"，《金史藝文略》同，《金文最》卷二十三作"誦"。
② "諸"下，《金文最》卷二十三有"所"字。

書》正德本、梅南書屋本、文奎堂本、文盛書局石印本、肇經堂本、受古書局石印本。本、《醫學十書》本、《古今醫統正脈全書》吳勉學本、朱文震本、京師醫局本。本、《醫統正脈全書》本、《四庫全書》本、《叢書集成初編》本。

李氏脾胃論三卷　　　　　　　　　　　　　　　〇三三三

李杲撰。有元裕之《序》曰："天之邪氣，感則害人五臟。① 八風之邪，中人之高者也。水穀之寒熱，感則害人六腑。謂水穀入胃，其精氣上注於肺，濁留於腸胃，飲食不節而病者也。地之濕氣，感則害人皮膚筋脈，必從足始者也。《內經》説百病皆由上中下三者，及論形氣兩虛，即不及天地之邪。乃知脾胃不足爲百病之始。有餘、不足，世醫不能辨之者，蓋已久矣。往者遭壬辰之變，五六十日之間，爲飲食勞倦所傷而没者，將百萬人，皆謂由傷寒而没。後者明之《辨内外傷》及《飲食勞倦傷》一論，而後知世醫之誤。學術不明，誤人乃如此，可不大哀耶？明之既著論矣，且懼俗弊不可以猝悟也，故又著《脾胃論》丁寧之。上發二書之微，下袪千載之惑。此書果行，壬辰藥禍嘗無從而作。仁人之言，其意溥哉！②"案，此《序》《遺山集》不載，蓋張德輝類次時失收耳。

按，龔、孫目皆有。

又按，有《濟生拔萃方》本、《景印元明善本叢書》本、《東垣十書》正德本、梅南書屋本、文奎堂本、文盛書局石印本、肇經堂本、受古書店石印本。本、《醫學十書》本、《古今醫統正脈全書》吳勉學本、朱文震本、京師醫局本。本、《醫統正脈全書》本、《四庫全書》本、《叢書集成初編》本。

---

① "臟"，原誤作"藏"，據《金文最》卷二十二、《金史藝文略》改。
② "溥"，原誤作"薄"，據《金文最》卷二十二、《金史藝文略》改。

飲食勞倦傷論　　　　　　　　　　○三三四

李杲撰,見上元遺山《序》,其曰"上發二書之微",則此與《內外傷辨惑論》各爲一書矣。

按,孫目有。

藥性賦二卷　　　　　　　　　　　○三三五

李杲撰。

按,孫目有。

又按,有《中國醫學大成》本,題《雷公炮製藥性賦》四卷。

東垣試效方九卷　　　　　　　　　○三三六

李杲撰。

按,倪、龔、孫目皆有。

又按,恐係後人所輯。

內外傷寒辨三卷　　　　　　　　　○三三七

李杲撰。以上二種見《國史經籍志》。《補遼金元志》入潔古著書後,誤。

按,龔、孫目皆有。

用藥法象一卷　　　　　　　　　　○三三八

李杲撰。

按,龔、孫目皆有。

醫學發明九卷　　　　　　　　　　○三三九

李杲撰。《補遼金元志》云:"發明《本草》《素》《難》脈理。"

按,龔、孫目皆有。

此事難知二卷　　　　　　　　　　○三四○

李杲語,元王好古述。《提要》稱元王好古作。謂杲之議論,賴此以存一二,今本《東垣十書》竟屬之杲,殊爲謬誤。其說是矣。然固杲所語,故仍錄之。

按,孫目有。

又按，有《東垣十書》本。

傷寒會要　　　　　　　　　　　　　　　　　　　○三四一

李杲撰。《遺山集》有《序》，其文曰："往予在京師，聞鎮人李杲明之有國醫之目，而未之識也。壬辰之兵，明之與余同出汴梁，於聊城、於東平，與之游者六年，於今然後得其所以爲國醫者爲詳。蓋明之世以貲雄鄉里，諸父讀書，喜賓客，所居竹里，名士日造其門。明之幼歲好醫藥。時易州人張元素以醫名燕趙間，明之捐千金從學，不數年，盡傳其業。家既富厚，無事於技，操有餘以自重，人不敢以醫名之。士大夫或病其資高謇，人少降屈，①非危急之疾、②有不得已焉者，則亦未始謁之也。大概其學如傷寒、氣疸、眼目病爲尤長。傷寒，則著《會要》三十餘萬言。其説曰：'傷寒家有經禁、時禁、病禁。此三禁者，學醫者人知之，然亦顧所以用之爲何如耳。'《會要》推明仲景、朱奉議、張元素以來備矣。見證得藥，見藥識證，以類相從，指掌皆在。倉猝之際，雖使粗工用之，蕩然如載司南，以適四方，而無問津之惑，其用心博矣。於他病也以古方爲膠柱，本乎七方十劑之説，所取之學，特以意增損之。一劑之出，愈於託密友而役孝子，他人蓋不能也。北京人王善甫，③爲京兆酒官，病小便不利，目睛凸出，腹脹如鼓，④膝以上堅硬欲裂，飲食且不下，甘淡滲泄之藥皆不效。明之來，謂衆醫言：'疾深矣！非精思不能處。我歸而思之。'夜參半，忽攬衣而起曰：'吾得之矣。《内經》有之：膀胱者，津液之府，必氣化乃出焉。渠輩已用滲泄之藥矣，而病益甚，是氣不化

---

① "人少"，《遺山集》卷三十七、《金文最》卷二十二、《金史藝文略》皆作"少所"。
② "疫"，《遺山集》卷三十七、《金文最》卷二十二、《金史藝文略》皆作"疾"。
③ "善"，原誤作"喜"，據《遺山集》卷三十七、《金文最》卷二十二、《金史藝文略》改。
④ "腹"，原誤作"腸"，據《遺山集》卷三十七、《金文最》卷二十二、《金史藝文略》改。

也。啓玄子云：無陽者，陰無以生；無陰者，陽無以化。甘澹滲泄雖陽藥，獨陽無陰，欲化得乎？'明日以群陰之劑投，不再服而愈。西臺掾蕭君瑞，二月中病傷寒，發熱。醫以白虎投之，病者面黑如墨，本證遂不復見。脈沈細，小便不禁。明之初不知用何藥也，及診之，曰：'此立夏以前誤用白虎之過。得無以投白虎耶？白虎大寒，非行經之藥，止能寒腑臟。不善用之，則傷寒本病隱曲於經絡之間。或更以大熱之藥救之，以苦陰邪，則它證必起，非所以救白虎也。有溫藥之升陽行經者，吾用之。'有難者云：'白虎大寒，非大熱何以救？君治之，奈何？'明之曰：'病隱於經絡間，陽大升，則經不行，經行而本證見矣。本證又何難焉！'果如其言而愈。魏邦彥之夫人，目瞖暴生，從下而上，其色緑，腫痛不可忍。明之云：'瞖從下而上，病從陽明來也。緑非五色之正，殆肺與腎合而爲病耶？'乃就畫工家，以墨調膩粉，合而成色，諦視之，曰：'與瞖色同矣，肺、腎爲病無疑矣。'乃瀉肺腎之邪，而以入陽明之藥爲之使，①既效矣，而他日病復作者三，其所從來之經，與瞖色各異。乃復以意消息之，曰：'諸脈皆屬於目，脈病則目從之，此必經絡不調。經不調則目病未已也。②'問之果然。因如所論而治之，疾遂不作。馮內翰叔獻之侄櫟，年十五六，病傷寒，目赤而頓濁，③脈七八至，醫欲以承氣下之。已煮藥，而明之適從外來，馮告之當用承氣。明之切脈，大駭曰：'幾殺此兒！《內經》有言：在脈諸數爲熱，諸遲爲寒。今脈八九至，是熱極也。而《會要大論》云病有脈從而病反者，何也？脈至而從，按之不鼓，諸陽皆然。此傳而爲陰證矣。趣持薑、

---

① "使"，原誤作"便"，據《遺山集》卷三十七、《金文最》卷二十二、《金史藝文略》改。
② "不"字原脱，據《遺山集》卷三十七、《金文最》卷二十二、《金史藝文略》補。
③ "濁"，《遺山集》卷三十七、《金文最》卷二十二、《金史藝文略》皆作"渴"。

附來,吾當以熱因寒用法處之。'藥未就,①而病者爪甲變,頓服者八兩,汗尋出而愈。陝帥郭巨濟病偏枯,二指著足底不能伸,迎明之來京師。② 明之至,以長鍼刺委中,深至骨而不知痛。出血二三升,其色如墨。又且謬刺之。如是者六七,服藥三月,病良愈。裴擇之夫人病寒熱,月事不至者數年,以喘嗽矣。醫者率以蛤蜊、桂、附之等投之。明之曰:'不然,夫病陰爲陽所搏,溫劑大過,故無益反害,投以寒血之藥,則經行矣。'已而,果然。宣德侯經歷之家人,病崩漏,醫莫能效。明之切脈,且以紙疏其證,多至四十餘種,爲藥療之。明日而二十四證減,前後五六日,良愈。侯厚謝而去。明之設施皆此類也。戊戌之夏,③予將還太原,其子執中持所謂《會要》者來,求爲序引。乃以如上事冠諸篇,使學者知明之之筆於書,其已試之效,蓋如此云。"

按,龔、孫目皆有。

校評崔真人脈訣一卷　　　　　　　　　　〇三四二

李杲校評。《提要》云:"崔嘉彥《脈訣》,宋以來諸家書目不載,焦竑《國史經籍志》始載之,《東垣十書》取以冠首,李時珍已附入《瀕湖脈學》中。至其旁注之評語,真出李杲與否,則無可徵信矣。"今亦錄之,以存疑云。

按,孫目有。

又有《東垣十書》本。

外科精義二卷　　　　　　　　　　　　　〇三四三

舊題李杲撰。此書本元齊德之作,《提要》謂李杲平生不以外科著。原本附《東垣十書》之末,蓋坊刻雜合之本,取以備十

---

① "未",原誤作"來",據《元史》卷二百三、《金文最》卷二十二改。
② "來"字,《遺山集》卷三十七、《金文最》卷二十二、《金史藝文略》皆無。
③ "夏",原誤作"夔",據《遺山集》卷三十七、《金文最》卷二十二、《金史藝文略》改。

書之數,與所載朱震亨書均爲濫入。孫一奎《赤水玄珠》引之,竟稱《東垣外科精義》,不考甚矣。然即此可見古人已以爲杲作,故仍列其目,而附《提要》説於此。

按,孫目有。

又有《東垣十書》本。

珍珠囊指掌補遺藥性賦四卷　　　　　　　　〇三四四

舊題李杲撰。《四庫存目提要》云:"世傳東垣《珍珠囊》乃後人所僞託,①李時珍《本草綱目》辨之甚詳。"

按,龔目有。

指迷賦　　　　　　　　　　　　　　　　　〇三四五

竇默撰。按,倪、錢目俱系之元人。默即漢卿,爲金太師,自宜歸之金人。

按,龔目有。

銅人鍼經密語一卷　　　　　　　　　　　　〇三四六

竇默撰。按,倪、錢目俱系之元人。誤,説見上條。

瘡傷經驗全書十二卷　　　　　　　　　　　〇三四七

竇默撰。按,倪、錢目俱系之元人。誤,説見上條。

按,龔目有。

元氏集驗方一卷　　　　　　　　　　　　　〇三四八

元好問撰。有《自叙》曰:"予家舊所藏多醫書,往往出於先世手澤。喪亂以來,寶惜固護,與身存亡,故卷帙獨存。壬寅冬,閑居州里,因録予所親驗者爲一編,目之曰《集驗方》。付搏、拊輩使傳之。且告之曰:'吾元氏由靖康迄今,父祖昆弟仕宦南北者,又且百年。官無一廛之寄,而室乏百金之業。其所得者,此數十方而已,可不貴哉!'"文見《遺山集》。

---

① "所"字原脱,據《四庫全書總目》卷一百五補。

素問注疑難二十卷　　　　　　　　　　　〇三四九

濩澤王翼輔之撰。① 李俊民《莊靖集》有《王公輔之墓誌銘》，其略曰："因感疾，遂留意於醫。與名輩張全道、趙子華友，講究《難》《素》及《本草》物性，藥證病源，以拯濟爲務。平生著述，有《素問注疑難》二十卷，《本草》《傷寒歌括》各一卷。"

按，孫目有。

本草歌括一卷　　　　　　　　　　　　　〇三五〇

王翼撰。

按，孫目有。

傷寒歌括一卷　　　　　　　　　　　　　〇三五一

王翼撰。

按，孫目有。

素問注　　　　　　　　　　　　　　　　〇三五二

封仲堅撰。仲堅，《金》《元史》無傳，此見《二妙集・封仲堅挽詞注》。蓋與段克己、成己兄弟往來者，是亦金之遺民也。仲堅當是字，其名與里居，則不可考矣。

按，孫目有。

---

① "濩"，原誤作"獲"，據《金史藝文略》改。

卷四　子部下

天文類

天象傳　　　　　　　　　　　　　　　　〇三五三
　　司天臺長行張翼撰。
　　按，錢、龔、孫目皆有。

懸象賦一篇　　　　　　　　　　　　　　〇三五四
　　楊雲翼撰。
　　按，黄、倪、錢、龔、孫目皆有，龔目作《天象賦》。

五星聚井辨一篇　　　　　　　　　　　　〇三五五
　　楊雲翼撰。以上二書見《遺山集》及《金史》本傳。
　　按，黄、倪、金、錢、龔、孫目皆有。

天文精義賦三卷　　　　　　　　　　　　〇三五六
　　司天大夫湯陰岳熙載壽之撰。據《金文最》，天一閣有藏本。
　　《提要》作四卷，云："舊題管句天文岳熙載撰並集注，而不著
　　其時代。注中多引《宋史·天文志》。"當爲後人羼入者。
　　按，錢、龔、孫目皆有。

天文祥異賦一卷　　　　　　　　　　　　〇三五七
　　岳熙載撰。
　　按，錢、龔、孫目皆有。

天文主管釋義三卷　　　　　　　　　　　〇三五八
　　岳熙載撰。以上三書皆見《絳雲樓書目》，惟不著撰人。
　　按，錢、龔、孫目皆有。

注李淳風天文類要四卷　　　　　　　　　〇三五九
　　岳熙載撰。《讀書敏求記》："《天文占書類要》四卷，李淳風

撰，岳熙載注，鈔本中之佳者。"則此書久無刊本矣。故《提要》惜其未見。

按，錢、龔、孫目皆有。

校正天文主管一卷　　　　　　　　　　　　　○三六○

司天臺少監臨渙武亢撰。《提要》云："首題明昌元年司天臺少監賜紫金魚袋臣武亢重行校正。蓋金章宗時經進之書。按《金史·百官志》，司天少監秩從六品，而武亢姓名不見於紀傳。惟王鶚《汝南遺事》曰：'哀宗天興二年，右丞仲德奏前司天臺管句武禎男亢原注徐州人氏。習父之業，精於占候。上遣人召之，既至，與語大悅，即命爲司天長行。亢數言災咎，動合上意。是年九月，敵人圍蔡，亢預奏，十二月初三日攻城。及期果然。上復問何日當解，亢曰：直至明年正月十三日，城下無一人一騎。明年正月城陷，十三日撤營去，其數精妙如此云云。'則亢乃哀宗末人，不應章宗時已爲司天臺少監。校正此書，疑其出於托名，故時代舛異也。其書諸家皆未著錄，惟晁氏《寶文堂書目》有之，所載恒星及五星次舍占説，皆頗明析，而繪圖舛錯者多。末附《周天立象賦》一篇及《五星休咎賦》各一篇，題曰李淳風撰。其詞亦不類唐人。"如其説，亢之長於占驗與此書大體略可考見。然亢爲武禎子，《提要》謂不見紀傳，未是。《金史·方伎傳》即附禎傳末，並言亢於天興正月十三日以蔡州既元兵退，亢是日赴水死，則亢亦金之忠義士也。

按，龔、孫目皆有。

曆算類

金大明曆十卷　　　　　　　　　　　　　　　○三六一

無撰人，見《書録解題》。陳氏云："金大定十三年所爲也。其術疏淺無足取。積年三億以上,其拙可知。然統天、開禧改曆皆緣朝論。以北曆得天爲疑,貴耳賤目,由來久矣,實不然也。"考《金史·曆志》,"天會五年司天楊級始造《大明曆》,① 十五年春正月朔,始頒行之。其法以三億八千三百七十六萬八千六百五十七爲曆元,②五千二百三十爲日法,然其所本,不能詳究。或曰因宋《紀元曆》而增損之也"。據此則《大明曆》其始爲楊級作,至《遂初堂書目》則稱《金國大明日曆》。

按,黄、倪、錢、龔、孫目皆有。

重修大明曆　　　　　　　　　　　　　　〇三六二

司天監趙知微撰。《金史·曆志》:"正隆戊寅三月辛酉,司天言日當食,而不食。大定癸巳五月壬辰朔,日食,甲午十一月甲申朔,日食,加時皆先天。丁酉九月丁酉朔,食乃後天。由是占候漸差,乃命司天監趙知微重修《大明曆》,十一年曆成。"

按,黄、倪、錢、龔、孫目皆有。③

太乙新曆　　　　　　　　　　　　　　　〇三六三

無名氏上進,楊雲翼參訂。

按,龔目有。

改定太乙新曆　　　　　　　　　　　　　〇三六四

張行簡撰。

按,黄、倪、錢、龔、孫目皆有。

乙未元曆　　　　　　　　　　　　　　　〇三六五

耶律履履道撰。《元文類》元好問《耶律公神道碑》:"以《大明曆》積微浸差,乃取金國受命之始年,撰《乙未元曆》云。"

按,黄、倪、金、錢、龔、孫目皆有,黄、倪、金目皆作《乙未曆》。

---

① "造"字原脱,據《金史》卷二十、《金史藝文略》補。
② "爲"上原衍"元"字,據《金史》卷二十、《金史藝文略》删。
③ "目"字原脱,據上下文意補。

揲蓍説 ○三六六

耶律履撰。《神道碑》又云:"論者獨推其《揲蓍説》,蓋不階師授而獨得之者。"

按,孫目有。

勾股雜説 ○三六七

楊雲翼撰。

按,黄、倪、金、錢、龔、孫目皆有,黄、倪、金、錢、龔目皆作《勾股構要》。

積年雜説 ○三六八

楊雲翼撰。

按,龔、孫目皆有。

算術一卷 ○三六九

王翼撰。見《莊靖集・王公輔之墓銘》。

按,孫目有。

如積釋瑣細草 ○三七〇

元好問撰。莫子偲《遺山詩集跋》:"又精九數天元之學,曾用劉汝諧撰《如積釋瑣》,爲之細草,以明天元,見祖頤序朱世傑《四元玉鑑》。"蓋遺山自弱冠受知楊雲翼、趙秉文,晚又善李治、張德輝,號龍山三友。楊、李皆曆算宗工,故亦能兼通之,尤古來文章家所未有。惜其書不傳,史傳亦不載。

按,孫目有。

測圓海鏡十二卷 ○三七一

李治撰。《自序》曰:"數本難窮,吾欲以力強窮之。彼其數不惟不能得其凡,而吾之力且憊矣。然則,數果不可以窮耶?既已名之數矣,則又爲何而不可窮也?[①] 故謂數爲難窮斯可,

---

① "爲何",《元文類》卷三十二、《金史藝文略》皆作"何爲"。

謂數爲不可窮斯不可。何則？彼其冥冥之中固有昭昭者存。夫昭昭者，其自然之數也。非自然之數，其自然之理也。數一出於自然，吾欲以力強窮之，使隸首復生，亦未知如何也已。① 苟能推自然之理，以明自然之數，則雖遠而乾端坤倪，幽而神情鬼狀，②未有不合者矣。予自幼喜算數，恒病夫考圓之術，例出於牽強，③殊乖於自然。如古率、徽率、密率之不同，截弧、截矢、截背之互見，内外諸角，析會兩條，④莫不各自名家，與世作法。及反覆研究，率卒無以當吾心焉。老大以來，得洞淵九容之説，日夕玩繹，而鄉之病我者，始礎然落去而無遺餘。山中多暇，客有從余求其説者，於是乎又爲衍之，遂累一百七十問。既成編，客復目之《測圓海鏡》，⑤蓋取夫'天臨海鏡'之義也。昔半山老人集《唐百家詩選》，自謂廢日力於此良可惜。明道先生以上蔡謝君記誦爲玩物喪志。夫文史尚矣，猶之爲不足貴，況九九賤技能乎？嗜好酸鹹，平生每痛自戒敕，竟莫能已。類有物憑之者，吾亦不知其然而然也。故嘗私爲之解曰：'由技進乎道者言之，石之斤、扁之輪，⑥庸非聖人之所予乎？'覽吾之編，察吾苦心，其憫我者當百數，其笑我者當千數。乃若吾之所得，則自得焉耳，寧復爲人憫笑計哉？"

按，孫目有。

益古衍段三卷 〇三七二

李治撰。

---

① "知如何"，《元文類》卷三十二、《金史藝文略》皆作"如之何"。
② "鬼"，原誤作"思"，據《元文類》卷三十二、《金史藝文略》改。
③ "於"字原脱，據《元文類》卷三十二補。
④ "析"，原誤作"折"，據《元文類》卷三十二、《金史藝文略》改。
⑤ "客"，原誤作"容"，據《元文類》卷三十二、《金史藝文略》改。
⑥ "輪"，原誤作"輸"，據《元文類》卷三十二、《金史藝文略》改。

按，孫目有。

術數類

人倫大統賦二卷　　　　　　　　　　○三七三

張行簡撰。有元皇慶二年秋潭薛延年壽之《序》曰："夫閱人之道，氣色難辨，骨法易明。骨法者，四體之幹，有形象，列部分，一成而不可變。欲識貴賤、貧富、賢愚、壽夭，章章可驗矣。至於氣色通於五臟之分，心爲身之君，志爲氣之帥。心志有動，氣必從，氣從則神知，神知則色見，如蜂排沫、蠶吐絲，隱現無常。欲別旺相，定休咎於氣色則見矣，非老於是者不能。若精是術，必究是書。是書蔓延於世甚夥，苟不抉擇，而欲遍覽，猶入海算沙，成功幾日？善乎！金尚書張行簡《人倫大統賦》，芟諸家之冗繁，撮百世之機要，提綱挈領，不三二千言，囊括相術殆盡，條目疏暢而有節，文辭華麗而中理，其心亦勤矣。是以初入其門者，未免鑽仰之勞。僕觸僭竊之非，以勦聞管見，附注音釋其下，仍括諸家之善以解之，目之曰《音注集解》，庶使學者有所依藉。然而知面部分，莫知適從，亦徒勞耳。面圖世傳者多，①指龜爲鱉。近獲邵陽簿李廷玉所圖，②面部凡六，其部分行運、氣色、骨法、紋痣，至真且悉，③其義愈明，而意愈彰，可爲發蹤指示之標的也。故弁諸賦首，庶學者披圖按賦，相爲表裏，決人吉凶，如示指掌，④可謂胸中天眼不枯矣。豈無補哉？雖然，獲兔魚必由筌蹄，能

---

① "面"，原誤作"而"，據清光緒十三年吳縣靈芬閣集字版校印本《愛日精廬藏書志》（以下《愛日精廬藏書志》皆據此本，不再注明）卷二十三、《金史藝文略》改。
② "廷"，原誤作"延"，據《愛日精廬藏書志》卷二十三、《金史藝文略》改。
③ "悉"，原誤作"息"，據《愛日精廬藏書志》卷二十三、《金史藝文略》改。
④ "指"，《愛日精廬藏書志》卷二十三、《金史藝文略》皆作"諸"。

樂學必興其藝,有心於是,而欲齊唐舉之肩,接許負之踵,諒亦不能不自此始爾。"《提要》云:"《金史》本傳不載是書之目。黃虞稷《千頃堂書目》有《人倫大統賦》一册,亦不著撰人姓名。惟《永樂大典》所錄,皆題行簡所撰,且有薛延年字壽之者爲之注,《序》末稱'皇慶二年'。皇慶乃元仁宗年號,與金時代相接,所言當必不誤,蓋本傳偶然脫漏也。"

按,錢、龔、孫目皆有。

又按,有《四庫全書》本、《玲瓏山館叢書》本、《十萬卷樓叢書初編》本、《叢書集成初編》本。

青烏先生葬經注一卷 ○三七四

丞相兀欽仄撰。《自序》云:"青烏先生漢時人,精地理陰陽之術,而史失其名。晉郭璞《葬書》引經曰爲證者,即此是也。先生之言,簡而嚴,約而當,誠後世陰陽之祖書也。郭氏引經,不全在此書,其文字而不全,豈經年代久遠,脫落遺佚與?亦未可得而知也。"

按,黃、倪、錢、龔、孫目皆有,黃、倪、錢、龔目皆作《注青烏子葬經》。

大六壬玉連環一字訣 ○三七五

徐次賓撰。其人《金史》無傳,有大定辛丑王頤序。其《序》曰:"《老子》云:'禍兮福所倚,福兮禍所伏,孰知其極?'是禍福也,聖人猶難,況元元之衆,豈能喻前期之得失,察品物之情狀哉?此陰陽者流,所以關於世也。黃帝軒轅氏以中式開天下之聾瞶,雖傳其書,而得其妙用者實寡。近世徐次賓,潛心斯道,爲人稽吉徵凶,委曲詳悉,遂本所得,述成一書,題曰《一字訣》,十六門互相發揮,循環不已;又曰《玉連環》。室之九逸仙人見其簡略,慨然詳注,覽之者尋源討流,不待《金匱玉函》已造會要矣。"

按，孫目有。

圖解地理新書十五卷　　　　　　　　　　○三七六

平陽畢履道撰。履道《自序》云："宅葬者，養生送死之大事也。自司馬《史》分陰陽家流，①至唐迄宋，屢詔儒臣典領司天監，屬出秘閣之藏，訪草澤之術，胥參同異，校覈是非，取舍於理，而災祥有稽者，留編太常，即今之頒行《地理新書》是也。俾世遵用，②以裨政治，保生命躋於壽域，惠亡者安於下泉，示愛民廣博之道，不甚韙歟？兵火之後，失厥監本，於是俗所傳者，甚爲訛謬。③至於辭約而理乖，名存而實革，既寖差誤，觸起凶災。僕深患斯文之弊，遂質諸師説，訪求善本，④參校以正之者，僅千餘字，添補遺闕者，幾十數處。兼有度刻步尺之差者，則以算法考而改之；有陰陽加臨之誤者，則以成法推而定之。至若四方正位，詳説其準繩、表臬，求影於星取中之法。四折曲路，細畫其角斜、正方，合勾股入穴之圖。山水列其吉凶，祭事分於壇墠。發揮經義，注釋禮文，歲餘方畢。藏之於家，以俟同道之能者，踵門而採擇焉。庶亦知予攻業之不忽也。"
按，孫目有。

校正地理新書十五卷　　　　　　　　　　○三七七

張謙撰。自稱古戴鄙夫。其《自序》曰："僕叨習地理，忝慕陰陽，雖專二宅，⑤而取則於此書。伏覩古唐、夷明、蒲坂等處，前後印賣《新書》，未嘗有不過目收覿者，終莫能見其完本。惟我先師馮公傳授，亦遺《地圖》一篇。繼有平陽畢先生者，留心考覈，可無失，而又增加圖解等法度，真得其旨趣矣。自

---

① "分"字原脱，據《金文最》卷十九、《金史藝文略》補。
② "用"，原誤作"重"，據《金文最》卷十九、《金史藝文略》改。
③ "爲"，《金文最》卷十九、《金史藝文略》皆作"有"。
④ "本"，原誤作"事"，據《金文最》卷十九、《金史藝文略》改。
⑤ "專"下，《金文最》卷十九有"述"字。

是更訪求名士家藏善本比對，差互甚多。今據從來板內遺闕者，並以補完；①元差互者，校讎改正；一兩疑未詳者，乃各存之；及其間寫雕錯誤，亦以校正。② 其卷首四方定位之法，圖解已是詳備。竊見營造取正、定平制度亦可爲式外，五姓聲同而虛實音異者，今以篆出，'地下明鑑'，'立成傍通''三鑑六道'，繼叙'輪圓'，③又校正'禽交'④'步分'，及民庶合用營田，参定'傳符''雜忌'等述，兼論吕才言宅葬經書之弊，⑤各佈列本篇之下，總二萬餘言，以廣見聞。僕恐未能專擅，遂誠心修集，以俟同道之能者，幸改易焉，庶幾我輩易爲遵用。審觀此書之興也，始自唐代吕才删定，名以'地理'。至於宋朝，三歷數主，重復詔下有司，始終計有百年，方以定用，頒行於世。今野俗之流，而有專執星水之法，或只習一家偏見之文，又有不經，隨代進用，頒行旁門小説不根之語。或與官書相害者，執而行之，兼又不能與五姓參用，而專排斥五音姓利，良可罪哉！僕今見平陽數家印賣此書，雖有益於世，竟未有完者，恐久墜斯文，莫能從適。⑥ 不敢欺隱，遂將正文插入，又附以亂談舛駁之辭，短拙不揆尤甚，輒以俗言紀其事迹。"此書據《經眼錄》有金刊本，標爲《圖解改正》。觀《序》文有畢先生者，增加圖解等法度語，則作圖解者爲畢履道，而謙又重爲之校正也，⑦故分別編列之。⑧

---

① "完"下原衍"善"字，據《金文最》卷十九、《金史藝文略》删。
② "正"，《金文最》卷十九、《金史藝文略》皆作"定"。
③ "圖"，原誤作"圓"，據清同治刻本《宋元舊本書經眼錄》（以下《宋元舊本書經眼錄》皆據此本，不再註明）卷二改。
④ "校"，原誤作"較"，據《金文最》卷十九、《宋元舊本書經眼錄》卷二改。
⑤ "兼"，原誤作"口"，據《宋元舊本書經眼錄》卷二改。
⑥ "適"，《金文最》卷十九、《金史藝文略》皆作"善"。
⑦ "重"下原衍"要"字，據《金史藝文略》及上下文意删。
⑧ "列"，原誤作"别"，據《金史藝文略》及上下文意改。

按，錢、龔、孫目皆有，錢、龔目皆作《新校地理新書》。
六壬袪惑鈐六卷　　　　　　　　　　　　　　　〇三七八
司天判官張居中正之撰，見耶律楚材《湛然集》。楚才《序》曰："予故人張正之，世掌羲和之職，通經史百家之學，尤長於三式，與予參商且二十年矣。癸巳之春，既克汴梁，渠入覲於朝，形容變盡，惟語音存耳。乘間，因出書一編，曰《六壬袪惑鈐》。予再四繹之，引式明例，皆有所據。或有隱奧人所未通者，釋以新說，蓋採諸經之所長，無所矛盾者，取其折衷爲一家之書，近代未有之也。求傳寫者既衆，其同列請刊行，以廣其傳，余忻然爲引，以題其端。"案，《序》有"入覲於朝"語，似居中或仕於元，然《補遼金元藝文志》固次金代，在兀欽仄《葬經注》之前，則居中實金人也。惟"袪惑"《志》作"無惑"，《提要》亦有《大六壬無惑鈐》一卷，云不著撰人名氏。
按，黃、倪、龔、孫目皆有，黃、倪、龔目皆作《六壬無惑鈐》。

藝術類

石鼓辨　　　　　　　　　　　　　　　　　　　〇三七九
馬定國撰。《中州集》云："石鼓自唐以來無定論，子卿以字畫考之，云是宇文周時所造，作辯餘萬言。出入傳記，引據甚明，學者以比蔡正甫《燕王墓辯》。"
按，金、錢、龔、孫目皆有。
品第法書名畫記五百五十卷　　　　　　　　　　〇三八〇
王庭筠、張汝芳撰。
按，龔、孫目皆有。
雪溪堂帖十卷　　　　　　　　　　　　　　　　〇三八一
王庭筠撰。遺山《王黃華碑》："嘗被旨與舅氏宣徽公汝霖品第秘府書畫，因集所見及士大夫家藏前賢墨迹，古法帖所無者，摹刻之，號《雪溪堂帖》，一十卷。"

按，龔、孫目皆有。

遺山題跋　　　　　　　　　　　　　　　　　　○三八二

元好問撰。

按，有《奇晉齋叢書》乾隆本、景乾隆本。本、《叢書集成初編》本。

琴辨　　　　　　　　　　　　　　　　　　　　○三八三

平陽苗秀實彥實撰。元好問與耶律楚材皆有《序》。元《序》曰："彥實苗君，平陽人。童丱中，爲鄉先生喬孟州宬君章所器，命其子河東按察轉運使宇德容與同硏席。君章文學深博，兼通音律，敎彥實與德容琴事。初授指法，累錢手背，以輕肆爲禁，至一聲不敢妄增損。彥實後以雅重見稱，有自來矣。弱冠應明經擧選，三赴廷試。至論知琴，亦與德容相後先。當熙宗守成之際，惟弄琴爲樂而已。琴工衛宗儒者，一日鼓琴，不成聲。問之故，曰：'山後苦寒，手拮据耳。'即賜之貂鼠帳，熾炭其前，使鼓之。世宗好此藝，殊有父風，寢殿外設琴工幕，次鼓至夜分，乃罷。嘗言：'我非好琴，人主心無住，則營建、征伐、田獵、寵嬖，何所不有？吾以琴繫著吾心耳。'一侍從鼓琴東宮，衣著華麗，上以輕浮，敕不得入宮。至顯宗，又妙於琴事者也。三四十年之間，此道大行，而彥實出於其時。近臣有薦於章廟者，因得待朝翰林，居京師。未久，而聲譽籍甚，至廢擧業不就。南渡後，日從楊、趙游。閑閑嘗有詩推敬，故詩人止以高士目之。公藝既專，又漸於敦樸之化，習與性成。其分別古今《操》《弄》，孰雅孰鄭，①猶數一二而辨黑白也。嘗選古人所傳《操》《弄》百餘篇有古意者纂集之，將傳於世。危急存亡之秋，良未暇也。長子名某，字君

---

① "孰鄭"，原誤作"執鄭"，據《遺山集》卷三十六、《金文最》卷二十二、《金史藝文略》改。

瑞，①嘗仕爲省郎。閑居燕中，恨雅道之將廢，②而先意之不究，將鋟木以傳，請予題端，且以卜當傳與否也。予謂君瑞言：'子第傳之。山谷有云：枯木嵌空微暗淡，古器雖在無古弦。袖中正有《南風》手，誰爲聽之誰爲傳。東坡有云：琴裏若能知賀若，詩中定合愛陶潛。漢大司空宋宏薦桓譚文學，可比前世揚雄、劉向父子，光武拜爲議郎。帝每宴，輒令鼓琴，好其繁聲。宏聞之不悦，悔於薦舉。伺譚内出，正朝服，坐府上，遣吏召之。③譚至，不與席而讓之曰：吾所以薦子者，願令輔國家以道德也，而今數進鄭聲，以亂《雅》《頌》，非忠正者也。能自改耶？會相舉以法乎？譚頓首謝。良久，乃遣之。後大會群臣，帝使譚鼓琴。譚見宏，④失其常度。怪而問之，宏乃離席免冠謝曰：臣所以薦桓譚者，謂能以忠正導主，而今朝廷耽悦鄭聲，臣之罪也。帝改容謝之，譚遂不得給事中。'予竊謂《南風》手不可得，而今世愛陶詩者幾人？果如坡、谷所言，唯當破此琴爲烹鶴之具耳。光武好繁聲，舉朝亦好之，乃有宋司空。謂宋宏之後，遂無宋宏，則彦實此書何從出哉？夫八音與政通爲難，審音以知政，居今而行古又爲難。合是二難，始有此書。乃欲藏之名山，以待其人乎？司空表聖最爲通論，云：'四海之廣，豈無賞音？固應不待五百年耳。'請以此爲之引。"

耶律《序》曰："古唐栖巖老人苗公，秀實其名，彦實其字，博通古今，尤長於《易》。應進士舉，兩入御闈而不捷，乃拂袖去之。公善於琴事，爲當今第一。嘗游於京師士大夫間，皆服

---

① "字"，原誤作"存"，據《遺山集》卷三十六、《金文最》卷二十二、《金史藝文略》改。
② "恨"，《金史藝文略》同，《遺山集》卷三十六、《金文最》卷二十二皆作"悼"。
③ "之"字原脱，據《遺山集》卷三十六、《金文最》卷二十二補。
④ "譚"，原誤作"帝"，據《遺山集》卷三十六、《金文最》卷二十二、《金史藝文略》改。

其高妙。泰和中，詔天下工於琴者，侍郎喬君舉之於朝，公待詔於秘書監。余幼年刻意於琴，初受指於待詔弭大用。每得新譜，必與栖巖商榷妙意，然後彈之。朝廷王公大人，邀請栖巖者無虛日，予不得與渠對指傳聲，每以爲恨。壬辰之冬，王師濟長河，破潼關，涉京索，圍汴梁，余奏之朝廷，索栖巖於南京，得之，達范陽而棄世。其子蘭，挈遺譜而來，凡四十餘曲，予按之，果爲絶聲。大率署令衛宗儒之所傳也。余今録之，以授後世，有知音博雅君子，必不以余爲徒説云。"

惟《琴辨》，《湛然集》作《琴譜》，蓋各就所見耳。

按，孫目有。

故物譜　　　　　　　　　　　　　　　〇三八四

元好問撰。《自叙》云："予家所藏書，宋元祐以前物也；法書，則唐人筆迹及五代寫本爲多；畫，有李、范、許、郭諸人高品。就中薛稷《六鶴》最爲超絶。先大父銅山府君，官汲縣時，官賣宣和内府物也。銅碌兩小山，以酒沃之，青翠可摘，府君部役時物也。風字大硯，先束巖君教授鄉里時物也。銅雀研，背有大錢一，天禄一，堅重緻密，與石無異，先隴城府君官冀州時物也。貞祐丙子之兵，藏書壁間，得存。兵退，予將奉先大人南渡河，舉而付之太原親舊家。自餘雜書及先人手寫《春秋》、三史、《莊子》《文選》之等，①尚千餘册，並畫百軸，載二鹿車自隨。三研則瘞之鄭村别墅。是歲，寓居三鄉。其十月，北兵破潼關，避於女几之三潭。比下山，則焚蕩之餘，蓋無幾矣。今此數物，多予南州所得，或向時之遺也。往在鄉里，常侍諸父及兩兄燕談。每及家所有書，則必枚舉而問之，如曰某書買於某處，所傳之何人，藏之者幾何年，則欣然

---

① "之"字原脱，據《遺山集》卷三十九、《金文最》卷五十九、《金史藝文略》補。

志之。今雖散亡，其綴緝裝褙、籤題印識，猶夢寐見之。《詩》有之'維桑與梓，必恭敬止'。以予心忖度之，知我子孫卻後，當以不知吾今日之爲恨也。或曰：'物之閲人多矣，世之人玩於物而反爲物所玩，貪多務取，巧偸豪奪，遺簪敗履，惻然興懷者，皆是也。李文饒志平泉草木，有後世毀一樹、一石非吾子孫之語，歐陽公至以庸愚處之。至於法書、名畫，若桓玄之愛玩、王涯之固護，非不爲數百年計，然不旋踵，已爲大有力者負之而趨。我躬之不可必，奚我後之卹哉！'予以爲不然。三代鼎鐘，其初出於聖人之制，今其款識故在，不曰'永用享'，則曰'子子孫孫永寶用'，豈爲聖人者，超然遐覽，而不能忘情於一物耶？抑知其不能必爲我有，而固欲必之也？蓋自莊周、列禦寇之説盛，世之誕者遂以天地爲逆旅，形骸爲外物，蓋聖哲之能事，有不滿一笑者，況外物之外者乎？雖然，彼固有方内、外之辯矣。道不同不相爲謀，使渠果能寒而忘衣，飢而忘食，以游於方之外，雖眇萬物而空之，猶有託焉爾。如曰不然，則備物以致用，守器以爲智，惟得之有道，傳之無媿，斯可矣。亦何必即空以遺累，矯情以趨達，以取異於世耶？乃作《故物譜》。"

按，孫目有。

雜家類

叢辨十卷 〇三八五

翰林修撰熊岳王庭筠子端撰。自號黄華山主，大定十六年甲科，《金史》入《文藝傳》。元好問作《墓碑》云："山居前後十年，得悉力經史，務爲無所不闚。旁及釋老家，尤所精詣。學益博，志節亦高，而名益重。有《叢辨》十卷。"

按，黃、倪、金、錢、龔、孫目皆有，黃、倪目皆作《叢語》，金、龔目皆作《叢辨》。

無隱論十篇 〇三八六

汾陽軍節度使交河許安仁子靜撰。安仁，大定七年進士，《金史》有傳。本傳云："作《無隱論》上之，凡十篇：曰本朝，曰情欲，曰養心，曰田獵，曰公道，曰養源，曰冗官，曰育材，曰限田，曰理財。"

按，金、龔、孫目皆有。

公論二十五卷 〇三八七

蕭貢撰，見《中州集》。此書今無傳本。《敬齋古今黈》引云："《魏書》郭祚語李彪曰：'爾與宋弁心交，豈能饒爾，而獨怨我乎？'此則今人所云'饒你饒人'之出也。饒，優也，僅見於此，故錄之。"蓋一雜記書也。《歸潛志》云："又著《蕭氏公論》數萬言，評古人成敗得失，甚有理。"

按，錢、龔、孫目皆有，錢目作二十卷。

筆錄 〇三八八

閻長言撰。其書不傳。《續夷堅志》："參政梁公肅舉子時，祈仙問前途，仙批云：'六十入相而已。'閻內翰子秀《筆錄》記公臨終前二日，言'上帝召我爲北面大王'，遂卒。張狀元甫唱第前，夢人以物易其首，手自捫之，乃玉也。初甚惡之，繼有是應。① 閻子秀《筆》記其事。"案，"筆"下當脫"錄"字。據此，則是書乃雜錄異聞者耳。

按，孫目有。

鳴道集說一卷 〇三八九

李純甫撰。《自序》云："天地未生之前，聖人在道；天地既生

---

① "有是"，原誤作"是有"，據《續夷堅志》卷四、《金史藝文略》乙正。

之後，道在聖人。故自生民以來，未有不得道而爲聖人者。伏羲、神農、黄帝之心見於大《易》；堯、舜、禹、湯、文、武之心見於《詩》《書》，皆得道之大聖人也。聖人不王，道術將裂。有老子者，游方之外，恐後世之人塞而無所入，高談天地未生之前，而洗之以道德；有孔子者，游方之内，恐後世之人眩而無所歸，切論天地既生之後，而封之以仁義。故其言不無有少相齟齬者。雖然，或吹或噓，或挽或推，一首一尾，一東一西，玄聖、素王之志，亦皆有歸矣。其門弟子恐其不合，而遂至於支離也。莊周氏沿流而下，自天人至於聖人；孟某氏溯流而上，自善人至於神人，如左右券，内聖外王之説備矣。惜乎四聖人殁，①列禦寇駁而失真，荀卿子雜而失純，揚雄、王通僭而自聖，②韓愈、歐陽氏蕩而爲文。聖人之道如綫而不傳者，一千五百年矣。而浮屠氏之書從西方來，蓋距中國數千萬里。證之文字詰曲，侏儒重譯而釋之，至言妙理，與吾古聖人之心，魄然而合，顧其徒不能發明其旨趣耳。豈萬古之下、四海之外，聖人之迹竟不能泯滅耶！諸儒陰取其説，以證吾書。自李翶始，至於近代，王介甫父子倡之於前，蘇子瞻兄弟和之於後。大《易》《詩》《書》《論》《孟》《老》《莊》皆有所解。濂溪、涑水、横渠、伊川之學，踵而興焉。上蔡、龜山、元城、横浦之徒，又從而翼之。東萊、南軒、晦庵之書，曼衍四出，其言遂大。小生何幸，見諸先生之議論，心知古聖人之不死，大道之將合也。恐將合而又離，箋其未合於古聖人者，曰《鳴道集説》云。"

耶律楚材《湛然集》有《序》曰："屏山居士年二十有九，閲《復

---

① "乎"，《金文最》卷二十一、《金史藝文略》皆作"夫"。

② "通"下，《金文最》卷二十一有"氏"字；"僭"，原誤作"潛"，據《金文最》卷二十一、《金史藝文略》改。

性書》,知李習之亦二十有九,參藥山而著書,①大發感嘆。日抵萬松老師,深攻急擊,宿稟生知,一聞千悟。注《首楞嚴》《金剛般若》《贊釋迦文》《達摩祖師夢語》《贅談》②《翰林佛事》等數十萬言。會三聖人性理之學,要終指歸佛祖而已。"

黃溍《序》曰:"屏山先生李公,其庶幾古之立言者乎?先生諱之純,字純甫,宏州人,金章宗承安間進士,仕至尚書右司都事。資識英邁,天下書無不讀,其於《莊周》《列禦寇》《左氏》《戰國策》爲尤長,文亦略能似之。三十歲後,徧觀佛書,既而取道學諸家之書讀之。一旦有會於心,乃合三家爲一,取先儒之箋説,其義相合者,著爲成書,所謂《鳴道集説》。觀其爲説,前無古人,誠卓然有所自見,學術不苟於衆人,而惟道是合也。遺山元公常以中州豪傑稱之,謂其庶幾古之立言之君子乎?豈不信乎?"文見《王禕忠文集》。

《提要》從《永樂大典》著録作一卷。據《士禮居題跋》有鈔本三卷。

案,此書今未見,清初當有刊本。汪琬嘗爲作序,③載《鈍翁文録》。

按,黃、倪、金、錢、龔、孫目皆有。

經史辨惑四十卷　　　　　　　　　　〇三九〇

王若虛撰。按,若處各種"辨惑"已分隸各部,其合行之本,别著之於此。

按,黃、倪、錢、龔目皆有。

---

① "而"下,《四部叢刊》影印元鈔本《湛然居士集》(以下《湛然居士集》皆據此本,不再注明)卷十四有"退"字。
② "贅",原誤作"贊",據《湛然居士集》卷十四改。
③ "琬",原誤作"婉",據上下文意改。

諸書辨惑二卷① 　　　　　　　　　　　〇三九一

　　王若虛撰。自《史》《漢》《隋》《唐》以及《五代》《通鑑》，皆能正其謬誤。有兼訂注文者，如"賈誼言秦俗之弊云'其慈子嗜利，去禽獸亡幾'，以文勢觀之，慈子當是錯誤，顏氏強爲解釋，恐非也"是。② 又有並論史體者，如"韓退之《驅鱷魚文》，苦非佳作，史臣但書其事目足矣，而全錄其辭，亦何必也"是。即此二說，可知其辨析之精，長於史學矣。

　　按，孫目有。

議論辨惑一卷 　　　　　　　　　　　　　〇三九二

　　王若虛撰。見《滹南遺老集》。

　　按，孫目有。

著述辨惑一卷 　　　　　　　　　　　　　〇三九三

　　王若虛撰。見《滹南遺老集》。

　　按，孫目有。

雜辨一卷 　　　　　　　　　　　　　　　〇三九四

　　王若虛撰。見《滹南遺老集》。

　　按，孫目有。

謬誤雜辨一卷 　　　　　　　　　　　　　〇三九五

　　王若虛撰。見《滹南遺老集》。

　　按，孫目有。

續古今考九卷 　　　　　　　　　　　　　〇三九六

　　舊題元好問撰。此書《金史》本傳不載，藏書家亦未著錄。《提要》云："舊本題金元好問撰。考好問著述存者，有《遺山集》《中州集》《續夷堅志》，佚者有《壬辰雜編》，此外諸家著錄別無他書，此編莫省所自來。前有永樂四年解縉《序》，詞意

---

① "書"，《金史藝文略》作"史"。

② "是"字原脫，據《金史藝文略》及上下文意補。

凡鄙,殊不類縉文。其論《晋書》以十六國爲載記,不若《東都事略》以遼、金、夏爲附録,決非金人之言。中間屢引《困學紀聞》《文獻通考》。案,王應麟生於宋寧宗嘉定十四年辛巳,其作《困學紀聞》,據袁桷《序》,應麟時年五十餘歲,當在咸淳末年。好問卒於憲宗七年丁巳,即宋理宗寶祐五年,是《困學紀聞》書成在其殁後二十年。《通考》雖成於宋末元初,其刊行於世,則在元英宗至治二年,在好問殁後又六十餘年。皆不應預爲徵引。至解《論語》'有婦人焉',引來集之《樵書》,又引顧炎武語,皆明末清初之人。解《中庸》'屋漏',引陳司業之説,今見陳祖范《經咫》中。祖范薦舉經學,①賜國子監司業銜,事在乾隆十六年。則此書直近時人所爲,本可不著於録,以其託名古人,故存而辨之,不使售欺焉。"據此,則書非好問作。然《提要》於雜家復存其目,故今亦聞疑載疑云。

按,龔、孫目皆有。

壁書叢削十二卷　　　　　　　　　　〇三九七

欒城李治仁卿撰。治登金進士第,調高陵簿,未上辟,知鈞州事。歲壬辰,城潰,微服北渡,流落忻、崞間。②聚書環堵,人所不堪,處之裕如。晚家元氏,買田封龍山下,③學徒益衆。元世祖欲處之以清要,④以老病懇求還山。至元二年再以學士召,復以老病辭去,卒於家。事詳《元史》本傳。今據《禮耕堂叢說》辨正爲金儒,故取其所著諸書載於此《志》。

按,孫目有。

---

① "薦",原誤作"兼",據《四庫全書總目》卷一百二十六改。
② "崞",原誤作"淳",據《元史》卷一百六十、《金史藝文略》改。
③ "龍",原誤作"隴",據《元史》卷一百六十、《金史藝文略》改。
④ "之"字,《元史》卷一百六十、《金史藝文略》皆無。

泛説四十卷　　　　　　　　　　　　　　　　　〇三九八

李治撰。

按，孫目有。

敬齋古今黈十一卷　　　　　　　　　　　　　　〇三九九

李治撰。施國祁《舊鈔本敬齋古今黈説》云："《永樂大典》一書，顛倒篇章，割裂文句，誠淺夫之作也。① 然其時舊本已亡，搜采殊富，故今人多從此伐山而拾瀋焉。梓而傳之，率世所罕覯者，即如金儒李仁卿《敬齋古今黈》一書。聚珍版刻凡八卷，先時讀之，驚其上下千古，博極羣書，欣所未見。而《名臣事略》不詳卷目，比在吳門張訒庵家，得見元書，係舊鈔足本，凡十一卷，前後序跋皆無，爲明萬曆庚子武陵書室蔣德盛梓行者。終以仁卿生於閒代，祇見諸元遺山《桐川》《太白》等詩，其行事罕詳。爲告之曰：'元人蘇天爵《名臣事略》所引碑文記序，載李文正事甚備，且考其名而重有慨焉。'仁卿生於大定庚子，至正大庚寅登收世科，已五十有一歲，授高陵主簿，辟推鈞州。金亡北渡，講學著書，秘演算術，獨能以道德文章確然自守，至老不衰。即其中統召拜後，與翰林諸公書云云，其本意大可見，蓋在金則爲收科之後勁，在元則占改曆之先幾。生則與王滹南、李莊靖同爲一代遺民，没則與楊文獻、趙閑閑並列四賢祠祀。嗚呼！其學術如是，其操履又如是，何後人不察，謬改其名，呼'治'爲'冶'，乃與形雌意蕩之女道士李季蘭相溷。② 吁！可悲已。今其言具在，其名亦正，倘能付諸剞劂，傳示後世，庶使抱殘守缺者，得見全璧，豈非大惠後學哉！"案如此説，則《元史》作"冶"殊誤。且稱爲金儒，則其著述當次入金代，蓋治亦金之遺老也。至《古今黈》

---

① "之"下，《金史藝文略》有"所"字。

② "季"，原誤作"秀"，據《金史藝文略》及上下文意改。

"尯"字本傳作"難",未是。顧其書,史作四十卷,今足本亦止十一卷,豈"四十"二字爲"十一"二字之倒誤與?《皕宋樓藏書志》有舊鈔本十二卷。

按,孫目有,今刊本甚多。

類書類

群書會要 ○四○○

鄭昌時撰。《絳雲樓書目》列其目,不言作者何人。

按,黄、倪、錢、龔、孫目皆有。

白氏策林 ○四○一

徒單鎰譯,大定四年上,女真字譯。

按,金、龔目皆有。

泰和編類陳言文字二十卷 ○四○二

完顔綱、喬宇、宋元吉等撰。

按,黄、倪、錢、龔、孫目皆有。

增廣分門類林雜説十五卷 ○四○三

平陽王朋壽魯老撰。《皕宋樓藏書志》有影寫金刊本。朋壽《自序》曰:"傳記百家之學,率皆有補於時,然多散漫不倫,難於統紀。故前賢有區別而爲書,號曰《類林》者,其來尚矣。惜乎次第失序,門類不備。予因暇日,輒爲增廣,第其次序,將舊篇章之中添入事實者加倍,又復增益至一百門,逐篇係之以贊,爲十五卷,較之舊書,多至三倍。若夫人君之聖智聰明,臣子之忠貞節義,父子兄弟之孝慈友愛,將相之權謀大體,卿士之廉潔果斷,隱逸之潛德幽光,文章之麗藻清新,風俗之好尚,陰德之報應,酒醴之耽沉,恩怨之報施,形軀之長短,容貌之美惡,男子之任俠剛方,婦人之妍醜賢愚,神仙之清修，鬼神之情狀，宮室之華麗，屋宇之卑崇，天地之運移，日星之行度，山海之靈潤，醫筮之精專，①草木之奇秀，金玉之純良，蠻夷之頑獷，禽魚之巨細，凡六合之内所有，無不概舉。雖不可謂之知所未知，②亦可謂之具體而微矣。其於善者，不敢加以褒飾，惡者不敢遂有貶斥，姑取其本所出處，芟其繁節其要而已。覽者味其雅正，則可以爲法；視其悖戾，則可以爲戒。豈止資談柄而詫多聞，不爲無可取也。鄉人李子文一見曰：'專門之學，不可旁及。至如此書，無施不可，好學通變之士之所願見。我爲君刊鏤，以廣其傳，如何？'予謹應之曰：'諾。'於是舉以畀之，併爲之序。"

按，龔、孫目皆有。

又按，有《嘉業堂叢書》本。

校補兩漢策要　　　　　　　　　　　　　　　〇四〇四

同知岳陽常彦修撰。王大鈞《序》曰："皇朝專尚詞賦取士，限以五經、三史出題，惟東、西漢二《書》，最爲浩汗，學者披閱，如涉淵海，卒莫能際其畔岸。大抵菁華無出策論書疏而已，可取而爲題者，十蓋八九，真科舉之急用也。先是吾鄉常同知彦修宅取舊本《兩漢策要》摹搭刊行於世，其間錯謬及有不載者，僅數十篇，殆爲闕典。彦修痛恨遺脱，嘗欲增廣，方經營間，不幸早世。今二孫克家，不墜箕裘之緒，皆業進士。乃承意繼志，遂再爲編次，時向者遺脱，一一校證添補附入，命工鋟木，用廣傳布，且索序引。予喜其不負乃祖之意，③使斯文號爲完書，是可嘉也，姑直書所以題其端首云。"據《序》文，此書爲彦修孫所作，但其名不可考，且有"不負乃祖"語，故仍

---

① "筮"，原誤作"巫"，據《皕宋樓藏書志》卷六十一、《金史藝文略》改。
② "可"，《金史藝文略》同，《皕宋樓藏書志》卷六十一、《金文最》卷十九皆作"敢"。
③ "喜"，原誤作"善"，據《金文最》卷十九、《金史藝文略》改。

標彥修名耳。

按，龔、孫目皆有，龔目作《兩漢策要》，常彥修孫增補。

錦機集一卷 ○四○五

元好問撰。《堯山堂外紀》："元遺山有《錦機集》指授學者，晚年力以國史爲己任，乃構野史亭於家，凡金源君臣言行記錄至百餘萬言，書未就而卒。高唐閭靜軒復挽之曰：'蕭寺秋風捲玉荷，月明人影共婆娑。誰知別後驪駒曲，便是先生薤露歌。野史夜冬蟲蠹簡，錦機春暖鳳停梭，祇應前日西州路，常使羊曇忍淚過。'"

按，黃、金、倪、龔目皆有，從金目作一卷，但金目無"集"字。

小說類

百斛珠 ○四○六

楊圃祥撰。《補元史藝文志》云："金章宗時蜀人。"

按，錢、龔、孫目皆有。

屏山贅談 ○四○七

李純甫撰。《歸潛志·周嗣明傳》："《屏山贅談》，晦之序也。"王若虛《復之純交說序》云："之純嘗爲《交說》以見譏。今《贅談》中以'若虛'名篇者是也。其初本自爲一首，蓋辭氣意旨，出於莊、列，可謂奇作。使其處身果能如此，雖古之達者無以過也，而何其取怒之多與？予讀而悲之，乃復以是說云。"見《滹南遺老集》。觀此，則書雖散亡，然《序》爲周氏所作，與其篇目，略可考矣。

按，孫目有。

續夷堅志四卷 ○四○八

元好問撰。宋无子虛《跋》云："遺山，中原人，使生宋熙豐間，與蘇、黃諸人同時,當大有聲。不幸出完顏有國日,雖偏方以文飾戎事,用科擧選人。惜又在貞祐前後,不當掌其牋牘文柄,①故得閑居著述。② 觀其文與詩詞,宏肆軼宕,及所傳其國人,號《中州集》。人有各集,③其顛叙其行業、仕隱,詩則一聯不遺。宋士夫淪陷其國者,概見於末。文有史法,其好義樂善之心蓋廣矣。所續《夷堅志》,豈但過洪景盧而已?其自序可見也。惡善懲勸,纖細必錄,可以知風俗而見人心,豈南北之有間哉?北方書籍,率金所刻,罕至江南。友人王起善見之,亟鈔成帙,其學富筆勤,又可知矣。持以示予,時日將夕,讀至丙夜,盡四卷,深有啓於予心。以病不能鈔,姑識卷末而歸之。"

石巖民瞻《跋》曰:"吳中王起善,博學且勤,人有異書,必手鈔之,此其一也。按,《續夷堅志》乃遺山先生當中原陸沉之時,皆耳聞目見之事,非若洪景盧演史寓言也。其勸善戒惡,不爲無補。吾知起善推廣之心,即遺山之心也。"

又皆窳叟《跋》云:"子思子云:'國家將興,必有禎祥;國家將亡,必有妖孽。'洪景盧《夷堅志》多政宣事,元好問《續志》多泰和、貞祐事,其視平世有間耳。"

此外復有吳道輔景文詩一首,孫道明明叔、王東起善兩《跋》,皆紀傳鈔之由。其末則嘉慶戊辰余集《跋》,文不備錄。據宋氏說,此書有《自序》,今無之,而《遺山集》亦不載。並《金史》本傳列其所著書,闕此種,則其幸存者乃王起善、孫明叔兩人鈔錄之功也。今所見爲海豐吳氏石蓮庵本,蓋取張穆陽泉山

---

① "牘",《金史藝文略》同,《皕宋樓藏書志》卷六十四作"牒"。

② "得"字,《續修四庫全書》本《續夷堅志·原跋》、《皕宋樓藏書志》卷六十四、《金史藝文略》皆無。

③ "各集",《金史藝文略》同,《續修四庫全書》本《續夷堅志》作"各傳",《皕宋樓藏書志》卷六十四作"十傳"。

莊覆刻者。

按,倪、龔、孫目皆有。

按,有《得月簃叢書初刻》本、《元遺山先生全集》本、《石蓮盦彙刻九金人集》本、《筆記小說大觀》本、《叢書集成初編》本。

道教類

重陽全真集九卷　　〇四〇九

咸陽王嚞知明撰。范懌《序》曰:"全真之教大矣哉!謂真者至純不雜,浩劫常存,一元之始祖,萬殊之大宗也。上古之初,人有純德,性若嬰兒,不牧而自治,不化而自理。其居於自適自得,莫不康寧享壽,與道合其真也。降及後世,人性漸殊,道亡德喪,樸散純離。情酒欲穀蠱於中,愁霜悲火魔於外,①性隨情動,情逐物移,散而不收,迷而弗返,天真盡耗,流浪死生,逐境隨緣,萬劫不復,可爲長太息也。重陽憫化妙行真人博通三教,洞曉百家,遇至人於甘河,得知友於東海,化三州之善士,結五社之良緣,②行化度人,利生接物。聞其風咸敬憚之。③ 杖履所臨,人如霧集,有求教言,來者不拒。詩章詞曲,疏頌雜文,得於自然,應酬即辦。大率誘人還醇返樸,靜息虛凝,養亘初之靈物,④見真如之妙性,識本來之面目,使後之於真常,歸之於妙道也。或問真人者曰:'人生天地間,雖曰最靈,亦萬物中之一物耳,孰能逃陰陽之數?孰能出造化之機?有始必有終,有生必有死,此自然之常理也。

---

① "火",原誤作"大",據《金文最》卷十九、《金史藝文略》改。
② "良",原誤作"囗",《金史藝文略》此處爲空格,據《金文最》卷十九改。
③ "風"下,《金文最》卷十九有"者"字。
④ "亘",原誤作"互",據《金文最》卷十九、《金史藝文略》改。

不稟異氣，仙不可求；不契夙緣，道不可學。豈可苦身約己，如繫影捕風、鏤冰雕松，爲必不得之事，求難成之效哉？'真人喟然嘆曰：'長生妙理，人具仙材，孰不可求？有怠而弗成者，顯而至多；有勤而取驗者，隱而甚少。世人以多見爲信，以不見爲疑，遂以仙事茫茫爲不可期也。試以物理驗之：鑛之鍛鍊，可以爲鐵；鋼之點化，可以爲金。魚超呂梁而爲龍，雉入大水而化蜃。冰之易消者也，藏之可以度夏；草之易衰者也，覆之可以越冬。人能割愛去貪，守雌抱一，游心於恬淡，食氣於虛無，亦可以高舉遠致，躡景登虛，逍遥乘禦寇之風，往來應飛真之錫，騎鯨而游滄海，跨鳳而上青冥。千年化兮如遼東之鶴，望日朝兮如葉縣之鳧。與安期、羨門之流，洪崖、洞玄之屬，同列仙班爲難矣。古今得道輕舉者不可勝數，子謂無徵，如聾者不聞有絲竹之音，瞽者不知有丹青之色。彼淺見謏聞，烏足以語道哉？①'問者屏息汗顔而退。真人開方便門，示慈悲海，出人於炎炎火宅，提人於浩浩之迷津。② 識性命之祖宗，和氣神之子母。有無會於一致，空色泯於兩。使入是門者，如南柯夢覺；由是路者，似中山之酒醒。返我之真，無欠無餘，復入於混成；歸我之宗，不墮不失，③復同於太始。真一之性，湛然圓明，變化感通，無所而不適也。真人羽化之後，門人裒集遺文，約千餘篇。辭源浩博，旨意宏深，涵泳真風，包藏妙有，實真修之根柢，④度人之梯航也。京兆道衆，聚財發槧，雖已印行，而東洲奉道者多因去版路遥，⑤欲購斯文，不易得也。長生劉公，教門標的，仙宗羽儀，爲一代之

① "烏"，原誤作"鳥"，據《金文最》卷十九、《金史藝文略》改。
② "之"字，《金文最》卷十九、《金史藝文略》皆無。
③ "墮"，《金文最》卷十九、《金史藝文略》皆作"墜"。
④ "真修"，《金史藝文略》同，《金文最》卷十九作"修真"。
⑤ "多"字原脱，據《金文最》卷十九、《金史藝文略》補。

師真，作四方之教主。謂全真之風，起於西，興於東，徧於中外，其教廣矣大矣。乃命曹瑱、來靈玉、徐守道、劉真一、梁通真、翟道清等化緣，特詣吾鄉，求序於懌。以真人文集分爲九卷，載開版印行，廣傳四方。俾後人得是集者，研窮其詞，如鑿井見泥，去水不遠；鑽木見烟，知火必近。使人人早悟而速成，實仁者之用心也。噫！自古修真之士，或跣足尋師而師不遇，或斷臂問法而法不知，至於皓首窮年，莫知所措，虛過一生，深可惜也。今全真文集散落人間，妙用玄機昭然易見。① 學者宗之，大修則大驗，小求則小得。士之志於道者，適遇斯時，何其幸也！"

按，錢、龔、孫目皆有，龔目作《重陽集》。

又按，有《道藏》正統本、景正統本。本、《重刊道藏輯要》本。

金關玉鎖訣一卷　　　　　　　　　〇四一〇

　王喆撰。

　按，錢、龔、孫目皆有。

　又按，有《道藏》正統本、景正統本。本。

重陽授丹陽二十四訣一卷　　　　　〇四一一

　王喆撰。以上二種，見《補元史藝文志》。

　按，錢、龔、孫目皆有。

　又按，有《道藏》正統本、景正統本。本。

重陽立教十五論一卷　　　　　　　〇四一二

　王喆撰。

　按，有《道藏》正統本、景正統本。本、《重刊道藏輯要》本。

五篇靈文一卷　　　　　　　　　　〇四一三

　王喆注。

---

① "昭"，原誤作"照"，據《金文最》卷十九、《金史藝文略》改。

按,有《重刊道藏輯要》本。

重陽教化集三卷 〇四一四

寧海馬鈺宜甫撰。范懌《序》曰:"丹陽先生遇重陽真人,顧不異哉?真人一性靈明,夙悟前知。自終南至於吾鄉,①地之相去三千餘里,不辭徒步之遠,而有知己之尋。大定丁亥中元後一日,真人抵郡,竹冠敝衣,攜笠策杖,徑入於余侄明叔之南園,憩於遇仙亭。丹陽先生馬公繼踵而至,不差頃刻,可謂不期而會焉。二人相見,禮揖而罷,問應之餘,歡若親舊。坐中設瓜,惟真人從蒂而食,衆皆異之。丹陽先生先題詩於亭壁,有'沉醉無人扶'之句。真人讀而笑曰:'吾不遠數千里而來,欲扶醉人耳。'又問如何是道,對曰:'大道無形無名,出五行之外,是其道也。'清談終晷,坐者聽之,纚纚忘倦,使人榮利之心、驕氣淫志頓然失去。先生邀真人就城而館之,待以殊禮,日益恭敬,卒至於成。因命所安庵曰'全真'。究其相遇之由,若合符節,苟非夙緣仙契,孰能至於是哉?先生系出扶風,累世青紫,吾鄉顯族也。生而異稟,識度不群。其所居之第,囗范二街相對,②與余世爲姻家,有朱、陳之好。幼同嬉戲,長同講習,在郡庠數十年間,花時月夕,把酒論文,未嘗不相從爲樂也。先生資產豐厚,③輕財好施,故能捨巨萬之富,揖真一之風。真人遂以方便,誘夫婦入道,尚恐未成,④乃出神入夢,以天堂、地獄警之,俾斯悟焉。至於鎖庵百日,密付玄機,謂石火光陰,難得易失,如不早悟,虛過一生,下手速修,猶太遲也。謂攀緣妄想,動成罪業,索梨分而送之,兼以

---

① "終南至於"四字原脱,據《金文最》卷十九補。
② "囗",原誤作"口",據《金文最》卷十九、《金史藝文略》改。
③ "產"字原脱,據《金文最》卷十九補。
④ "成",《金史藝文略》同,《金文最》卷十九作"從"。

粟芋賜之，使知其難分而立遇也。謂不捨冤親，煩惱不斷，去邑里之冗，爲雲水之游，則鄉好離也。凡詩詞往來，廣唱迭和，皆予一一目睹而親見之。雖片言隻字，無非發揮至奧，冥合於希夷之游也。① 是以收聚所藏，編次至三百餘篇，分爲三帙，共成一集。丹陽門人虛真子朱抱一欲鐫版印行，廣傳四方，屬予爲序。予忘其固陋，即其意而序之。既美其至人相遇之異，又美其仙風勝概，可垂勸於後人。使修真樂道之士，玩咏斯文，豈小補哉？"

國師尹《序》曰："甚哉！高尚至人，世不常有也。② 譬如景星變雲，③非遇聖朝昌運，豈泛泛而見？自太上出關之後，有關令尹善傳襲其道，④下逮鍾離處士、吕洞賓、陳圖南者，皆相繼而出，於今得重陽真人及丹陽先生，亦接踵於世。噫！寥寥乎幾千百年之間，此數君者，未易多得，可謂高尚至人，世不常有者也。丹陽先生馬宜甫，本冠裳大姓，富甲寧海。自童穉時，其仙風道骨，洒落不凡，已爲閭里欽重。長從鄉校，積學爲文，便能入第一等。忽遇重陽真人，以一言悟意，棄金帛如敝屣，視妻子如路人，幅巾杖履之外，一無所有。澹如孤雲，悠然西邁，以爲物外之游，意將不受幻化。倘非夙緣定分悟生死者，⑤其孰能與於此？先生入道之後，凡述作賦咏，僅數百篇，一一明達至理，深得真詮。門人高第等命同其議，哀綴成集。門人虛真子朱抱一命工鏤板，將行於世，乃屬本府醫學博士韓庪同扶風馬川訪予求序，⑥淳淳懇至。適有客在

---

① "游"，《金史藝文略》同，《金文最》卷十九作"趣"。
② "有"字原脱，據《金文最》卷二十補。
③ "變"，《金史藝文略》同，《金文最》卷二十作"慶"。
④ "善"，《金文最》卷二十、《金史藝文略》皆作"喜"。
⑤ "悟"上，《金文最》卷二十有"了"字。
⑥ "同"，原誤作"回"，據《金文最》卷二十、《金史藝文略》改。

座，聞之則掀髯抵掌，捨席趨進而問曰：'道家者流，嘲弄風月，固當如是乎？'予即應之曰：'噫嘻！子亦誤矣。且如明眼禪和欲傳妙道，亦必垂一則語以示後之學者。矧口①高尚志人，力欲恢宏正道，闡揚家風，必以言語訓誡發爲文章，而啓迪迷人，庶有覺悟。況此冷淡生活，本是道人風味，其間無一字有②塵凡氣，殆非吟咏風月者，無用之空言也。子無誚焉。'客乃醒然改容，悚報請退曰：'僕誠淺陋，言且過矣。其徒所請既堅，子盍序之？'予因作此俚語以書卷首。"

趙抗《序》曰："仁人之用心也大矣哉！身已適於正也，欲天下之人皆去僞而歸真矣。吾鄉丹陽先生之徒，行是道者也。先生舊爲寧海著姓，祖宗皆以通儒顯宦。自弱冠之年游庠序，工詞章，不喜進取，好虛無，樂恬淡，已深悟玄玄之理。一日，重陽真人自終南徒步而來，一見而四目相視，移時不已。及開談笑語，如舊交夙契。或對月臨風，或游山玩水，或動作閒晏，靡不以詩詞唱和，皆以性命道德爲重。謂人生於電光石火，如駒隙朝露，③不思治身，妄貪名利，倘修之不早，若一入異境，則雖悔可追。常以是而深切勸勉，冀一悟而超脫塵世。顧丹陽依違而未決，乃嘆曰：'下手遲也。'遂入環堵，令丹陽自親饋一食，自十月朔而處。所須惟文房四寶，布衣草履，枕石而席海藻。隔窗牖而求詩詞者接迹，舉意即就，略無思索。當隆冬積雪之際，和氣滿室，居百日而方出。嘗入夢於丹陽，而警之以天堂、地獄，又索梨栗芋，每十日而分賜之，自一以至五十五，爲陰陽奇偶之數，皆以詩詞往復酬和而顯其旨意。於是丹陽夫婦開情，厭塵俗而樂雲水，書誓狀，願師事於真

---

① "口"，原誤作"口"，據《金文最》卷二十、《金史藝文略》改。
② "有"，《金文最》卷二十、《金史藝文略》皆作"無"。
③ "駒隙"，《金史藝文略》同，《金文最》卷二十作"隙駒"。

人。兹分梨十化之由也。自此易粗衣，分三髻，日從事於重陽。視富貴如浮雲，棄子孫如敝屣，忻然違鄉里，而游梁汴之間①，盡傳其道。不久而真人蜕升，遂西入關陝，至終南重陽舊地，築環堵以居焉。無塵事之縈，無火院之累，專心致志，②以精窮内事，雖祁寒酷暑，不易常服。或忽然長嘯而自歌自舞，已得希夷之真趣，故人心歸向，無賢不肖皆願爲門弟子。吾邦之士素慕其明德，不憚數千里之遠，往而求見者無虛日。斯見離五行之外而超俗出世者也。豈不曰好離鄉乎？凡當時之一篇一咏，不徒然而發，皆所以勸戒愚蒙，免沉溺於愛河欲海，③非專爲於己也。故門人裒聚二先生之詩詞，分爲三集，上曰《教化下手遲》，次曰《分梨十化》，又其次曰《好離鄉》，共三百餘篇。玩其文、究其理者，則全真之道思過半矣。自丹陽得遇，殆今一紀有餘，闡揚其教，四民瞻禮，多入道而從。《下手遲》三集，雖關中已鏤版印行，以通途遼遠，傳於山東者，百無一二，而樂道之士，罕得聞見。一日，丹陽門人虛真子朱抱一訪予曰：'先生因重陽真人之誘掖而棄俗，究重陽真人之詩詞而悟道。或以篇章，或以言說，廣行其教，欲人人咸離迷津，超彼岸，得全真之理，豈有獨善其身哉？④兹見仁人之用心也廣大矣。況此三集，皆在吾鄉所作，有目有耳者，皆親聞見之。實丹陽發迹之根柢，而得道超脱之因，盡在是也。欲命工重雕印造，以廣其傳，俾世人皆得以披覽稽考，知趨正而歸真矣。'求余爲文，以序其事。予老矣，昔與丹陽鄰里，同在郡庠，又相友好。不惟常仰丹陽之道高德重，抑又見

---

① "而"，《金文最》卷二十、《金史藝文略》皆作"西"。
② "專"，《金文最》卷二十、《金史藝文略》皆作"尊"。
③ "海"，原誤作"河"，據《金文最》卷二十、《金史藝文略》改。
④ "有"，《金文最》卷二十、《金史藝文略》皆作"肯"。

門人之仁心宏遠也。雖才學淺陋，不足以形容其事，然於義固不可辭，姑以當時之親見，以道其實。其在他出處之迹、顯異之行，前數公序之詳矣，此不復載。"

劉孝友《序》曰："有生最靈者人，人生至重者命。性命之真，弗克保全，其爲人也，末如之何。語所以保全性命之真，非大道將安之乎？世之人徒憙乎高爵之貴以爲榮，豐貲之富以爲樂，①謂可以滋益性命於永久，而不知富貴之中，美食華衣饒結於口體，繁聲艷色侈奉於視聽。心猿易放，情猱難窒，嗜欲耽荒，皆因以萌，驕奢淫佚，靡所不至。而勞神憊氣、戕性賊命之患，舉在於是，良可鄙也。豈侔乎邁世違凡，栖心儻道，黜聰明，去健羡，所樂者淡薄，所守者清淨，紛華弗容蠱於外，情欲無所啓於内，純純悶悶，專棄致柔。久而靈臺湛然，神明自得，全真契妙，仙升太清，不其韙歟？達是理者，今吾鄉丹陽先生其人也。先生本儒官名家，金穴豪士，自幼讀書，聰敏之性異於髫豎輩。迨冠，染翰摘藻，衡視秀造，吾儕亦咸所推重。每於暇日，親朋宴集間，多笑發名談，推有方外趣。鄉黨以是知先生亦習道念之深也。大定丁亥，有重陽真人自終南而來，一見先生，謂宿有仙骨，可與爲閬苑蓬壺消遥侣。乃温顏青眼，傾蓋交游，②勸其遠俗脱塵，亟探道妙。先生初以家貲廣貯，妻孥愛深，未之遽從。迨重陽多方警化，屢示以詩詞，激切勸諭，識其玄機微旨，皆神仙語。忽爾覺悟，願執弟子禮，從真人游。將所示篇什，依韻賡酬，以形服教進退、永矢勿渝之意。③己丑歲，重陽西返，道徒從焉。先生乃蜕然捐

---

① "樂"，原誤作"富"，據《金文最》卷二十改。
② "游"，《金史藝文略》同，《金文最》卷二十作"談"。
③ "勿"，《金文最》卷二十、《金史藝文略》皆作"弗"。

產捨家,違妻離子,顛髻體褐,躃後而徑入梁汴間,栖泊朞月。① 重陽謂吾道之玄微授先生者已竟,乃蟬蛻仙去。先生復挈徒西上,之終南訪重陽舊庵所,築環堵而居。遵師踵武養道闡教,居人及鄰州,不以長幼,歆慕而宗師者無慮千餘輩。閱禩逾紀,至壬寅仲夏,先生默想鄉邦遐僻之地,意其苦海愚迷,喪真積釁者衆,即振策東歸。深慈悲之念,躬拯化之勤,庶使人人悟過修真,②俱登道岸。杖屨所至,亦靈異之徵屢昭。臨井覽泉而泉即變甘,③救旱祈雨而雨邊應降。修醮儀而彩雲集於庵上,焚魚網而海市見於臘天。餘多異迹,謂非顯然衆所共見者,難以縷形。遂致遠邇之人,咸欽風服化,其艸髮緼袍願受教爲門弟子者,日差肩而前,不可數計。先生既化行如是,復想其遇師得道之始,與重陽唱和詩詞數百篇,皆發揮道妙,足以爲破迷解惑、超凡度世之梯航。要廣傳於世,俾玩詞味旨者,率醒心明道,遠塵勞之苦,全性命之真,異時俱爲丹臺籍客也。曩者雖門人已嘗編集,分卷命名,印施陝右,尚慮其傳之未周,及知其中多有舛誤字句。由是門人再行編集,詳加讐正。欲於鄉中募工鋟版,普傳四方,委丹陽門人虛真子朱抱一辦其事。一日,朱公惠臨圭竇,諭予作序。予自商埤污椎魯,奚足以發揚玄旨?固辭弗可,遂勉摭先生遇師得道闡化之崖略,濡毫燥吻,作渶涩下俚語,姑酬其請云。"

梁棟《序》曰:"嘗聞之得其道則仙可成,遇其人則道可得。以此知仙之難成,道之難得,而人之尤難遇也。彼道家者流,例多不遇至人,徒學般運噓噏,區區屑屑,殊可笑也。夫至人之

---

① "泊",原誤作"汨",據《金文最》卷二十、《金史藝文略》改。
② "使"字原脱,據《金文最》卷二十補。
③ "臨",原誤作"然",據《金文最》卷二十、《金史藝文略》改。

道，其甚易知，其甚易行，所傳於人者，豈徒然哉？必視乎有仙風道骨，又知乎聯夙昔之契，雖去數千里之遠，必勤勤懇懇，付之道而後已。此有以見重陽之於馬公也。重陽早遇至人，口傳至道，乃結廬於甘水之上。既而，雲游山東，直抵寧海，蓋預知有人可以傳道也。一見馬公，情契道合，其一語一言，未嘗不以下手速修爲喻。然馬公寧海鉅族，家貲千萬，子孫詵詵，雖素樂恬淡，亦未易猛拚也。重陽乃於孟冬之首，鎖庵百日，出神入夢，以天堂、地獄爲之警動。又嘗以賜馬公梨一枚、詩一篇。其後十日，索梨一枚，分而爲二，又賜以芋栗，各有其數。冥合陰陽奇偶之妙，無非託物以諭意，仿言而明理焉。公一旦開悟，以所賜詩頌，依韻賡和，欣然棄家，易於去敝屣矣。於是師重陽，西游汴梁之間。重陽既傳道於馬公，屬以後事，遂尸解仙去。馬公果能敷暢玄風，發揚妙理，遠近奉教者，不可勝數。其前日賡唱詩頌，有欲願見而不可得者，門人遂收散亡，共三百餘篇，欲鏤板印行，傳之四方。偉哉！用心之廣也。一日，馬公門人虛真子朱抱一攜《下手遲》集，以求序於余，曰：'某欲刊行此文，意使栖心向道之士，諷其書辭，味其旨趣，以之破迷解惑，皆知石火光中雖務速修，猶太遲也。'余聞是言，加以素慕全真之風，並目睹其實，[①]不能以鄙陋爲拒，姑叙其大概云。"

劉愚之《序》曰："夫全真之教妙矣。其道以無爲爲本，以清靜爲宗，其旨易知，其實易從。然世之人，類履之而無終，行之而鮮久者，何哉？以其信之不篤，執之不固，抱兒女子之惑，無烈丈夫之志，徒眷眷於火宅，不能高蹈遠引而去故也。丹陽先生其能終始是道，而得至於仙者與！先生世居東皋，資

---

① "並"，《金文最》卷二十、《金史藝文略》皆作"兼"。

產鉅萬，貌偉神秀，無一點塵俗氣。自總角知書，淡乎無仕進意，混處閭里，德不外耀，鄉人以是慕之。已而，重陽真人徒步出關，直造寧海，且謂與先生有宿昔之契，因警之以詩，悟之以詞，要與俱游乎八極之表。先生始而疑，中而信，又終而從，遂執弟子之禮而師焉。一旦撥置家務，棄去井邑，而偕爲汴梁之行，無復有繫著念。雖使陟危陷傾，①冒艱履困，竟志類鐵石，確然而不之變也。以是而盡能傳重陽公之道。若夫陰陽造化之理，性命保全之術，點化傳度之訣，無爲清靜之旨，靡不洞索而通明之。以至於重陽歸真，卒赴其託，而主其教焉。故全真之風於公廣行，無智愚賢不肖，願從而歸之者，惟恐其後。先生事師凡四年而師終，師終凡十餘年而又不返，則先生離鄉之志可知矣。然先生之離鄉，豈徒然哉？蓋有說在焉。僕爲先生里人，乃得其詳。方先生之遇也，心雖許之從，而身未之逮也，姑以私第南館，名其庵而居。一日，重陽真人指先生而誨之曰：'子知學道之要乎？要在於遠離鄉而已。遠離鄉則無所係，無所係則心不亂，心不亂則欲不生，無欲欲之是無爲也，無爲爲之是清淨也。以是而求道，何道之不達？以是而望仙，何仙之不爲？今子之居是邦也，私故擾擾，不能息於慮；男女嗷嗷，不能絕於聽；紛華種種，不能檢於視。吾懼終奪子之志，而無益於吾之道也。子其計之！'先生乃懼而悟，②顧而笑，即日拂袖去，用能斷宿緣，剔塵染，寂然與物無著，杳然與物無累，乘雲馭風，飄飄爲神仙中矣。先生自受師前言而至於了達，然不敢默默自蓄於胸中。特取疇昔唱和三帙，舉其一以名之曰《好離鄉》。庶覺諸未悟者，必式此以爲進道之階。噫！先生之用心，可謂仁且大矣，

---

① "陷"，《金史藝文略》同，《金文最》卷二十作"蹈"。
② "懼"，《金文最》卷二十、《金史藝文略》皆作"攫"。

僕敢不竭慮而讚揚之？因丹陽門人虛真子朱抱一求序，姑序其萬一云。"

又有王滋德務《後序》曰："太上有言曰：'吾所以有大患者，爲吾有身。及吾無身，吾有何患？'蓋古之至人，尚且以身爲累，況於其身之外者乎？且家盈百口，徒益勞生，家累於千金，①難逃化物，可不諦口泡幻，②漸遠世緣。故當滌去塵根，獨露全體。其有寂心暫住，熱境未除。火宅炎炎，徒起亡家之念；仙都杳杳，妄興脫屣之懷。不念玉蘂金蓮，豈產行尸之腹？瑤臺絳闕，肯容舐痔之人？自非澡雪神情，捐棄塵累，則何足仰膺師訓，深造道樞，從乎汗漫之游，達彼消遙之趣？惟我丹陽真人，冰清玉立，淵渟谷虛，視富貴如涕洟，等聲名於桎梏。當遇重陽真人，親授秘旨，所謂目擊心會，色授神與者矣。而重陽公又復著爲詩詞，發明真要，丹陽公隨機酬和，仰音應聲。前後僅數萬言，辭質而義明，言近而指遠，其勤勤懇懇若此者，蓋欲指示學徒，易爲開覺故也。其門人虛真子朱抱一等，相與裒集編次，計三百餘篇，釐爲三卷。嘗請諸其師而名之曰《下手遲》，曰《分梨十化》，曰《好離鄉》。集既成，一時修真之士共珍秘之，惟恨得見之晚。一日，其門人虛元先生衛公攜所謂虛真子朱抱一者，奉是集而來，謂予曰：'此吾之師重陽、丹陽二真人唱和集，今好事者傳寫之不暇。竊此編真詮妙論，了見古人直截下手處，實屬昏衢之指南。倘獨擅於己而不廣其傳者，不惟有負吾師著述之意，亦豈仁人之用心哉！有志於道者，誠所不忍也。吾將刊木以貽諸同志。前此雖已有總序，子其爲我各爲之引。'滋辭以不敏，非特不足以發揚玄異，恐適以爲贅疣之累耳。況此集一出，將見如

---

① "於"字，《金文最》卷二十、《金史藝文略》皆無。
② "口"，原誤作"口"，據《金文最》卷二十、《金史藝文略》改。

夜光尺璧、紫芝瑞雲，璀璨灼爍，人爭先覩之爲快，又豈復俟滋爲之引而後顯耶？衛公曰：'有是玄哉！且子亦嘗游吾師之門牆，聆吾師之論議者屢矣。吾且以子爲頗造其閫閾者，竊謂子必喜爲之。① 而吾與子復有平昔之好，故以吾爲介，期子之不我拒也。豈其過自謙抑，誠非所望焉。雖然，必強爲我著之。'既不獲請，滋乃伏而思曰：惟二師之教，章章然著在人耳目，故不待傳而傳矣。念衛公者，昔以詩書世其家，實好學能文之士。方少年時，藉藉然有聲於場屋間。晚節養高自晦，甘於恬退，不委然諾。今從丹陽公游，鄉里所共好之，滋亦嘉其道之篤。而虛真子朱先生意復益堅，故不敢復讓，勉習其所謂《好離鄉》集，再四披繹，大率皆以剋心遺形、忘情割愛、嗇神挫銳、體虛觀妙爲本。其要在拯拔迷徒，出離世網，使人人孤雲野鶴，飄然長往，擺脫種種習氣，俾多生歷劫，攀緣愛念，如冰消瓦解，離一切染著，無一絲頭許凝滯，則本來面目自然出現。此全真之大旨也。而凡夫之性，計我我，數人人，蓬心蒿目，認賊爲子，不識本原，徒自執著，虛妄流轉，觸途患生，無有窮已，爲可憐憫。故因目是集爲《好離鄉》，將使學人因文解義，離其所染著，離其所愛戀，徧離一切諸有，以至於離無所離之離，真清真情，②無染無著，至實相境界，則舉足下足，無非瑤池閬苑矣。有之於是，則前所謂我有何患者，果何有哉？愚之妄意，以爲如此。因撼此而勉爲之序。其他則備見於後《總序》，此不復紀。"

案此諸序，其文皆爲丹陽作，則書實馬氏撰。《補元史藝文志》乃隸於王喆下，未是。殆鄭樵所云見名不見書與？

按，錢、龔、孫目皆有。

---

① "謂"，原誤作"爲"，據《金文最》卷二十、《金史藝文略》改。
② "情"，《金文最》卷二十、《金史藝文略》皆作"靜"。

按，有《道藏》正統本、景正統本。本、《重刊道藏輯要》本。

金丹口訣一卷 〇四一五
馬鈺撰。

按，錢、孫目皆有。

洞玄金玉集十卷 〇四一六
馬鈺撰。

按，錢、孫目皆有。

又按，有《道藏》正統本、景正統本。本、《重刊道藏輯要》本題《洞玄全玉集》。

丹陽神光燦一卷 〇四一七
馬鈺撰。有筠溪野叟寧師常《序》。其《序》云："道在邇而求諸遠、事在易而求之難者，此世之常情。至於目擊而存，不言而喻，此上士之趣，實丹陽先生得之也。先生以先覺之明，開發愚徒，穎悟後進，其有不逮者，又從而指示之。誠猶皓月流天，纖悉皆蒙顯煥；心燈在體，熱腦咸得清涼。先生又作《神光燦》百首，俾使歌揚紬繹，互相警策云爾。鳴乎！先生其化人之心也深，念人之意也重，豈不若菩提寶樹，布清影於恒沙；般若神舟，濟塵勞於苦海者歟？姑以鄙言序其端首。"

按，錢、孫目皆有，錢目作《神光燦》。

又按，有《道藏》正統本、景正統本。本、《重刊道藏輯要》本。

重陽分梨十化集二卷 〇四一八
馬鈺撰。馬大辨爲之《序》曰："丹陽先生系出扶風，大辨之宗親也。家貲巨萬，子孫詵詵。自幼業儒，不爲利祿誘。性好恬淡，樂虛無。嘗謂其人曰：'我因夢遇異人，笑中得悟。'大定丁亥秋，果有重陽真人別終南，游海島，欲結知交，同赴蓬萊，共禮本師之約。東抵寧海，首往范明叔之遇仙亭。丹陽繼至，參謁真人，一見躍然相傾蓋，目擊而道存。知丹陽夙有仙契，遂丁寧勸以學道修真。丹陽識其諄誨，敬請真人偕至郡城，居之南庵，命其名曰'全真'。日夕與之講道於其中，必欲丹陽夫婦速修持，棄家緣，離鄉井，爲雲水游。其初夫婦弗從也，真人誓鎖庵百日，自孟冬初吉賜一梨，命丹陽食之。每十日索一梨，分送於夫婦，自兩塊至五十五塊。每五日又賜芋栗各六枚。及重重入夢，以天堂、地獄十犯大戒罪警動之。每分送，即作詩詞，或歌頌，隱其微旨。丹陽悉皆酬和，達天地陰陽奇偶之數，明性命禍福生死之機。由是屏俗累，改衣冠，焚誓狀，夫婦信嚮而師焉。逮己丑歲，從真人西歸，至汴梁間。居閱歲，真人蟬蛻仙去，丹陽盡傳其道。乃與其徒西走終南，訪真人舊隱，築環堵而居之十稔，宗闡其教，徒弟雲從，①不可勝數。歲在壬寅，丹陽飛錫東來，復還鄉邦。一日，語諸門人曰：'真人平昔著述，已有《全真》前後集。又其游吾鄉時所著，類皆玄談妙理，裒集得三百餘篇，分爲三帙，上曰《下手遲》，中曰《分梨十化》，下曰《好離鄉》。此集關西雖已刊印，然傳到鄉者何其罕耶！'門人共對曰：'真人向寧海化師父，實其根始。他處且刊行，況鄉中乎？當重加校證編次，亦作三帙，命工鏤版，以廣其傳。'丹陽門人虛真子朱抱一攜是集訪余，謂余曰：'鄉老先生范、劉、趙三公已作《總序》，每帙別求爲序引。'余答曰：'僕方且對燈窗，事雕篆，以謀進身，繼箕裘之緒，其無愧於忘名利、②出塵世者乎？'然自謂爲兒童時，素識丹陽，有慕道之心，又親睹其人鎖庵勸化之事，不能以淺陋辭。因習其《分梨十化》一帙，故樂出是書，庶使四方嚮道之士，知全真之教有利於人也大矣。"

---

① "從"，《金文最》卷二十作"集"。
② "其"，《金文最》卷二十、《金史藝文略》皆作"能"。

按，錢、龔、孫目皆有，龔目作《分梨十化集》。

又按，有《道藏》正統本、景正統本。本，《重刊道藏輯要》本作王喆撰。

丹陽真人語錄一卷　　　　　　　　　　　　　〇四一九

馬鈺述，王頤中集。

按，有《道藏》正統本、景正統本。本、《重刊道藏輯要》本、《道藏精華錄》本。

西嶽華山志一卷　　　　　　　　　　　　　　〇四二〇

王處一子淵撰。劉大用器之《序》曰："凡古之士合作神藥，必入名山福地，不止小山之中。何則？小山無正神爲主，多是木石之精，千歲老物，此輩蘊邪之氣，不念爲人作福故也。謹按《山經》云：'可以精思合作神藥者，華山、泰山、霍山、恒山、嵩山。'餘係中州，或在諸侯五服之外，三間稱名山者以百數，乃不以遍舉。此皆有正神或隱地仙之人，又生芝草。若有道者登之，則此山神助之爲福，其藥必成矣。吾鄉金城千里，控壓三河，川英嶽秀，太華位焉。夫太華者，坐挹三公，抗衡四嶽，終南、太白卻立而屏息，首陽、王屋不敢以爭雄。西觀昧谷之稍昏，東顧扶桑之已白。更無峻極，惟戴高穹。蓋得太乙之玄精，秉金天之爽氣，作成萬物，分主兌方。預之於十大洞天之中，則極其爲號，含藏日月，吐納雲烟，生象外之樓臺，匪人間之風物。目之於十八水府之數，則車箱有澤，東南江海，地脈潛通，載祀典而爲常經，投金龍，進玉簡。若夫仙掌雲空，蒼龍日出，千山捧嶽，嵐氣川流，翠撲客衣，經時不落。已而斜陽映日，蓮峰弄色，如金如碧，匪丹匪青，奇麗萬千，不可名狀。松生琥珀，夜即有光，地出醴泉，爲國之瑞。固宜降五靈元老，隱函谷真人。或星冠羽衣，乘雲而謁帝王者有之。或寶車羽蓋，駕龍而觀大羅者有之。招邀真聖，總集仙靈，則此又華山爲一都會也。吾友王公子淵，先覺而守道，獨立而全和。每語人曰：'我欲曳杖雲林，舉觴霞嶺，斯志積有年矣。方畢婚嫁，棄家入名山，終鍊金液。不有太華，其孰留意焉？'人曰：'可矣。'公遂取舊藏《華山記》一通，慮有闕遺，更閱本郡圖經及劉向《列仙》等傳，有載華山事者，悉採拾而附益之。俾各有分位，不失其叙。以山水觀之，則峰穴林谷、巖龕池井、溪洞潭泉之境，可得而見；以祠宇觀之，①則宮殿寺廟、藥鑪拜壇、諸神降現之處，可得而知。語其所產藥品，則茯苓、菖蒲、細辛、紫柏，俱中炎帝之選；録其所出仙人，則清虛、裴君、白羊公、黄初平十六真人，盡與玉皇之游宴而不與下界相關乎。噫！華山仙蹤聖迹於是大備，無不包也。其文僅七十餘篇，命工鏤板，務廣流傳，則豈曰小補之哉？既成，請余以文冠其首。余或拒且賀曰：'余才乏卿雲，無力挽千鈞之筆，然喜見公之志即我之志也。我亦欲入名山，合作神藥，未知明指。會公有此，乃成我之志也歟！'大凡入名山之中合作神藥，必有所依。書曰：'爲巫者鬼必附之，設象者神必主之。'况修仙藥而入名山，豈山之正神而不佑我耶？其藥之成，可立而待也。但勿謂青天空闊，白龍來遲，一旦造玄洲，會群仙，翔紫霄，朝太一，聽鈞天之樂，享九芝之饌，行亦未昧。其他有諸天之隱語，空洞之靈章，約與公異日道也。"案，此書或有入史部地理者，《提要》則列之道家存目，今從之。《皕宋樓藏書志》有舊抄本，題金蓮峰逸士王處一編。

按，孫目有。

又按，有《道藏》正統本、景正統本。本、《道藏舉要》本。

---

① "宇"，原誤作"字"，據《金文最》卷十九、《金史藝文略》改。

雲光集四卷　　　　　　　　　　　　　　　　〇四二一

王處一撰。案，此與《全真》諸集似可入集部，今從《補元史藝文志》。

按，錢、孫目皆有。

又按，有《道藏》正統本、景正統本。本、《重刊道藏輯要》本。

長生真人至真語錄一卷　　　　　　　　　　　〇四二二

劉處玄撰。虛白道人韓士倩彥廣《序》曰："我聞道在域中，所宜馴致，仙居象外，不可苟求。故樂天詩云：'若非金骨相，不列丹臺名。'非種百千劫善根，得三五一真之氣，安能至此境哉？今長生子劉先生賦是相，籍是名。昔遇重陽王真人濟度點化，出俗入道，的識慧性，了達疏通。昨被宣詔見，有詩曰：'昔年陝右先皇詔，今日東萊聖帝宣。'再歲告歸，官僚索詞云：'飄飄雲水卻東萊，太微仙伴星冠士。'正是陳希夷昔承宋眷，辭返華山。詔答云：'玉堂金闕，暫喜於來朝；岫幌雲輧，遽求於歸隱。'此二大士之不羈如一，①明朝之擅美兼營，道同年，易地則然。自先生躬還故里，觀住太微，箋注諸經，祖述三聖，以文章練放，以翰墨嬉游。著編籍，演教法，遵釋氏重輕之戒，造玄里衆妙之門，服宣父五常之行，②緝田宅，發梨棗，申申如也。凡有述作，競雕鏤以流傳。新視聽於衆庶，諷誦於人口，薰陶乎民風，知見者歸依，頑鄙者悛改。一日，先生門人徐、李二師遠來垂訪，過溪館，入愚齋，息杖屨亡勞，醜水陸之味。良久，出示先生《至真語錄》一帙，懇求序引，義不復辭。余乃洗心徧覽，令人警誡覺悟，欲割俗緣出業障耶。始終列八十款，問答逾一萬言。包羅揆叙，引證論評，根天地之化，迹陰陽之用，示死生之說，明禍福之報，談真空之相，懲

---

① "如"，《金文最》卷二十一、《金史藝文略》皆作"各"。

② "父"，原誤作"文"，據《金文最》卷二十一、《金史藝文略》改。

貪瞋之欲。以至苦樂之由，情僞之作，清濁之源，高下之本，若此者甚衆，無不究竟。皆引用黃、老奧義斷之，天下之事畢矣。可使衆生判疑歸正，渙然冰釋，爲鑿大昏之塴，闢靈照之户，軀解脱矣。於是得超苦海，登覺岸，除三有五濁之穢，證三昧一空，去十二類舊染之污，受三千界更生之樂。信出自真語啓迪，導化法緣所致也，豈不偉歟！"

按，孫目有。

又按，有《道藏》正統本、景正統本。本、《重刊道藏輯要》本。

黃庭內景玉經注一卷　　　　　　　　　〇四二三

劉處玄解。

按，有《道藏》正統本、景正統本。本。

續列仙傳二十卷　　　　　　　　　　　〇四二四

翰林學士梁有修撰。見《絳雲樓書目》，陳少章注引《金臺集》。

按，孫目有。

三教入易論一卷　　　　　　　　　　　〇四二五

郝大通撰。

按，孫目有。

示教直言一卷　　　　　　　　　　　　〇四二六

郝大通撰。以上二種，見范圓曦《太古集序》。

按，孫目有。

太微仙君功過格　　　　　　　　　　　〇四二七

又玄子撰。其姓名不可考。《序》曰："《易》曰：'積善之家，必有餘慶；不善之家，必有餘殃。'道科曰：'積善則降之以祥，造惡則責之以禍。'故儒、道之教，言無異也。古者聖人君子，高道之士，皆著盟誡。內則洗心鍊行，外則誨訓於人，以備功業矣。余於大定辛卯之歲仲春二日子正之時，夢游紫府，朝禮太微仙君，得授功過之格，令傳信心之士。忽然夢覺,遂思功過條目,歷歷明了。尋乃披衣正坐,默而思之,知是高仙降靈,不敢疏慢。遂整衣戴冠,滌硯揮箋,走筆書之,不時而就,皆出乎無思,非干於用意。著斯《功格》三十六條,《過律》三十九條,各分四門,以明功過之教。付修真之士,明書日月,自紀功過。一月一小比,一年一大比,自知功過多寡,與上天真司考校之數,昭然相契,悉無異焉。大凡一日之中,①書功下筆乃易,書過下筆的難,即使聰明之士,明然頓悟罪福因緣、善惡門戶,知之減半,慎之全無。依此行持,遠惡遷善,誠爲真誠,去仙不遠矣。"

按,錢、孫目皆有。

混成篇　　　　　　　　　　　〇四二八

延安趙抱淵撰。張子獻《延安路趙先生本行記》:"道號還玄子,平生述作,集爲《混成篇》傳於世。"見《甘水仙源錄》。抱淵亦重陽弟子也。

按,龔、孫目皆有。

常清靜經注　　　　　　　　　〇四二九

驪山侯先生撰。其名字未詳。有毛麾《序》,其文曰:"源之未發,流無不清;風之未扇,物無不靜。及乎流以汩之,則清者濁矣;吹而散之,則靜者動矣。此理之常也。道之生物,自然之性,何書不湛然而清,寂然而靜,感而遂通。性以情遷,失其天真,逐而忘返。至於流浪生死,常沈苦海,顧不哀哉!太上以大慈悲、大方便接引迷途,②將與復其本原,使得見道。謂道雖不可以言傳,而目擊道存之士且幾何人。斯謂道雖不可以象教,而得魚忘筌之喻若有所待,故經之所以作也。是經諄諄明誨,始曰:'清者濁之源,靜者動之基。人能常清靜,

---

① "中",《金史藝文略》同,《金文最》卷十九作"終"。
② "途",《金史藝文略》同,《金文最》卷十九作"徒"。

天地悉皆歸。'既而曰：①'人神好清而心擾之，人心好靜而欲牽之。常能遣其欲而心自靜，澄其心而神自清。'又繼之曰：'內觀其心，心無其心；外觀其形，形無其形；遠觀其物，物無其物；湛然常寂，寂無所寂，即是真靜，真靜應物，漸入真道。'復曰：'雖名得道，實無所得，爲化眾生，名爲得道。'此真經之大旨歟。蓋自西王母授之，仙人葛元等傳之，太玄真人贊之，世世尊奉。奈何愚者有終身不寧，②惑者有終身不解，鮮克仰副太上慈悲方便之意。今驪山侯公先生，游方之外者也。念經之言，能悟之者，可傳聖道。乃即其説爲之訓解，辭簡而甚易明，理達而甚易行，神而明之。自遣欲而滅三毒，由觀心而識無空。屛執著之妄心，誡貪求之煩惱。祖述聖作，以開以明。其間有云：'悟而無爲者是，得而有作者非。'有云：'大道中無文字，文字中無大道，天文玉訣，須憑師匠口耳相傳。'有云：'不執空爲空，不著有爲有。'有云：③'抱出靈華潔，回還一體光。'學者倘於是經誦持不退，當得造於目擊之玄，不有待於忘筌之後也。"

按，孫目有。

又按，有《道藏》正統本、景正統本。本，題《太上老君説常清靜經注》一卷，侯善淵撰。

凝陽董真人遇仙記一卷　　　　　　　　〇四三〇

祿昭聞撰。

按，有《道藏》正統本、景正統本。本。

體玄真人顯異録一卷　　　　　　　　　〇四三一

無名氏撰。

---

① "曰"字原脱，據《金文最》卷十九補。
② "寧"，《金文最》卷十九、《金史藝文略》皆作"靈"。
③ "有"字原脱，據《金文最》卷十九補。

按,有《道藏》正统本、景正统本。本。

生天經頌解一卷 ○四三二

　　王吉昌(超然子)頌。

　　按,有《道藏》正统本、景正统本。本。

太上老君説常清靜經頌注一卷 ○四三三

　　劉通微(默然子)撰。

　　按,有《道藏》正统本、景正统本。本。

上清太玄九陽圖一卷 ○四三四

　　侯善淵(太玄子)撰。

　　按,有《道藏》正统本、景正统本。本。

太上太清天童護命妙經注一卷 ○四三五

　　侯善淵撰。

　　按,有《道藏》正统本、景正统本。本。

上清太玄鑑誡論一卷 ○四三六

　　侯善淵撰。

　　按,有《道藏》正统本、景正统本。本。

上清太玄集十卷 ○四三七

　　侯善淵述。

　　按,有《道藏》正统本、景正统本。本。

太上黄庭中景經一卷 ○四三八

　　李千乘注。

　　按,有《道藏》正统本、景正统本。本、《重刊道藏輯要》本。

上乘修真三要二卷 ○四三九

　　高道寬(圓明老人)述。

　　按,有《道藏》正统本、景正统本。本。

真仙直指語録二卷 ○四四○

　　玄全子集。

按，有《道藏》正統本、景正統本。本。

諸真内丹集要三卷　　　　　　　　　〇四四一
玄全子輯。

按，有《道藏》正統本、景正統本。本。

葛仙翁太極沖玄至道心傳一卷　　　　〇四四二
董守志（凝陽子）撰。

按，有《重刊道藏輯要》本。

晋真人語錄一卷　　　　　　　　　　〇四四三
晋囗撰。

按，有《道藏》正統本、景正統本。本、《重刊道藏輯要》本。

清和真人北游語錄四卷　　　　　　　〇四四四
尹志平述，元段志堅輯。

按，有《道藏》正統本、景正統本。本、《重刊道藏輯要》本。

孫不二元君傳述丹道秘書　　　　　　〇四四五
孫不二傳述。

按，有《重刊道藏輯要》本、《道藏精華錄》本。

孫不二元君法語一卷　　　　　　　　〇四四六
孫不二（清淨散人）撰。

按，有《重刊道藏輯要》本、《道藏精華錄》本。

漸悟集二卷　　　　　　　　　　　　〇四四七
馬鈺撰。

按，錢、龔目皆有。

又按，有《道藏》正統本、景正統本。本，《重刊道藏輯要》本一卷。

金丹賦　　　　　　　　　　　　　　〇四四八
孟宗獻友之撰。

按，龔目有。

佛教類

楞嚴外解　　　　　　　　　　　　　　　○四四九

李純甫撰。《湛然集》有《序》曰："昔洪覺範有言：'天臺智者禪師聞天竺有《首楞嚴經》，旦暮西向拜，祝願此經早來東土，續佛慧命，竟不得一見。'今板鬻遍天下，有終身不聞其名者，因起法輕信劣之數。① 若夫徵心辨見，證悟窮魔，明三界之根，探七趣之本，②原始要終，廣大悉備，與禪理相爲表裏，雖具眼衲僧，不可熟繹之也。余故人屏山居士牽引《易》《論語》《孟子》《老氏》《莊》《列》之書與此經相合者，輯成一編，謂之《外解》，實漸消吾儒不信佛書者之餅也。③ 吾儒中喜佛乘者，固亦多矣，其全信者鮮焉。或信其理而棄其事，或信其理事而破其因果者，或信經論而誣其神通者，或鄙其持經，或訊其建寺。④ 塵沙之世界，以爲迂闊之言；成壞之劫波，反疑駕馭之説。亦何異信吾夫子之仁義，詆其禮樂；取吾夫子之政事，舍其文學者邪！或有攘竊相似之語，以爲皆出於吾書中，何必讀經，然後爲佛？此輩尤可笑也。且竊人之財猶爲竊，況竊人之道乎？我屏山則不然，深究其理，不廢其事。其於因果也，則舉作善降祥之文，引羊祜、鮑靚之事。其於塵界也，則隘鄒子之説，婉禦寇之談。其神通也，則云左慈術士耳，變形於魏都，皆同物也，疑吾佛不能變千百億化身乎？其於劫波也，則云郭璞日者，卜年於晉室，若合符券，疑吾佛不能記百萬之多劫耶？其於持經也，則云佛日禪師因聞誦心經咒，⑤

---

① "數"，《金史藝文略》同，《湛然居士集》卷十二作"嘆"。
② "探"，《湛然居士集》卷十二同，《金史藝文略》作"深"。
③ "餅"，《金史藝文略》同，《湛然居士集》卷十二作"餌"。
④ "訊"，《金史藝文略》同，《湛然居士集》卷十二作"譏"。
⑤ "誦"，原誤作"禪"，據《湛然居士集》卷十二、《金史藝文略》改。

言下大悟,田夫俚婦持念諸果者,①詎可輕笑之哉？其於建寺也,則云阿蘭若法當供養,彼區區者尚以土木之功爲費,何庸望之甚耶？其品評三聖人理趣之淺深也,②初云稍尋舊學,③且窺道家之言,又繙內典,至其邃處,吾中國之書似不及也。晚節復云余以此求三聖人垂化之理,而後知吾佛之所以爲人,天師、無上大法王者非諸聖之所能侔也。學至於佛,則無可學者,乃知佛即聖人,聖人非佛,西方有中國書,中國無西方書也。或問屏山何好佛之深乎？答云：'感恩之深則深報之,屏山所謂心不負人者矣。'渠又云：'吾佛之所誨人者,④其實如如,⑤不詆不妄,豈有毛髮許可疑者耶？'噫！古昔以求篤信佛書之君子,⑥未有如我屏山之大全者也,近代一人而已。泰和中,屏山作《釋迦文佛贊》,不遠千里以《序》見託於萬松老師。永長巨豪劉潤甫者,笑謂老師曰：'屏山兒時聞佛,以手加額。既冠排佛,今復贊佛。吾師之《序》,可慎與之,庸詎知他日得不復似韓、歐排佛乎？'老師曰：'不然。今屏山信解入微,如理而說,豈但悔悟於前非,亦將資信於來者。且兒時喜佛者,生知宿稟也；既冠排佛者,華報蠱惑也；退而贊佛者,不遠而復也。而今而後,世尊所謂吾保此木決定入海矣。'後果如吾師言。余與屏山通家相與,爾汝曹不檢羈,其子阿同輩,待余以叔禮。天兵既克汴梁,阿同挈遺稿來燕,寓居萬松老師之席。老師助鋟木之資,欲廣其傳。阿同致書,請余爲引,余亦不讓,援筆疾書,以題其端。不惟彰我萬松老

---

① "果",《金史藝文略》同,《湛然居士集》卷十二作"課"。
② "品評",《金史藝文略》同,《湛然居士集》卷十二作"評品"。
③ "初",原誤作"動",據《湛然居士集》卷十二、《金史藝文略》改。
④ "吾",原誤作"五",據《湛然居士集》卷十二、《金史藝文略》改。
⑤ 原脫一"如"字,據《湛然居士集》卷十二、《金史藝文略》補。
⑥ "求",《金史藝文略》同,《湛然居士集》卷十二作"來"。

師冥有知人之鑑,抑亦記我屏山居士克終全信之心,且爲方來淺信竊道者之戒云。"

按,金、錢、龔、孫目皆有,金、龔目皆作《楞嚴經解》。

屏山居士金剛經別解　　　　　　　　　　〇四五〇

李純甫撰。《湛然集》有《序》一篇、《書後》一篇。其《序》云:"佛法之西來也,二千餘祀,寶藏琅函,幾盈萬軸,可謂廣大悉備矣。獨《金剛》一經,或明眼禪客,若脱白沙彌。上至學士大夫,下及野夫田婦、里巷兒女子曹,無不誦者。以頻見如閑,姑置而不問者有之;以至理叵測,望涯而退者有之。噫!信其小而不信其大,信其近而不信其遠,信其所聞而不信其所未聞,①信其所見而不信其所未見,自是而非他,執一而廢百者,比比然,又何訝焉。偉哉!屏山居士取儒、道兩家之書,會運、裝二師之論,□□□牽引雜説,錯綜諸經,著爲《別解》一編。莫不融理事之門,合性相之義,析六如之生滅,剖四相之鍵關。謂真空不空,透無得之得,序圓頓而有據,識宗説之相須。辨因緣自然,喻以明珠,諸佛衆生,譬之圓鏡,若出聖人之口,冥契吾佛之心,可謂天下之奇才矣。噫!此書之行於世也,何止化書生之學佛者偏見,衲僧無因外道,皆可廢藥矣。昔余與屏山同爲省掾時,同僚譏此書以爲餌餕餡之具,余尚未染指於佛書,亦少惑焉。今熟繹之,自非精於三聖人之學者,敢措一辭於此書乎?吁!小人之言,誠可畏哉!"

《書後》曰:"孔子有云:'吾十有五而志於學,三十而立,四十而不惑。'是知學道未至於純粹精微之域,雖聖人亦少惑焉。昔樂天答制策稍涉佛教之譏,中年鄙海山而修兜率,垂老爲

---

① "信其近而不信其遠,信其所聞而不信其所未聞"十九字原脱,據《湛然居士集》卷十三補。

《讚佛發願文》,乃因起因張本,①其事見於本集。子瞻上萬言,頗稱釋氏之弊,晚節專翰墨爲佛事②,臨終作神咒浪出之偈,且曰著力即差,其事見於年譜。退之屈論於大巔,而稍信佛書,《韓文公別傳》在焉;永叔服膺於圓通,而自稱居士,《歐陽公別傳》在焉。是知君子始惑而終悟,初過而後悛,③又何害也?屏山先生幼年排佛説,殆不忍聞。未幾翻然而改,火其書作二解,以滌前非。所謂改過不吝者,余於屏山有所取焉。後之人立志未定,惑於初年者,當以此數君子爲法。"

按,金、錢、龔、孫目皆有,金、龔目皆作《金剛經解》,錢目作《金剛經別解》。

屏山翰林佛事 〇四五一

李純甫撰。《歸潛志》:"屏山南渡後,文字多雜禪語葛藤,或太鄙俚不文,迄今刻石鏤板者甚衆。又多爲浮屠作碑記傳贊,往往詆訾吾徒。諸僧翕然歸嚮,因集以板之,號《屏山翰林佛事》。"

按,孫目有。

成都大悲寺集三卷 〇四五二

李純甫撰。見《國史經籍志》。

按,孫目有。

西方文教 〇四五三

李純甫撰。

按,金、龔目皆有,金目作《西方父教》。

金剛般若經注 〇四五四

張珣撰。

---

① "乃因",《金史藝文略》同,《湛然居士集》卷十三作"乃云"。
② "事",原誤作"氏",據《湛然居士集》卷十三、《金史藝文略》改。
③ "而"字原脱,據《湛然居士集》卷十三、《金史藝文略》補。

按，金、龔、孫目皆有。

朝宗禪林記 ○四五五

濟州刺史任城李演巨川撰。《遺山集》有《讀李狀元朝宗禪林記》詩，其引云："李守濟州，城破不屈節死，贈鄉郡刺史。"考史演在貞祐初以任城受兵，被執不屈見殺，故好問云然。

按，錢、孫目有。

淨髮須知二卷 ○四五六

無撰人。《補元史藝文志》列金萬壽《道藏目録》後，則是金人所作也。

按，錢、孫目皆有。

彌陀偈 ○四五七

釋圓機撰。《歸潛志》云："先子爲序之。"

按，龔目有。

萬壽語録 ○四五八

萬松老人行秀撰。

按，龔目有。

釋氏新聞 ○四五九

萬松老人行秀撰。

按，龔目有。

評唱天童拈古請益後録 ○四六○

萬松老人行秀撰。

按，龔目有。

卷五　集部一

注釋前人別集類

注太白詩　　　　　　　　　　　　　　　〇四六一

王繪撰。《中州集》卷八："繪字質夫，濟南人，天會二年進士。《武陟道中》詩云：'梧葉重勝迎日露，蕎秧薄要護霜雲。'人頗稱之。仕至太常卿。有《注太白詩》行於世。"

按，黄、倪、金、龔目皆有。

杜詩學一卷　　　　　　　　　　　　　　〇四六二

元好問撰。

按，黄、倪、金、龔目皆有。

東坡詩雅三卷　　　　　　　　　　　　　〇四六三

元好問撰。

按，黄、倪、金、龔目皆有，龔目作二卷。

注東坡樂府　　　　　　　　　　　　　　〇四六四

孫鎮撰。《中州集》卷七："鎮字安常，絳州人。高才博學，嘗中省試魁。承安二年五赴廷試，賜第。以陝令致仕，年八十四卒。有《注東坡樂府》《歷代登科記》行於世。弟寧州刺史錡，字安世，潘原令鉉，字安道，同牓擢第，鄉人榮之，號三桂。孫氏安常孫詵思美，軍府參佐，安世孫處謙志全，安道孫蔚，今俱在。"

按，黄、倪、錢、龔目皆有。

金人別集類上

如庵小稿六卷　　　　　　　　　　　　　〇四六五

密國公璹仲寶撰。《金史》本傳："璹本名壽孫，世宗賜名，字仲寶,一字子瑜。平生詩文甚多,自刪其詩,存三百首,樂府一百首,號《如庵小稿》。"《歸潛志》:"自號樗軒居士。"惟其書《志》稱趙閑閑序之,行於世。今《滏水集》不載此《序》,當已佚。《遺山集》有《如庵詩文序》曰:"密國公諱璹,越王長子,①而興陵之諸孫也。明昌初已受封,②公以例授金紫光禄大夫。衛紹王時,除開府儀同三司。宣宗南渡後,封胙國公。哀宗正大初,進封密。自明昌初鎬、厲等二王得罪後,諸王皆置傅與司馬、府尉、文學,名爲王府官屬,而實監守之。府門啓閉有時,③王子若孫及外人不得輒出入,出入皆有籍,訶問嚴甚。金紫若國公,雖大官,無所事事,止於奉朝請而已。密公班朝著者,如是四十年。初,燕都遷而南,危急存亡之際,凡車輅、宮縣、寶玉、秘器,所以資丕天之奉者,舟車輦運,國力不贍,至汴者千之一耳。而諸王公貴主,至有脱身而去者。公家法書、名畫,連箱累篋,寶惜固護,與身存亡,故他貨一錢不得著身。方遷革倉卒,朝廷止以乏軍興爲憂,百官俸給,減削幾盡,歲日所入,大官不能贍百指。而密公又宗室之貧無以爲資者,④其落薄失次爲可見矣。元光以後,王薨,門禁緩,文士稍遂款謁,然亦不過三數人而止矣。公資稟簡重,而至誠接物,不知名爵爲何物。少日師三川朱巨觀學《詩》、龍巖任君謨學《書》,真積之久,遂擅出藍之譽。於書無所不讀,而以《資治通鑑》爲專門。馳騁上下,千有三百餘年之事,其善惡是非、得失成敗,道之如目前。穿貫他書,考證同異,雖老於史學者不加詳也。名勝過門,明窗棐几,展玩圖籍,商略品第

---

① "長",原誤作"良",據《遺山集》卷三十六、《金文最》卷二十二、《金史藝文略》改。
② "封"字原脱,據《遺山集》卷三十六、《金文最》卷二十二補。
③ "有時"二字原脱,據《遺山集》卷三十六、《金文最》卷二十二補。
④ "室"字原脱,據《遺山集》卷三十六、《金文最》卷二十二、《金史藝文略》補。

顧、陸、朱、吳筆虛筆實之論，極幽眇。及論二王筆墨，推明草書學究之説，窮高妙，而一言半辭皆可紀録。典衣置酒，或終日不聽客去，爐薰茗碗，或橙蜜一杯，有承平時王家故態，使人愛之不能忘也。字畫得於蘇、黃之間，參禪於善西堂，名曰'祖敬'。自題寫真，有'枯木寒灰亦自神，應緣來現胙公身。只緣苦愛東坡老，人道前身趙德麟'之句。舊制，國公祭山陵則佩虎符、乘傳，號曰'嚴祭'。若上清儲祥宫，若太乙宫、五嶽觀設醮，上方相藍大道場，①則國公代行香，公多預焉。又有詩自戲云：②'借來羸馬鈍於牆，馬上官人病且尪。無用老臣還有用，一年三五度燒香。'蓋實録云。公詩五卷，號《如庵小稿》者，汴梁鬻書家有之。樂府云：'夢到鳳凰山上，山圍故園週遭。'又云：'咫尺又還秋也，③不成長似雲閑。'識者聞而悲之。子竊謂古今愛作詩者，特晉人之自放於酒耳。吟咏情性，留連光景，自當爲緩憂之一物。在公則又以之遁世無悶，獨立而不懼者也。使公得時行所學，以文武之材，當顒面正朝之任，長轡遠馭，何必減古人？顧與稾項黃馘之士爭一日之長於筆硯間哉！④朝家疏近族而倚疏屬，其敝乃在於此，可爲浩嘆也。天興壬辰，曹王出質。公求見於隆德殿，上問叔父欲何言。公奏：'聞孛德雖議和，⑤孛德不苦諳練，恐不能辦大事者。臣請副之，或代其行。'上慰之曰：'南渡後，國家比承平時有何奉養？然叔父則未嘗沾丐，⑥無事則置之冷地，則

---

① "大"，原誤作"天"，據《遺山集》卷三十六、《金文最》卷二十二、《金史藝文略》改。
② "又"字原脱，據《遺山集》卷三十六、《金文最》卷二十二、《金史藝文略》補。
③ "還"，原誤作"遠"，據《遺山集》卷三十六、《金文最》卷二十二、《金史藝文略》改。
④ "硯"，原誤作"覘"，據《遺山集》卷三十六、《金文最》卷二十二、《金史藝文略》改。
⑤ "聞"字原脱，據《遺山集》卷三十六、《金文最》卷二十二補。
⑥ "則"，《金史藝文略》同，《遺山集》卷三十六、《金文最》卷二十二皆作"亦"。

無所顧藉,①緩急則置之不測。叔父盡忠固可,天下其謂我何?叔父休矣。'於是君臣相顧泣下。未幾,公感疾,以其夏五月十有二日薨,春秋六十一。後二十有六年,此集再刻於大名。"然則,觀《序》言,密國稿本在金元之際已一再刻矣。今無傳本,惟《中州集》載其詩四十首,《中州樂府》載其詞七首,而文則《金文最》止有《全真教祖》與《長真子譚真人仙迹》二碑而已。

《中州集》卷五:"密公字子瑜,②興陵之孫,越王之長子,百年以來宗室中第一流人也。少日學詩於朱巨觀,學書於任君謨,遂有出藍之譽。文筆亦委曲,能道所欲言。朝臣自閑閑公、③楊禮部、雷御史而下,皆推重之。資雅重,薄於世味,好賢樂善,寒士有不能及者。明昌以來,諸王法禁嚴,諸公子皆不得與外間交通,④故公得窮日力於書。讀《通鑑》至三十餘過,是非成敗,道之如目前。越王薨後,稍得出游,文士輩亦時至其門。家所藏法書、名畫,幾與中秘等。客至,貧不能具酒肴,設蔬飯與之共食,焚香煮茗,盡出藏書商略之,談大定、明昌以來故事,或終日不聽客去,風流蘊藉,有承平時王孫故態,使人樂之而不厭也。所居有櫟軒,又有如庵,自號櫟軒老人,其詩號《如庵小稿》。圍城中以疾薨,時年六十一。"

案,璹所爲詩今存下列四十三首:

《秋郊雨中》

《宴席》二首

---

① "則"字,《遺山集》卷三十六、《金文最》卷二十二、《金史藝文略》皆無。
② "子"字原脫,據《中州集》卷五補。
③ "自"字原脫,據《中州集》卷五補。
④ "得與",《中州集》卷五作"與得"。

《梁臺》

《自適》

《城西》

《送王生西游（飛伯）》

《王生以秋騷見示，復以此謝之》

《自題寫真》

《黃華畫古柏》

《書龍德宮八景亭》

《思歸》

《如庵樂事》

《題晉卿王暉寶繪》

《得友人書》

《內族子銳歸來堂》

《題潘閬夜歸圖》

《漫賦》

《寓迹》

《秋晚出郭閒游》

《老境》

《北郊晚步》

《閒咏》

《池蓮》

《梁園》

《釋迦出山息軒畫》

《過胥相墓》

《秋日小雨》

《東郊瘦馬》

《枕上聽雨》

《溪景》

《題紙衣道者圖》

《春半喜晴》

《漁父詞》二首

《馬伏波》

《留侯》

《對鏡》二首

《夏晚登樓》

《華亭》

《聞閑閑再起爲翰林》

《絕句》

又所爲文今存下列二篇：

《全真教祖碑》

《長真子譚真人仙迹碑》

又按，黄、倪、金、錢、龔、孫目皆有。金目復著錄璹《樂府詩》一百首，又《詩》三百首，再著錄《如庵小稿詩》，當均在此五卷中。

劉豫集十卷　　　　　　　　　　　　〇四六六

劉豫撰。《中州集》卷九："豫字彥由，阜城人，仕宋，知濟南府事。汴京下，立張邦昌爲大楚皇帝。宋滅楚，更立彥由，國號齊，建元阜昌。八年廢爲蜀王，遷黄龍府，改封曹。有集十卷行於世。二子，麟、猊。孫通，海陵朝參知政事。四世孫瑛，今在太原。"

按，黄、倪、金、錢、龔、孫目皆有，黄、倪、龔目皆作《曹王集》。

又案，豫所爲詩今存下列九首：

《雜詩》六首

《客館》

《題泗泉》

《蘇門一首》

又豫所爲文今存下列三篇：

《封曹王謝表》

《報元帥府議伐宋書》

《宋徐文來降報元帥府書》

耶律履文集十二卷　　　　　　　　　　　　○四六七

耶律履撰。《中州集》卷九："履字履道，東丹王之七世孫。學通《易》《太玄》，至於陰陽曆數，無不精究。嘗以鄉賦一試有司，以露索爲恥，遂不就舉。蔭補國史掾，興陵朝累遷蓟州刺史，入翰林爲修撰，歷直學士待制、禮部尚書，特賜孟宗獻牓進士第，俄預淄王定冊功，拜參知政事。明昌元年進右丞，薨，年六十一。興陵嘗問宋名臣孰爲優，履道以蘇端明軾對，上曰：'吾聞軾與王詵交甚款，至作歌曲，戲及姬侍，非禮之甚，尚何足道耶？'履道進曰：'小説傳聞，未必可信。就使有之，戲笑之間，亦何得深責。世徒知軾之詩文人不可及，臣觀其論天下事，實經濟之良才，求之古人，陸贄而下，未見其比。陛下無信小説傳聞，而忽賢臣之言。'明日，錄軾奏議上之，詔國子監刊行。自號忘言居士，有集傳於世。三子：辨才，武廟署令；善才，工部尚書；楚才，中書令。四孫：鈞、鉉、鏞、鑄。"按，黃、倪、錢、龔目皆有，黃、倪目作《文獻公集》十五卷。

又案，履所爲詩今存下列一首：

《史院從事日感懷》

又所爲文今存下列一篇：

《天竺三藏吽哈囉悉利幢記》

漳川集　　　　　　　　　　　　　　　　　○四六八

董師中撰。《中州集》卷九："師中字紹祖，邯鄲人，後徙洺州。

皇統九年進士，承安中入政府，直道自立，而以通材濟之。泰和初，元妃李氏方寵幸，兄喜兒爲宣徽使，有楊國忠之權。一日，德州教授田庭方上書言事云：'大臣持禄，近臣怙寵，此言路之所以塞也。'道陵顧謂紹祖言：'大臣持禄，當謂公等近臣怙寵者爲誰？'時喜兒侍立殿上，紹祖倒笏指之曰：'莫非謂李喜兒之屬否？'上頷之。紹祖嘗言作宰相不難，但一心正，兩眼明，足矣。少日以詼諧得名，及在相位，亦未嘗廢談笑，然不害其爲國朝名相也。俄致政，賜第京師，後三年薨，有《燕賜邊部詩》傳於世。紹祖師王内翰彦潛，而與之同牓登科。彦潛没後，待其子恩禮殷重，不減骨肉，①論者謂孫鐸振之事其兄明之。張轂伯英愛其弟伯玉，舉世無與爲比，至於紹祖之待其師之子，則古所未有也。有《漳川集》傳於家。"

按，黄、倪、錢、龔、孫目皆有。龔目又著録師中《燕賜邊部詩》，當已在集中。

又案，師中所爲詩今存下列一首：

《自臨洮還》

又所爲文今存下列二篇：

《再諫北幸疏》

《雞澤縣重修廟學碑》

鄭子聃詩文二千餘篇　　　　　　〇四六九

鄭子聃撰。《金史·文藝傳》云："子聃英俊有直氣，其爲文亦然。平生所著詩文二千餘篇。"

按，金、錢、龔、孫目皆有。

又案，子聃所爲詩今存下列一首：

《即事》

---

① "減"，原誤作"减"，據《中州集》卷九改。

又所爲文今存下列一篇：
《汝州香山觀音禪院慈照禪師塔銘》

孟宗獻文集　　　　　　　　　　　　　　　〇四七〇

孟宗獻撰。《中州集》卷九："宗獻字友之，開封人。大定三年鄉、府、省、御四試皆第一，供奉翰林，曹王府文學，兼記室參軍。以疾尋醫，久之，授同知單州軍州事。丁母憂，哀毀致卒。劉無黨題其詩卷後云：'簪紱忘情累，山林閱歲陰。選官堂印手，説法老婆心。世路嗟前卻，人生變古今。公乎真不死，名姓斗之南。'相人孔嗣訓挽云：'二十年間事，才名一夢新。衰羸因喪母，①哀毀竟亡身。魂返愁楓夜，情留淚草春。黃公酒壚在，此去只悲辛。'汴人高公振特夫云：'見説平生夢，前途盡目前。乘除雖有數，凶禍竟何緣。禮樂三千字，才名二十年。仁人遽如許，無路問蒼天。'又云：'誰謂詩成讖，清冰果自焚。人嗟埋玉樹，天爲落文星。'數詩雖不盡工，姑並記之，有以見先生於出處之際，死生之變，造物者皆使之前知。其以天下重名畀之者，爲不偶然云。"

《歸潛志》："金以律、賦著名者曰孟宗獻友之、趙樞子克。其主文有藻鑑多得人者曰張景仁御史、鄭子時侍讀。故一時爲之語曰：'主司非張、鄭，秀才非趙、孟。'律、賦至今學者法之。然其源出於我高祖南山翁。故老云，孟晚進，初不識翁，因少年不第，②發憤，闢一室，③取翁賦，剪其八韻，類之帖壁間，坐臥諷咏深思，④已而盡得其法，下筆造微妙。再試，魁於鄉、於府、於省、於御前，天下號孟四元，迄今學者以吾祖孟師也。

---

① "因"，《中州集》卷九作"驚"。
② "不"，《歸潛志》卷七作"下"。
③ "闢"，原誤作"闗"，據《歸潛志》卷七改。
④ "咏"，原誤作"味"，據《歸潛志》卷七改。

孟雖仕，不甚貴。作詩詞有可稱，自號虛靜居士。頗恬淡，留意養生術。嘗著《金丹賦》行於世，其詩詞亦有集。"

案，宗獻所爲詩今存下列六首：

《龔平甫森玉軒》

《舊蓄一琴，棄置者久矣，李君仲通爲張弦料理，仍鼓數曲，以詩贈之》

《張仲山枝巢》

《柳塘》

《蘇門花塢》

《閏月九日》

又所爲文今存下列一篇：

《與西堂和尚書》

張行簡文集三十卷　　　　　　　　　　〇四七一

張行簡撰。《中州集》卷九："行簡字敬甫，大定十九年詞賦第一人。家世儒臣，備於禮文之學，典貢舉三十年，門生徧天下。南渡後，遷禮部尚書、太子太保、翰林學士承旨。薨，謚文正。楊內翰之美銘其墓，稱敬甫天性孝友，太夫人疾，不解衣者數月，居喪哀毀過禮。事其父御史大夫，自幼至終，未嘗少違顏色。與諸弟居三十餘年，家門肅睦，人無間言。率勵子弟，不知爲驕侈，雖處富貴，與素士無異。平生無泛交，無私謁，慎勤周密，動循禮法，居無怠容，口無俚言，身無徑行，雖古君子無以加。故天下言家法者，唯張氏爲第一，言禮學、言文章、言德行之純備者，亦唯張氏之歸。有集三十卷，傳於家。"

按，黃、倪、金、錢、龔、孫目皆有。孫目又著錄《張行簡文章》十五卷，當已在此三十卷中。

又案，行簡所爲詩今存下列三首：

《六月二十九日北宫朝回》
《酬郭光秀才》
《題子端雪溪小隱圖》
又所爲文今存下列一篇：
《人倫大統賦》

宇文虛中文集　　　　　　　　　　〇四七二

翰林學士承旨成都宇文虛中叔通撰。宋黄門侍郎，以奉使見留。《金史》本傳云："有文集行於世。"其詩文存者，除後目外，王灼《碧雞漫志》曾録其《迎春樂》詞一闋。

按，金、錢、龔、孫目皆有。

又案，虛中所爲詩今存下列五十首：

《鄭下趙光道與余有十五年家世之舊，①守官代郡之崞縣。聞余以使事羈留平城，與諸公相從，皆一時英彦，遂以應舉自免去，駕短轅下澤車，驅一僮二驢，扶病以來相聚，凡旬日而歸。昔白樂天與元微之偶相遇於夷陵峽口，既而作詩叙別，雖憔悴哀傷，感念存没，至嘆泣不能自已，②而終篇之意，蓋亦自開慰。況吾輩今日可無片言以識一時之事邪？因各題數句，而余爲之叙。夜將半，各有酒，所語不復鍛煉，要之皆肺腑中流出也》

《古劍行》
《白菊》
《還舍作》
《庭下養三鴛鴦忽去不反，戲爲作詩》
《予寫〈金剛經〉與王正道，正道與朱少章復以詩來，輒次二公韻（次正道韻）》

---

① "鄭"，原誤作"鄴"，據《中州集》卷一改。
② "嘆"字原脱，據《中州集》卷一補。

《又(次少章韻)》
《郊居》
《歲寒堂》
《重陽旅中偶記二十年前二詩,因而有作》
《春日》
《己丑重陽在劍門梁山鋪》
《生日和甫同諸公,載酒袖詩爲禮,感佩之餘,以詩爲謝》
《和題稽古軒》
《己酉歲書懷》
《涇王許以酒餉龍溪老人,幾月不至,以詩促之》
《從人借琴》
《過居庸關》
《晚宿耀武關》
《安定道中》
《上烏林天使》三首
《姑蘇滕惇禮榜所居閣曰齋心,成都宇文某作詩以廣其意》
《和高子文秋興》二首
《又和九日》
《中秋覓酒》
《四序回文》十二首
《燈碑》五首
《館中書事》
《時習齋》
《醉經齋》
《醉墨齋》
《烏夜啼》

又所爲文今存下列一篇:

《證類本草跋》

東山集十卷 〇四七三

吳激撰。《中州集》卷一：「激字彥高，宋宰臣栻之子，王履道外孫，而米芾元章婿也。工詩能文，字畫得其婦翁筆意。將命帥府，以知名留之。仕爲翰林待制，出知深州，到官三日而卒。有《東山集》十卷並《樂府》行於世。東山，其自號也。《出散關詩》云：'春風蜀棧青山盡，曉日秦川綠樹平。'《愈甫索水墨，以詩寄之》云：①'煙拂雲梢留淡白，雲蒸山腹出深青。'《三衢夜泊》云：'山侵平野高低樹，水接晴空上下星。'《太清宮》云：'玉座煙霞春寂寂，石壇星斗夜蒼蒼。'《呈正甫》云：②'手版西山聊復爾，角巾東第定何時。'《游南溪潭》云：'竹院鳴鐘疑物外，畫橋流水似江南。'《飛瀑巖》云：'數樹殘花喜春在，一聲啼鳥覺山深。'《誄鄭邸故伎》云：'玉雪自知塵不涴，丹青難寫酒微醺。'《送樂之侍郎》云：'四海蒼生謝安石，一言宣室賈長沙。'《送韓鳳閣使高麗》云：'海東絕域皇華使，天上仙宮碧落卿。'《偶題》云：'江湖欹枕夢，風雪打窗時。'此類甚多。樂府《夜寒茅店不成眠》《南朝千古傷心事》《誰挽銀河》等篇，自當爲國朝第一手，而世俗獨取《春從天上來》，謂不用他韻，《風流子》取對屬之工，豈真識之論哉。」

按，黃、倪、金、錢、龔、孫目皆有。

又案，激所爲詩今存下列二十五首：

《山中見桃花李花》

《長安懷古》

《宿湖城簿廳》

---

① "愈"，《中州集》卷一作"念"。
② "呈"，原誤作"星"，據《中州集》卷一改。

《窮巷》

《偶成》二首

《病後寄開甫》

《過南湖偶成》

《夜汎渦河龍潭》

《秋興》

《晚春言懷寄燕中知舊》

《歲莫江南四憶》

《述懷》

《喜晴和張魯瞻》

《國公女生日席上命賦》

《秋夜》

《招趙資深拾遺》

《同兒曹賦蘆花》

《張戡北騎》

《早春》

《雞林書事》

《題宗之家初序瀟湘圖》

吳彥高詩集 〇四七四

吳激撰。劉迎有《題吳彥高詩集》詩，則激之詩別有專集矣。按，孫目有。

南游北歸 〇四七五

張斛撰。《中州集》卷一："斛字德容，漁陽人。仕宋爲武陵守。國初理索北歸，官秘書省著作郎。有《南游》《北歸》等詩行於世。漁陽有峒陽，故詩中多及之。如《賦小孤山》云：'天圍秋漲闊，山背夕陽孤。岸樹晴猶濕，汀煙近卻無。'《巫山對月》云：'雲開千里月，風動一天星。'《河池出郭》云：'細草沙邊樹，疏煙嶺外村。'《中江縣樓》云：'綠漲他山雨，青浮近市煙。'《中秋》云：'月色四時好，人心此夜偏。'《松門峽》云：'春木有秀色，①野雲無俗姿。'《賦禮部侍郎張浩然遼海亭》云：'晴光搖碧海，遠色帶滄洲。'又《賦臨漪亭》云：'雨聲喧暮島，水色借秋空。'《秋興樓》云：'碣石晚風催雁急，昭祁寒漲與雲平。'人多誦之。予嘗見其文筆字畫皆有前輩風調，宇文大學甚激賞之。"

按，黃、倪、錢、龔、孫目皆有。

又案，斛所爲詩今存下列十八首：

《沙邊》

《東川春日》

《巫山對月懷湖外親友》

《武陵春雪》

《盧臺峭帆亭》

《高寺》

《寓中江縣樓》

《迴文》二首

《仙門驛聽泉》

《夜雨南山》

《平安關道中》二首

《將渡江》

《還家》

《訪香林老》

《海邊亭爲浩然賦》

《南京遇馬丈朝美》

---

① "秀"，《中州集》卷一作"季"。

蔡松年集 〇四七六

蔡松年撰。《中州集》卷一："松年字伯堅。父靖，宋季守燕山，仕國朝爲翰林學士。伯堅行臺尚書省令史出身，官至尚書右丞相。鎮陽別業有蕭閑堂，自號蕭閑老人。薨，謚文簡。百年以來，樂府推伯堅與吳彥高，號'吳蔡體'，有集行於世。其一《自序》云：'王夷甫神情高秀，宅心物外，爲天下稱首。言少無宦情，使其雅咏玄虛，不經世務，超然遂終其身，則亦何必減嵇、阮輩。而當衰世頹俗、力不可爲之時，不能遠引高蹈，顛危之禍，卒與晋俱，爲千古名士之恨。又嘗讀《山陰詩引》，考其論古今、感慨事物之變，既言修短隨化，期於共盡，而世殊事異，興懷一致。則死生終始，物理之常，正當乘化歸盡，何足深嘆？乃區區列叙一時述作，刊紀歲月。豈逸少之清真簡裁，亦未盡忘情於此耶？[①] 故因作歌併及之。'好問按：此歌以'離騷痛飲'爲首句，公樂府中最得意者，讀之則其平生自處爲可見矣。二子：珪字正甫，璋字特甫，俱第進士，號稱文章家。正甫遂爲國朝文宗，特甫非其比也。自大學至正甫，皆有書名，其筆法如出一手。前輩之貴家學蓋如此。"

按，黄、倪、金、錢、龔、孫目皆有。
又案，松年所爲詩今存下列五十九首：
《晚夏驛騎再之涼陘觀獵，山間往來十有五日，因書成詩》
《漫成》
《淮南道中》五首
《丁巳九月，夢與范季霑同登北潭之臨芳亭，覺而作詩，記其事以示范》

[①] "忘"，《金文最》卷十九同，《中州集》卷一作"志"。

《庚申閏月,從師還自潁上,對新月獨酌》十三首
《七月還祁》
《庚戌九日還自上都,飲酒於西巖,以'野水竹間清,秋巖酒中綠'爲韻》十首
《小飲邢巖夫家,因次其韻》
《初卜潭西新居》
《寄王仲侯》
《讀疏咏之安陽、對竹二詩,懷家山次韻見意》
《和子文寒食北潭》
《雪晴呈玉堂諸公》
《和子文晚望》
《兵府得告將還鎮陽府,推官王仲侯以書促予命駕,先寄此詩》
《渡混同江》
《初至遵化》
《黃海棠》
《夜坐》
《同槽聲彥高賦》
《韓侯晁仲許送名酒,渴心生塵,以詩促之》
《步尋野卉》
《癸丑歲秋郊》
《入關宿昌平》
《秋日》
《高麗館中》二首
《西京道中》
《銀州道中》
《高昌館道中》
《黃海棠》

《梅花》

《閒居漫興》

《師還求歸鎮陽》

又所爲文今存下列十三篇：

《蘇文忠公書李太白詩卷跋》

《水調歌頭詞序（訪曹浩然）》

《水調歌頭詞序（憶范季霱）》

《念奴嬌詞後序》

《雨中花詞序（送李不愚作掾天臺）》

《永遇樂詞序》

《水龍吟詞序（贈楊德茂）》

《石州慢詞序》

《滿江紅詞序（寄許師聖）》

《滿江紅詞序（遣意）》

《雨中花詞序（招親友小集）》

《水龍吟詞序（寄揚子能）》

《水龍吟詞序（自警）》

蒙城集 〇四七七

高士談撰。《中州集》卷一：“士談字子文，一字季默，宋韓武昭王瓊之後。宣和末任忻州户曹，仕國朝爲翰林直學士。皇統初，預宇文大學之禍。有《蒙城集》行於世。如云：‘寒花貪晚日，瘦竹强秋霜。’又《題禹廟》云：‘可憐風雨胼胝苦，後世山河屬外人。’時人悲之。子公振，字特夫，亦有詩名。”

按，黄、倪、金、錢、龔、孫目皆有。

又案，士談所爲詩今存下列三十首：

《梨花》

《將赴平陽諸公祖席分韻作》

《予所居之南,下臨短壑,因鑿壁開窗,規爲書室,坐獲山林之趣,榜曰野齋,且作詩約諸友同賦》

《春愁曲》

《次韻東坡定州立春日詩》

《集東坡詩贈程大本》

《曉起戲集東坡句》二首

《秋興》

《村行》

《不眠》

《秋晚書懷》

《早起》

《春日》

《庚戌元日》

《次伯堅韻》

《次韻飲巖夫家醉中作》

《晚登遼海亭》

《風雨宿江上》

《棣棠》

《雪》

《苦竹》

《睡起》

《楊花》

《道中》

《丙寅刑部中》二首

《二月十一日見桃花》

《志隱軒》

《偶題》

馬定國集 　　　　　　　　　　　　　　　　〇四七八

馬定國撰。《中州集》卷一："定國字子卿,茌平人,唐中令周裔孫。少日志趣不凡。宣政末,題詩酒家壁,有'蘇黃不作文章伯,童蔡翻爲社稷臣'之句。用是得罪,亦用是得名。阜昌初,游歷下亭,以詩撼齊王豫。豫召與語,大悦,授監察御史,仕至翰林學士。石鼓自唐以來無定論,子卿以字畫考之,云是宇文周時所造,作辨餘萬言,出入傳記,引據甚明,學者以比蔡正甫《燕王墓辨》。初學詩,未有入處,夢其父與方寸白筆,從是文章大進,自號薺堂先生。有集傳於世。"

按,黄、倪、金、錢、龔、孫目皆有,黄、倪、錢、龔目皆作《薺堂集》。

又案,定國所爲詩今存下列三十一首:

《宿田舍》

《清平道中》

《登歷下亭有感》

《長相思》

《客懷》

《招康元質》

《雨晴離開化寺》

《秋日書事》

《讀莊子》

《雪霽》

《寒食》

《楊休烈村居》

《游何氏園》

《四月十日遇周永昌》二首

《過李湘》

《雪》

《懷高圖南》

《送王松年之汶上》

《香嚴病中》

《題崇子中庵》

《郢州城西》

《送圖南》

《秋日書事》

《村居》五首

《宣政末所作》二首

嗚嗚集 〇四七九

祝簡撰。《中州集》卷二：簡字廉夫，單父人。宋末登科，國初倅某州，仕至朝奉郎、太常丞，兼直史館。有《嗚嗚集》行於世。其《詩説》有云："予政和丁酉任洺州教官，是時括蒼鮑慎由欽止出所注杜詩，説'天王守太白'，'守'讀如'狩於河陽'之'狩'，'高秋登寒山，南望馬邑州'，馬邑州在城州界。予檢《唐書·志》，寶應元年徙馬邑州於鹽井城，欽止爲有據矣。舊注馬邑屬雁門，與杜子美作詩處全無關涉，後人遂謂王源叔謬於牽引，不知源叔初不注杜詩。予識其孫彥朝，彥朝不説杜詩非其大父注，①蓋彥朝不學，見流俗皆讀舊注，因而認有，可嘆可嘆。"好問常以此問趙禮部，趙云："廉夫前輩必不妄，試更考之。"今日見吳彥高《東山集》有《贈李東美詩》引云："元祐間，秘閣校對黃本。鄧忠臣字慎思，余柳氏姨之夫。今世所注杜工部詩，乃慎思平生究竭心力而爲之者，鏤板家標題，遂以託名王源叔。翰林兩王公前、後記②，初無一語及此注。而後記又言：'如源叔之能文，止作記於後。'則源叔不

---

① "大"，原誤作"太"，據《中州集》卷二改。

② "兩"，原誤作"而"，據《中州集》卷二改。

注杜詩爲可見矣。舉世雷同，無爲辨之者。宣和近貴李東美有才藻，善行書，且喜作小楷，所寫杜集精密遒麗，有足嘉賞。爲作古詩一篇，紙尾因記鄧公事，後人聞此，其誰不疑？然予少時目擊，不可不識，姑以告李侯，非求信後人也。"彥高此說正與廉夫合。近歲得浙本杜詩，是源叔之孫祖寧所傳，前有序引，備言其大父源叔未嘗注杜詩。廉夫、彥高益可信，故併記於此。廉夫詩甚工，如《賦雪》云："雲屋無寒夢，油燈有細香。"《書懷》云："白髮渾無賴，朱顏更不回。""遮眼細書聊引睡，扶頭濁酒最關情。"此類甚多。

按，黃、倪、錢、龔、孫目皆有。

又案，簡所爲詩今存下列十二首：

《舟次丹陽》

《下第魚臺東寺》

《青奴》

《雜詩》二首

《虛極齋獨坐》

《相國寺鐘》

《春日》

《夏雨》

《和常祖命》二首

《撿旱》

又所爲文今存下列一篇：

《國馬賦》

三住老人集　　　　　　　　　　　　〇四八〇

施宜生撰。《中州集》卷二："宜生字明望，浦城人。宣和末爲潁州教官，仕齊，仕國朝，官至翰林學士。自號三住老人，有集行於世。《賦柳》云：'朱門處處臨官道，流水年年遶禁宮。'

《草書》云：'臨池禽忽雲霧集，舞劍浩蕩波濤飜。'《山谷草書》云：'行所當行止當止，錯亂中間有條理。意溢毫搖手不知，心自書空不書紙。'《社日》云：'濁澗迴湍激，青煙弄晚暉。緣隨春酒熟，分與故山違。社鼓喧林莽，孤城隱翠微。山花羞未發，燕子喜先歸。'又云：'割少詼諧語，分均宰制功。靈祇依古樹，醉叟泥村童。萬里開耕稼，三時順雨風。行春從此樂，著意酒杯中。①'初在潁州日，從趙德麟游，頗得蘇門沾丐云。"

按，黃、倪、錢、龔、孫目皆有，錢目作《施宜生集》，龔目作《三桂老人集》。

又案，宜生所爲詩今存下列七首：

《柳》

《無題》

《盆池》

《平陽書事》

《題平山落雁》

《題都亭驛》

《含笑花》

又所爲文今存下列二篇：

《漁陽重修宣聖廟碑》

《蘇文忠公書李太白詩卷跋》

霖堂集　　　　　　　　　　　　　〇四八一

三鄉朱之才師美撰。自號慶霖居士，見《中州集》。《金史》無傳。

按，黃、倪、錢、龔、孫目皆有。

---

① "意"，原誤作"急"，據《中州集》卷二改。

又案，之才所爲詩今存下列十七首：

《南越行》

《後薄薄酒》二首

《寓言》二首

《謝孫寺丞惠梅花》

《次韻東坡跋周昉所畫欠申美人》

《暴雨》

《宿閑厩》

《十月十五日夜作連枝詩》四首

《臥病有感二十韻》

《復用九日詩韻呈黃壽鵬》

《七夕長短言》

《水月有興》

竹溪先生文集十卷　　　　　　　　　　〇四八二

党懷英撰。《滏水集》有《序》，其文曰："文以意爲主，辭以達意而已。古之人不尚虛飾，因事遣詞，形吾心之所欲言者耳。間有心之所不能言者，而能形之於文，斯亦文之至乎。譬之水不動則平，及其石激淵洄，紛然而龍翔，宛然而鳳蹙，千變萬化，不可殫究。此天下之至文也。亡宋百餘年間，[1]惟歐陽公之文，不爲尖新艱險之語，而有從容閑雅之態，豐而不餘一言，約而不失一辭，使人讀之者，亹亹不厭。[2] 蓋非務奇之爲尚，而其勢不得不然之爲尚也。故翰林學士承旨党公，天資既高，輔以博學，文章沖粹，如其爲人。當明昌間，以高文大册，主盟一世。自公之未第時，[3]已以文名天下。然公自謂入

---

[1]　"亡"，原誤作"之"，據《滏水集》卷十五、《金文最》卷二十改。

[2]　"亹亹"二字原脱，據《滏水集》卷十五、《金文最》卷二十補。

[3]　"第"，原誤作"等"，據《滏水集》卷十五、《金文最》卷二十改。

館閣後,接諸公游,始知爲文法,以歐陽公之文爲得其正。信乎!公之文有似乎歐陽公之文也。晚年五言古體,寄興高妙,有陶、謝之風。此又非可與誇多鬥麗者道也。近歲寇攘,喪之幾盡,姑哀次遺文,僅成十卷,藏之翰苑云。"案,如《序》言,《竹溪集》爲閑閑鳩集,迄今又散佚不存。

按,黃、倪、錢、龔、孫目皆有。

又案,懷英所爲詩今存下列六十八首:

《穆陵道中》二首

《瓊花木后土像》

《君錫生子四月八日》

《立春》

《端午日照道中》

《夏日道出天封寺》

《龍池春興》

《宿宣灣》

《黃彌守畫吳江新霽圖》

《雪中》四首

《雪》

《蟬》

《漁村詩話圖》

《曉雲次子端韻》

《送高智叔歸濟南》

《日照道中》

《夜發蔡口》

《西湖晚菊》

《西湖芙蓉》

《浪溪別吳安雅》

《奉使行高郵道中》二首
《孤雁集句》
《黃菊集句》
《金山》
《趙飛燕寫真》
《村齋遺事》
《和張德遠伐松之什》
《題獐猿圖》
《和濟倅劉公傷秋》
《題春雲出谷圖》
《新泰縣環翠亭》
《喜雨》
《睡覺門外月色如晝霜，風過翏然成聲，作一絶》
《題張維中華山圖》
《題馬賁畫鸂鶒圖》①
《書因叔北軒壁》
《和元卿郊行》
《世華將有登州之行，作是詩以送之》
《濰密道中懷古》
《過棠梨溝》
《昫山驛亭阻雨》
《弔石曼卿》
《昫山道中》三首
《應制粉紅雙頭牡丹》二首

---

① "鶒"，原誤作"懶"，據《中州集》卷三改。

《次文孺韻》
《白莊道中》
《花品》
《書扇後》
《送崔深道東歸》
《和道彥至》
《楚清之畫樂天"小娃撐小艇，偷採白蓮回。不解藏縱迹，浮萍一道開"詩，因題其後》
《寄賈因叔》
《題大理評事王元老雙橘堂》
《宿舊縣，四更而歸，道中摭所見，作行路難》
《途中》
《徐茂宗蝸舍》
《壬辰二月六日，夜夢作一絕句，其詞曰"矯冗連天花，春風動光華。人眠不知眠，我佩絳紅霞"，夢中自以爲奇絕，覺而思之，不能自曉，故作是詩以紀之》
《謁孔林》一首
《題王廣道環翠堂》
《成趣園詩》一首
又所爲文今存下列十三篇：
《曲阜重修至聖文宣王廟碑》
《姚醉軒先生哀辭》
《醇德王先生墓表》
《重建鄆國夫人殿碑》
《禮部令史題名碑》
《重修天封寺碑》
《魯兩先生祠碑》

《棣州重修廟學碑》

《十方靈巖寺碑》

《谷山寺碑》

《新補塑釋迦佛舊像碑》

《贈正奉大夫襲封衍聖公孔公墓表》

《請照公和尚開堂疏》

党學士詩集一冊　　　　　　　　　　〇四八三

党懷英撰,見《菉竹堂書目》。題學士者,以懷英官翰林承旨也。然則在明時,殆詩集別有單行本矣。

按,孫目有。

滏水集三十卷　　　　　　　　　　　〇四八四

趙秉文撰。《中州集》卷三:"秉文字周臣,滏陽人,閑閑其自號也。幼穎悟,讀書若夙習。大定二十五年進士,應奉翰林文字。上書論宰相胥持國當罷,宗室守貞可大用。又言獄訟征伐,國之大政,自古未有君以爲可、大臣以爲不可而可行者。坐譏訕免官。未幾,起爲同知岢嵐軍州事,轉北京路轉運司度支判官。承安五年冬十月,陰晦連日。宰相萬公入對,上顧謂萬公曰:'卿昨言天日晦冥,亦猶人君用人邪正不分者,極有理。趙秉文曩以言事降授,聞其人有才藻,工書翰,又且敢言。朕非棄不用,以北邊軍興,姑試之耳。'泰和二年,改户部主事、翰林修撰。出爲寧邊州刺史,二年改平定州,治化清靜,所去人思之。貞祐初,中國仍歲被兵,公建言時事可行者三:一遷都,二導河,三封建。朝廷略施行之。四年,除翰林侍講學士。明年轉侍讀。興定中,拜禮部尚書兼侍讀,同修國史,知集賢院。開興正月,京師戒嚴,時公已老,日以時事爲憂,雖食息頃不能忘。每聞一事可便民,一士可擢用，大則拜章，小則爲當路者言，①殷勤鄭重，②不能自已。竟用是得疾，薨，年七十四。自幼至老，未嘗一日廢書不觀。著《易叢説》十卷、《中庸説》一卷、《揚子發微》一卷、《太玄箋贊》六卷、《文中子類説》一卷、《南華略釋》一卷、《列子補注》一卷、删集《論語》《孟子解》各一十卷、《資暇録》一十五卷，所著文章號《滏水集》者前後三十卷。③ 大概公之文出於義理之學，故長於辨析，極所欲言而止，不以繩墨自拘。七言長詩，筆勢縱放，不拘一律。律詩壯麗，小詩精絕，多以近體爲之。至五言大詩，則沉鬱頓挫學阮嗣宗，真淳簡澹學陶淵明。以它文較之，或不近也。字畫則有魏晋以來風調，而草書尤警絕，殆天機所到，非學能至。宣徽舜卿使河湟，夏人多問公及王子端内翰起居狀，朝廷因以公報聘。其爲四方所重如此。論者謂公至誠樂易，與人交不立崖岸，主盟吾道將三十年，未嘗以大名自居。仕五朝，官六卿，自奉養如寒士，不知富貴爲何物。蓋學道所得云。"

按，黄、倪、金、錢、龔、孫目皆有。

又按，有《四庫全書》本、《摛藻堂四庫全書薈要》本、《畿輔叢書》本、《叢書集成初編》本、《四部叢刊》初次印本、二次印本、縮印二次印本。本、《石蓮盦彙刻九金人集》本、舊鈔本、涵芬樓影印汲古閣鈔本。又有《金源七家文集補遺》本，題《滏水補遺》一卷。

閑閑外集 〇四八五

趙秉文撰。遺山《墓銘》云："生平文章號《滏水集》者，前後三十卷。公究觀佛、老之説，而皆極其指歸，嘗著論以爲害於世

---

① "爲當路者言"，原誤作"路者爲言"，據《中州集》卷三改。
② "殷"下原衍"當"字，據《中州集》卷三删。
③ "所"下原衍"以"字，據《中州集》卷三删。

者其教耳。又其徒樂從公游，公亦嘗爲之作文章，若碑誌、詩頌甚多。晚年錄生平詩文，凡涉於二家者不在也。"是閑閑爲釋、道兩家所作文字，特删定時去之耳。

《歸潛志》云："趙閑閑本喜佛學，然方之屏山，頗畏士論，又欲得扶教傳道之名。晚年自擇其文，凡主張佛、老二家皆削去，號《滏水集》。首以中和誠諸説冠之，以擬退之《原道》性。① 楊禮部之美爲序，直推其繼韓、歐。然其爲二家所作文，②並葛藤詩句，另作一編，號《閑閑外集》。以書與少林寺長老英粹中，使刊之，故二集皆行於世。"則秉文《外集》當時並有刻本矣。今據以著錄云。

按，孫目有。

蔡珪文集五十五卷　　　　　　　　〇四八六

蔡珪撰。《中州集》小傳："國初文士，如宇文大學士、蔡丞相、吴深州等，不可不謂之豪傑之士，然皆宋儒，難以國朝文派論之。故斷自正甫，爲正傳之宗，党竹溪次之。禮部閑閑公又次之。自蕭户部真卿倡此論，天下迄今無異議云。"是珪爲一代文章正宗，當時有定論矣。惟其文實不多覯，③今所見者，有《蘇文忠書李太白詩卷跋》載《書畫彙考》。《歸潛志》云："周户部德卿嘗論時人之文曰：'正甫之文可敬，從之之文可愛，之純之文可畏也。'正甫名珪，真定人，嘗爲省都事，有能聲。泰和南征，軍書羽檄，皆出其手。爲文條暢有法，余嘗至欒城，縣署中有一遺愛碑，正甫筆也，餘文不多見。在南京時，④李屏山嘗云：'正甫文字全散失不傳。'"若是，珪之文集

---

① "道"下原衍"原"字，據《歸潛志》卷九删；"性"，《愛日精廬藏書志》卷三十二同，《歸潛志》卷九作"惟"，《四庫全書總目》卷一百六十六無此字。
② "爲"字原脱，據《歸潛志》卷九補。
③ "其"字原脱，據《金史藝文略》及上下文意補。
④ "京"，原誤作"宋"，據《歸潛志》卷十、《金史藝文略》改。

在金末已無傳本矣。
按，黃、倪、金、錢、龔、孫目皆有。
又案，珪所爲詩今存下列四十六首：
《野鷹來》
《撞冰行》
《讀史》
《醫巫閭》
《讀戎昱詩有作》二首
《感寓》
《風竹如水聲》
《荷香如沉水》
《鄰屋如江村》
《保德軍中秋》
《雪擬東坡韻》
《登陶唐山寺》
《到廣黃河》
《簡王溫父昆仲》
《秋日和張溫仲韻》二首
《和彥及牡丹，時方北趨薊門，情見乎辭》
《戲楊新城》
《和曹景蕭莫春即事》
《並門無竹舊矣，李文饒嘗一植之，至今寺僧日爲平安報，[1]其難可知已。官舍東堂之北種碧蘆以寄意，[2]因作長句》
《春陰》
《初至洛中》

---

[1] "日"，原誤作"曰"，據《中州集》卷一改。
[2] "蘆"，原誤作"盧"，據《中州集》卷一改。

《霅川道中》

《飲陳氏第代主人留客》

《寄通川王倅》

《出居庸》

《葵花》

《讀史》

《閒山》

《十三山下村落》

《莫春》

《即事》

《燕山道中》三首

《太白捉月圖》

《雪谷早行圖》

《華亭圖》

《畫眉曲》七首

又所爲文今存下列一篇：

《蘇文忠公書李太白詩卷跋》

龍山集　　　　　　　　　　　　　〇四八七

劉仲尹撰。① 《中州集》卷三："仲尹字致君，蓋州人，後遷沃州。正隆二年進士，以潞州節度副使召爲都水監丞，② 卒。致君家世豪侈，而能折節讀書，詩、樂府俱有蘊藉。有《龍山集》，嘗於其外孫欽叔處見之，參涪翁而得法者也。"

按，黄、倪、錢、龔、孫目皆有。

又案，仲尹所爲詩今存下列二十八首：

---

① "尹"，原誤作"伊"，據《中州集》卷二、《歸潛志》卷四改。下"仲尹"同。

② "以"，原誤作"次"，據《中州集》卷二、《歸潛志》卷四引《中州集》改；"丞"，原誤作"承"，據《歸潛志》卷四引《中州集》改。

《墨竹》十首

《自理》

《西溪牡丹》

《秋盡》

《晚陰》

《冬日》

《寒夜》

《秋日東齋》

《窗外梅蕾》二首

《初秋夜涼》

《謝孔遵席後堂畫山水圖》

《別墅》二首

《龍德宮》

《酴醾》

《夏日》

《不出》

《一室》

黃華山主集四十卷 　　　　　　　　　　〇四八八

王庭筠撰。《中州集》卷三："庭筠字子端，熊岳人。父遵古，字仲元，正隆五年進士，仕爲翰林直學士。才行兼備，道陵所謂昔人君子者也。子端早有重名，大定十六年甲科，文采風流，照映一時。歷州縣，用薦者供奉翰林。承安中，爲言事者所累，謫鄭州幕官。未幾，復應奉，稍遷修撰。卒官，年四十七。子端詩文有師法，高出時輩之右，字畫學米元章，其得意處頗能似之，墨竹殆天機所到，文湖州已下不論也。平生愛天平黃華山水，居相下十年，自號黃華山主，有集傳於世。其歿也，道陵有詩悼之，其引云：'王遵古，朕之故人也。乃子庭筠復以才選直禁林者首尾十年,今茲云亡。玉堂東觀中,無復斯人矣。其家以遺文來上,尋繹之久,良用愴然。'詩不錄。《屏山故人外傳》云:'子端世家子,風流蘊藉,冠冕一時,爲人眉目如畫,美談笑,俯仰可觀。外視若簡貴,人初不敢與接,一見之後,和氣津津,溢於衡宇間。又其折節下士,如恐不及,苟有可取,極口稱道之,故人人恨相見之晚也。'子萬慶,字禧伯,詩筆字畫具有父風,仕爲行尚書省左右司郎中。猶子明伯,幼歲學書,書家即稱賞之,倜儻無機,膂力絕人,曾有詩云:'釣鰲公子鐵心胸,興在三山碧海東。千尺雲帆已高揭,不知何日得秋風。'死於鄧州,年未四十也。"

按,黃、倪、金、錢、龔、孫目皆有,黃、倪目作《王翰林文集》,金、錢、龔目作《王庭筠文集》。

又按,有《遼海叢書》本。

屏山内外稿　　　　　　　　　　　〇四八九

李純甫撰。《中州集》卷四:"純甫字之純,宏州人。承安年進士,仕至尚書右司都事。爲舉子日,亦自不碌碌,於書無所不闚,而於《莊周》《列禦寇》《左氏》《戰國策》爲尤長,文亦略能似之。三十歲後,徧觀佛書,能悉其精微。既而取道學書讀之,著一書,合三家爲一。就伊川、橫渠、晦庵諸人所得者而商略之,毫髮不相貸,且恨不同時與相詰難也。性嗜酒,未嘗一日不飲,亦未嘗一飲不醉,眼花耳熱後,人有發其談端者,隨問隨答,初不置慮,漫者知所以統,窒者知所以通,傾河瀉江,無有窮竭。好賢樂善,雖新進少年游其門,亦與之爲爾汝交,其不自貴重又如此。迄今論天下士,至之純與雷御史希顔,則以中州豪傑數之。子仝,字稚川,今居鎮陽。"

《歸潛志》:"李翰林純甫,字之純,宏州襄陰人。祖安上,嘗魁西京進士。父采仲文,卒於益都府治中。公幼穎悟異常兒。

初爲詞賦學,後讀《左氏春秋》,大愛之,遂更爲經義學。踰冠擢高第,名聲鬱然。① 爲文法《莊周》《左氏》,故其辭雄奇簡古。後皆宗之,②文風由此一變。又喜談兵,慨然有經世心。③泰和南犯,④兩上疏,策其勝負。章宗咨異,給送軍中,後多如所料。宰執奇其文,薦入翰林。及北方兵起,又上疏論事,不報。宣宗南渡,再入翰林。時丞相术虎高琪擅權,擢爲左司都事。公審其必敗,以母老辭去。俄而高琪誅死,識者智之。再入翰林,連知貢舉。正大末,由取人踰新格,出倅坊州,未赴,改京兆府判官,卒於南京,年四十七。公爲人聰敏,於學無所不通。少自負其材,謂功名可俯拾,作《矮柏賦》,以諸葛孔明、王景略自期。由小官上萬言書,援宋爲證,甚切。當路者以迂闊見抑,士論惜之。中年度其道不行,益縱酒自放,無仕進意。得官未嘗成考,旋即歸隱。⑤ 居閑,與禪僧、士子游,惟以文酒爲事。嘯歌袒裼,出禮法外,或飲數月不醒。⑥ 人有酒見招,不擇貴賤,必往,往輒醉。雖沉醉,亦未嘗廢著書。至於談笑怒罵,燦然皆成文理。天資喜士,後進有一善,極口稱推,一時名士皆由公顯於世,又與之拍肩爾汝,忘年齒相懽,教育、撫摩,恩若親戚。故士大夫歸附,號爲當世龍門。

---

① "鬱",《全金詩》卷十六引《歸潛志》同,《元遺山詩集箋注》卷八引《歸潛志》作"燁",《歸潛志》卷一作"赫"。

② "後",《元遺山詩集箋注》卷八引《歸潛志》、《全金詩》卷十六引《歸潛志》同,《歸潛志》卷一作"古人";"皆",《歸潛志》卷一、《全金詩》卷十六引《歸潛志》同,《元遺山詩集箋注》卷八引《歸潛志》作"進"。

③ "心",《歸潛志》卷一、《全金詩》卷十六引《歸潛志》同,《元遺山詩集箋注》卷八引《歸潛志》作"志"。

④ "犯",《歸潛志》卷一同,《元遺山詩集箋注》卷八引《歸潛志》作"征",《全金詩》卷十六引《歸潛志》作"侵"。

⑤ "旋"字原脱,據《歸潛志》卷一補。

⑥ "飲"字原脱,據《歸潛志》卷一補。

嘗自作《屏山居士傳》,末曰:'雅喜推藉後進。'如周嗣明、張毅、李涇、王權、雷淵、余先子姓名、劉從益。① 宋九嘉,皆以兄呼。而居士使酒玩世,人忤其意,輒嫚罵之,皆其志趣也。其自贊曰:'軀幹短小而芥視九州,形容寢陋而蟻螁公侯,語言蹇吃而連環可解,筆札迂滯而挽回萬牛。② 寧爲時所棄,不爲名所因。是何人也邪?吾所學者净名莊周。'晚自類其文,凡論性理及闢佛、老二家者,號'内稿',其餘應物文字如碑誌、詩賦,號'外稿',蓋擬《莊子》内、外篇。又解《楞嚴》《金剛經》《老子》《莊子》,又有《中庸集解》《鳴道集解》③,號'中國心學、西方文教'④,數十萬言。嘗曰:'自莊周後,惟王績、元結、鄭厚與吾。'此其所學也。每酒酣,歷歷論天下事,或談儒釋異同,雖環而攻之,莫能屈。世豈復有此俊傑人哉。"

按,黄、倪、金、錢、龔、孫目皆有。

又案,純甫所爲詩今存下列二十九首:

《雪後》

《赤壁風月笛圖》

《送李經》

《爲蟬解嘲獻》

《灞陵風雪》

《贈高仲常》

《真味堂》

《畫兔》

《貓飲酒》

---

① "劉從益"三字原脱,據《歸潛志》卷一補。
② "迂滯",《全金詩》卷十六引《歸潛志》同,《歸潛志》卷一作"訛瘀"。
③ "解"字原脱,據《歸潛志》卷一補。
④ "號"下,《歸潛志》卷一有"爲"字。

《天游齋》
《孫卿子》
《謝安石》
《魏徵》
《老蘇》
《偶得》
《雜詩》六首
《趙宜之愚軒》
《子端山水同裕之賦》
《馬圖同裕之賦》
《瓢庵》
《劉宋》
《哭黃華》
《怪松謠》
《虞舜卿送橙酒》
又所爲文今存下列七篇：
《李翰林自贊》
《栖霞縣建學廟碑》
《鳴道集説序》
《司馬温公不喜佛辨》
《程伊川異端害教論辨》
《重修面壁庵碑》
《新修雪庭西舍碑》

山林長語　　　　　　　　　　　〇四九〇

劉迎撰。《中州集》卷三："迎字無黨，東萊人。初以廡試部掾。大定十三年，用薦書對策爲當時第一。明年登進士第，除豳王府記室，改太子司經。顯宗特親重之，二十年從駕涼陞,以疾卒。章宗即位,錄舊學之勞,賜其子國樞進士第。無黨自號無諍居士。有詩文樂府號《山林長語》,詔國學刊行。"按,黃、倪、錢、龔、孫目皆有。

又按,迎所爲詩今存下列七十六首:

《淮安行》

《修城行》

《河防行》

《普照旃檀像,舊物也。方丈老人比以見還,作詩謝之》

《梁忠信平遠山水》

《連日雪惡,用聚星堂雪詩韻》

《徐夢弼以書求蘆菔輒次來韻》

《再次前韻》

《鰒魚》

《樓前曲》

《題十眉圖》

《雲中君圖》

《楚山清曉圖》

《題劉德文戲彩堂》

《送劉德正》

《盤山招隱圖》

《寄題禹城孫氏茂德亭》

《郭熙秋山平遠用東坡韻》

《南口》

《晚到八達嶺下達旦乃上》

《出八達嶺》

《隰川》

《上谷》

《蔡有鄰碑》
《車轆轆》
《沙漫漫》
《摧車行》
《敗車行》
《數日冗甚懷抱作惡，作詩自遣》
《寄題安巖起官舍北溟》
《莫州道中》
《上施內翰》
《題吳彥高詩集後》
《代主簿上梁孟容副公》二首
《清明前十日作》
《聞丘丈晚集慶壽作詩戲之》
《明日復會客普照，繼呈此詩，去及瓜不數日矣》
《觀古作者梅詩戲成一章》
《秋郊馬上》二首
《贈人》
《別後有懷元濟》
《贈董丞秉國》
《聞彥美服藥以詩問訊》
《和人七夕韻》
《海上》
《次曹次仲韻因以自感》
《寒食阻雨招元功會話》
《次韻諸園不暇游覽》
《自解》
《陪諸友登三山亭》二首

《秋郊》

《次劉元直韻》二首

《次韻夜雨》

《代人憶舊》

《梅》

《題雪浦人歸圖》

《歸來圖戲作》

《城南庵》

《書何維楨見贈詩後》

《寄題薊丘僧房》

《虛春亭》

《雨後》

《題歸去來圖》

《過關渡水圖》

《寄題孔德通東園》

《次韻酈元與贈于元直道舊》二首

《彥美生朝》

《張萱戲嬰圖》

《河橋》

《昌邑道中》

《題仲山枝巢》

慵夫集 ○四九一

王若虛撰。《中州集》卷六："若虛字從之,藁城人。承安二年經義進士。少日師其舅周德卿及劉正甫,得其論議爲多。博學強記,誦古詩至萬餘首,他文稱是。善持論,李屏山杯酒間談辯鋒起,時人莫能抗,從之能以三數語室之,使噤不得語,其爲名流所推服類此。釋褐鄜州録事,歷門山令,入翰林,自應奉轉直學士,居冷局十五年。崔立之變,群小獻謟,爲立起功德碑,以都堂命召從之。從之外若遜辭,而實欲以死守之,時議稱焉。北渡後,居鄉里,癸卯三月東游,與劉文季輩登泰山,憩於黃峴峰之萃美亭,談笑而化,時年七十。從之天資樂易,負海內重名,而不立厓岸,雖小書生登其門,亦折行輩交之。滑稽多智,而以雅重自持,謀事詳審,出人意表。人謂從之於中外繁劇,無不堪任,直以投閑置散,故百不一試耳。自從之沒,經學史學,文章人物,公論遂絕,不知承平百年之後,當復有斯人不也。① 子恕,字寬夫。②"

《金史》:"崔立之變,③群小附和,請爲立建功德碑,翟奕以尚書省命召王若虛爲文。④ 時奕輩恃勢作威,⑤人或少忤,則讒搆立見屠滅。若虛自分必死,私謂左右司員外郎元好問曰:'今召我作碑,不從則死,作之則名節掃地,不若死之爲愈。雖然,吾姑以理諭之。'及謂奕輩曰:'丞相功德碑當言何事。'⑥奕輩怒曰:'丞相以京城降,活生靈百萬,非功德乎?'曰:'學士代王言,功德碑謂之代王言可乎。且丞相既以城降,則朝官皆出其門,自古豈有門下人爲主帥誦功德而可信乎後世哉。'奕輩不能奪,乃召太學生劉祁、麻革輩赴省,⑦使好問、⑧張信之諭以立碑事,曰:'衆議屬二君,且已白鄭王矣,二君其無讓。'祁等固辭而別。數日,促迫不已,祁即爲草定,

---

① "不也",原誤作"也不",據《中州集》卷六乙正。
② "字",原誤作"存",據《中州集》卷六改。
③ "之"字,《金史》卷一百二十六無。
④ "召",原誤作"詔",據《金史》卷一百二十六改。
⑤ "奕",原誤作"弈",據《金史》卷一百二十六改。下"奕輩"同。
⑥ "當言何事",《金史》卷一百二十六作"當指何事爲言"。
⑦ "赴",原誤作"越",據《金史》卷一百二十六改。
⑧ "使"字,《金史》卷一百二十六無。

以付好問。① 好問意未愜,乃自爲之,即成以示若虛,②乃共刪定數字,然止直叙其事而已。後兵入城,不果立也。"若虛有《慵夫集》《滹南遺老集》若干卷。

按,黄、倪、金、錢、龔、孫目皆有。

滹南遺老集四十五卷　　　　　　　　　　　　〇四九二

王若虛撰。見前條。

按,黄、倪、金、錢、龔、孫目皆有。

又按,有《四庫全書》本、《摛藻堂四庫全書薈要》本、《畿輔叢書》本、《叢書集成初編》本、《石蓮盦彙刻九金人集》本、《四部叢刊》初次印本、二次印本、縮印二次印本。本。又有《金源七家文集補遺》本,題《滹南遺老集補遺》一卷。

蓬門先生集　　　　　　　　　　　　　　　　〇四九三

劉從益撰。《中州集》卷六:"從益字雲卿,南山翁撝之曾孫。大安元年進士,拜監察御史,坐與當路者辨曲直,得罪去。久之,起爲葉縣令,修學講義,聳善抑惡,有古良吏之風。葉,劇邑也,兵興以來,户减三之一,田不毛者萬七千畝,其歲入七萬石故在也。雲卿請於大農,爲减一萬,民賴之,流亡歸者二千餘家。未幾被召,百姓詣臺乞留,不聽。入授應奉翰林文字,踰月,以疾卒,時年四十四。葉人聞之,以端午罷酒,爲位而哭,且立石頌德,以致哀思之心焉。雲卿博學強記,於經學有所得,爲文章長於詩,五言古詩又其所長。雷御史説雲卿在太學時,年甚少,嘗有詩云:'黄金錯落雲間闕,紅粉高低柳外牆。'時輩皆推伏之,其卒以詩得名者,固已見於此矣。有《蓬門先生集》行於世。二子,祁字京叔,郁字文季,俱有名於時。"

---

① "以"字原脱,據《金史》卷一百二十六補。
② "即",《金史》卷一百二十六作"既"。

按，黃、倪、金、錢、龔目皆有。
又案，從益所爲詩今存下列三十七首：
《題蘇李合畫淵明濯足圖》
《過尉氏回懷阮籍》
《汎舟回瀾亭坐中作》
《樂山松》
《和淵明雜詩》四首
《和淵明始春懷田舍》
《和淵明飲酒韻》
《臘日次幽居韻》
《歲除夕次東坡守歲韻》
《次韻別歲》
《次韻餽歲》
《清和即事用前韻》
《五月十四夜對月有感》
《再過鄚城示伯玉知幾》
《次韻閑閑公夢歸》
《題閑閑公夢歸詩後用叔通韻》
《送儀提點西歸》
《再賡》
《次韻李公度》
《題無盡藏》
《三弟手植瓢材且有詩予亦戲作》
《次韻三弟贈南庵老人》
《次韻劉少宣》
《酬李子遷》
《過洧川次侯生君澤韻》

《聞蛩用少陵韻》

《除夕用少陵韻》

《即事》

《宋樓道中》

《過武丁廟》

《戲答侯威卿覓墨》

《北園》

《次韻答劉少宣》二首

常山集　　　　　　　　　　　　　　　　〇四九四

周昂撰。《中州集》卷四："昂字德卿，真定人。父伯祿，字天錫，①師事玄貞先生褚承亮。大帝初第進士，仕至同知沁南軍節度使事。德卿年二十一擢第，釋褐南和簿，有異政，遷良鄉令，入拜監察御史。路宣叔以言事被斥，德卿送以詩，坐謗訕停銓。久之，起爲龍州都軍，以邊功得復召，超三司判官。大安軍興，權行六部員外郎。德卿傳其甥王從之文法云：'文章工於外而拙於內者，可以驚四筵而不可以適獨坐，可以取口稱而不可以得首肯。'又云：'文章以意爲主，以字語爲役，主強而役弱，則無令不從。今人往往驕其所役，至跋扈難制，甚者反役其主，雖極辭語之工，而豈文之正哉？'德卿初有《常山集》，喪亂後不復見，從之能記三百餘首，因得傳之。《屛山故人外傳》云：'德卿以孝友聞，又喜名節，藹然仁義人也。學術醇正，文筆高雅，以杜子美、韓退之爲法，諸儒皆師尊之。既歷臺省，爲人所擠，竟坐詩得罪，謫東海上，十數年始入翰林，言事愈切，出佐三司，非所好。從宗室承裕軍，承裕失利，跳走上谷，眾欲徑歸，德卿獨不可，城陷，與其從子嗣明同死於

---

① "錫"，原誤作"賜"，據《中州集》卷四改。

難。嗣明字晦之，短小精悍，有古俠士風。年未三十，交游半天下，識高而志大，善談論而中節。作詩喜簡澹，樂府尤溫麗。最長於義理之學，下筆數千言，初不見其所從來。試於府，於禮部，俱第一擢第。主淶水簿，從其叔北征得還，而不忍去。使晦之不死，文字不及其叔，而理性當過之。嘗謂學不至邵康節、程伊川，非儒者也。其說類此，而天不假年，悲夫。'"

按，錢、龔、孫目皆有。

又按，昂所爲詩今存下列一百零二首：

《晚望》

《香山》

《有感》

《冷巖行賦冷巖相公所居》

《早起》

《曉望》

《羈旅》

《早春》

《雪》

《雨過》

《晚步》

《夜》

《晚望》

《獨酌》

《秋夜》

《對月》

《促織》

《溪南》

《蠻人韻》
《送李天英下第》
《宿西藍》
《北湖清明》
《中秋夜高陽對月》
《丘家莊早發》
《邊月》
《侍祠太室》
《夜步》
《宋文貞公廟》
《讀陳後山詩》
《偶書》
《失子》
《北行即事二絕句》
《邊月》
《晨起》
《西城道中》
《醉經齋爲虞鄉麻長官賦》
《清放齋》
《孫資深歲寒堂》
《登綿山上方》
《謁先主廟》
《送客》
《莫州道中》
《即事》二首
《感秋》
《對月》

《鵲山》
《望山中松》
《利涉道中寄子端》
《即事》二首
《九日》
《對月》
《翠屏口》七首
《邊俗》
《山家》七首
《北行》二首
《山丹花》
《春日即事》
《寄金山長老》
《寄王子明》
《無題》
《萱草》
《得家書》
《書齋》
《聞蟬》
《晚陰不成》
《竇氏園亭》二首
《即事》二首
《代書寄大元伯》
《和路宣叔梅》
《新秋》
《靳子溫款春亭》
《底柱圖》

《寒林七賢》

《過省冤谷》

《魯直墨迹》

《讀柳詩》

《憶劉及之》

《家園》

《晚望》

《水南晚眺》

《正月大風雨》

《弔張益之》

《題高歡避暑宫》

《樓桑廟》

黄山集 〇四九五

趙渢撰。《中州集》卷四："渢字文孺，第進士，明昌末終於禮部郎中。性沖澹，學道有得。黄山，其自號也。閑閑趙公云：'黄山正書體兼顔蘇，行草備諸家體，超放又似楊凝式，當處黄魯直、蘇才翁伯仲間。党承旨篆，陽冰以來一人而已，而以黄山配之，至今人謂之党趙。'有《黄山集》行於世。《諒陰》云：'峨峨景明宫，五雲湧蓬萊。山空白晝永，野曠清風來。'《放遠亭》：'晴日未消千嶂雪，煖風先放一川花。青天低處是平野，白鳥去邊明落霞。'《秦村道中》云：'桃花都被風吹卻，楊柳似將煙染成。'其餘多稱此。"

按，黄、倪、金、錢、龔、孫目皆有。

又按，渢所爲詩今存下列三十一首：

《晚宿山寺》

《僧和尚坐脱》

《黄山道中》

《郊外》
《貢院中懷山中故居》
《貢院聞雨》
《聚遠臺》
《秋日感懷》
《用仲謙元夕詩韻》
《分韻賦雪得雨字》
《和茂才韻》
《留題西溪三絕》
《九日懷尹無忌》
《立秋》
《和崔深道春寒》
《西城觀水》
《盆池荷花》
《扈從車駕至荊山》
《中秋》
《題齊物堂》
《秋郊晚望》
《元日》
《過良鄉縣學》
《和詵上人雪詩》
《澗上》
《新涼》
《過蓨縣董大夫廟》
《寓居寫懷》
《得鵝應制》
又所爲文今存下列三篇：

《王榆山先生墓表》
《太原府學文廟碑》
《濟州普照禪寺照公禪師塔銘》

玉峰散人集 〇四九六

趙可撰。《中州集》卷二："可字獻之,高平人。貞元二年進士,仕至翰林直學士。風流有文采,詩、樂府皆傳於世,號《玉峰散人集》。子述,字勉叔,承安二年登科。《賦雪》云:'奇貨可居天種玉,太平有象麥連雲。'《屏山故人外傳》説勉叔詩章字畫皆有父風,①性落魄,嗜酒,卒以樂死,倜儻奇男子也。"

按,黄、倪、金、錢、龔、孫目皆有。

又按,可所爲詩今存下列五首:

《來遠驛雪夕》
《雲興館曉起》
《江路聞松風》
《自白雲上石甕至明仙與黑道人飲》
《謁先主廟》

又所爲文存下列一篇:

《華州蒲城丞喬公墓誌》

西巖集 〇四九七

劉汲撰。《中州集》卷二："汲字伯深,南山翁之子。天德三年進士,釋褐慶州軍事判官,入翰林爲供奉,自號西巖老人。有《西巖集》傳於家。屏山爲作《序》云:'人心不同如面,其心之聲發而爲言,言中理謂之文,文而有節爲之詩。然則詩者文之變也,豈有定體哉?② 故三百篇什無定章,章無定句,句無

---

① "故"字原脱,據《中州集》卷二補。
② "哉"字原脱,據《中州集》卷二補。

定字,①字無定音,大小長短,險易輕重,惟意所適。雖役夫室妾悲憤感激之語,與聖賢相雜而無愧,亦各言其志也已矣。何後世議論之不公邪?齊梁以降,病以聲律,類俳優然。沈宋而下,裁其句讀,又俚俗之甚者。自謂靈均以來,此秘未睹。此可笑者一也。李義山喜用僻事,下奇字,晚唐人多效之,號西崑體。殊無典雅渾厚之氣,反晉杜少陵爲村夫子。此可笑者二也。黃魯直天資峭拔,擺出翰墨畦逕,以俗爲雅,以故爲新,不犯正位,如參禪着末後句爲具眼。江西諸君子翕然推重,別爲一派。高者雕鐫尖刻,下者模影剽竊。公言韓退之以文爲詩,如教坊雷大使舞。又云:學退之不至,②即一白樂天耳。此可笑者三也。嗟乎!此説既行,天下寧復有詩邪?比讀劉西巖詩,質而不野,清而不寒,簡而有理,澹而有味,蓋學樂天而酷似之。觀其爲人,必傲世而自重者,頗喜浮屠,邃於性理之説,凡一篇一咏,必有深意,能道退居之樂,皆詩人之自得,不爲後世論議所奪,真豪傑之士也。'"

按,黃、倪、錢、龔、孫目皆有。

又案,汲所爲詩今存下列十三首:

《題西巖》二首

《平涼道中》

《南園步月》

《不如意》

《慶州回過盤嶺宿義園》

《到家》

《高陽道中》

《家僮報西巖栽植滋茂,喜而成咏》

---

① "句句無定"四字原脱,據《中州集》卷二補。
② "退",原誤作"遠",據《中州集》卷二改。

《留別四弟》

《酒中作》

《西巖歌》

《題蒲縣下庫村》

攖寧集 〇四九八

劉瞻撰。《中州集》卷二："瞻字巖老，亳州人。天德三年南牓登科，大定初召爲史館編修，卒官。党承旨世傑、酈著作元與①魏內翰飛卿皆嘗從之學。巖老自號攖寧居士，有集行於世。作詩工於野逸，如'厨香炊豆角，井臭落椿花'之類爲多。"

按，黃、倪、錢、龔、孫目皆有。黃、倪、龔目皆作《攖寧居士集》，錢目作《劉瞻集》。

又案，瞻所爲詩今存下列三首：

《春郊》

《無極道中》

《所見》

虛舟居士集 〇四九九

郝俁撰。《中州集》卷二："俁字子玉，太原人。正隆二年進士，仕至河東北路轉運使。子居簡，字仲寬，進士不第，有詩名太原、平陽間。居中字仲純，樞密院令史出身，嘗刺坊州，人物楚楚，所謂文獻不足，猶超人群者也。正大末，除鳳翔治中、南山安撫使，詩亦有功。子玉自號虛舟居士，有集行於世。如云'勞生雖可厭，清景亦自適'，殊有古意也。"

按，黃、倪、錢、龔、孫目皆有。

又案，俁所爲詩今存下列二十二首：

---

① "與"，原誤作"興"，據《中州集》卷二改。

《郝吉甫蝸室》

《聽雪軒》

《魏處士野故莊》

《七月十五日夜顯仁寺東軒對月》

《應制狀元紅》

《叠翠柳》

《題均福堂》三首

《次仁甫韻》

《題溫容村寺壁》

《故城道中同元東巖賦》

《晚過壽寧》

《子文致君九日,用安字韻,聊亦同賦》

《題孔氏園亭》

《攬秀軒》

《上巳前後數日皆大雪,新晴游臨漪亭上》

《奉陪太守游南湖同郭令賦》

《三月望日次邊德舉攬秀軒》

《新秋》

《寺樓晴望》

《題五丈原武侯廟》一首

竹堂集　　　　　　　　　　　　　　　〇五〇〇

張公藥撰。《中州集》卷二:"公藥字元石,宰相安簡公孝純永錫之孫。以文廕入仕,嘗爲鄢城令。詩號《竹堂集》。《寒食》云:'一百五日寒食節,①二十四番花信風。'《新年》云:'客情病裏度殘臘,老色鏡中添一年。雲樹縈寒猶漠漠,竹梢迎日

---

① "日"下原衍一"寒"字,據《中州集》卷二刪。

已娟娟。'《春晚》云:'細風皺緑漲溪水,小雨點紅添海棠。'又云:'芭蕉葉斜卷舒雨,酴醾架小縱橫春。①'人喜傳之。子觀,字彥國,仕爲某軍節度副使。孫厚之,字茂弘,承安五年進士。"
按,黄、倪、錢、龔、孫目皆有。
又案,公藥所爲詩今存下列三首:
《許下三庚,劇暑盛於他州,②懷思故鄉嶧山山水,真清涼境界也,感而作詩》
《往鄜州》
《二月》

任詢詩數千首　　　　　　　　　　　　　○五○一

易州任詢君謨撰。《金史》入《文藝傳》。詢,正隆二年進士,書法爲當時第一。《中州集》小傳云:"平生詩數千首,君謨歿後,皆散失。今所録皆得於傳聞之間。"
按,孫目有。
又案,詢所爲詩今存下列九首:
《西湖》
《灣南黄臺》三首
《蘇州宴》
《庚辰十二月十九日雪》
《憶郎山》
《巨然山寺》
《浙江亭觀潮》
又所爲文今存下列一篇:
《奉國上將軍郭公神道碑》

---

① "醾"，原誤作"縻"，據《中州集》卷二改。
② "劇"字原脱，據《中州集》卷二、《全金詩》卷二十二補;"盛"，《全金詩》卷二十二同,《中州集》卷二作"甚"。

卷六　集部二

金人別集類中

馮子翼文集　　　　　　　　　　　　　　〇五〇二

馮子翼撰。《中州集》卷二："子翼字士美，大定人，正隆二年進士。性剛果，與物多忤，用是仕宦不進，以同知臨海軍節度使事致仕，居真定。有詩、樂府傳於世。父仲尹，子叔獻，三世皆仕至四品，職名亦相近。士美詩有筆力，如《賦臨海乳山萬松堂》爲可見矣。"

按，孫目有。

又案，子翼所爲詩今存下列七首：

《三月七日登龍尾山寺》

《佑德觀試經》

《書事》

《和張浮休舊韻》

《小圃茅亭新成》

《贈張壽卿》

《岐山南顯道冷香亭》

史旭詩一卷　　　　　　　　　　　　　　〇五〇三

史旭撰。《中州集》卷二："旭字景陽，第進士，歷臨真、秀容二縣令。有詩一卷傳於世。《臨真上元夜雪》云：'斜風吹雪滿山城，壓屋雲低未肯晴。天女散花春一色，燭龍銜照夜三更。'《交口楊氏莊》云：'青黃遶屋禾將熟，紫白依欄菊半開。'《差赴綏德》云：'也解笑人沿路菊，不堪供稅帶山田。'先人嘗從之游，稱其詩有佳句云。"

按，黄、倪、錢、龔、孫目皆有。

又案，旭所爲詩今存下列三首：

《懷郭碩夫劉南正程雲翼》

《早發驊騮堋》

《梨花》

王礎詩　　　　　　　　　　　　　　　　　〇五〇四

歸德府判大名王礎鎮之撰。自號退翁。《拙軒集·先君行狀》："性嗜書卷，未嘗去手。有詩百篇，平淡簡古，如其爲人。"《中州集》於王寂小傳引《行記》，載其《雞山》一詩云："記得垂韶此地游，①雞山孤立水平流。而今重過山前路，山色青青人白頭。"遺山雖謂詩固佳，依仿蘇才翁太甚，然亦礎詩之幸存者。

按，孫目有。

拙軒集　　　　　　　　　　　　　　　　　〇五〇五

王寂撰。《中州集》卷二："寂字元老，蘇州玉田人。系出三槐，父礎，字鎮之，國初名士，仕至歸德府判官。元老天德三年進士，興陵朝以文章政事顯，終於中都路轉運使。壽六十七，謚文肅。有《拙軒集》《北遷録》傳於世。三子：欽哉、直哉、鄰哉，俱爲能吏。元老長於詩，②有云：'生涯貧到骨，家具少於車。'"

按，黄、倪、錢、龔、孫目皆有。

又案，有《四庫全書》本、《武英殿聚珍版書》武英殿木活字本、浙江本、江西書局本、福建本、廣雅書局本。本、《清芬堂叢書》本、《勵志齋叢書》本、《叢書集成初編》本、《石蓮盦彙刻九金人集》本、乾隆

---

① "垂"，原誤作"重"，據《中州集》卷二改。

② "長"，《中州集》卷二作"專"。

巾箱本、同治江西重刊本、光緒福州修補本。

劉中文集 〇五〇六

劉中撰。《中州集》卷四："中字正夫,漁陽人。《屏山故人外傳》云:'正夫爲人短小精悍,滑稽玩世。'中明昌五年詞賦經義第。詩清便可喜,賦甚得《楚辭》句法,尤長於古文,典雅雄放,有韓柳氣象。教授弟子王若虛、高法颺、張履、張雲卿皆擢高第,學古文者翕然宗之曰劉先生。以省掾從軍南下,改授應奉翰林文字,爲主帥所重,常預秘謀,書檄露布皆出其手。軍還,授右司都事,將大用矣,會卒,有文集藏於家。周德卿嘗謂正夫可敬,從之可愛,之純可畏,皆人豪也。"

按,黄、倪、錢、龔、孫目皆有。

又案,中所爲詩今存下列二首:

《冷巖公柳溪》

《龍門石佛》

虛舟居士集 〇五〇七

路鐸撰。《中州集》:"鐸字宣叔,伯達之子,與弟鈞和叔,父子俱有重名。而宣叔文最奇,尤長於詩,精緻溫潤,自成一家。任臺諫,有古直臣之風。貞祐初,出爲孟州防禦使,城陷,投沁水死。有《虛舟居士集》,得之鄉人劉庭幹家。"

按,黄、倪、金、龔、孫目皆有。

又案,鐸所爲詩今存下列二十七首:

《書州驛壁》

《王子端挽詞》

《慶壽寺晚歸》

《賦丈室碧玉壺,①善甫賦詩,鐸亦奉和》二首

《次韻答季通》

---

① "丈",原誤作"文",據《中州集》卷四改。

《雨中》

《輞川》

《高唐劉氏駐春園》

《赫仲華求賦鄴臺張氏野堂》

《題鄒公所藏淵明歸去來圖》

《衛州贈子深節度》

《潼關》

《七夕與信叔仲荀會飲晚歸有作》

《襄城道中》

《感寓》

《冠氏雨中》

《細香軒》三首

《芳梅如佳人贈襄城衛昌叔》

《遂初園詩》

《思玄堂》

《汴梁公廨西樓》二首

《次韻酈著作病起》

《成趣園詩》一首

又所爲文今存下列一篇：

《爽心亭記》

坡軒集　　　　　　　　　　　〇五〇八

酈權撰。《中州集》卷四："權字元輿，安陽人。作詩有筆力，《圃田道中》云：'斷橋經壞屋，古道入崩山。'《石磵》云：'蒼崖秀苔花，壞道補石棧。徐行下井底，斗上出天半。'《綺岫宮》云：'離宮鼎相望，百年幾游歷。獨知窮已樂，衆懟不汝郵。繁華忽灰燼，歲月空瓦礫。'①《赤水道中》云：'水近噓寒

---

① "礫"，《中州集》卷四作"爍"。

氣，星殘曳白芒。'《燒痕》云：'炎威隨變滅，餘燼委丘壤。田疇更斷續，原隰依下上。班班潤溪毛，往往漏尋丈。晴空墮雪影，夕照壓秋嶂。昆明翻劫灰，黑水走濁浪。煙中一綫來，細路入空曠。'《游石甕》云：'雲間兩石角，相鬥如鬩門。上連石甕口，谽谺愁猱猿。枵如空洞腹，瑩滑無鐵痕。何年補天手，月斧雲爲斤。琢成蒼玉甊，覆此玻璃盆。'《龍潭》云：'臺高野望遠，地僻春意閑。'《郊行》云：'強行村醪終少味，[①]漫留詩句懶題名。'《村行》云：'瘦藤籬角蔓，雜草樹根花。夾道懸新棗，荒畦臥晚瓜。'又云：'歲豐人樂社，秋近客思家。'《書事》云：'佳樹漲新綠，危叢棲老紅。'《與顯叔》云：'茶竈翻春白，糟床滴曉紅。'《雜詩》云：'樹影僧攜錫，鈴聲客到門。片月冷千嶂，敗橋通兩村。'此類甚多。元興父瓊，國初有功，仕至武寧軍節度使。元興以門資叙宦不達，朝廷高其才，明昌初以著作郎召之，未幾卒。有《坡軒集》行於世。"

按，黃、倪、錢、龔、孫目皆有。

又案，權所爲詩今存下列十六首：

《聞砧》

《夷門遣懷》

《西游雜詩》

《慈恩寺塔》

《木犀》

《竹林寺矮松》

《自鶴壁游善應洹山》

《八渡漼》

《留仲澤》

[①] "行"，《中州集》卷四作"引"。

《寄唐州幕官劉無黨》

《除夜》

《七夕》

《濟源廟海子内有二黿，人以將軍目之，投餅餌則至》

《裴公亭》

《郊行》二首

澹軒遺稿　　　　　　　　　　　　　　　　　　○五○九

史肅撰。《中州集》卷五："肅字舜元，京兆人，僑居北京之和衆。幼孤，養於外家，天資挺特，高才博學，作詩精緻有理，尤善用事，古賦亦奇峭，工於字畫。業科舉，爲名進士，立朝爲才大夫。優於政事，嚴而不苛，所至有聲，吏畏而安之。累以廉升，歷赤縣及幕官，入爲監察御史，遷治書，出刺通州。大中黨獄起，爲所絓誤，①謫靜難軍節度副使。大安初，召爲中都路轉運副使，超户部正郎，復坐鐫降同知汾州事，卒官。舜元素尚理性之學，屏山學佛，自舜元發之。晚年頗喜養生，謂人可以不死，嘗欲棄官學道，而竟止於此，可哀也已。詩號《澹軒遺稿》，今在燕都鄭庭幹家。其平生則見之《屏山故人外傳》云。"

按，黃、倪、錢、龔、孫目皆有。

又案，肅所爲詩今存下列三十首：

《偶讀買達之邀飯帖有感，作詩哭之》

《河上》

《別張信夫》

《別懷玉》

《山陰縣》

---

① "誤"字，《中州集》卷四無。

《方丈坐中》

《早出遵化》

《宿睦村》

《人韻安之飲酒》

《過九里山》

《道傍柳》

《登憫忠寺閣》

《讀傳燈錄》

《夏夜》

《物化》

《立秋日》

《感興》

《偶書》

《放言》二首

《曉出東盧》

《次張信夫韻》

《髮脱》

《立秋日》

《復齋》

《北潭》

《晚興》

《雜詩》二首

《春雪》

洹水集 ○五一○

史公奕撰。《中州集》卷五："公奕字季宏，大名人，系出石晉鄭王弘肇。父良臣，宣和中擢第，終於潞州觀察副使。季宏大定二十八年進士，再中博學宏詞科。程文極典雅，遂無繼之者。累遷著作郎、翰林修撰、同知集賢院。正大中,置益政院,楊吏部之美與季宏皆其選也。以直學士致仕,年七十三卒。季宏文章書翰皆有前輩風調,下至棋楜之技,亦絕人遠甚。閑閑稱其溫厚謙退,與人交,愈久而愈不厭,其學問,愈扣而愈無窮。① 其見重如此。詩文號《洹水集》,兵後失之。子應祖,字企先。孫彥忠,今在燕中。"

按,黃、倪、錢、龔、孫目皆有。

又案,公奕所爲詩今存下列一首:

《李雁門》

蕭貢文集十卷　　　　　　　　　　　　〇五一一

蕭貢撰。《中州集》卷五:"貢字眞卿,咸陽人,唐太傅實十七代孫。博學能文,不減前輩蔡正甫。大定二十二年進士,自涇州觀察判官召補省掾,不四五月拜監察御史,累遷右司郎中,預修泰和律令,所上條畫皆委曲當上心。興陵嘉嘆曰:'漢有蕭相國,我有蕭貢,刑獄吾不憂矣。'又奏死囚獄雖已具,仍責家人伏辨,以申冤抑,詔從之。遷刑部侍郎,入謝曰:'臣願因是官廣陛下好生之德。'上大悅,凡眞卿所平反多從之。歷大興同尹、德州防禦使、同知大名府事、陝西西路轉運使、河東北路按察轉運使、靖難軍節度使、②南京都轉運使、御史中丞,以户部尚書致仕,年六十六終於家,謚曰文簡。有《注史記》百卷、《公論》二十卷、《五聲姓譜》五卷、《文集》十卷傳於世。"

按,黃、倪、錢、龔、孫目皆有。

又案,貢所爲詩今存下列三十二首:

《渭南縣齋秋雨》

---

① "扣",原誤作"和",據《中州集》卷五改。
② "靖",《中州集》卷五作"静"。

《假梅》
《臨泉道中》
《自感》
《荒田擬白樂天》
《樂府崔生》
《米元章大字卷》
《楊侯畫晋公臨江賞梅,樂天與鳥窠禪師汎舟談玄,不顧而去,戲爲一絶,以代晋公招樂天同飲云》
《漢歌》
《楚歌》
《悲長平》
《雒陽》
《中秋對月》
《寄答張維中》
《保德州天橋》
《靈石縣》
《真容院》
《讀火山瑩禪師詩卷》
《君馬白》
《陳宮詞》
《岢嵐》
《按部道中》二首
《日觀峰》
《族兄才卿一第後赴宜禄酒官,以詩寄之》
《梨花》
《後趙》
《古採蓮曲》

《擬迴文》四首

又所爲文今存下列一篇：

《京兆府涇陽縣重修北極宮碑》

橫溪翁集　　　　　　　　　　　　　　　　　〇五一二

馮延登撰。《中州集》卷五："延登字子駿，吉州人，承安二年進士。令寧邊日，適閑閑公守此州，與之考論文義，相得甚歡，故子駿詩文皆有律度。正大末，奉命北使，見留。使招鳳翔，不從，欲殺者久之。割其鬚髯，羈管豐州二年，①乃得還。天興初元，授禮部侍郎。京城陷，自投井中。子駿資稟淳雅，與人交，殊款曲。讀書長於《易》《左氏傳》。好賢樂善，有前輩風調。嘗欲作'《國朝百家詩》'而不及也。有集號《橫溪翁》。予過大名，見於其子源如。《賦德順道院隴泉》云：'玉壘制方維，瓊漿閟仙宅。何人斸雲根，一旦泄地脈。金匱鎖龍漦，月窟逗蟾液。銅壺漏水清，玉斗天醴碧。光搖日千道，影落天一席。窈然仇池穴，自與天壤隔。'又《登封途中遇雨留僧舍》云：'濕雲若煙低，飛雨如矢集。近山衣已涼，薄寒復相襲。霽景函草木，秋意滿原隰。林紅寒更殷，山翠晴更濕。不知高幾許，但見蒼壁立。群峰誰暇數，庭笋紛戢戢。騰擲來眼中，左右疲顧揖。'皆其得意句也。"

按，黃、倪、錢、龔目皆有。

又案，延登所爲詩今存下列十七首：

《鄆城道中》

《元日隆安道中》

《宿三家寺》

《代郡楊㲊之與余同辰，月日時亦然，渠有詩，因爲次韻》

---

① "州"，原誤作"卅"，據《中州集》卷五改。

《寄筇青柯平》

《射虎得山字》

《雪》

《華清故宮》

《西園得西字》

《八月十四日宿官塔下院》二首

《探春得波字》

《春雨》二首

《藤花得春字》

《蘭子野晚節軒》

《洮石硯》

愚軒集　　　　　　　　　　　　　　　　　　　　　〇五一三

趙元撰。《中州集》卷五："元字宜之，定襄人。經童出身，舉進士不中，以年及調鞏西簿，未幾失明。自少日博通書籍，① 作詩有規矩，泰和以後，有詩名。河東李屏山爲賦愚軒，有'落筆突兀無黃初'之句。愚軒，宜之自號也。用是名益重。南渡以後，往來洛西山中，閑閑公、雷御史、王子文、許至忠、崔懷祖皆愛之，所至必虛左以待。爲人有才幹，處事詳雅。既病廢，無所營爲，萬慮一歸於詩，故詩益工。若其五言平淡處，他人未易造也。宜之之父名淑，字清臣，由門資叙，與先隴城爲莫逆交，故好問交游間得宜之之詩爲多。子顒，有隱節，今居鄉里。"

《歸潛志》："趙宜祿宜之，忻州人。幼舉童子第。及壯，病目失明，自號愚軒居士。高才能詩，其所讀書，皆自少時不忘。居西山下，以吟咏爲樂，名士無不與游，趙、李諸公甚重之。

---

① "籍"，《中州集》卷五作"傳"。

屏山常賦愚軒云：'我雖有眼不如無,安得恰似愚軒愚。'後病歿,有《愚軒集》。《送辛敬之》云：'李白久矣騎長鯨,後五百歲之純生。'"

按,錢、龔目皆有。

又案,元所爲詩今存下列三十四首：

《鄰婦哭》

《渡洛口》

《書懷繼元弟裕之韻》三首

《喜霽》

《詩送辛敬之東歸》二首

《修城去》

《田間秋日》三首

《客況》

《學稼》

《立秋日》

《村居夏日》

《次韻答裕之》

《書懷》

《寄裕之》二首

《丙子夏臥病汗後有作》

《宿少林寺》

《晚出》

《次韻裕之見寄》二首

《題裕之家山圖》

《早發寶應龍門道中有感》

《欽若遽有商於之行,作長語爲別,兼簡仲澤弟一笑》

《丁亥三月二十五日雪》

《大暑》
《讀樂天無可奈何歌》
《哀古道》
《薛鼎臣罷登封》
《題嵩陽歸隱圖》

蘭泉集　　　　　　　　　　　　　　　〇五一四

張建撰。《中州集》卷七："建字吉甫，蒲城人。明昌初，舉才行，授絳州教官，召爲宮教，應奉翰林文字。以老乞身，道陵愛其淳素，不欲令去左右，眷眷久之。超同知華州防禦使事，①仍賜詩，有'從今畫錦蓮峰下，三樂休誇榮啓期'之句，士林榮之。吉甫自號蘭泉老人，有集行於世。其論詩云：'作詩不論長篇短韻，須要詞理具足，不欠不餘，如荷上洒水，散爲露珠，大者如豆，小者如粟，細者如塵，一一看之，無不圓成，始爲盡善。'吉甫詩雖不能盡如所言，然亦未爲無所得也。"

按，黄、倪、金、錢、龔目皆有。

又按，有《關隴叢書》本，另有排印本，題《蘭泉老人》一卷附《楊晦叟集》一卷。

平水集　　　　　　　　　　　　　　　〇五一五

毛麾撰。《中州集》卷七："麾字牧達，平陽人。大定十六年舉學行，特賜進士出身，授校書郎，入教宮掖，歷太常博士，終於同知沁州軍州事。有《平水集》行於世。"

按，黄、倪、錢、龔目皆有，錢目作《平水老人詩集》十卷。

又案，麾所爲詩今存下列七首：
《無題》
《游河西孫氏園》

---

① "超"，原誤作"起"，據《中州集》卷七改。

《魏城馬南瑞以異香見貽且索詩爲賦》二首

《新春雪與韓府推》

《和思達兄杏花》

《春賞》

又所爲文今存下列五篇：

《沖虛至德眞經四解序》

《常清靜經注序》

《磻溪集序》

《潞州儒學碑》

《康澤王廟碑》

朱瀾集 〇五一六

朱瀾撰。《中州集》卷七："瀾字巨觀，霖堂先生之子。學問該洽，能世其家。大定二十八年進士，時年已六十，意氣不少衰。歷諸王文學，應奉翰林文字，終於待制。党、趙推挽之力爲多。以嘗入教宮掖，故集中多宮詞。"

按，龔目有，作《朱巨觀集》。

又案，瀾所爲詩今存下列三首：

《寒食不出》

《黃筌雀蝶》

《宮詞》

姑汾漫士集 〇五一七

王琢撰。《中州集》卷七："琢字器之，平陽人。與毛牧達同時，相友善。天性孝友，爲鄉里所稱。酷嗜讀書，往往手自抄寫。家素貧乏，而能以剛介自持，未嘗有所丐貸。時命不偶，年四十五以病卒，士論惜之。有《姑汾漫士集》行於世。所著中《聖人賦》，今世少有能到者。詩好押強韻，務以馳騁爲工。《七月十五夜看月》云：'歷樹有驚鵲，悄鄰無吠厖。'《對雨》

云:'春雨薄如夢,曉雲閑似愁。'《秋霖》云:'窗寒知氣重,人靜覺泥深。'《驟雨》云:'雹點撒冰彈,電光飛火繩。'《春陰》云:'庭澹梨花月,樓寒燕子風。'《久雨》云:'練挂遮檐直,麻懸到地齊。'此類甚多。"

按,黄、倪、錢、龔目皆有。

又案,琢所爲詩今存下列六首:

《元夜雪》

《和張仲宗雪詩不用體物諸字》

《同漕使趙中憲對雪》

《癸酉歲大熱》

《辛未九月二十一日雪》

《雨夕感寓》

清漳集　　　　　　　　　　　　　　　〇五一八

呂中孚撰。《中州集》卷七:"中孚字信臣,冀州南宮人。孝友純至,迄今爲鄉人所稱。累舉不第,以詩文自娛,有《清漳集》行於世。其賦《紅葉》云:'張園多古木,蕭寺半斜陽。'先君子甚愛之。"

按,黄、倪、金、錢、龔目皆有。

又案,中孚所爲詩今存下列九首:

《小景》

《春月》

《水聲》

《雪》

《送李嘉甫信都令耘甫之弟》

《寫懷》

《梨花》

《集句》

《柳》

渭濱野叟集　　　　　　　　　　　　　　〇五一九

景覃撰。《中州集》卷七："覃字伯仁，華陰人。年十八，有賦聲。大定初，三赴簾試，後以病不就舉。博極群書，有舉問者，立誦數百言不休，又從而講說之。爲人誠實樂易，不修威儀。隱居西陽里，以種樹爲業。落托嗜酒，醉則浩歌，日以爲常。作詩有功，樂府亦可傳。予同年進士王元禮嘗從之學，說伯仁老不廢書，有勸以養目力者，曰：'我輩非讀書，則無所用心，要當死而後已耳。'晚年於《易》有所得，年七十終於家。自號渭濱野叟，有集傳關中。"

按，黃、倪、錢、龔目皆有，錢目作《景覃集》。

又案，覃所爲詩今存下列一首：

《感事》

柳溪集　　　　　　　　　　　　　　　　〇五二〇

劉鐸撰。《中州集》卷七："鐸字文仲，冀州棗強人，承安五年進士。元光二年入爲太常博士，正大初改兵部員外郎，以武昌軍節度副使致仕。癸巳歲病歿於京師。自號柳溪先生，有集傳於家。武成王著作序，言文仲生未能言，已識百餘字，及授學，穎悟過人，爲人誠實，少許可，不徇流俗，不慕榮利。蓋實錄云。子敏中，字庭幹，亦學詩，今居洛中。"

按，黃、倪、錢、龔目皆有，錢目作《劉鐸集》。

又案，鐸所爲詩今存下列七首：

《三陽述懷》

《即事》

《澠池驛舍用苑極之郎中韻》

《春日》

《所見》

《讀李訓鄭注傳》二首

西溪老人集 〇五二一

秦略撰。《全金詩》卷三十三："略字簡夫，陵川人。父事軻，有詩名，工作大字。簡夫少舉進士，不中，即以詩爲業。詩尚雕刻，而不欲見斧鑿痕，故頗有自得之趣。《悼亡》一詩，[①]高出時輩，殆荊公所謂'看似尋常最奇崛，成如容易卻艱難'者耶。年六十七卒，臨終留詩云：'軀殼羈栖宅，兒孫邂逅恩。雲山最佳處，隨意著詩魂。'簡夫自號西溪老人，有集行於世。子彥容，爲黃冠師，今在平陽。"

按，黃、倪、錢、龔目皆有，錢目作《秦略集》。

又案，略所爲詩今存下列十三首：

《拳秀峰》

《雪行》

《鳥影過寒塘》

《悼亡》

《元日》

《贈趙宜之》

《白髮》

《同希顏裕之賦樂真竹拂子》

《少室山卓劍峰》

《此身》

《穀麽麽上黨公府作》

《麝香》

《趙洛道中》

[①] "詩"，原誤作"首"，據《中州集》卷七改。

韋齋集 ○五二二

張琚撰。《全金詩》卷三十三："琚字子玉，河中人。父鉉，字鼎臣，大定中進士，仕至同知定國節度使事。子玉刻意於詩，五言其所長也。如《初至華夏》云：'老雨梧桐夜，孤燈蟋蟀秋。'《客同州》云：'秋風留客館，夜雨藉僧氈。'詩人喜稱道之，至有'張五字'之目。集號《韋齋》。"

按，黃、倪、錢、龔目皆有。

又案，琚所爲詩今存下列二首：

《移河中》

《秋夜》

錦溪集 ○五二三

杜佺撰。《中州集》卷八："佺字真卿，武功人。宋末有詩名於關中。兒時作藥名詩，①有'杜仲吾家好兄弟，②自然同姓又同名'之句。及以五言五韻上乾州通判馬涓，③涓大加賞異。阜昌中登科，蒞官亦有聲。馬嵬太真墓過客多題，其詩甚多。道陵詔錄其詩，得五百餘首，付詞臣第之，真卿詩在高等。舊有《錦溪集》，亂後不復見矣。子師楊，亦能詩，尤工書翰，奉天楊煥然云然。"

按，黃、倪、錢、龔目皆有。

又案，佺所爲詩今存下列一首：

《馬嵬道中》

漆園集 ○五二四

李之翰撰。《中州集》卷八："之翰字周卿，濟南人。宣和末擢第。人有勸參童貫，可以徑至館職者，周卿謝絶之。國兵破

---

① "時"下，《中州集》卷八有"嘗"字。
② "兄弟"，《中州集》卷八作"弟兄"。
③ "五韻"，《中州集》卷八作"百韻"。

洺州，縛見元帥，誘之使降，語及君臣之際，辭情慷慨，自分一死，帥憐之，遂被錄用。後守寧州，陷田侍郎珏黨籍，除名，徙上京，遇赦復官，終於東平倅。有《漆園集》行於世。子靈石尉謙，孫德元，今在鄉里。"

按，黃、倪、錢、龔目皆有。

又案，之翰所爲詩今存下列四首：

《書呈仲孚》

《題密雲州學壁》

《中京遇因長老》

《歲莫》

龍南集　　　　　　　　　　　　　　　　　　〇五二五

楊興宗撰。《中州集》卷八："興宗高陵人。宋既渡江，故興宗有《龍南集》，予同舍郎關中楊君美嘗見之。"

按，黃、倪、錢、龔目皆有。

又案，興宗所爲詩今存下列一首：

《出劍門》

泫水集　　　　　　　　　　　　　　　　　　〇五二六

晁會撰。《中州集》卷八："會字公錫，高平人，道院文元公之後。宣和末中武舉，仕爲太子洗馬。天眷二年經義進士。爲人美風儀，器量宏博。澤人經靖康之亂，生徒解散，公錫稍誘進之，貧不能就舉者，必厚爲津遣，在官下則分俸以給之。至於李承旨致美昆仲，亦出其門，士論歸焉。歷虞鄉、猗氏、臨晋三縣令，以興平軍節度副使致仕，年七十八終於家。詩號《泫水集》。《虞鄉縣齋》云：'官況薄於重搾酒，瓜期近似欲殘棊。'《王官谷》云：'煙藏芳樹遠，雲補斷山齊。'鄉人至今傳之。孫國章，字公憲，李承旨外孫。教授鄉里，樂於提誨諸生，經指授者肅然如在官府，進退拱揖，皆有可觀。蓋其家法云。"

按，錢、龔目皆有。黃、倪目皆作《澶水集》，或即同書異名。

又案，會所爲詩今存下列一首：
《杜鵑》

崑崙集　　　　　　　　　　　　　　　　　〇五二七

郭長倩撰。《中州集》卷八："長倩字曼卿，文登人。皇統丙寅經義乙科，仕至秘書少監兼禮部郎中，修起居注。與施朋望、王無競、劉巖老、劉無黨相友善。所撰《石決明傳》爲時人所稱。① 有《崑崙集》傳於世。子天驥。"

按，黃、倪、金、錢、龔、孫目皆有，龔目作《崑崙集》。②

又案，長倩所爲詩今存下列一首：
《義師院叢竹》

又所爲文今存下列一篇：
《文登縣廟學碑》

寂照居士集　　　　　　　　　　　　　　　　〇五二八

郭用中撰。《中州集》卷八："用中字仲正，平陽人。大定七年進士，歷浮山簿、陝州錄事，卒年三十一。有《寂照居士集》，郝子玉、毛牧達、鄭仲康爲之引。其賦《醋魚》云：'身臥不知雲子白，氣酣聊作木奴酸。'按《博物志》：'西羌仲秋日，取鯉子不去鱗，破腹，以赤秫米飯鹽醋合糝之，逾月則熟，謂之秋鮓。'③ 故仲正云然。又賦《雪》云：'灞橋柳絮人千里，楚澤蘆花水半扉。'殊有詩人思致，恨不假之以年耳。"

按，黃、倪、錢、龔目皆有。

又案，用中所爲詩今存下列一首：④
《偶得》

---

① "決"，《中州集》卷八作"次"。
② "崙"，原誤作"崙"，據1958年商務印書館排印《遼金元藝文志》本《金藝文志補錄》改。
③ "鮓"，原誤作"酢"，據《中州集》卷八改。
④ "一首"，原誤作"二首"，據《中州集》卷八及上下文意改。

張仲經詩集（橘軒詩集） 　　　　　　　　　　　　〇五二九

張澄撰。《中州集》卷八："澄字之純，別字仲經，本出遼東烏惹族，國初遷之隆安。祖黃縣府君移官洛水，因家焉。之純早孤，能自樹立，避地洛西，率資無旬日計，而泰然以閉户讀書爲業。嘗從辛敬之、趙宜之講學，故詩文皆有律度。兵後居東平，詩名藉甚，如云：'齊客計窮思蹈海，杞人癡絶謾憂天。壞壁粘蝸艱國步，荒池漂蟻失軍容。'此類甚多。"

元好問《張仲經詩集序》："仲經出龍山貴族。少日隨宦濟南，從名士劉少宣問學。客居永寧，永寧有趙宜之、辛敬之、劉景玄，其人皆天下之選，而仲經師友之，故蚤以詩文見稱。及予官西南，仲經偕杜仲梁、麻信之、高信卿、康仲寧挈家就予内鄉。時劉内翰光甫方解鄧州倅，日得相從文字間。仲經之所成就，又非洛西時比矣。北渡後，薄游東平，謁先行臺嚴公，一見即被賞識，待以師賓之禮，授館於長清之別墅。積十餘年，得致力文史，以詩爲專門之學。此其出處之大略也。"

按，龔目有，作《橘軒詩集》。

又案，澄所爲詩今存下列四首：

《積雨》

《和林秋日感懷寄張文御史》二首

《輥馬圖》

浚水老人集 　　　　　　　　　　　　　　　　〇五三〇

王世賞撰。《中州集》卷九："世賞字彦功，汴人。與尹無忌、王逸賓、趙文孺相周旋。明昌中，保舉才能德行，賜出身，釋褐鞏州教授，終於鹿邑簿。有《浚水老人集》傳於世。"

按，黄、倪、錢、龔目皆有。

又案，世賞所爲詩今存下列四首：

《立春後十日登樓》

《春雪》

《探梅》

《稱善齋》

東皋集 　　　　　　　　　　　　　　　　　　　○五三一

桑之維撰。《中州集》卷九："之維字之才，恩州人，蔡丞相伯堅之子婿也。以樂府著稱，有《東皋集》傳於世。"

按，黃、倪、錢、龔目皆有。

又案，之維所爲詩今存下列一首：

《白髮》

張庭玉集 　　　　　　　　　　　　　　　　　　○五三二

張庭玉撰。《中州集》卷九："庭玉字子榮，易縣人，能日賦百篇，有集行於世。"

按，黃、倪、錢、龔目皆有，黃目作《周庭玉集》，錢目作《張庭玉詩集》，龔目作《張子榮集》。

又案，庭玉所爲詩今存下列一首：

《即事》

王敏夫集 　　　　　　　　　　　　　　　　　　○五三三

王敏夫撰。《中州集》卷九："敏夫五臺人。作詩工於賦物，甚爲趙宜之所稱。雁門前輩中有許蜕子遷，以《武皇廟》詩著名，又《酒渴後四句》云：'眼底恨無雲夢澤，胸中疑有沃焦山。南窗花影三竿日，指點銀瓶照病顏。'有集傳河東，往往稱此。倪民望，字具瞻，[①]屏山所謂'倪侯頭如筆，其鋒不可當'者。有《種松》詩云：'種松莫種柳，種柳莫種松。堅脆非所計，雅俗寧與同。可是種松無隙地，卻教憔悴柳陰中。'張韶九成《寄朔州苟輔臣》云：'陳雷膠漆輕餘子，楚漢風雲屬少年。'李

---

① "具"，原誤作"目"，據《中州集》卷九改。

忠直卿賦《雪》云：'不將柳絮春風比，好作梨花月夜看。'至於蘇吉莘老、李鵬翼沖霄與具瞻之子仲儀，詩文多可傳。喪亂之後，惜不能記憶之矣。"

按，黃、倪、錢、龔目皆有。

又案，敏夫所爲詩今存下列二首：

《同東巖元先生論詩》

《李氏友雲樓》

天倪集 ○五三四

李獻甫撰。《中州集》卷十："獻甫字欽用，欽叔從弟也。① 兄欽止、欽若，皆中朝名勝。家故將種，而同時四進士，人門之秀，照映一時。欽用博通書傳，於左氏及地理之學爲精。爲人有幹局，心所到則絶人遠甚，故時人有'精神滿腹'之目。歷咸陽簿，辟行臺掾屬。正大初，夏人請和，朝廷以馮子駿往議，欽用預行。夏使有口辯，馮善人無以折之，往復之際，至以歲幣爲言，欽用不能平，從旁進曰：'夏國與敝邑和好百年，今雖易君臣之名，而爲兄弟之國，使兄而輸幣，寧有據耶？'曰：'兄弟且不論，宋日曾與吾家二十五萬匹，典故具在，君獨不知耶？金朝必欲修舊好，非此例不可。'欽用作色曰：'使者尚忍言耶？宋以歲幣餌君家而賜之姓，岸然以君父自居，夏國君臣無一悟者。誠謂使者當以爲諱，乃今公言之。使者果能主此議，以從賜姓之例，敝邑雖歲捐五十萬，某請以身任之。'夏使語塞，和議乃定。使還，朝廷錄其功，授慶陽總帥府經歷官，尋辟長安令。京兆行臺所在，供需之繁，急於星火，欽用所以處之者常若有餘，縣民賴之以安。入爲尚書省掾。壬辰之兵，奏充行六部員外郎，守備之策，時相倚任之。以功

---

① "欽叔"，原誤作"叔欽"，據《中州集》卷十乙正。

遷鎮南軍節度副使,兼右警巡使。車駕東巡,死於蔡州之難,時年四十。所著詩書文號《天倪集》者,留京師。欽用死,其家亦破。非同年華陰王元禮購得之,幾有人琴俱亡之恨。然則文字言語之傳與否,亦有數存於其間耶?"

按,黃、倪、金、錢、龔目皆有。

又案,獻甫所爲詩今存下列十三首:

《夏夜》

《九龍池春望》

《興慶池書所見》

《題黃華幽居圖》

《長安行》

《別春辭》

《秋風怨》

《河上之役》三首

《圍城》

《驟雨》

《資聖閣登眺同麻杜諸人賦》

東巖集三卷　　　　　　　　　　○五三五

元德明撰。《全金詩》卷四十三:"鄉先生、權參知政事代郡楊公叔玉撰先人墓銘,今略載於此:'先生姓元氏,諱德明,秀容人,唐禮部侍郎次山之後。自幼讀書,世俗鄙事,終其身不挂口。爲人誠實樂易,洞見肺腑,雖童子以言欺之,亦以爲誠然也。先大夫殁,遺産無幾,先生布衣蔬食,處之自若。家人不敢以生理累之。僮奴有竊拾東家之棗者,立命還之。貧人負債,[①]則往往令折券以貸之也。累舉不第,放浪山水間,未嘗

---

① "貧",原誤作"貪",據《中州集》卷十改。

一日不飲酒賦詩。春秋四十有八,終於家。先生作詩,不事彫飾,清美圓熟,無山林枯槁之氣。居東山福田精舍首尾十五年。東巖其自號也。有集三卷藏於家。'"
按,黃、倪、金、錢、龔目皆有,金目作《東山集》。
又案,德明所爲詩今存下列四十三首:
《桃源行》
《送德温同舍赴簾試》
《雨後》
《覽鏡》
《室人生朝》
《太原古城惠明寺塔秋望》
《薄游同郝漕子玉賦》
《山中秋夕》
《寄宗人彥達》
《榴華》
《過鳳皇山》
《瓶形嶺早發》
《寒食再游福田寺》
《家園假山》
《同侯子晉賦雁》
《寒林圖爲侯子晉賦》
《贈答彥文相過之什》
《枕上》
《秋莫王氏園亭》
《六言》
《山園梨葉有青紅相半者戲作一詩》
《詩》

《鑄酒》
《憶山中二絕句》
《山中雨後》
《遣興》
《發冀州留別恩禪師》
《貴公子咏》
《蓮葉觀音恩禪師所藏同路宣叔賦》
《謝張使君夢弼饋春肉》
《仙雞詩並序》
《燈下讀林和靖詩》
《觀西巖張永淳畫雁》
《從趙敷道覓石榴》
《雪行》
《龍眠畫馬》
《歲莫》
《送張冀州致政還都》
《春雪》
《楸樹》
《七夕》
《觀柘枝伎》

莊靖集（鶴鳴老人全集）十卷 　　　　〇五三六

李俊民撰。《全金詩》卷四十四："俊民字用章，別號鶴鳴老人，唐韓王元嘉之後。家於澤州，少通程氏之學。金承安中，以經義舉進士第一，應奉翰林文字。未幾，棄官教授，南遷後隱於嵩山。元世祖在藩邸，劉秉忠盛稱之，以安車召見，延訪無虛日。遽乞還山，卒賜謚莊靜先生。世祖嘗曰：'朕求賢三十年，惟得竇漢卿及李俊民二人。'澤守段正卿刻其遺集十卷。"

按,黃、倪、龔目皆有。

又按,有《四庫全書》本、《石蓮盦彙刻九金人集》本、《山右叢書初編》本、《元詩選初集》本、舊鈔本。另有《金源七家文集補遺》本,題《莊靖集補遺》一卷。

陶然集 ○五三七

楊鵬撰。《相學齋雜抄》:"紫羅凡凡道人楊鵬,字飛卿,一名雲鵬,少梁人,北渡後終於東平。有《陶然集》行世。"

按,龔目有。

又案,鵬所爲詩今存下列一首:

《送元遺山》

茅亭詩 ○五三八

白君舉撰。《全金詩》卷五十一:"君舉失其名,號寓齋,[①]陝州人。登金泰和三年詞賦第,官岐山令。詩名與元遺山相頡頏。元、白爲中州世契,兩家子弟每舉長慶故事,以詩文相往來。北渡後,卜築於溴陽,結茅爲亭。有《茅亭詩》,欒城李冶序之曰:[②]'龍韜雷厲於紛挐之頃,玉唾川流於談笑之間。'吳澄曰:'巧妙穠麗,錯諸吳楚歌謠中,幾莫可辨。'弟華字文舉,亦登貞祐三年進士第,官樞密院判。湯內翰西巖贈詩,有'科第聯飛光白傅'之句。仲子樸,字仁甫,號蘭谷,有《天籟集詞》。"

按,龔目有。

又案,君舉所爲詩今存下列二首:

《題靖節圖》

《酬元遺山》

[①] "號",原誤作"字",據《全金詩》卷五十一及上下文意改。

[②] "冶",原誤作"洽",據《全金詩》卷五十一改。

貽溪先生文集 　　　　　　　　　　〇五三九

麻革撰。《全金詩》卷五十四："麻革，字信之，臨晉人，秉彝孫。隱居不仕，教授王官谷，號貽溪先生，有文集行世。"

按，龔目有。

又案，革所爲詩今存下列三十六首：

《上雲内帥賈君》

《送杜仲梁東游》

《短歌行送秦人薛微之赴中書》

《關中行送李顯卿》二首

《阻雪華下》

《置酒半山亭》

《歸潛堂爲劉京叔賦》

《守約齋爲呂仲和作》

《楊將軍垧馬圖》

《題李氏寓酒軒》

《盧山兵後得房希白書知弟謙消息》

《晚步張鞏田間》

《板橋道中》

《過陝》

《爲王德新壽》

《爲秦人梁帥壽》

《送申生取新赴中書》

《寄杜仲梁》

《寄元裕之》

《竹林院仝張之純賦》二首

《中書大丞相耶律公挽詞》二首

《密國公挽詞》二首

《王子壽鄉友生朝》
《送李端卿之鄴臺》
《爲喬子春壽》
《贈劉伯威》
《贈王明伯》
《秋夜感懷》
《趙太監降日》
《雲中夜雨》
《渡洛》
《浩浩》
又所爲文今存下列四篇：
《重修襄陵廟學碑》
《游龍山記》
《重修證類本草序》
《雙溪小稿序》

兌齋文集　　　　　　　　　　　○五四○

曹之謙撰。《全金詩》卷五十五："曹之謙，字益甫，雲中應人。幼知力學，早擢巍科，與元遺山同掾東曹，機務倥偬，商定文字，①未嘗少輟。北渡後，居平陽者三十年，與諸生講學，一以伊洛爲宗，衆翕然從之。所著古文雜詩三百首，曰《兌齋文集》。汲郡王惲序之曰：'先生之作，析理知言，擇之精，語之詳，渾涵經旨，刊落陳言，當其自得。又抑揚有法，豐約得所，可謂常而知變，粹而不雜也。②'"

按，龔目有。

又案，之謙所爲詩今存下列四十五首：

---
① "定"，《全金詩》卷五十四作"訂"。
② "雜"下，《全金詩》卷五十四有"者"字。

《送梁仲文》

《感寓》二首

《變白頭吟》

《閩中作》

《東坡赤壁圖》

《風雪障面圖》

《秋日雜詩》

《寄元遺山》

《秋日懷李仁卿》

《麻信之爲壽》

《送王仲通》

《上巳日感懷》

《白菊》

《紅葉》

《北官》

《趙吉甫種德園》

《寄鄉中故人》

《送侯君美歸雲中》

《自趙城還府》

《讀唐詩鼓吹》

《弔王内翰從之》

《上韓應州》

《懷劉京叔》

《宿雲臺觀》

《中條阻雨》

《初秋雨後》

《九日》

《雁》

《幽居有感》

《秋風亭故基》

《除夜》

《送李郭二子還鄉》

《中書耶律公挽詞》

《應州廟學釋奠》

《送李端卿東行》

《子猷訪戴圖》

《梅影》

《秋夜》

《臨潼温泉》

《長安早發》

《秋夜聞笛》

《廢宮》

《過茹越嶺有感》

《蒲津晚渡》

全真前後韜光集　　　　　　　　　　○五四一

王嚞撰。《全金詩》卷六十："劉祖謙《重陽祖師仙迹記略》：師王氏，名嚞，字知明，重陽其號。母孕二十四月而生。正隆己卯，①遇至人於甘河，以師爲可教，密副口訣，及飲以神水。自是盡斷諸緣，同塵萬有，陽狂垢污，人益叵測。多爲玩世詞語，使人喜聞而易入。其變異誕詭，千態萬狀，不可窮詰。後於南時村掘地爲隧，封高數尺，榜曰：'活死人墓'。又於四隅，各植海棠一株，曰吾將來使四海教風爲一耳。居三年，復

---

① "卯"下，《全金詩》卷六十有"間"字。

自實之。遂遷於劉蔣與和李二真人爲友，各結茅居之。至大定丁亥夏，復焚其居。人爭赴救，師婆娑舞於火邊，且作歌以見意。詰旦東邁，徑達寧海，首會馬鈺於怡老亭。馬與其家人孫氏，俱執弟子禮。又得譚處端、劉處玄、丘處機、王處一、郝大通等七人，號馬曰丹陽，譚曰長真，劉曰長生，丘曰長春，王曰玉陽，郝曰廣寧，孫曰清靜散人，並結爲方外眷屬。① 迨己丑季秋，留王郝於崑崙山，攜四子西歸，抵汴寓王氏逆旅。無幾何，呼丹陽，副密語，無疾而逝。四子歸其柩，葬於劉蔣故庵之側。丹陽因廬於墓次，今之祖庭是也。有詩詞千餘篇，分爲全真前、後集傳於世。玉峰老人胡光謙爲之傳。"
按，龔目有。
又案，喆所爲詩今存下列四首：
《清涼》
《烟霞洞》
《贈馬鈺詩》
《遺劉處玄詩》
又所爲文今存下列二篇：
《金蓮社開明疏》
《玉花社疏》

水雲前後集　　　　　　　　　　〇五四二

譚處端撰。范懌《水雲集序》："譚公生而穎悟，識度不凡，善草隸書，爲人剛正，有操行。其述作賦咏，舉筆即成。詩頌詞章，僅數百篇。又述《語錄》《骷髏落魄歌》，警悟時人。皆包藏妙用，敷暢真風，引人歸善，甚有益於時也。"
按，黃、倪、龔目皆有，黃、倪目作《水雲集》，龔目分作《水雲

---

① "結"，原誤作"喆"，據《全金詩》卷六十改。

集》《水雲前後集》。

又按,有《道藏》正統本、景正統本。本、《道藏舉要》本、《重刊道藏輯要》本、《元詩選二集》本。

離峰老人集二卷　　　　　　　　　　　　　　○五四三

離峰老人撰。

按,龔目有,作《離峰子詩集》二卷。

又按,有《道藏》正統本、景正統本。本。

林泉集二十卷　　　　　　　　　　　　　　○五四四

秦志安撰。《遺山集》:"通真子諱志安,字彥容,出於陵川秦氏。略生二子,①通真其長也。自蚤歲趣尚高雅,三舉進士,於得喪澹如也。貞祐初,避亂南渡,親舊以禄養爲言,不獲已,復一試有司,至御簾罷歸。正大中,通真子已四十。遂置家事不問,放浪嵩、少間。稍取方外書讀之,以求治心養性之實。遇披雲老師於上黨,略數語即有契,因執弟子禮事之。居玄都,垂十稔。雖日課校讎,其參玄學、受章句,自遠方至者源源不絶。所著《林泉集》二十卷行於世。"

按,龔目有。

又案,志安所爲詩今存下列二首

《寄李俊民》二首

又所爲文今存下列二篇

《老君石像贊》

《長生真人劉宗師道行碑》

天游集　　　　　　　　　　　　　　　　　　○五四五

無名老人撰。金李俊民《天游集序》:"無名老人姓陶氏,②農家子,平水襄陵人。母夢青童持金盤,獻一大果如瓜,半黄半

---

① "子",原誤作"字",據《遺山集》卷三十一、《全金詩》卷六十一引《遺山集》改。

② "氏"字,《金文最》卷二十一無。

紅。言：'上仙賜汝無名果也。'因而娠。十三月而生，因以無名爲名。正隆間，全家避役陝西靈寶縣，①補縣刀箭手。② 大定壬辰，從丹陽馬祖師過關，③浩然長往，隨方乞化。與苦志趙公爲侶，游戲人世三十餘年，行步如飛。④ 一日，讀《太上西升經》，豁然有省。⑤ 韶州岳家泊王氏請住庵，⑥振衣入座，儼然而逝，春秋八十有六。有集曰《天游》，詩、頌一百八十三，長短句九十一。信手拈得，如萬斛泉源，不擇地而出，皆仙家日用事也。講師祁定之爲校正傳於世。"

按，龔目有。

又案，無名老人所爲詩今存下列一首：

《題熊耳山》

混成篇　　　　　　　　　　　　　　　〇五四六

趙抱淵撰。張子獻《趙先生本行紀》："先生名抱淵，道號還元子，俗呼曰魔哥，延安之雞川人。自幼不凡，志在方外，嘗遇有道之士傳秘訣，遂結庵以居。後詣劉真人，得授心印，隱居陽山，一紀不出。先生素不讀書，忽一日，夢真君召賜金一席，⑦辭而弗受，復以《道德》二篇副之，先生即吞之入腹。自此性天明朗，心地開通，聞所不聞，知所不知，詩詞歌咏，若湧泉之流注。因述歌云：'昨日庵前遇莊列，二人點我長生訣。'又云：'尋個知音尋不得，野人獨步下秦川。'遂來終南參重陽祖師。後歷名山勝境，落魄不羈，寓意於詩酒之間，自稱太上

---

① "家"，原誤作"新"，據《全金詩》卷六十一、《金文最》卷二十一改。
② "刀"，《全金詩》卷六十一同，《金文最》卷二十一作"弓"。
③ "從"，《全金詩》卷六十一同，《金文最》卷二十一作"隨"。
④ "飛"，《全金詩》卷六十一同，《金文最》卷二十一作"風"。
⑤ "有"字原脱，據《金文最》卷二十一補。
⑥ "泊"，《全金詩》卷六十一同，《金文最》卷二十一作"沿"。
⑦ "賜"，原誤作"錫"，據《全金詩》卷六十一、《金文最》卷十四改。

弟子。至晚年還鄉,於迎祥觀住坐。泰和五年,甘泉縣道友敦請先生住庵,①乃作《如夢令》詞答之,其末句云:'相别相别,來歲春分時節。'時人莫曉其意。俄而次年二月初四日,上遣二使者奉冠服召先生赴闕。先生固辭。使者堅索登程。先生與道友黨珍及門弟子言:'我且當迴避。'遂沐浴正衣冠而坐。至三更,忽覩電光滿室,②聲震如雷,衆皆驚駭,奔往視之,則先生儼然而逝矣。留《頌》云云。③ 是夜正屬春分之際。平生述作,集爲《混成篇》傳於世。"

按,龔、孫目皆有。

又案,抱淵所爲詩今存下列一首:

《頌》

從容庵錄三卷　　　　　　　　　　〇五四七

萬松老人撰。《全金詩》卷六十一:"萬松老人名行秀,姓氏不傳,自號萬松野老。居仰山,章宗臨幸,進《迎駕》詩一首,章宗和答。後居京師報國寺,築蝸舍,榜曰從容庵。耶律楚材從之學道。有《評唱天童覺和尚頌古從容庵錄》,楚材爲之序。"

按,龔目有。

又案,萬松老人所爲詩今存下列二首:

《龍山迎駕詩》

《和節度陳公一絕句》

又所爲文今存下列二篇:

《圓通大師像贊》

《湛然居士集序》

---

① "縣",《全金詩》卷六十一同,《金文最》卷十四作"院"。
② "室",《全金詩》卷六十一同,《金文最》卷十四作"屋"。
③ "頌"下原脱一"云"字,據《全金詩》卷六十一補。

評唱天童頌古三卷　　　　　　　　　　〇五四八

萬松老人撰。《全金詩》卷六十一："《畿輔古迹志》：'萬松老人，金元間僧也。兼備儒釋，機辯無際，自稱萬松野老，人稱曰萬松老人。居燕京從容庵。漆水移剌楚材，一見老人，遂絕迹屏家，廢寢餐，①參學三年，老人以湛然目之。後以所評唱《天童頌古》三卷，寄楚材於西域。楚材序而傳之。'"

按，龔目有。

木庵詩集　　　　　　　　　　　　　　〇五四九

木庵撰。《全金詩》卷六十一："元好問《木庵詩集序》：東坡讀參寥子詩，愛其無蔬笋氣，②參寥用是得名。宣、政以來，無復異議。予獨謂此特坡一時語，③非定論也。詩僧之詩所以自別於詩人者，正以蔬笋氣在耳。假使參寥子能作柳州《超師院晨起讀禪經》五言，深入理窟，高出言外，坡又當以蔬笋氣少之耶？木庵英上人，弱冠作舉子，從外家遼東，與高博州仲常游，得其論議爲多，④且因仲常得僧服。貞祐初，南渡河，居洛西之子蓋，⑤時人固以'詩僧'目之矣。三鄉有辛敬之、趙宜之、劉景玄，⑥予亦在焉。三君子皆詩人，上人與相往還，故詩道益進。出世住寶應，有《山堂夜岑寂》及《梅花》等篇傳之京師。閑閑趙公、内相楊公、屏山李公及雷、李、劉、王諸公，相與推激，至以不見顔色爲恨。予嘗以詩寄之云：'愛君《山

---

① "寢"字原脱，據《全金詩》卷六十一補。

② "愛"，原誤作"受"，據《遺山集》卷三十七、《全金詩》卷六十一、《金文最》卷二十二改。

③ "坡"上，《金文最》卷二十二有"東"字。

④ "論議"，《遺山集》卷三十七、《全金詩》卷六十一同，《金文最》卷二十二作"議論"。

⑤ "之子蓋"，《遺山集》卷三十七、《金文最》卷二十二同，《全金詩》卷六十一作"者久之"。

⑥ "玄"，原誤作"宣"，據《遺山集》卷三十七、《全金詩》卷六十一、《金文最》卷二十二改。

堂》句，深靜如幽蘭。① 愛君《梅花》詠，入手如彈丸。詩僧第一代，無媿百年間。'更説向閑閑公，公亦不以予言爲過也。近年《七夕感興》詩，余爲之擊節稱嘆，恨楊、趙諸公不及見之。乙酉冬十月，②將歸太原，侍者出《木庵集》，求予爲序引，試爲商略之。③ 上人才品高，眞積力久，住龍門、崧少二十年，仰山又五六年，境因人勝，④思與神遇，故能游戲翰墨道塲，而透脱叢林科臼，於蔬笋中别爲無味之味。皎然所謂'性情之外不知有文字'者，蓋有望焉。正大中，閑閑公侍祠太室，會上人住少林久，倦於應接，思欲退席。閑閑公作疏留之云：'書如東晉名流，詩有晚唐風骨。'予謂閑閑雖不序《木庵集》，以如上語觀之，知閑閑作序已竟。然則向所許百年以來爲詩僧家第一代者，良未盡歟。"

案，木庵所爲詩今存下列一首：

《七夕感興》

遺山先生文集四十卷　　　　　　　〇五五〇

元好問撰。郝經《元遺山墓銘》："先生諱好問，字裕之，太原秀容人。系出拓跋魏，故姓元氏。曾大父春，忠顯校尉隰州團練使。大父滋善，儒林郎銅山府君，贈朝列大夫。父格，顯武將軍鳳翔府路第九處正將兼行隴城縣令、騎都尉、河南縣開國男，邑食三百户。妣河南縣君張氏。先生七歲能詩，太原王湯臣稱爲神童。年十一，從其叔父官於冀州。學士路宣叔賞其俊爽，教之爲文。年十有四，其叔父爲陵川令，遂從先

---

① "静"，《全金詩》卷六十一同，《遺山集》卷三十七、《金文最》卷二十二皆作"靖"。
② "乙酉"，據《元好問全集》卷三十七《木庵詩集序》校勘記，應作"己酉"。參見姚奠中主編、李正民增訂《元好問全集》卷三十七，太原：三晋出版社，2015年，第661頁。
③ "試"，原誤作"詩"，據《遺山集》卷三十七、《全金詩》卷六十一、《金文最》卷二十二改。
④ "因"，《遺山集》卷三十七、《全金詩》卷六十一、《金文最》卷二十二皆作"用"。

大父學，先大父即與唱和。① 或者譏其不事舉業，先大父言：
'吾政不欲渠爲舉子爾，區區一第，不足道也。'遂令肆意經
傳，貫串百家，六年而業成。下太行、渡大河，爲《箕山》《琴
臺》等詩。趙禮部見之，以爲少陵以來無此作也。以書招之。
於是名震京師，目爲元才子。登興定五年進士第，不就選。
往來箕、潁間數年，而大放厥辭。於是家按其什，②人嚼其句，
洋溢於里巷，吟諷於道塗，巍然坡、谷復出也。初筮仕，除鎮
平令，再轉內鄉，遂丁艱憂。終喪。正大中，辟中州南陽令。③
南陽大縣，兵民十餘萬，帥府令兼鎮撫，甚有威惠。詔爲尚書
都省掾。居無何，除左司都事，再轉爲中順大夫、行尚書省左
司員外郎兼修起居注、上騎都尉、河南縣開國子，食邑五百
戶，賜金紫魚袋。天興初，入翰林，知制誥。金亡，不仕而卒，
春秋六十有八。"

徐世隆《遺山先生文集序》："文之爲物，何物也？造物者實靳
之，不輕畀人，何哉？蓋天地間靈明英秀之氣，萃聚之多，蘊
蓄之久，挺而爲人，必富於才，④敏於學，精於語言，能識天地
萬物之情，⑤極其變而歸之雅。爲詩、爲歌、爲賦、爲頌、爲傳
記、爲誌銘、爲雜言、爲樂府，兼諸家之長，頌一代之典。⑥ 使
斯文正派，如洪河大川，⑦滾滾不斷，⑧以接夫千百世之傳。爲

---

① "唱"，《遺山集·附錄》作"屬"，《全金詩》卷六十三作"倡"。
② "按"，《全金詩》卷六十三同，《遺山集·附錄》作"累"。
③ "中州"，《全金詩》卷六十三同，《遺山集·附錄》作"鄧州"。
④ "必"上，《元遺山文集校補》有"則"字。參見周烈孫、王斌校注：《元遺山文集校補》，成都：巴蜀書社，2013年，第1382－1383頁。（以下《元遺山文集校補》皆據此本，不再注明）
⑤ "識"，《全金詩》卷六十三同，《元遺山文集校補》作"吐"。
⑥ "頌"，《全金詩》卷六十三同，《元遺山文集校補》作"成"。
⑦ "川"，《全金詩》卷六十三同，《元遺山文集校補》作"江"。
⑧ "滾滾"，《全金詩》卷六十三同，《元遺山文集校補》作"滔滔"。

造物者豈得而輕畀之哉！① 竊嘗評金百年以來，得文派之正，而主盟一時者，大定、明昌，則承旨党公；貞祐、正大，則禮部趙公；北渡則遺山先生一人而已。自中州斲喪，文氣奄奄幾絶。起衰救壞，衆望在遺山。② 遺山雖無位柄，亦自知天之所以畀副者爲不輕，故力以斯文爲己任，周流乎齊、魯、燕、趙、晉、魏之間，幾三十年。其迹益窮，其文益富，而其名益大以肆。③ 且性樂易，好奬進後進，④春風和氣，隱然眉睫間，未嘗以行輩自尊。故所在士子從之如市。然號爲汎愛，至於品題人物，商訂古今，則絲毫不少貸，必歸之公是而後已。是以學者知所指歸，作爲詩文，皆有法度可觀。文體粹然爲之一變。大較遺山詩祖李、杜，律切精深，而有豪放邁往之氣；文宗韓、歐，正大明達，而無奇纖晦澀之語；樂府則清雄頓挫，閑婉瀏亮，體制最備，又能用俗爲雅，變故作新，得前輩不傳之妙，東坡、稼軒而下不論也。嗚呼！遺山今已矣，靈明英秀之氣，散在天壤間，不知幾年幾時，復聚而爲斯人乎？東平嚴侯弟忠傑，喜與士人游，雅敬遺山，求其完集刊布，⑤以大其傳云。"
按，黄、倪、龔目皆有。
又按，有《四庫全書》本、《摛藻堂四庫全書薈要》本、《四部叢刊》初次印本、二次印本、縮印二次印本。本、《元遺山先生全集》本、《石蓮盦彙刻九金人集》本、《元詩選初集》本、《金元明八大家文選》本、明鈔本、涵芬樓影印弘治刊本、康熙四十六年刊本，另有《金源七家文集補遺》本題《遺山集補遺》，康熙刊本題《遺

---

① "豈"字，《元遺山文集校補》無。
② "衆"，《全金詩》卷六十三同，《元遺山文集校補》作"時"。
③ "而其名"，《全金詩》卷六十三同，《元遺山文集校補》作"其聲名"。
④ "後進"，《全金詩》卷六十三同，《元遺山文集校補》作"後學"。
⑤ "求"，原誤作"永"，據《元遺山文集校補》改；"布"，《全金詩》卷六十三同，《元遺山文集校補》作"之"。

山集殘存》二卷。

遺山詩集二十卷　　　　　　　　　　　　　　○五五一

元好問撰。

按，黃、倪、金、龔目皆有，金目題《元好問詩集》。

又按，有《陶廬叢刻》本、《元人十種詩》汲古閣本、景汲古閣本。本。

元遺山詩集箋注十四卷附錄一卷補載一卷　　　　○五五二

元好問撰，清施國祁箋注。

按，有《四部備要》排印本、縮印本。本、《中國學術名著》本。

遺山集補遺一卷　　　　　　　　　　　　　　○五五三

元好問撰，民國孫德謙輯。

按，有《金源七家文集補遺》本。

神川遁士集二十卷　　　　　　　　　　　　　○五五四

劉祁撰。《全金詩》卷七十二："祁字京叔，渾源人，弱冠舉金進士。廷試失意，即閉戶讀書，閑出古賦、雜說數篇，李屏山、趙閑閑、楊吏部、雷御史、王淖南諸公見之，曰：'異才也。'皆倒屣出迎，交口譽之。壬辰北還鄉里，躬耕自給，築室牓曰'歸潛'。戊戌詔試儒人，祁就試，魁西京，選充山西東路考試官。征南行臺拈合珪聞其名，邀至相下，待以賓友，凡七年而歿，年四十八。京叔好三蘇文，爲學能自刻厲，文章議論，粹然一出於正。有《神川遁士集》二十卷、《處言》四十三篇、《歸潛志》三卷。"

按，黃、龔目皆有。

又案，祁所爲詩今存下列九首：

《古意》二首

《懷長源》

《送雷伯威》

《征夫詞》

《征婦詞》
《留春曲》
《南京遇仙樓》
《過陳司諫墓》
又所爲文今存下列十三篇：
《北使記》
《游西山記》
《游林慮西山記》
《歸潛堂記》
《歸潛志序》
《太古集序》
《重修證類本草跋》
《復趙閑閑書》
《辨亡》
《重修中鎮廟碑》
《故北京路行六部尚書史公神道碑銘並序》
《錄大梁事》
《錄崔立碑事》

卷七　集部三

金人別集類下

楊晦叟遺集一卷　　　　　　　　　　〇五五〇
　楊庭秀撰。
　按，有《關隴叢書》本、排印本。

太古集四卷　　　　　　　　　　　　〇五五六
　郝大通撰。
　按，黃、倪、錢、龔目皆有，黃、倪目題《郝大古詩集》。
　又按，有《道藏》正統本、景正統本、《道藏舉要》本、《重刊道藏輯要》本。

玄虛子鳴真集一卷　　　　　　　　　〇五五七
　玄虛子撰。
　按，有《道藏》正統本、景正統本、《重刊道藏輯要》本。

啟真集三卷　　　　　　　　　　　　〇五五八
　劉志淵撰。
　按，有《道藏》正統本、景正統本。

葆光集三卷　　　　　　　　　　　　〇五五九
　尹志平撰。
　按，有《道藏》正統本、景正統本、《重刊道藏輯要》本。

草堂集一卷　　　　　　　　　　　　〇五六〇
　白雲子撰。
　按，有《道藏》正統本、景正統本、《重刊道藏輯要》本。

仙樂集五卷 ○五六一

劉處玄撰。

按,有《道藏》正統本、景正統本。本、《重刊道藏輯要》本。

小亨集 ○五六二

楊叔能撰。《全金詩》卷四十二:"元好問《楊叔能集引》:'貞祐南渡後,詩學大行。初亦未知適從。溪南辛敬之、淄川楊叔能以唐人爲指歸。敬之舊有聲河南,叔能則未有知之者。興定末,叔能與予會於京師,遂見禮部閑閑公及楊吏部之美。二公見其《幽懷久不寫》及《甘羅廟》詩,嘖嘖稱嘆,以爲今世少見其比。及將往關中,張左相信甫、李右司之純、馮內翰子駿,皆以長詩贈別。閑閑作引,謂其詩學退之《此日足可惜》,頗能似之,至比之金膏水碧,物外自然奇寶;景星丹鳳,承平不時見之嘉瑞。叔能用是名重天下,今三十年。然其客於楚,於漢,沔,於燕、趙、魏、齊、魯之間,行天下四方多矣,而其窮亦極矣。叔能天資澹泊,寡於言笑,儉素自守,詩文似其爲人。其窮雖極,其以詩爲業者不變也,其以唐人爲指歸者亦不變也。今年其所撰《小亨集》成,其子復見予鎮州,以集引爲請。'"

按,龔目作《叔亨集》。

王翼古律詩 ○五六三

王翼撰。《莊靖集》:"王翼,字輔之,性穎悟,勤於學。七歲常從師行,有誦杜牧之《華清宮》詩,後師舉似,[①]歷歷能道之,師頗奇焉。八歲能屬文。既長,日記千言,應進士舉。因感疾,遂留意於醫。尤精於《易》,占無不應。於秀老、德老二人處悟禪理,太原公處精術數,誦古今才人詩,得句法。自著有古

---

① "似",原誤作"以",據舊鈔本《莊靖集》卷九、《全金詩》卷三十九、《金文最》卷四十六改。

律詩三百餘篇、長短句二百首。"

曹望之詩集 〇五六四

曹望之撰。《金文雅作者考》:"曹望之,字景蕭,其先臨潢人,遼季移家宣德。天會間,以秀民子選充女真字學生。[①] 除西京教授,世宗朝官至户部尚書。景蕭有才而躁進,既貴,益刻苦讀書,有詩集,已佚。"

按,黄、倪、金、錢、龔目皆有,錢、龔目作《曹户部詩集》三十卷。

又案,望之所爲文今存下列一篇:

《論便宜事》

完顔勖集 〇五六五

完顔勖撰。《金史》本傳:"大定二十年,詔曰:'太師勖諫表詩文甚有典則,朕自即位所未嘗見。其諫表可入實録,其《射虎賦》詩文等篇什,可鏤板而行之。'"是其集當時有刻本。

按,金、龔、孫目皆有,金目作《金源郡王完顔勖詩集》。

又案,勖所爲文今存下列一篇:

《諫索女直逃入高麗户口疏》

樂善老人集 〇五六六

豫王允成撰。《歸潛志》:"豫王允中,世宗第四子也。好文,善歌詩,有《樂善老人集》行於世。"案,"允中"當作"允成",《志》誤,以《金史》爲正。《史》本傳:"永成自幼喜讀書,晚年所學益醇,每暇自引文士相與切磋,接之以禮,未嘗見驕色。自號曰樂善居士,有文集行於世云。"

按,黄、倪、金、錢、龔、孫目皆有。

---

① "真",《金史》卷九十二作"直"。

宏道集六卷 　　　　　　　　　　　　　　　〇五六七

徒單鎰撰。鎰本名按出。大定九年，策女直進士，鎰等二十七人及第。鎰授兩官，爲中都路教授。宣宗即位，①進拜左丞相，封廣平郡王。《金史》本傳云："鎰明敏方正，學問該貫，一時名士皆出其門，多至卿相。有《弘道集》六卷。"其集今不傳，見於本傳者，止《乞通上下之情》《論爲政之術》數篇而已也。

按，黄、倪、金、錢、龔、孫目皆有。

又案，鎰所爲文今存下列二篇：

《論爲政之術疏》

《乞通上下之情疏》

田秀實集 　　　　　　　　　　　　　　　〇五六八

潯陽田秀實唐卿撰。僑寓汴梁，嘗監杞縣酒，又佐南臺惠民局。構書齋榜曰'小眠'，蓄湖石名雪巖，自號雪巖老人，又號東岫種玉翁。善鼓琴，音節抑揚，爲當時第一手。喜作梅詩，積數百篇，有集行於世。以其喜梅琴，又稱雙清道人。見《明秀集》魏道明注。《金史》無傳。

按，孫目有。

曲全子詩集 　　　　　　　　　　　　　　〇五六九

王寀元輔撰。《拙軒集》有《序》文曰："曲全子，予之母弟也。少穎悟，天資孝友。以予有十年之長，兒時嘗受經於予，故事予猶師也。性坦率，與人略無崖岸。當酒酣耳熱，視世間富貴兒，皆臥之百尺樓下。然不喜場屋之學，人或勉之，笑而答曰：'吾兄已世其家，吾親已享其禄，吾事濟矣。誰能踽踽從原夫輩覓官耶？'識者以爲達。平居季孟間，把酒賦詩，對牀

---

① "宣"，原誤作"宜"，據《金史》卷九十九改。

聽雨，眷眷然不忍舍去。當時吾二親康健，①歲時上壽，班衣羅拜，里人榮之，指以爲慶門。故牓其堂曰'雙橘'，一時名卿、大夫、士爭相歌咏其事。自爾洊罹憂患，生寡食衆，貧不能生，兄弟狼狽餬口於四方。渠亦僶俛赴調，得監亳州酤。意愈不樂，自是日飲無何，似與世相忘者。未幾，疾作，竟不起。平生所爲詩，無慮數百篇。既没之後，而二子方啼笑梨栗，豈知乃父之遺文，當真賞深藏以保於不朽哉？已而旅櫬北歸，予屢索於殘編斷稿中，了不可得。以是予與季弟每興言及此，輒聲與涕俱出，蓋痛其不復見矣。況九原之恨，其能已乎？大定己酉，予被命提點遼東等路刑獄事。閱再歲，會以公集飯素於大清安禪寺，偶於稠人中得故人李仲佐，握臂道舊，且復謂予曰：'元輔不幸，今十年矣。念一死一生之際，未能忘情，時令人誦曲全子集製，如對晤語。②'予驚聞其説，懇請一見，既而得之。長篇短章，凡四十有七，惜乎所得之不多也。雖然，嘗一臠，鼎味知矣，奚以多爲？吾弟名寀，字元輔，'曲全子'蓋道號云。"

按，孫目有。

南榮集二册 　　　　　　　　　　　〇五七〇

劉迹撰。《中州集》："劉長言，③字宣叔，東平人，宋相莘老之孫，而學易先生斯立之猶子也。父迹，年三十五終於儀真令，工詩能文，有《南榮集》傳東州，今獨余家有之。宣叔正隆宰相，詩文能世其家，今不復見矣。"

按，黄、倪、錢、龔、孫目皆有。

---

① "當"下，清文淵閣《四庫全書》本《拙軒集》（以下《拙軒集》皆據此本，不再注明）卷六、《金文最》卷十九皆有"是"字。
② "語"，原誤作"話"，據《拙軒集》卷六、《金文最》卷十九改。
③ "言"，原誤作"信"，據《中州集》卷九、《全金詩》卷一改。

丹源釣徒集 〇五七一

山東路按察使高平李仲略簡之撰。《中州集》附見《李晏傳》，蓋仲略爲晏之子。丹源釣徒者，其自號也。

按，黃、倪、錢、龔、孫目皆有。

又案，仲略所爲文今存下列一篇：

《應州重建廟學碑》

瑩禪師詩集 〇五七二

白寶瑩撰。蕭貢有《讀火山瑩禪師詩卷》詩，自注："禪師隩州白氏、①岐山令君舉樞判文舉之弟，②自幼日有詩名河東。嘗有詩云：'十日柴門九不開，松庭雨後滿蒼苔。草鞵挂起跏趺坐，消得文殊更一來。'歸寂後，客有示其集者，因題其上。"

按，孫目有。

韋齋集 〇五七三

張鉉撰。鉉，河中人，大德中進士，同知定國軍節度使，③刻意於詩，五言尤工。

按，黃、倪、龔目皆有。

松堂集 〇五七四

張邦彥撰。邦彥字彥才，平陽人。

按，黃、倪、錢、龔目皆有。龔目云："一作張德直。"

遁齋詩集 〇五七五

王元節撰。元節字子充，宏州人，第進士，密州觀察判官。

按，黃、倪、金、錢、龔目皆有，金目作《王元節詩集》。

卷瀾集二卷 〇五七六

曹珏撰。

按，黃、倪、金、錢、龔目皆有，金目作曹班。

---

① "隩"，原誤作"懊"，據《中州集》卷五、《全金詩》卷二十七改。
② "判"，原誤作"別"，據《中州集》卷五、《全金詩》卷二十七改。
③ "使"字原脫，據清文淵閣《四庫全書》本《千頃堂書目》卷二十九補。

狂愚集二十卷 ○五七七

　李愈撰。愈,正平人,河北軍節度使。

　按,黃、倪、金、錢、龔目皆有。

雲巖文集 ○五七八

　宗經撰。稷山人,舉進士。

　按,黃、倪、龔目皆有。

楊雲翼文集 ○五七九

　楊雲翼撰。

　按,金、錢、龔目皆有。金目題《之美集》,金、錢、龔目又著錄《左氏》《莊》《列》賦各一篇,應已在集中。

應制集 ○五八〇

　韓玉撰。

　按,金、龔目皆有。

王鬱集 ○五八一

　王鬱撰。

　按,金、龔目皆有。

復軒集 ○五八二

　閆詠撰。

　按,金目有。

虞仲文詩 ○五八三

　虞仲文撰。

　按,金目有。

秋山應制詩三十首 ○五八四

　王庭筠撰。

　按,金目有。

李汾詩 ○五八五

　李汾撰。

按，金、龔目有。

許悦詩集　　　　　　　　　　　　　　〇五八六
　許悦撰。許悦，字子遷，雁門人。
　按，錢、龔目皆有。

侯大中詩集　　　　　　　　　　　　　〇五八七
　侯大中撰。大中號損齋，公安人。大定初，應詔建醮，授師號。
　按，錢、龔目皆有。

雞肋集五卷　　　　　　　　　　　　　〇五八八
　姚孝錫撰。存律詩五卷。孝錫字仲純，豐縣人。
　按，錢、龔目皆有。

樗軒居士集　　　　　　　　　　　　　〇五八九
　越王允常子，世宗孫。
　按，龔目有。

丹崖集　　　　　　　　　　　　　　　〇五九〇
　刑安國撰。
　按，龔目有。

成真集　　　　　　　　　　　　　　　〇五九一
　何宏中撰。
　按，龔目有。

通理集　　　　　　　　　　　　　　　〇五九二
　何宏中撰。
　按，龔目有。

成趣園詩　　　　　　　　　　　　　　〇五九三
　獻陵梁氏編。
　按，龔目有。

玉峰閑情集　　　　　　　　　　　　　〇五九四
　趙可撰。
　按，龔目有。

附一　詩賦之疑曾單行者

忠臣猶孝子詩　　　　　　　　　　　〇五九五
　　按，金目有。
不貴異物民乃足賦　　　　　　　　　〇五九六
　　鄭子聃撰。
　　按，金、龔目皆有。
漢武中興賦　　　　　　　　　　　　〇五九七
　　徒單鎰撰。世宗大定十五年上。
　　按，金、龔目有。
一日獲三十六熊賦　　　　　　　　　〇五九八
　　施宜生撰。
　　按，金、龔目皆有。
東狩射虎賦　　　　　　　　　　　　〇五九九
　　熙宗獵於海島，三日之間，親射五虎。完顏勖獻。
　　按，金、龔目皆有。
香山賦　　　　　　　　　　　　　　〇六〇〇
　　郭伯英撰。
　　按，龔目有。
中聖人賦　　　　　　　　　　　　　〇六〇一
　　王琢撰。
　　按，龔目有。

附二　石刻所見金代文

墓　碑

天會年間

濱州司侯飛騎尉墓柱記　　　　　　　　　　　　0001
　　天會十五年二月刻。見端方《匋齋臧石記》卷四十一。

皇統年間

潮公和尚塔幢　　　　　　　　　　　　　　　　0002
　　皇統元年正月刻。見胡聘之《山右石刻叢編》卷十九。

定光禪師塔銘　　　　　　　　　　　　　　　　0003
　　皇統二年十月刻。見阮元《山左金石志》卷十九。

定光禪師塔銘　　　　　　　　　　　　　　　　0004
　　見武億《授堂金石文字續跋》卷十二。

妙空禪師塔銘　　　　　　　　　　　　　　　　0005
　　皇統二年刻。見阮元《山左金石志》卷十九。

左泌德政碑　　　　　　　　　　　　　　　　　0006
　　皇統三年八月刻。見胡聘之《山右石刻叢編》卷十九。

金高麗圓應國師碑　　　　　　　　　　　　　　0007
　　皇統五年刻。見劉喜海《海東金石苑》卷七。

金寶寧禪師塔銘　　　　　　　　　　　　　　　0008
　　皇統八年八月刻。見方履籛《金石萃編補正》卷三。

雲禪師塔銘　　　　　　　　　　　　　　　　　0009
　　皇統九年五月刻。見阮元《山左金石志》卷十九。

重立溫公神道碑記 0010
　　皇統九年六月刻。見胡聘之《山右石刻叢編》卷十九。

天德年間

浦公禪師塔記 0011
　　天德二年刻。見王昶《金石萃編》卷一五四。

故中散趙公之碣 0012
　　天德年間刻。見牛誠修《定襄金石考》卷一。

貞元年間

定林通法禪師塔銘 0013
　　貞元元年四月刻。見沈濤《常山貞石志》卷十三。

定林院通法塔銘 0014
　　見陸增祥《八瓊室金石補正》卷一二三。

開化寺僧文海舍利塔銘 0015
　　貞元元年十月刻。見沈濤《常山貞石志》卷十三。

金故麴公墓幢記 0016
　　貞元二年七月刻。見牛誠修《定襄金石考》卷一。

重摹唐龔邱令庾公德政碑 0017
　　貞元三年五月刻。見阮元《山左金石志》卷十九。

義井寺崇遠塔銘 0018
　　貞元三年六月刻①。見陸耀遹《金石續編》卷二十。

義井寺崇遠塔銘 0019
　　見陸增祥《八瓊室金石補正》卷一二三。

正隆年間

少林寺西堂法和塔銘並序 0020
　　正隆二年十月刻。見陸增祥《八瓊室金石補正》卷一二四。

---

①　"刻"字原脫，據上下文意補。

通惠院彥戒師塔銘 0021

正隆三年十月刻。見陸耀遹《金石續編》卷二十。

大定年間

開法寺永重壽塔銘 0022

大定四年七月刻。見陸耀遹《金石續編》卷二十。

戒師誠公塔銘 0023

大定五年八月刻。見畢沅《關中金石記》卷七。

金辯才塔銘 0024

見張塤《張氏吉金貞石錄》卷一。

僧德誠塔銘 0025

見陸耀遹《金石續編》卷二十。

幽栖寺廣初塔銘 0026

大定六年九月刻。見陸增祥《八瓊室金石補正》卷一二四。

七佛碣並珪公居士塔銘 0027

大定十年正月刻。見沈濤《常山貞石志》卷十三。

高公墓幢 0028

大定十一年十月刻。見牛誠修《定襄金石考》卷一。

金高麗斷俗寺大鑑國師碑銘 0029

大定十二年正月刻。見劉喜海《海東金石苑》卷七。

元融和尚塔記 0030

大定十二年刻。見胡聘之《山右石刻叢編》卷二十。

寶公禪師塔銘 0031

大定十四年七月刻。見阮元《山左金石志》卷十九。

獲鹿縣靈巖院琛公塔銘 0032

大定十四年刻。見李光暎《觀妙齋藏金石文考略》卷十五。

尊勝陁羅尼幢並琛公塔銘 0033

大定十四年十月刻。見沈濤《常山貞石志》卷十四。

靈巖院尊勝幢並淨琛塔銘　　　　　　　　　　　0034
　　見陸增祥《八瓊室金石補正》卷一二三。
金高麗寧國寺圓覺國師碑　　　　　　　　　　　0035
　　大定十五年刻。見劉喜海《海東金石苑》卷七。
故周公之墓銘　　　　　　　　　　　　　　　　0036
　　大定十七年五月刻。① 見牛誠修《定襄金石考》卷一。
宇公居士塔銘　　　　　　　　　　　　　　　　0037
　　大定十七年刻。見沈濤《常山貞石志》卷十四。
重修太史公墓碣　　　　　　　　　　　　　　　0038
　　大定十九年清明後二日刻。見畢沅《關中金石記》卷七。
重修漢太史公墓記　　　　　　　　　　　　　　0039
　　見王昶《金石萃編》卷一五五。
龍興寺陁羅尼經幢並廣惠大師銘　　　　　　　　0040
　　大定二十年七月刻。見沈濤《常山貞石志》卷十四。
龐整記　　　　　　　　　　　　　　　　　　　0041
　　大定二十二年十月刻。見胡聘之《山右石刻叢編》卷二十一。
允公長老塔銘　　　　　　　　　　　　　　　　0042
　　大定二十三年九月刻。見沈濤《常山貞石志》卷十四。
故奉國上將軍郭建神道碑　　　　　　　　　　　0043
　　大定二十三年刻。見阮元《山左金石志》卷十九。
金郭將軍神道碑　　　　　　　　　　　　　　　0044
　　見段松苓《益都金石記》卷三。
金高麗浮石寺元悟國師碑　　　　　　　　　　　0045
　　大定二十五年二月刻。見劉喜海《海東金石苑》卷七。

---

① "年"字原脫，據上下文意補。

王去非墓表 0046
　　大定二十五年十一月刻。見阮元《山左金石志》卷十九。

金張中偉碑 0047
　　大定二十六年三月刻。見張塤《張氏吉金貞石録》卷四。

張仲偉墓表 0048
　　見陸耀遹《金石續編》卷二十。

張福墓幢 0049
　　大定二十七年四月刻。見牛誠修《定襄金石考》卷一。

楊聚墓幢 0050
　　大定二十七年五月刻。見牛誠修《定襄金石考》卷一。

張時墓幢 0051
　　大定二十七年九月刻。見牛誠修《定襄金石考》卷一。

松禪師塔銘 0052
　　大定二十七年十一月刻。見阮元《山左金石志》卷二十。

龍泉寺政言塔銘 0053
　　大定二十八年六月刻。見陸耀遹《金石續編》卷二十。

明昌年間

栖閑居士張中偉墓表 0054
　　明昌元年刻。見畢沅《關中金石記》卷七。

勝果院尊勝幢並惠澄銘 0055
　　明昌元年七月刻。見陸增祥《八瓊室金石補正》卷一二三。

節度副使張公神道碑 0056
　　明昌二年五月刻。見阮元《山左金石志》卷二十。

迪公山立塔記 0057
　　明昌三年刻。見王頌蔚《寫禮廎讀碑記》。

金高麗依止大師殘石 0058
　　明昌三年刻。見劉承幹《海東金石苑附録》卷上。

金修王弼墓碑 0059
　　明昌四年八月刻。見武億《偃師金石遺文記》卷下。
高陵縣張公去思碑 0060
　　明昌五年刻。見王昶《金石萃編》卷一五七。
李氏祖塋碑 0061
　　明昌六年二月刻。見阮元《山左金石志》卷二十。
照公禪師塔銘 0062
　　明昌七年三月刻。見阮元《山左金石志》卷二十。
通鑑大師塔銘並陀羅尼真言幢 0063
　　明昌七年七月刻。見沈濤《常山貞石志》卷十五。

承安年間

顯武將軍張琪墓表銘 0064
　　承安元年刻。見阮元《山左金石志》卷二十。
故趙公之墓幢 0065
　　承安二年二月刻。見牛誠修《定襄金石考》卷一。
智氏先塋石幢 0066
　　承安二年五月刻。見牛誠修《定襄金石考》卷一。
成氏先塋碑 0067
　　承安四年二月刻。見阮元《山左金石志》卷二十。
東海徐氏墓碑 0068
　　承安四年七月刻。見阮元《山左金石志》卷二十。
金英上人塔記 0069
　　承安四年刻。見方履籛《金石萃編補正》卷三。
霍習墓幢 0070
　　承安五年四月刻。見牛誠修《定襄金石考》卷一。
利州精嚴寺蓋公和尚行狀銘 0071
　　承安五年刻。見錢大昕《潛研堂金石文跋尾》卷十八。

泰和年間

賈公先思之記　　　　　　　　　　　　　　0072
　　泰和元年刻。見牛誠修《定襄金石考》卷一。

慈相寺僧塔記　　　　　　　　　　　　　　0073
　　泰和元年四月刻。見胡聘之《山右石刻叢編》卷二十二。

勍公和尚塔銘　　　　　　　　　　　　　　0074
　　泰和二年二月刻。見沈濤《常山貞石志》卷十五。

元氏縣令高仲倫德政碑　　　　　　　　　　0075
　　泰和二年三月刻。見沈濤《常山貞石志》卷十五。

碑陰　　　　　　　　　　　　　　　　　　0076
　　見沈濤《常山貞石志》卷十五。

武威郡侯段鐸墓表　　　　　　　　　　　　0077
　　泰和二年四月刻。見武億《授堂金石文字續跋》卷十二。①

段鐸墓表　　　　　　　　　　　　　　　　0078
　　見胡聘之《山右石刻叢編》卷二十二。

段季良墓表　　　　　　　　　　　　　　　0079
　　泰和二年四月刻。見胡聘之《山右石刻叢編》卷二十二。

段矩碑　　　　　　　　　　　　　　　　　0080
　　泰和三年四月刻。見胡聘之《山右石刻叢編》卷二十二。

紇石烈昭信德政碑　　　　　　　　　　　　0081
　　泰和五年八月刻。見胡聘之《山右石刻叢編》卷二十三。

李彥柔真言幢並墓記　　　　　　　　　　　0082
　　泰和七年五月刻。見陸增祥《八瓊室金石補正》卷一二三。

---

　　① "字"字原脫，據清道光二十三年授堂重刊本《授堂金石文字續跋》(以下《授堂金石文字續跋》皆據此本，不再注明)卷十二補，下同。

大安年間

崇公禪師塔銘　　0083
　　大安元年三月刻。見武億《授堂金石文字續跋》卷十二。

少林寺興崇塔銘並序　　0084
　　見陸增祥《八瓊室金石補正》卷一二七。

勝公法師塔銘　　0085
　　大安二年五月刻。見沈濤《常山貞石志》卷十五。

晁氏墓碣　　0086
　　大安二年十月刻。見阮元《山左金石志》卷二十。

理公和尚塔銘　　0087
　　大安三年四月刻。見沈濤《常山貞石志》卷十五。

崇慶年間

企公壽塔幢　　0088
　　崇慶元年正月刻。見徐乃昌《安徽金石古物考稿》卷十五。

貞祐年間

楊振碑　　0089
　　貞祐四年正月刻。見畢沅《關中金石記》卷七。

楊振碑　　0090
　　見王昶《金石萃編》卷一五八。

濟州刺史李演碑　　0091
　　貞祐四年八月刻。見阮元《山左金石志》卷二十。

濟州李演碑　　0092
　　見王昶《金石萃編》卷一五八。

興定年間

乾天禪寺杲公禪師塔銘　　0093
　　興定二年九月刻。見畢沅《中州金石記》卷五。

昊公禪師塔銘　　　　　　　　　　　　　　　0094
　　見羅振玉《芒洛冢墓遺文四編》卷六。
陽曲令周君墓表　　　　　　　　　　　　　　0095
　　興定年間刻。見牛誠修《定襄金石考》卷一。

大定年間

金故少中大夫御史程君墓碑　　　　　　　　　0096
　　正大元年十月刻。見武億《偃師金石遺文記》卷下。
金葉令劉雲卿去思碑　　　　　　　　　　　　0097
　　見劉青藜《金石續錄》卷四。①
葉令劉從益惠政碑　　　　　　　　　　　　　0098
　　正大四年八月刻。見畢沅《中州金石記》卷五。
幽栖寺重摹范公忠智碑　　　　　　　　　　　0099
　　見阮元《山左金石志》卷二十。
趙世顯等殘碑　　　　　　　　　　　　　　　0100
　　見阮元《山左金石志》卷二十。
金高麗寶鏡寺圓真國師碑　　　　　　　　　　0101
　　見劉喜海《海東金石苑》卷七。
高麗弘覺禪師碑　　附金末。　　　　　　　　0102
　　見劉喜海《海東金石苑》卷七。

墓　誌

皇統年間

崔叟伯妻廉氏墓誌　　　　　　　　　　　　　0103
　　皇統六年正月刻。見劉承幹《海東金石苑補遺》卷二。

---

①　"錄",原誤作"編",據清文淵閣《四庫全書》本《清通志·藝文略》改。

裴景誠墓誌　　　　　　　　　　　　　　　　0104
　　皇統六年九月刻。見劉承幹《海東金石苑補遺》卷二。
權適墓誌　　　　　　　　　　　　　　　　0105
　　戊辰二月當爲皇統八年。刻。見劉承幹《海東金石苑補遺》卷二。
金誠墓誌　　　　　　　　　　　　　　　　0106
　　皇統八年七月刻。見劉承幹《海東金石苑補遺》卷三。
元沆墓誌　　　　　　　　　　　　　　　　0107
　　皇統九年刻。見劉承幹《海東金石苑補遺》卷三。
崔湧妻金氏墓銘　　　　　　　　　　　　　　0108
　　皇統九年十月刻。見劉承幹《海東金石苑補遺》卷三。
尹彥頤墓誌　　　　　　　　　　　　　　　　0109
　　皇統十年四月刻。見劉承幹《海東金石苑補遺》卷三。

天德年間

崔梓墓誌　　　　　　　　　　　　　　　　0110
　　天德三年十月刻。見劉承幹《海東金石苑補遺》卷三。
李坦之墓誌　　　　　　　　　　　　　　　　0111
　　天德四年刻。見劉承幹《海東金石苑補遺》卷三。
閔瑛墓誌　　　　　　　　　　　　　　　　0112
　　天德四年十一月刻。見劉承幹《海東金石苑補遺》卷三。
洪圓寺僧統教雄墓誌　　　　　　　　　　　　0113
　　天德五年四月刻。見劉承幹《海東金石苑補遺》卷三。

貞元年間

李仁實廟誌　　　　　　　　　　　　　　　　0114
　　貞元年間刻。見劉承幹《海東金石苑補遺》卷三。
尹誧墓誌　　　　　　　　　　　　　　　　0115
　　貞元二年七月刻。見劉承幹《海東金石苑補遺》卷三。

朴翛墓誌　　　　　　　　　　　　　　　　　　0116
　　貞元四年九月刻。見劉承幹《海東金石苑補遺》卷三。
李輔予妻李氏墓誌　　　　　　　　　　　　　　0117
　　貞元六年二月刻。見劉承幹《海東金石苑補遺》卷三。

正隆（正豐）年間

僧之印墓誌　　　　　　　　　　　　　　　　　0118
　　正豐三年十一月刻。見劉承幹《海東金石苑補遺》卷三。
崔誠墓誌　　　　　　　　　　　　　　　　　　0119
　　正隆五年八月刻。見劉承幹《海東金石苑補遺》卷三。
尹裕延墓誌　　　　　　　　　　　　　　　　　0120
　　正隆六年九月刻。見劉承幹《海東金石苑補遺》卷四。
金臣璉墓誌　　　　　　　　　　　　　　　　　0121
　　正豐六年十月刻。見劉承幹《海東金石苑補遺》卷四。
王侔墓誌　　　　　　　　　　　　　　　　　　0122
　　正豐六年十一月刻。見劉承幹《海東金石苑補遺》卷四。
林景軾墓誌　　　　　　　　　　　　　　　　　0123
　　正豐六年八月刻。見劉承幹《海東金石苑補遺》卷四。
崔允仁墓誌　　　　　　　　　　　　　　　　　0124
　　正豐七年閏二月刻。見劉承幹《海東金石苑補遺》卷四。
金之瑩葬誌　　　　　　　　　　　　　　　　　0125
　　正豐七年五月刻。見劉承幹《海東金石苑補遺》卷四。
崔允儀墓誌　　　　　　　　　　　　　　　　　0126
　　正豐七年十月刻。見劉承幹《海東金石苑補遺》卷四。

大定年間

金永錫墓誌　　　　　　　　　　　　　　　　　0127
　　大定七年二月刻。見劉承幹《海東金石苑補遺》卷四。

隴西郡李公墓誌銘　　　　　　　　　　　　　　0128
　　大定十一年刻。見李光暎《觀妙齋藏金石文考略》卷十五。①

李應璋墓誌　　　　　　　　　　　　　　　　　0129
　　大定十七年七月刻。見劉承幹《海東金石苑補遺》卷四。

斛律光墓記　　　　　　　　　　　　　　　　　0130
　　大定二十年八月刻。見胡聘之《山右石刻叢編》卷二十一。

李文著墓誌　　　　　　　　　　　　　　　　　0131
　　大定二十年十二月刻。見劉承幹《海東金石苑補遺》卷四。

鄉貢進士董君墓誌　　　　　　　　　　　　　　0132
　　大定二十三年正月刻。見牛誠修《定襄金石考》卷一。

宣武將軍李訓墓誌　　　　　　　　　　　　　　0133
　　大定二十六年八月刻。見端方《匋齋藏石記》卷四十二。

尹宗錫墓誌　　　　　　　　　　　　　　　　　0134
　　大定二十八年五月刻。見劉承幹《海東金石苑補遺》卷四。

保義校尉房公墓誌　　　　　　　　　　　　　　0135
　　大定二十九年十月刻。見阮元《山左金石志》卷二十。

明昌年間

白任至墓誌　　　　　　　　　　　　　　　　　0136
　　明昌三年三月刻。見劉承幹《海東金石苑補遺》卷四。

僧智偳墓誌　　　　　　　　　　　　　　　　　0137
　　明昌四年二月刻。見劉承幹《海東金石苑補遺》卷四。

李勝章墓誌　　　　　　　　　　　　　　　　　0138
　　明昌四年四月刻。見劉承幹《海東金石苑補遺》卷四。

柳公權墓誌　　　　　　　　　　　　　　　　　0139
　　明昌八年八月刻。見劉承幹《海東金石苑補遺》卷四。

---

① "暎"，原誤作"瑛"，據上下文意改。

承安年間

金純墓誌　　　　　　　　　　　　　　　　　0140
　　承安二年十一月刻。見劉承幹《海東金石苑補遺》卷五。

太原王氏墓記　　　　　　　　　　　　　　　0141
　　承安四年二月刻。見武億《授堂金石文字續跋》卷十二。

囗柬輔墓誌　　　　　　　　　　　　　　　　0142
　　承安五年六月刻。見劉承幹《海東金石苑補遺》卷五。

泰和年間

劉千墓幢　　　　　　　　　　　　　　　　　0143
　　泰和八年三月刻。見胡聘之《山右石刻叢編》卷二十三。

劉公佐墓幢誌銘　　　　　　　　　　　　　　0144
　　泰和八年十月刻。見端方《匋齋藏石記》卷四十二。

大安年間

金鳳毛墓誌　　　　　　　　　　　　　　　　0145
　　大安元年七月刻。見劉承幹《海東金石苑補遺》卷五。

鄭公墓記　　　　　　　　　　　　　　　　　0146
　　大安二年四月刻。見阮元《山左金石志》卷二十。

金鄭公墓記　　　　　　　　　　　　　　　　0147
　　見段松苓《益都金石記》卷三。

金沖墓誌　　　　　　　　　　　　　　　　　0148
　　大安三年仲秋刻。見劉承幹《海東金石苑補遺》卷五。

崇慶年間

朴仁碩墓誌　　　　　　　　　　　　　　　　0149
　　崇慶元年五月刻。見劉承幹《海東金石苑補遺》卷五。

郭郛墓志　　　　　　　　　　　　　　　　　0150
　　崇慶元年八月刻。見胡聘之《山右石刻叢編》卷二十三。

進士郭息軒墓碑　　　　　　　　　　　　　　0151
　　見牛誠修《定襄金石考》卷一。

貞祐年間

李瑞林墓誌　　　　　　　　　　　　　　　　0152
　　貞祐癸酉季冬刻。見劉承幹《海東金石苑補遺》卷五。
柳光植墓誌　　　　　　　　　　　　　　　　0153
　　貞祐九年九月刻。見劉承幹《海東金石苑補遺》卷五。
任益惇廟誌　　　　　　　　　　　　　　　　0154
　　貞祐十五年四月刻。見劉承幹《海東金石苑補遺》卷五。
金元義墓誌　　　　　　　　　　　　　　　　0155
　　丁丑八月刻。見劉承幹《海東金石苑補遺》卷五。

正大年間

太清宮前提點大師鄭公預誌　　　　　　　　　0156
　　正大六年三月刻。見黃本驥《古誌石華》卷三十。

造像記

天會年間

智度寺邑人供塔碑銘　　　　　　　　　　　　0157
　　天會十年六月刻。見武億《授堂金石文字續跋》卷十二。

正隆年間

玄口舍利塔記　　　　　　　　　　　　　　　0158
　　正隆二年二月刻。見王頌蔚《寫禮廎讀碑記》。
邸村王石氏造玉石羅漢象題字　　　　　　　　0159
　　正隆三年九月刻。見沈濤《常山貞石志》卷十三。

雲居寺重修舍利塔碑　　　　　　　　　　　　　　0160
　　正隆五年七月刻。見武億《授堂金石文字續跋》卷十二。

大定年間

壽禪師造象記　　　　　　　　　　　　　　　　　0161
　　大定二年五月刻。見陸增祥《八瓊室金石補正》卷一二四。

修白馬寺舍利塔記　　　　　　　　　　　　　　　0162
　　大定十五年五月刻。見陸耀遹《金石續編》卷二十。

關大王祖塔記　　　　　　　　　　　　　　　　　0163
　　大定十七年三月刻。見胡聘之《山右石刻叢編》卷二十一。

明昌年間

福勝院建石塔記　　　　　　　　　　　　　　　　0164
　　明昌五年四月刻。見阮元《山左金石志》卷二十。

金福勝院廷石塔記　　　　　　　　　　　　　　　0165
　　見段松苓《益都金石記》卷三。①

興定年間

金石窟寺創建佛牙像塔記　　　　　　　　　　　　0166
　　興定五年七月刻。見武億《金石三跋》卷二。

瑥公禪師塔題字　　　　　　　　　　　　　　　　0167
　　見阮元《山左金石志》卷二十。

洪山石佛題名　　　　　　　　　　　　　　　　　0168
　　見阮元《山左金石志》卷二十。

彰德府安陽縣寶山靈泉寺覆釜峰新建石塔記　　　　0169
　　見武億、趙希璜《安陽縣金石錄》卷七。

---

① "益都"二字原脱，據民國影印《十通》本《清續文獻通考·經籍考》補。

題　記

天會年間

金都統經略郎君行記　　　　　　　　　　　　　　0170
　　天會十二年十一月刻。見趙崡《石墨鐫華》卷六。
皇弟經略郎君行記　　　　　　　　　　　　　　　0171
　　見李光暎《觀妙齋藏金石文考略》卷十五。
皇弟都統經略郎君行記　　　　　　　　　　　　　0172
　　見畢沅《關中金石記》卷七。
都統經略郎君行記　　　　　　　　　　　　　　　0173
　　見錢大昕《潛研堂金石文跋尾》卷十八。
皇弟都統經略郎君行記　　　　　　　　　　　　　0174
　　見王昶《金石萃編》卷一五四。

貞元年間

崔皋等造石香爐記　　　　　　　　　　　　　　　0175
　　貞元二年十二月刻。見沈濤《常山貞石志》卷十三。

正隆年間

張汝爲題靈巖寺記　　　　　　　　　　　　　　　0176
　　正隆元年四月刻。見武億《授堂金石文字續跋》卷十二。
張汝爲靈巖寺題記　　　　　　　　　　　　　　　0177
　　見阮元《山左金石志》卷十九。

大定年間

列石口題跋[①]　　　　　　　　　　　　　　　　0178
　　大定二年六月刻。見胡聘之《山右石刻叢編》卷二十。

---

　　① "列"，原誤作"劉"，據清光緒二十七年刻本《山右石刻叢編》卷二十改。

遇仙園石刻 0179

 大定九年刻。見阮元《山左金石志》卷十九。

大智禪師碑陰題刻二段 0180

 見陸增祥《八瓊室金石補正》卷一二三。

禮部令史題名記 0181

 大定十八年刻。見王昶《金石萃編》卷一五五。

李成詵謁祠記 0182

 大定十九年刻。見畢沅《關中金石記》卷七。

華嶽廟李成說和衆題記 0183

 見陸增祥《八瓊室金石補正》卷一三五。

泰和年間

王皇象座上題記 0184

 泰和五年六月刻。見沈濤《常山貞石志》卷十五。

京兆府學教授題名記 0185

 泰和六年三月刻。見陸耀遹《金石續編》卷二十。

田曦謁祠記 0186

 泰和七年四月刻。見畢沅《關中金石記》卷七。

興定年間

進士題名記 0187

 見王昶《金石萃編》卷一五八。

正大年間

改建題名之碑 0188

 正大二年十二月刻。見畢沅《關中金石記》卷七。

改建題名碑 0189

 見王昶《金石萃編》卷一五九。

雲房二大字 0190
　　見畢沅《關中金石記》卷七。
孔林宋金元雜題 0191
　　見李光暎《觀妙齋藏金石文考略》卷十三。

雜　刻

天會年間

襄垣縣修城記 0192
　　天會十二年六月刻。見胡聘之《山右石刻叢編》卷十九。
南懷州修湯五廟記 0193
　　天會十四年十月刻。見陸增祥《八瓊室金石補正》卷一二三。
奇石山磨崖記 0194
　　天會十五年十月刻。見沈濤《常山貞石志》卷十三。

天眷年間

解州聞喜縣改修董池神記 0195
　　天眷元年刻。見李光暎《觀妙齋藏金石文考略》卷十五。
董文廟碑 0196
　　天眷元年四月刻。見胡聘之《山右石刻叢編》卷十九。
三嶔廟記 0197
　　天眷元年八月刻。見胡聘之《山右石刻叢編》卷十九。
定兩縣水碑 0198
　　天眷二年六月刻。見李光暎《觀妙齋藏金石文考略》卷十五。
趙城洪洞水利碑 0199
　　見胡聘之《山右石刻叢編》卷十九。
重修兗州宣聖廟碑 0200
　　天眷三年十月刻。見阮元《山左金石志》卷十九。

皇統年間

造佛殿記殘石　　　　　　　　　　　　　　　　0201
　　皇統元年四月刻。見端方《匋齋藏石記》卷四十一。

妙香山普賢寺記　　　　　　　　　　　　　　　0202
　　皇統元年七月刻。見陸增祥《八瓊室金石補正》卷一三〇。

金高麗妙香山普賢寺記　　　　　　　　　　　　0203
　　見劉喜海《海東金石苑》卷七。

汾州平遙縣葬枯骨碣銘　　　　　　　　　　　　0204
　　皇統二年正月刻。見李光暎《觀妙齋藏金石文考略》卷十五。

清虛觀葬枯骨碑　　　　　　　　　　　　　　　0205
　　見胡聘之《山右石刻叢編》卷十九。

獨擔靈顯王廟碑　　　　　　　　　　　　　　　0206
　　皇統二年七月刻。見胡聘之《山右石刻叢編》卷十九。

大同府普恩寺碑跋　　　　　　　　　　　　　　0207
　　皇統三年二月刻。見朱彝尊《金石文字跋尾》卷六。

白雲庵禮塔會記　　　　　　　　　　　　　　　0208
　　皇統三年四月刻。見阮元《山左金石志》卷十九。

千峰禪院碑　　　　　　　　　　　　　　　　　0209
　　皇統三年四月刻。見胡聘之《山右石刻叢編》卷十九。

靈峰院千佛洞碑　　　　　　　　　　　　　　　0210
　　皇統三年七月刻。見錢大昕《潛研堂金石文跋尾》卷十八。

妙空長老自題像贊石刻　　　　　　　　　　　　0211
　　皇統三年八月刻。見阮元《山左金石志》卷十九。

僧世賢買地券　　　　　　　　　　　　　　　　0212
　　皇統三年刻。見劉承幹《海東金石苑補遺》卷二。

寶雲寺佛殿記　　　　　　　　　　　　　　　　0213
　　皇統四年七月刻。見胡聘之《山右石刻叢編》卷十九。

金普照寺興造記碑　　　0214
　　皇統四年十月刻。見趙崡《石墨鐫華》卷六。
沂州普照寺興造記　　　0215
　　見孫承澤《庚子銷夏記》卷七。
沂州普照寺碑　　　0216
　　見錢大昕《潛研堂金石文跋尾》卷十八。
普照寺碑　　　0217
　　見武億《授堂金石文字續跋》卷十二。
沂州普照寺碑　　　0218
　　見阮元《山左金石志》卷十九。
沂州府普照寺碑　　　0219
　　見王昶《金石萃編》卷一五四。
香積院涅槃會碑　　　0220
　　皇統六年四月刻。見胡聘之《山右石刻叢編》卷十九。
傅大王梵相十勸石刻　　　0221
　　皇統六年八月刻。見阮元《山左金石志》卷十九。
靈巖寺觀音聖迹碑　　　0222
　　皇統七年七月刻。見阮元《山左金石志》卷十九。
靈巖寺祖師聖迹碑　　　0223
　　見陸增祥《八瓊室金石補正》卷一二三。
靈巖寺面壁像記　　　0224
　　皇統七年十二月刻。見阮元《山左金石志》卷十九。
宜州廳峪道院復建藏經千人邑碑　　　0225
　　皇統八年七月刻。見錢大昕《潛研堂金石文跋尾》卷十八。
柳氏家訓　　　0226
　　皇統九年正月刻。見胡聘之《山右石刻叢編》卷十九。

金堆寺碑　　　　　　　　　　　　　　　　0227
　　皇統九年四月刻。見阮元《山左金石志》卷十九。
靈巖寺寶公開堂疏碑　　　　　　　　　　　0228
　　皇統九年八月刻。見阮元《山左金石志》卷十九。
長清靈巖寺寶公開堂疏　　　　　　　　　　0229
　　見王昶《金石萃編》卷一五四。
伯夷頌　　　　　　　　　　　　　　　　　0230
　　皇統九年七月刻。見胡聘之《山右石刻叢編》卷十九。

天德年間

伏羲廟碑　　　　　　　　　　　　　　　　0231
　　天德三年九月刻。見阮元《山左金石志》卷十九。
靈巖山場界至圖刻　　　　　　　　　　　　0232
　　天德三年刻。見阮元《山左金石志》卷十九。
重修微子廟記　　　　　　　　　　　　　　0233
　　天德三年刻。見李光暎《觀妙齋藏金石文考略》卷十五。

貞元年間

神農黃帝祠堂碑　　　　　　　　　　　　　0234
　　貞元二年三月刻。見阮元《山左金石志》卷十九。

正隆年間

釋迦宗派圖刻　　　　　　　　　　　　　　0235
　　正隆元年八月刻。見阮元《山左金石志》卷十九。
修紫虛元君殿記　　　　　　　　　　　　　0236
　　正隆二年六月刻。見陸增祥《八瓊室金石補正》卷一二四。
重修京兆府學記　　　　　　　　　　　　　0237
　　正隆二年十一月刻。見李光暎《觀妙齋藏金石文考略》卷十五。

京兆重修學記 0238

　　見畢沅《關中金石記》卷七。

京兆府重修府學記 0239

　　見王昶《金石萃編》卷一五四。

宗城縣新修宣聖廟記 0240

　　正隆三年四月刻。見武億《授堂金石文字續跋》卷十二。

普會禪院記 0241

　　正隆三年刻。見李光暎《觀妙齋藏金石文考略》卷十五。

古賢寺彌勒殿記 0242

　　正隆四年四月刻。見胡聘之《山右石刻叢編》卷十九。

常樂寺重修三世佛殿碑 0243

　　正隆四年四月刻。見畢沅《中州金石記》卷五。

康樂亭記 0244

　　正隆四年五月刻。見胡聘之《山右石刻叢編》卷十九。

東鎮廟修瓦殿記 0245

　　正隆四年六月刻。見阮元《山左金石志》卷十九。

重修天龍寺銘 0246

　　正隆四年七月刻。見李光暎《觀妙齋藏金石文考略》卷十五。

重修天龍寺碑 0247

　　見胡聘之《山右石刻叢編》卷十九。

重立泰寧宮記 0248

　　正隆四年十月刻。見畢沅《關中金石記》卷七。

重立泰寧宮碑 0249

　　見嚴可均《鐵橋金石跋》卷四。①

---

①　"可均",原誤作"均可",據上下文意乙正。

重立泰寧宮碑　　　　　　　　　　　　　0250
　　見陸耀遹《金石續編》卷二十。

重修碑院七賢堂記　　　　　　　　　　0251
　　正隆四年刻。見李光暎《觀妙齋藏金石文考略》卷十五。

穠芳亭石刻　　附正隆。　　　　　　　　0252
　　見阮元《山左金石志》卷十九。

重修宣聖廟記　　附正隆。　　　　　　　0253
　　見李光暎《觀妙齋藏金石文考略》卷十五。

大定年間

龍興寺碑　　　　　　　　　　　　　　0254
　　大定元年刻。見李光暎《觀妙齋藏金石文考略》卷十五。

廣巖院敕牒碑　　　　　　　　　　　　0255
　　大定二年二月刻。見阮元《山左金石志》卷十九。

華嚴寺薄伽藏教記　　　　　　　　　　0256
　　見李光暎《觀妙齋藏金石文考略》卷十五。

華嚴寺薄伽藏教記　　　　　　　　　　0257
　　大定二年五月刻。見胡聘之《山右石刻叢編》卷二十。

壽禪師修明月山清風庵記　　　　　　　0258
　　大定二年五月刻。見陸耀遹《金石續編》卷二十。

英濟侯感應記　　　　　　　　　　　　0259
　　大定二年六月刻。見胡聘之《山右石刻叢編》卷二十。

神巖山寶峰院敕牒　　　　　　　　　　0260
　　大定二年九月刻。見丁紹基《求是齋碑跋》卷四。

彼岸院敕牒碑　　　　　　　　　　　　0261
　　大定二年十二月刻。見阮元《山左金石志》卷十九。

彼岸院敕牒　　　　　　　　　　　　　0262
　　見武億《授堂金石文字續跋》卷十二。

福勝院敕牒碑 0263
　大定三年正月刻。見阮元《山左金石志》卷十九。
龍泉院額牒 0264
　大定三年正月刻。見陸增祥《八瓊室金石補正》卷一二四。
龍泉院敕牒 0265
　見王頌蔚《寫禮廎讀碑記》。
清涼院尚書禮部牒 0266
　大定三年四月刻。見韓崇《寶鐵齋金石文跋尾》卷下。
清涼院牒 0267
　見《江蘇金石志》卷十八。
大清觀牒 0268
　大定三年四月刻。見胡聘之《山右石刻叢編》卷二十。
龍巖寺碑 0269
　大定三年四月刻。見胡聘之《山右石刻叢編》卷二十。
普照禪院牒 0270
　大定三年五月刻。見胡聘之《山右石刻叢編》卷二十。
龍泉院使帖 0271
　大定三年六月刻。見陸增祥《八瓊室金石補正》卷一二四。
龍泉院使州帖 0272
　見王頌蔚《寫禮廎讀碑記》。
福智院記 0273
　大定三年七月刻。見胡聘之《山右石刻叢編》卷二十。
太清觀牒 0274
　大定三年七月刻。見胡聘之《山右石刻叢編》卷二十。
靈泉觀牒 0275
　大定三年九月刻。見畢沅《關中金石記》卷七。

廣濟寺額牒 0276
　　大定三年十二月刻。見陸增祥《八瓊室金石補正》卷一二四。
龍泉院碑 0277
　　大定四年九月刻。見阮元《山左金石志》卷十九。
福嚴院重修佛殿記 0278
　　大定四年九月刻。見胡聘之《山右石刻叢編》卷二十。
集仙觀牒 0279
　　大定四年閏十一月刻。見胡聘之《山右石刻叢編》卷二十。
金大定四年牒 0280
　　見張塤《張氏吉金貞石錄》卷四。
趙同村福祥院尚書禮部牒並記 0281
　　大定四年刻。見沈濤《常山貞石志》卷十三。
金勅賜福勝院碑陽 0282
　　大定四年刻。見段松苓《益都金石記》卷三。
敕賜吉祥院牒 0283
　　大定四年刻。見段嘉謨《金石一隅錄》。
吉祥院額牒 0284
　　見陸增祥《八瓊室金石補正》卷一二四。
普照禪院牒 0285
　　大定四年刻。見端方《匋齋藏石記》卷四十一。
普照寺敕牒碑 0286
　　大定五年正月刻。見阮元《山左金石志》卷十九。
創修泉池記 0287
　　大定五年五月刻。見畢沅《中州金石記》卷五。
興國寺敕牒碑 0288
　　大定五年五月刻。見阮元《山左金石志》卷十九。

修昭化院記 0289
　　大定五年六月刻。見陸耀遹《金石續編》卷二十。
普安禪院敕牒碑 0290
　　大定五年八月刻。見阮元《山左金石志》卷十九。
大雲寺華藏世界海圖碑 0291
　　大定五年九月刻。見阮元《山左金石志》卷十九。
華藏世界海圖碑 0292
　　見陸增祥《八瓊室金石補正》卷一二四。
重修二仙廟碑 0293
　　大定五年九月刻。見胡聘之《山右石刻叢編》卷二十。
晉陽里湯王廟記 0294
　　大定五年九月刻。見胡聘之《山右石刻叢編》卷二十。
觀音院碑 0295
　　大定六年九月刻。見畢沅《關中金石記》卷七。
開元寺觀音院記 0296
　　見陸耀遹《金石續編》卷二十。
廣福院尚書禮部牒 0297
　　大定七年八月刻。見錢大昕《潛研堂金石文跋尾》卷十八。
廣濟寺牒 0298
　　見陸耀遹《金石續編》卷二十。
惠濟院牒 0299
　　大定七年十月刻。見畢沅《關中金石記》卷七。
新鄉修文宣王廟碑 0300
　　大定八年四月刻。見陸增祥《八瓊室金石補正》卷一二四。
寶山寺地界記 0301
　　大定九年三月刻。見武億、趙希璜《安陽縣金石錄》卷七。

金福勝院碑陰　　　　　　　　　　　　　　　0302
　　大定九年三月刻。見段松苓《益都金石記》卷三。
普照禪院碑　　　　　　　　　　　　　　　　0303
　　大定九年六月刻。見胡聘之《山右石刻叢編》卷二十。
普照寺碑跋　　　　　　　　　　　　　　　　0304
　　見呂世宜《愛吾廬題跋》。
靈源公廟記　　　　　　　　　　　　　　　　0305
　　大定九年十一月刻。見胡聘之《山右石刻叢編》卷二十。
大雲禪院之記　　　　　　　　　　　　　　　0306
　　大定十年刻。見李光暎《觀妙齋藏金石文考略》卷十五。
裴氏族譜石刻　　　　　　　　　　　　　　　0307
　　大定十一年八月刻。見胡聘之《山右石刻叢編》卷二十。
思政堂記　　　　　　　　　　　　　　　　　0308
　　大定十一年十二月刻。見畢沅《關中金石記》卷七。
乾州思政堂記　　　　　　　　　　　　　　　0309
　　見王昶《金石萃編》卷一五五。
藏山廟記　　　　　　　　　　　　　　　　　0310
　　大定十二年六月刻。見胡聘之《山右石刻叢編》卷二十。
文登縣新修縣學碑　　　　　　　　　　　　　0311
　　大定十二年七月刻。見阮元《山左金石志》卷十九。
洪福院牒並助緣題名　　　　　　　　　　　　0312
　　大定十二年九月刻。見陸增祥《八瓊室金石補正》卷一二四。
興國寺新修大殿碑　　　　　　　　　　　　　0313
　　大定十二年十月刻。見阮元《山左金石志》卷十九。
大天宮寺碑記　　　　　　　　　　　　　　　0314
　　大定十二年十二月刻。見武億《授堂金石文字續跋》卷十二。

濟源縣寶峰院記　　　　　　　　　　　　　0315
　　大定十三年五月刻。見畢沅《中州金石記》卷五。
洪福院尚書禮部牒並重修洪福院記　　　　0316
　　大定十三年七月刻。見沈濤《常山貞石志》卷十三。
碑陰　　　　　　　　　　　　　　　　　0317
　　見沈濤《常山貞石志》卷十三。
大雲禪院碑　　　　　　　　　　　　　　0318
　　大定十三年七月刻。見胡聘之《山右石刻叢編》卷二十一。
慈雲院碑　　　　　　　　　　　　　　　0319
　　大定十三年十月刻。見胡聘之《山右石刻叢編》卷二十一。
慈相寺關帝廟記　　　　　　　　　　　　0320
　　大定十三年刻。見胡聘之《山右石刻叢編》卷二十一。
太清觀記　　　　　　　　　　　　　　　0321
　　大定十四年四月刻。見胡聘之《山右石刻叢編》卷二十一。
清涼院敕牒碑　　　　　　　　　　　　　0322
　　大定十四年五月刻。見阮元《山左金石志》卷十九。
清涼院碑　　　　　　　　　　　　　　　0323
　　見陸增祥《八瓊室金石補正》卷一二五。
遼州文廟碑　　　　　　　　　　　　　　0324
　　大定十四年八月刻。見胡聘之《山右石刻叢編》卷二十一。
洪濟禪院牒　　　　　　　　　　　　　　0325
　　大定十五年六月刻。見陸耀遹《金石續編》卷二十。
四仙碑並陰　　　　　　　　　　　　　　0326
　　大定十五年七月刻。見熊象階《濬縣金石錄》卷上。
先軫廟碑　　　　　　　　　　　　　　　0327
　　大定十五年十月刻。見胡聘之《山右石刻叢編》卷二十一。

福勝院牒敕碑　　　　　　　　　　　　　　0328
　　大定十六年正月刻。見阮元《山左金石志》卷十九。

莊嚴禪寺牒　　　　　　　　　　　　　　　0329
　　大定十六年二月刻。見王昶《金石萃編》卷一五五。

靈泉觀主凝真大師成道碑　　　　　　　　　0330
　　大定十六年四月刻。見畢沅《關中金石記》卷七。

凝真大師成道記　　　　　　　　　　　　　0331
　　見王昶《金石萃編》卷一五五。

普恩寺大殿記　　　　　　　　　　　　　　0332
　　大定十六年八月刻。見胡聘之《山右石刻叢編》卷二十一。

章丘縣重修宣聖廟碑　　　　　　　　　　　0333
　　大定十六年八月刻。見阮元《山左金石志》卷十九。

大明禪院記　　　　　　　　　　　　　　　0334
　　大定十六年九月刻。見武億《授堂金石文字續跋》卷十二。

大明禪院碑　　　　　　　　　　　　　　　0335
　　見陸耀遹《金石續編》卷二十。

大明禪院頌記　　　　　　　　　　　　　　0336
　　見陸增祥《八瓊室金石補正》卷一二五。

懸空寺記並詩　　　　　　　　　　　　　　0337
　　大定十六年九月刻。見胡聘之《山右石刻叢編》卷二十一。

澤州裴刺史祠堂記　　　　　　　　　　　　0338
　　大定十七年三月刻。見胡聘之《山右石刻叢編》卷二十一。

忠顯校尉劉璋建寺畫象記　　　　　　　　　0339
　　大定十七年七月刻。見端方《匋齋藏石記》卷四十二。

座中銘　　　　　　　　　　　　　　　　　0340
　　大定十八年八月刻。見胡聘之《山右石刻叢編》卷二十一。

重修東嶽廟記   0341
    大定十八年刻。見李光暎《觀妙齋藏金石文考略》卷十五。

濟源縣創建石橋記   0342
    大定二十年三月刻。見武億《授堂金石文字續跋》卷十二。

存留寺碑   0343
    大定二十年七月刻。見阮元《山左金石志》卷十九。

金博州重修廟學記   0344
    大定二十一年六月刻。見趙崡《石墨鐫華》卷六。

金博州廟學碑陰   0345
    見趙崡《石墨鐫華》卷六。

王庭筠書博州廟學碑   0346
    見孫承澤《庚子銷夏記》卷七。

博州重修廟學記   0347
    見李光暎《觀妙齋藏金石文考略》卷十五。

博州廟學碑陰記   0348
    見李光暎《觀妙齋藏金石文考略》卷十五。

博州廟學記   0349
    見錢大昕《潛研堂金石文跋尾》卷十八。

碑陰記   0350
    見錢大昕《潛研堂金石文跋尾》卷十八。

博州重修廟學碑   0351
    見阮元《山左金石志》卷十九。

博州重修廟學記   0352
    見王昶《金石萃編》卷一五五。

清涼洞記   0353
    大定二十一年七月刻。見阮元《山左金石志》卷十九。

重修東嶽廟碑 0354

　大定二十二年四月刻。見阮元《山左金石志》卷十九。

金中嶽廟碑 0355

　見趙崡《石墨鐫華》卷六。

金修中嶽廟碑 0356

　見孫承澤《庚子銷夏記》卷七。

重修中嶽廟碑 0357

　見李光暎《觀妙齋藏金石文考略》卷十五。

重修中嶽廟碑 0358

　見畢沅《中州金石記》卷五。

重修中嶽廟碑 0359

　見武億《授堂金石文字續跋》卷十二。

重修中嶽廟碑 0360

　見王昶《金石萃編》卷一五六。

重修中嶽廟碑 0361

　見陸增祥《八瓊室金石補正》卷一二五。

幽栖寺重修大殿記並陰 0362

　大定二十二年十月刻。見陸增祥《八瓊室金石補正》卷一二五。

泰安縣重修宣聖廟記 0363

　大定二十三年四月刻。見阮元《山左金石志》卷十九。

絳州衙門記 0364

　大定二十三年八月刻。見胡聘之《山右石刻叢編》卷二十一。

雄山先師殿記 0365

　大定二十三年九月刻。見胡聘之《山右石刻叢編》卷二十一。

修大雲院記 0366

　大定二十三年九月刻。見胡聘之《山右石刻叢編》卷二十一。

靈巖寺滌公開堂疏碑　　　　　　　　　　　　0367
　　大定二十三年九月刻。見阮元《山左金石志》卷十九。
靈巖寺開堂疏　　　　　　　　　　　　　　　0368
　　見武億《授堂金石文字續跋》卷十二。
靈巖寺滌公開堂疏　　　　　　　　　　　　　0369
　　見王昶《金石萃編》卷一五六。
寶峰寺記　　　　　　　　　　　　　　　　　0370
　　大定二十三年十一月刻。見胡聘之《山右石刻叢編》卷二十一。
三清殿碑　　　　　　　　　　　　　　　　　0371
　　大定二十四年三月刻。見阮元《山左金石志》卷十九。
華州城隍神濟安侯新廟記　　　　　　　　　　0372
　　大定二十四年十月刻。見李光暎《觀妙齋藏金石文考略》卷十五。
建濟安侯廟碑　　　　　　　　　　　　　　　0373
　　見畢沅《關中金石記》卷七。
華州城隍神新廟碑　　　　　　　　　　　　　0374
　　見王昶《金石萃編》卷一五六。
無極縣整暇堂記　　　　　　　　　　　　　　0375
　　大定二十四年十一月刻。見沈濤《常山貞石志》卷十四。
淳熙寺千佛殿記　　　　　　　　　　　　　　0376
　　大定二十四年刻。見阮元《山左金石志》卷十九。
興教院敕牒碑　　　　　　　　　　　　　　　0377
　　大定二十四年刻。見阮元《山左金石志》卷十九。
龍泉院尚書禮部牒並記　　　　　　　　　　　0378
　　大定二十四年刻。見沈濤《常山貞石志》卷十四。①

---

① "志"，原誤作"記"，據《清文獻通考·經籍考》改。

龍泉院尚書禮部牒並記碑陰　　　　　　　　　　0379
　　見沈濤《常山貞石志》卷十四。
龍祥觀記　　　　　　　　　　　　　　　　　0380
　　大定二十五年正月刻。見胡聘之《山右石刻叢編》卷二十一。
重修伏羲廟碑　　　　　　　　　　　　　　　0381
　　大定二十五年三月刻。見阮元《山左金石志》卷十九。
金高麗重修龍門寺記　　　　　　　　　　　　0382
　　大定二十五年四月刻。見劉喜海《海東金石苑》卷七。
重修龍門寺記　　　　　　　　　　　　　　　0383
　　大定二十五年四月刻。見陸增祥《八瓊室金石補正》卷一三〇。
寶雲寺碣　　　　　　　　　　　　　　　　　0384
　　大定二十五年四月刻。見胡聘之《山右石刻叢編》卷二十一。
檀特山善寂寺塑像記　　　　　　　　　　　　0385
　　大定二十五年四月刻。見陸增祥《八瓊室金石補正》卷一二五。
靈泉觀記　　　　　　　　　　　　　　　　　0386
　　大定二十五年重陽日刻。見畢沅《關中金石記》卷七。
同官縣靈泉觀記　　　　　　　　　　　　　　0387
　　見王昶《金石萃編》卷一五六。
重修汝州香山觀音禪院記　　　　　　　　　　0388
　　大定二十五年刻。見武億《授堂金石文字續跋》卷十二。
無極縣問山堂記　　　　　　　　　　　　　　0389
　　大定二十六年五月刻。見沈濤《常山貞石志》卷十四。
靈贍廟碑　　　　　　　　　　　　　　　　　0390
　　大定二十六年五月刻。見胡聘之《山右石刻叢編》卷二十一。

重修文宣王廟記　　　　　　　　　　　　　　　0391
　　大定二十七年元月刻。見武億《授堂金石文字續跋》卷十二。

淳化縣重修岱嶽廟記　　　　　　　　　　　　　0392
　　大定二十七年三月刻。見王昶《金石萃編》卷一五六。

冀州修學記　　　　　　　　　　　　　　　　　0393
　　大定二十七年五月刻。見丁紹基《求是齋碑跋》卷四。

仙蛻塋碣　　　　　　　　　　　　　　　　　　0394
　　大定二十七年八月刻。見畢沅《關中金石記》卷七。

海會禪院法堂記　　　　　　　　　　　　　　　0395
　　大定二十七年九月刻。見胡聘之《山右石刻叢編》卷二十一。

檀特山建釋伽殿記　　　　　　　　　　　　　　0396
　　大定二十七年十二月刻。見陸增祥《八瓊室金石補正》卷一二五。

玉皇觀碑　　　　　　　　　　　　　　　　　　0397
　　大定二十七年刻。見阮元《山左金石志》卷二十。

劉氏祖塋寒食享祀序跋碑　　　　　　　　　　　0398
　　大定二十八年七月刻。見阮元《山左金石志》卷二十。

應潤廟記　　　　　　　　　　　　　　　　　　0399
　　大定二十八年八月刻。見胡聘之《山右石刻叢編》卷二十一。

武十郎妻捨墳地記　　　　　　　　　　　　　　0400
　　大定二十八年八月刻。見端方《匋齋藏石記》卷四十二。

孛木魯驃騎節使園亭記碑　　　　　　　　　　　0401
　　大定二十九年五月刻。見阮元《山左金石志》卷二十。

龍巖禪院功德記　　　　　　　　　　　　　　　0402
　　大定二十九年五月刻。見胡聘之《山右石刻叢編》卷二十一。

修城記　　　　　　　　　　　　　　　　　　　0403
　　大定年間刻。見畢沅《關中金石記》卷七。

重修欒尚書廟記   0404
　　見武億、趙希璜《安陽縣金石錄》卷七。
京大慈恩寺貴戒師圓寂銘記   0405
　　見李光暎《觀妙齋藏金石文考略》卷十五。

明昌年間

重修炳靈王廟碑   0406
　　明昌元年四月刻。見阮元《山左金石志》卷二十。
普恩寺重修碑   0407
　　明昌元年十二月刻。見胡聘之《山右石刻叢編》卷二十二。
三官宮存留公據碑   0408
　　明昌二年八月刻。見王昶《金石萃編》卷一五七。
高曼卿增修宣聖廟記   0409
　　明昌二年十月刻。見王昶《金石萃編》卷一五七。
威顯廟祈雨感應記   0410
　　明昌三年二月刻。見錢大昕《潛研堂金石文跋尾》卷十八。
法王院碑   0411
　　明昌三年閏二月刻。見阮元《山左金石志》卷二十。
重修紀聖亭碑   0412
　　明昌三年六月刻。見胡聘之《山右石刻叢編》卷二十二。
游封龍山記   0413
　　明昌三年十月刻。見沈濤《常山貞石志》卷十四。
碑陰   0414
　　見沈濤《常山貞石志》卷十四。
樊倫龍山頌並陰   0415
　　見陸增祥《八瓊室金石補正》卷一二五。
重修州學宣聖廟記   0416
　　明昌三年刻。見李光暎《觀妙齋藏金石文考略》卷十五。

福巖寺牒 0417
　明昌四年八月刻。見胡聘之《山右石刻叢編》卷二十二。

五龍廟祈晴記 0418
　明昌四年九月刻。見胡聘之《山右石刻叢編》卷二十二。

慈相寺修造記 0419
　明昌五年二月刻。見胡聘之《山右石刻叢編》卷二十二。

重修兗國公廟碑 0420
　明昌五年三月刻。見阮元《山左金石志》卷二十。

京兆府提學所帖 0421
　明昌五年四月刻。見陸耀遹《金石續編》卷二十。

京兆府提學所帖碑 0422
　見陸增祥《八瓊室金石補正》卷一二六。

金刻澤州旌忠廟牒 0423
　明昌五年四月刻。見武億《金石三跋》卷二。

重書旌忠廟宋牒並記 0424
　見陸增祥《八瓊室金石補正》卷一二六。

旌忠廟牒 0425
　見胡聘之《山右石刻叢編》卷二十二。

祭裴忠烈公文 0426
　明昌五年九月刻。見胡聘之《山右石刻叢編》卷二十二。

謁唐太宗廟記 0427
　明昌五年十月刻。見陸耀遹《金石續編》卷二十。

碧落寺溪堂山堂記碑 0428
　明昌五年閏十月刻。見陸增祥《八瓊室金石補正》卷一二六。

棣州重修廟學碑 0429
　明昌六年二月刻。見阮元《山左金石志》卷二十。

普照寺照公開堂疏碑　　　　　　　　　　　　　　0430
　　明昌六年二月刻。見阮元《山左金石志》卷二十。
安陽縣乞伏村重修唐帝廟記①　　　　　　　　　0431
　　見畢沅《中州金石記》卷五。
彰德府安陽縣乞伏村重修唐帝廟記　　　　　　　0432
　　明昌六年六月刻。見武億、趙希璜《安陽縣金石錄》卷七。
安陽縣重修唐帝廟記　　　　　　　　　　　　　0433
　　見王昶《金石萃編》卷一五七。
重修至聖文宣王廟碑　　　　　　　　　　　　　0434
　　明昌六年刻。見錢大昕《潛研堂金石文跋尾》卷十八。
靈巖寺田園記碑　　　　　　　　　　　　　　　0435
　　明昌六年十月刻。見阮元《山左金石志》卷二十。
靈巖寺田園記　　　　　　　　　　　　　　　　0436
　　見陸增祥《八瓊室金石補正》卷一二六。
五祖堂記　　　　　　　　　　　　　　　　　　0437
　　明昌六年十二月刻。見陸增祥《八瓊室金石補正》卷一二六。
文殊寺敕牒碑　　　　　　　　　　　　　　　　0438
　　明昌七年正月刻。見阮元《山左金石志》卷二十。
許州重遷宣聖廟記　　　　　　　　　　　　　　0439
　　明昌七年五月刻。見陸增祥《八瓊室金石補正》卷一二六。
石佛寺乞雨碑　　　　　　　　　　　　　　　　0440
　　明昌七年七月刻。見阮元《山左金石志》卷二十。
靈巖寺碑　　　　　　　　　　　　　　　　　　0441
　　明昌七年十月刻。見阮元《山左金石志》卷二十。

---

① "乞"，原誤作"迄"，據清《經訓堂叢書》本《中州金石記》卷五改。

靈巖寺記有陰　　　　　　　　　　　　　　0442
　　見王昶《金石萃編》卷一五七。
廣教院香臺記　　　　　　　　　　　　　　0443
　　明昌年間刻。見牛誠修《定襄金石考》卷一。

承安年間

重修文宣王廟碑　　　　　　　　　　　　　0444
　　承安二年三月刻。見阮元《山左金石志》卷二十。
重修文宣王廟碑有陰　　　　　　　　　　　0445
　　見王昶《金石萃編》卷一五七。
梁公畫象記　　　　　　　　　　　　　　　0446
　　承安二年刻。見李光暎《觀妙齋藏金石文考略》卷十五。
重修宣聖廟記　　　　　　　　　　　　　　0447
　　承安三年六月刻。見李光暎《觀妙齋藏金石文考略》卷十五。
濟陽縣創建宣聖廟碑　　　　　　　　　　　0448
　　承安三年六月刻。見阮元《山左金石志》卷二十。
濟陽縣創建宣聖廟碑①　　　　　　　　　　0449
　　見武億《授堂金石文字續跋》卷十二。
會善寺請寶公長老疏　　　　　　　　　　　0450
　　承安三年七月刻。見武億《授堂金石文字續跋》卷十二。
興學賦石刻　　　　　　　　　　　　　　　0451
　　承安三年十二月刻。見胡聘之《山右石刻叢編》卷二十二。
修魏徵廟碑　　　　　　　　　　　　　　　0452
　　承安三年十二月刻。見陸耀遹《金石續編》卷二十。
党懷英杏檀石刻　　　　　　　　　　　　　0453
　　承安三年刻。見阮元《山左金石志》卷二十。

---

①　"陽"，原誤作"源"，據《授堂金石文字續跋》卷十二改。

完顏膏孔廟祭文 0454
　　承安四年三月刻。見錢大昕《潛研堂金石文跋尾》卷十八。

重修蜀先主廟碑 0455
　　承安四年四月刻。見錢大昕《潛研堂金石文跋尾》卷十八。

重修蜀先主廟碑 0456
　　見陸增祥《八瓊室金石補正》卷一二七。

魏夫人賜靜應廟牒 0457
　　承安四年五月刻。見畢沅《中州金石記》卷五。

懷州靜應廟額牒 0458
　　見陸增祥《八瓊室金石補正》卷一二七。

地藏院公據碑 0459
　　承安四年十月刻。見阮元《山左金石志》卷二十。

重立鄧太尉祠碑 0460
　　承安四年十月刻。見陸增祥《八瓊室金石補正》卷一二七。

重刻唐史承節鄭公祠碑 0461
　　承安五年三月刻。見阮元《山左金石志》卷二十。

重刊鄭司農碑陰記 0462
　　見陸增祥《八瓊室金石補正》卷一二七。

金承安重修中嶽廟圖碑 0463
　　承安五年三月刻。見武億《金石三跋》卷二。

梁襄修中嶽廟圖碑 0464
　　見陸增祥《八瓊室金石補正》卷一二七。

本師釋迦如來三身銘 0465
　　承安五年七月刻。見沈濤《常山貞石志》卷十五。

本師釋迦如來三身銘 0466
　　見陸增祥《八瓊室金石補正》卷一二七。

泰和年間

重修州學之碑 0467
　　泰和改元正月刻。見畢沅《關中金石記》卷七。

綏德州新學記 0468
　　見王昶《金石萃編》卷一五八。

谷山寺碑 0469
　　泰和元年五月刻。見阮元《山左金石志》卷二十。

汾州西河縣畢宿廟碑 0470
　　泰和元年六月刻。見胡聘之《山右石刻叢編》卷二十二。

忠勇廟碑 0471
　　泰和元年七月刻。見胡聘之《山右石刻叢編》卷二十二。

王大尉奉使齎降御書魏夫人祠紀事碑 0472
　　泰和元年七月刻。見畢沅《中州金石記》卷五。

鐵塔寺殘碑 0473
　　泰和元年刻。見阮元《山左金石志》卷二十。

請琮公住持淨因寺疏 0474
　　泰和二年九月刻。見陸增祥《八瓊室金石補正》卷一二七。

洪福院敕牒碑 0475
　　泰和二年刻。見阮元《山左金石志》卷二十。

元氏縣重修社壇記 0476
　　泰和二年刻。見沈濤《常山貞石志》卷十五。

萬泉縣宣聖廟記 0477
　　泰和三年十二月刻。見胡聘之《山右石刻叢編》卷二十二。

聞喜重修聖廟記 0478
　　泰和四年八月刻。見胡聘之《山右石刻叢編》卷二十三。

滿城縣大覺禪院記 0479
　　泰和四年十月刻。見丁紹基《求是齋碑跋》卷四。

投簡卜日碑　　　　　　　　　　　　　　　　0480
　　泰和五年正月刻。見畢沅《中州金石記》卷五。
顯澤祠記　　　　　　　　　　　　　　　　　0481
　　泰和五年正月刻。見胡聘之《山右石刻叢編》卷二十三。
漢御史卜公廟碑　　　　　　　　　　　　　　0482
　　泰和五年三月刻。見阮元《山左金石志》卷二十。
重建卜式廟記　　　　　　　　　　　　　　　0483
　　見陸增祥《八瓊室金石補正》卷一二七。
壽聖寺鐘樓銘　　　　　　　　　　　　　　　0484
　　泰和五年十一月刻。見胡聘之《山右石刻叢編》卷二十三。
硤石山福嚴禪院記　　　　　　　　　　　　　0485
　　泰和六年正月刻。見錢大昕《潛研堂金石文跋尾》卷十八。
硤石山福嚴院碑　　　　　　　　　　　　　　0486
　　見胡聘之《山右石刻叢編》卷二十三。
三原縣后土廟記　　　　　　　　　　　　　　0487
　　泰和六年三月刻。見王昶《金石萃編》卷一五八。
冥福寺補塑釋迦佛像記　　　　　　　　　　　0488
　　泰和六年四月刻。見阮元《山左金石志》卷二十。
法輪禪院碑　　　　　　　　　　　　　　　　0489
　　泰和六年五月刻。見胡聘之《山右石刻叢編》卷二十三。
華嚴堂記　　　　　　　　　　　　　　　　　0490
　　泰和八年仲春刻。見陸增祥《八瓊室金石補正》卷一二七。
昌寧公廟碑　　　　　　　　　　　　　　　　0491
　　泰和八年九月刻。見胡聘之《山右石刻叢編》卷二十三。
新創關王廟記　　　　　　　　　　　　　　　0492
　　泰和八年九月刻。見牛誠修《定襄金石考》卷一。
景德寺牒　　　　　　　　　　　　　　　　　0493
　　泰和八年十一月刻。見胡聘之《山右石刻叢編》卷二十三。

金孔公渠水利碑記 0494
　　泰和八年刻。見張塤《張氏吉金貞石録》卷三。
重修晉國趙王廟記 0495
　　泰和十年仲冬刻。見熊象階《濬縣金石録》卷上。

大安年間

重修舜帝廟碑 0496
　　大安元年二月刻。見阮元《山左金石志》卷二十。
真清觀牒 0497
　　大安元年五月刻。見王昶《金石萃編》卷一五八。
邵公高真容疏 0498
　　大安元年七月刻。見陸增祥《八瓊室金石補正》卷一二七。
重刊三教象贊 0499
　　大安元年中元日刻。見陸增祥《八瓊室金石補正》卷一二七。
耀州寶鑑記 0500
　　大安元年八月刻。見陸耀遹《金石續編》卷二十。
彌勒像贊 0501
　　大安元年中秋日刻。見陸增祥《八瓊室金石補正》卷一二七。
湧勇樓記 0502
　　大安二年九月刻。見胡聘之《山右石刻叢編》卷二十三。
洞真觀敕牒碑 0503
　　大安二年十月刻。見阮元《山左金石志》卷二十。
趙秉文法語刻 0504
　　大安二年十月刻。見陸耀遹《金石續編》卷二十。
古靈法語 0505
　　見胡聘之《山右石刻叢編》卷二十三。
石佛寺改塑佛象記 0506
　　大安二年十一月刻。見阮元《山左金石志》卷二十。

東鎮廟禁約碑   0507
 大安三年七月刻。見阮元《山左金石志》卷二十。
開化寺羅漢院重修前殿記   0508
 大安三年九月刻。見沈濤《常山貞石志》卷十五。
洞真觀敕牒並記   0509
 大安三年十月刻。見武億《授堂金石文字續跋》卷十二。
鈞州重修至聖廟碑   0510
 大安三年十二月刻。見陸增祥《八瓊室金石補正》卷一二八。
請琮公開堂演法疏   0511
 大安三年刻。見武億《授堂金石文字續跋》卷十二。
韓王請琮公疏   0512
 見陸增祥《八瓊室金石補正》卷一二八。
金重修仙鶴觀碑   0513
 大安協洽十一月刻。見武億《偃師金石遺文記》卷下。

崇慶年間

金投龍記   0514
 崇慶改元二月刻。見武億《偃師金石遺文記》卷下。
崇仙觀牒   0515
 崇慶元年十月刻。見胡聘之《山右石刻叢編》卷二十三。
醮事記   0516
 崇慶元年刻。見李光暎《觀妙齋藏金石文考略》卷十五。
興國禪院敕牒碑   0517
 崇慶元年刻。見阮元《山左金石志》卷二十。
雞澤縣文宣王廟碑陰   0518
 崇慶二年五月刻。見陸增祥《八瓊室金石補正》卷一二八。
雞澤縣創建文宣王廟記   0519
 見丁紹基《求是齋碑跋》卷四。

至寧年間

重立荀叔廟碑 0520
　　至寧元年八月刻。見胡聘之《山右石刻叢編》卷二十三。

貞祐年間

彌勒像贊石刻 0521
　　貞祐元年四月刻。見阮元《山左金石志》卷二十。

玉虛觀碑 0522
　　貞祐二年五月刻。見阮元《山左金石志》卷二十。

玉虛觀記 0523
　　見陸增祥《八瓊室金石補正》卷一二八。

洪法寺額牒 0524
　　貞祐二年九月刻。見陸增祥《八瓊室金石補正》卷一二八。

香嚴禪院牒 0525
　　貞祐三年七月刻。見胡聘之《山右石刻叢編》卷二十三。

大雲禪院碑 0526
　　貞祐三年七月刻。見胡聘之《山右石刻叢編》卷二十三。

金重修岱嶽廟碑 0527
　　貞祐四年季夏刻。見武億《偃師金石遺文記》卷下。

興定年間

崇慶院記 0528
　　興定二年四月刻。見胡聘之《山右石刻叢編》卷二十三。

重刻付惠深箚 0529
　　興定五年七月刻。見陸增祥《八瓊室金石補正》卷一二八。

淨土寺方丈遺軌 0530
　　興定五年七月刻。見陸增祥《八瓊室金石補正》卷一二八。

李莊宣聖廟碑 0531
　　興定五年八月刻。見胡聘之《山右石刻叢編》卷二十三。
寧曲重修食水記 0532
　　興定五年冬下元日刻。見畢沅《關中金石記》卷七。
寧曲食水碑陰記 0533
　　見畢沅《關中金石記》卷七。
金寧曲水利記 0534
　　見張塤《張氏吉金貞石錄》卷四。
寧曲社修水記有陰 0535
　　見陸耀遹《金石續編》卷二十。
重修面壁庵記 0536
　　興定六年二月刻。見陸增祥《八瓊室金石補正》卷一二八。
雪庭西舍記 0537
　　興定六年二月刻。見陸增祥《八瓊室金石補正》卷一二八。
達摩西歸相贊 0538
　　興定六年端月刻。見陸增祥《八瓊室金石補正》卷一二八。

元光年間

印公開堂疏 0539
　　元光二年二月刻。見畢沅《關中金石記》卷七。
印公開堂疏 0540
　　見陸耀遹《金石續編》卷二十。
達摩象贊殘石 0541
　　元光二年二月刻。見陸增祥《八瓊室金石補正》卷一二八。
射虎記 0542
　　元光二年十月刻。見畢沅《關中金石記》卷七。
金人射虎記 0543
　　見張塤《張氏吉金貞石錄》卷四。

辨正大師奧公僧録銘 0544

  元光二年十二月刻。見陸耀遹《金石續編》卷二十。

布袋羅漢象贊 0545

  元光二年刻。見陸增祥《八瓊室金石補正》卷一二八。

正大年間

國書碑 0546

  正大元年六月刻。見王昶《金石萃編》卷一五九。

金宴臺國碑書 0547

  見吳士鑑《九鐘精舍金石跋尾》甲編。

宴臺金源國書碑考 0548

  見《河南圖書館藏石跋》。

宴臺金源國書碑歌 0549

  見《河南圖書館藏石跋》。

女直字碑考　即《金石萃編》之《國書碑》。 0550

  見《河南圖書館藏石跋》。

女直字碑續考 0551

  見《河南圖書館藏石跋》。

德淵刻唐明皇御造老子讚並書唵字讚 0552

  正大元年七月刻。見嚴可均《鐵橋金石跋》卷四。

府學教養之碑 0553

  正大二年十二月刻。見畢沅《關中金石記》卷七。

重修府學教養碑 0554

  見錢大昕《潛研堂金石文跋尾》卷十八。

京兆府學教養碑 0555

  見王昶《金石萃編》卷一五八。

金真教祖碑 0556

  正大二年刻。見王昶《金石萃編》卷一五八。

金修孔子廟碑 0557
　　正大三年刻。見劉青藜《金石續錄》卷四。
濟瀆靈應記 0558
　　正大五年二月刻。見畢沅《中州金石記》卷五。
濟瀆靈應記 0559
　　見錢大昕《潛研堂金石文跋尾》卷十八。
濟瀆靈應記 0560
　　見王昶《金石萃編》卷一五八。
重修濟瀆廟記 0561
　　正大五年六月刻。見畢沅《中州金石記》卷五。
重修濟瀆廟記 0562
　　見錢大昕《潛研堂金石文跋尾》卷十八。
重修濟瀆廟記 0563
　　見王昶《金石萃編》卷一五八。
金重修濟瀆廟記跋 0564
　　見羅振玉《雪堂金石文字跋尾》卷四。
重修元武殿記 0565
　　正大六年十月刻。見胡聘之《山右石刻叢編》卷二十三。
東嶽行宮碑 0566
　　正大七年刻。見阮元《山左金石志》卷二十。
金東嶽行宮碑 0567
　　見段松苓《益都金石記》卷三。
金東嶽廟碑陰 0568
　　見段松苓《益都金石記》卷三。
金竹閣寺碑 0569
　　正大年間刻。見劉青藜《金石續錄》卷四。

天興年間

僧□燒磚記 0570
　　天興二年四月刻。見端方《匋齋藏石記》卷四十二。

党懷英孔廟碑 0571
　　見李光暎《觀妙齋藏金石文考略》卷十五。

老子象贊殘刻 0572
　　見陸增祥《八瓊室金石補正》卷一二八。

固安建石柩記 0573
　　見端方《匋齋藏石記》卷四十二。

附三　石刻所見金代詩詞

詩　詞

皇統年間

仙游觀永陽園詩並序　　　　　　　　　　　　　　0574
　　皇統四年正月刻。見畢沅《關中金石記》卷七。
仙游觀永陽園詩記 　　　　　　　　　　　　　　　0575
　　見陸耀遹《金石續編》卷二十。
任瀛靈巖寺詩刻 　　　　　　　　　　　　　　　　0576
　　皇統七年三月刻。見阮元《山左金石志》卷十九。
康淵靈巖寺詩刻 　　　　　　　　　　　　　　　　0577
　　皇統八年五月刻。見阮元《山左金石志》卷十九。

天德年間

朗然子詩 　　　　　　　　　　　　　　　　　　　0578
　　天德二年正月刻。見畢沅《中州金石記》卷五。
重刻朗然子詩 　　　　　　　　　　　　　　　　　0579
　　見陸耀遹《金石續編》卷二十。
重刻朗然子詩 　　　　　　　　　　　　　　　　　0580
　　見陸增祥《八瓊室金石補正》卷一二三。

正隆年間

趙曄仰天山詩刻 　　　　　　　　　　　　　　　　0581
　　正隆四年五月刻。見阮元《山左金石志》卷十九。

古柏行　　　　　　　　　　　　　　　　0582
　　正隆五年九月刻。見李光暎《觀妙齋藏金石文考略》卷十五。
題龍巖書古柏行　　　　　　　　　　　　0583
　　見李佐賢《石泉書屋金石題跋》。

大定年間

王雷謁無盡居士祠堂詩　　　　　　　　　0584
　　大定三年八月刻。見陸耀遹《金石續編》卷二十。
謁無盡居士祠堂詩　　　　　　　　　　　0585
　　見胡聘之《山右石刻叢編》卷二十。
萬卦山題詩　　　　　　　　　　　　　　0586
　　大定六年刻。見李光暎《觀妙齋藏金石文考略》卷十五。
海會寺宴集詩碣　　　　　　　　　　　　0587
　　大定七年五月刻。見胡聘之《山右石刻叢編》卷二十。
崋山題詩　　　　　　　　　　　　　　　0588
　　大定十五年刻。見李光暎《觀妙齋藏金石文考略》卷十五。
御題寺唐德宗詩碣　　　　　　　　　　　0589
　　大定十六年刻。見畢沅《中州金石記》卷五。
釋惠才靈巖寺詩刻　　　　　　　　　　　0590
　　大定十八年六月刻。見阮元《山左金石志》卷十九。
馬丹陽普救歌碑　　　　　　　　　　　　0591
　　大定二十三年三月刻。見阮元《山左金石志》卷十九。
崑嵛山長真譚先生題白骨詩　　　　　　　0592
　　大定二十三年刻。見畢沅《中州金石記》卷五。
崑嵛山白骨圖詩並記　　　　　　　　　　0593
　　見陸耀遹《金石續編》卷二十。
公孫程二公祠詩　　　　　　　　　　　　0594
　　大定二十五年正月刻。見胡聘之《山右石刻叢編》卷二十一。

蓮峰真逸二絕句 0595
　　大定二十八年正月刻。見錢大昕《潛研堂金石文跋尾》卷十八。

蓮峰真逸詩刻 0596
　　見王昶《金石萃編》卷一五六。

馬丹陽滿庭芳及歸山操 0597
　　大定二十八年十月刻。見錢大昕《潛研堂金石文跋尾》卷十八。

王重陽畫象詩刻 0598
　　見阮元《山左金石志》卷十九。

劉長生大基山詩刻 0599
　　大定二十九年三月刻。見阮元《山左金石志》卷二十。

劉長生靈虛宮倡和詩刻 0600
　　大定二十九年四月刻。見阮元《山左金石志》卷二十。

王重陽掛金燈詞石刻 0601
　　大定二十九年四月刻。見阮元《山左金石志》卷二十。

張商英霍山詩 0602
　　大定二十九年九月刻。見胡聘之《山右石刻叢編》卷二十一。

金王庭筠詩 0603
　　大定年間刻。見顧炎武《日知錄》。

明昌年間

觀京兆府學古碑詩 0604
　　明昌五年二月刻。見畢沅《關中金石記》卷七。

劉仲游詩刻 0605
　　明昌五年二月刻。見王昶《金石萃編》卷一五七。

金王珩詩 0606
　　明昌五年十月刻。見顧炎武《日知錄》。

王珩路伯達等靈巖詩刻　　　　　　　　　　0607
　　見阮元《山左金石志》卷二十。
靈巖寺詩刻　王珩。　　　　　　　　　　　0608
　　見王昶《金石萃編》卷一五七。
劉仲游撰謁唐昭陵詩　　　　　　　　　　0609
　　明昌五年十月刻。見陸耀遹《金石續編》卷二十。
路伯達詩　　　　　　　　　　　　　　　0610
　　明昌五年十二月刻。見顧炎武《日知錄》。
党懷英四絶句　　　　　　　　　　　　　0611
　　明昌六年四月刻。見錢大昕《潛研堂金石文跋尾》卷十八。
福嚴院許安詩碑　　　　　　　　　　　　0612
　　明昌六年四月刻。見胡聘之《山右石刻叢編》卷二十二。
太一靈湫詩　　　　　　　　　　　　　　0613
　　明昌六年七月刻。見王昶《金石萃編》卷一五七。

承安年間

緱山詩　　　　　　　　　　　　　　　　0614
　　承安二年十一月刻。見畢沅《中州金石記》卷五。
金緱山廟詩石碣　　　　　　　　　　　　0615
　　見武億《偃師金石遺文記》卷下。
驪山有感詩　　　　　　　　　　　　　　0616
　　承安四年十一月刻。見畢沅《關中金石記》卷七。
驪山詩刻　　　　　　　　　　　　　　　0617
　　見王昶《金石萃編》卷一五七。
重陽子無夢令詞　　　　　　　　　　　　0618
　　承安五年九月刻。見陸耀遹《金石續編》卷二十。
青蓮寺詩碣　　　　　　　　　　　　　　0619
　　承安五年刻。見胡聘之《山右石刻叢編》卷二十二。

泰和年間

宋雄飛詩 0620
　　泰和改元三月刻。見畢沅《關中金石記》卷七。

金泰和元年詩刻 _{宋雄飛。} 0621
　　見張塤《張氏吉金貞石錄》卷四。

老君庵宋雄飛詩刻 0622
　　見陸耀遹《金石續編》卷二十。

游百家巖詩 0623
　　泰和四年三月刻。見錢大昕《潛研堂金石文跋尾》卷十八。

弔夷齊詩碣 _{司馬光、王仲通詩。} 0624
　　泰和四年十二月刻。見胡聘之《山右石刻叢編》卷二十三。

弔夷齊詩碣 _{王文蔚。} 0625
　　泰和四年十二月刻。見胡聘之《山右石刻叢編》卷二十三。

海會寺詩碣 _{明嘉靖年僧宗雷重摹。} 0626
　　泰和五年九月刻。見胡聘之《山右石刻叢編》卷二十三。

崆峒巖壁題詩 0627
　　泰和五年十一月刻。見胡聘之《山右石刻叢編》卷二十三。

松嶺寺詩碣 0628
　　泰和六年三月刻。見胡聘之《山右石刻叢編》卷二十三。

長春子谷山詩刻 0629
　　泰和七年八月刻。見阮元《山左金石志》卷二十。

長生子遇仙團詩刻 0630
　　見阮元《山左金石志》卷二十。

大安年間

圭峰草堂雜題 0631
　　大安元年二月刻。見李光暎《觀妙齋藏金石文考略》卷十五。

游草堂寺諸詩　　　　　　　　　　　　　0632
見畢沅《關中金石記》卷七。

圭峰草堂詩　　　　　　　　　　　　　　0633
見陸耀遹《金石續編》卷二十。

草堂寺雪巖老人等詩　　　　　　　　　　0634
大安元年十二月刻。見陸增祥《八瓊室金石補正》卷一二七。

法門寺真身寶塔詩　　　　　　　　　　　0635
大安二年七月刻。見畢沅《關中金石記》卷七。

法門寺真身寶塔詩　　　　　　　　　　　0636
見陸耀遹《金石續編》卷二十。

金人詩刻　僧師偉　　　　　　　　　　　0637
大安二年中元日刻。見張塤《張氏吉金貞石錄》卷三。

僧師偉贊真身塔詩　　　　　　　　　　　0638
見陸增祥《八瓊室金石補正》卷一二八。

崇慶年間

宋雄飛題詩碣　　　　　　　　　　　　　0639
崇慶二年四月刻。見胡聘之《山右石刻叢編》卷二十三。

貞祐年間

孔朝散詩　　　　　　　　　　　　　　　0640
貞祐二年七夕日刻。見畢沅《關中金石記》卷七。

金貞祐二年詩刻　　　　　　　　　　　　0641
見張塤《張氏吉金貞石錄》卷四。

老君庵孔朝散詩　　　　　　　　　　　　0642
見陸耀遹《金石續編》卷二十。

興定年間

牛文郁詩碣　　　　　　　　　　　　　　0643
興定五年三月刻。見胡聘之《山右石刻叢編》卷二十三。

正大年間

金趙秉文草堂刻　　　　　　　　　　　　　0644
　　見趙崡《石墨鐫華》卷六。

金趙秉文草堂詩　　　　　　　　　　　　　0645
　　見劉青藜《金石續錄》卷四。

趙秉文閑閑圭峰草堂寺詩並偈　　　　　　　0646
　　正大三年刻。見李光暎《觀妙齋藏金石文考略》卷十五。

游草堂寺詩　　　　　　　　　　　　　　　0647
　　正大三年立秋日刻。見畢沅《關中金石記》卷七。

草堂寺趙閑閑詩　　　　　　　　　　　　　0648
　　見陸耀遹《金石續編》卷二十。

草堂寺趙閑閑題詩　　　　　　　　　　　　0649
　　見陸增祥《八瓊室金石補正》卷一二七。

風流子詞　　　　　　　　　　　　　　　　0650
　　正大三年刻。見畢沅《關中金石記》卷七。

溫泉風流子詞　　　　　　　　　　　　　　0651
　　見王昶《金石萃編》卷一五八。

孔廟留題雜詩　金元人題。　　　　　　　　0652
　　見李光暎《觀妙齋藏金石文考略》卷十五。

蒲察大使索海市詩　　　　　　　　　　　　0653
　　見李光暎《觀妙齋藏金石文考略》卷十五。

蒲察大使索海市詩　　　　　　　　　　　　0654
　　見王昶《金石萃編未刻稿》卷一。

蒲察大使詩刻　　　　　　　　　　　　　　0655
　　見陸增祥《八瓊室金石補正》卷一二八。

黃華老人汾州大字詩　　　　　　　　　　　0656
　　見李光暎《觀妙齋藏金石文考略》卷十五。

黃華老人詩刻　　　　　　　　　　　　　　　　0657

　　見王昶《金石萃編》卷一五九。

任君謨表海亭詩殘刻　　　　　　　　　　　　0658

　　見阮元《山左金石志》卷十九。

金任君謨表海亭詩殘碑　　　　　　　　　　　0659

　　見段松苓《益都金石記》卷六。

總集類

唐詩鼓吹十卷　　　　　　　　　　　　　　　〇六〇二

　　元好問撰。《四庫全書總目》卷一百八十八：『《唐詩鼓吹》十卷，通行本。不著編輯者名氏。據趙孟頫《序》，稱爲元好問所編，其門人中書左丞郝天挺所注，國朝常熟陸貽典題詞。則據《金史·隱逸傳》，謂天挺乃好問之師，非其門人。又早衰厭科舉，不復充賦，亦非中書左丞，頗以爲疑。按王士禎《池北偶談》曰：『金、元間有兩郝天挺，一爲元遺山之師，一爲遺山弟子。考《元史·郝經傳》云：其先潞州人，徙澤州之陵川，祖天挺，字晉卿，元裕之嘗從之學。裕之謂經曰：汝貌類祖，才器非常者是也。其一字繼先，出於多羅別族，父哈賞巴圖爾，元太宗世多著武功。天挺英爽剛直，有志略，受業於遺山元好問，累官河南行省平章事，追封冀國公，諡文定，爲皇慶名臣，嘗修《雲南實錄》五卷，又注《唐詩鼓吹集》十卷。近常熟刻《鼓吹集》，乃以爲《隱逸傳》之晉卿，而致疑於趙文敏之《序》，稱尚書左丞，又於尚書左丞上妄加金字，誤甚云云。』然則貽典等所考，知其一而不知其二矣。①是集所錄，皆唐人七

――――――――
①　"一"上"其"字原脱，據《四庫全書總目》卷一百八十八補。

言律詩，凡九十六家，共五百九十六首，作者各題其名，惟柳宗元、杜牧題其字，未喻何故。第四卷中宋邕詩十一首，天挺注以爲實出曹唐集中，題作宋邕，當必有據。然第八卷中胡宿詩二十三首，今竝見文恭集中，實爲宋詩誤入，則亦不免小有疏舛。顧其書與方回《瀛奎律髓》同出元初，而去取謹嚴，軌轍歸一，大抵遒健宏敞，無宋末'江湖''四靈'瑣碎寒儉之習，實出方書之上。天挺之注，雖頗簡略，而但釋出典，尚不涉於穿鑿，亦不似明廖文炳等所解橫生枝節，庸而至於妄也。據都卬《三餘贅筆》，此書至大戊申江浙儒司刊本。舊有姚燧、武一昌二《序》，①此本佚之。又載燧《序》，謂宋高宗嘗纂唐、宋軼事爲《幽閑鼓吹》，故好問本之。案，三都二京，五經鼓吹，其語見於《世說》，好問之名，當由於此。燧所解，不免附會其文也。"

按，黃、倪、龔目皆有。

又按，有《四庫全書》本，此書通行刻本甚多。

中州集十卷卷首一卷　　　　　　　　〇六〇三

元好問編。好問《中州鼓吹翰苑英華序》："商右司平叔衡嘗手抄《國朝百家詩略》，云是魏邢州元道道明所集，平叔爲附益之者。然獨其家有之，而世未之知也。歲壬辰，予掾東曹。馮內翰子駿延登、劉鄧州光甫祖謙約予爲此集。時京師方受圍，危急存亡之際，不暇及也。明年留滯聊城，杜門深居，頗以翰墨爲事。馮、劉之言，日往來於心。亦念百餘年以來，詩人爲多。苦心之士，積日力之久，故其詩往往可傳。兵火散亡，計所存者才什一耳，不總萃之，則將遂湮滅而無聞，爲可惜也。乃記憶前輩及交游諸人之詩，隨即録之。會平叔之子

---

① "一"字原脱，據《四庫全書總目》卷一百八十八補。

孟卿攜其先公手抄本來東平，因得合予所錄者爲一編，目曰
《中州集》。嗣有所得，當以甲乙次第之。十月二十有二日，
河東人元好問裕之引。"

好問《自題〈中州集〉後五首》，一曰："鄴下曹劉氣儘豪，江東
諸謝韻尤高。① 若從華實評詩品，未便吳儂得錦袍。"二曰：
"陶謝風流到百家，半山老眼淨無花。北人不拾江西唾，未要
曾郎借齒牙。"三曰："萬古騷人嘔肺肝，乾坤清氣得來難。詩
家亦有長沙帖，莫作宣和閣本看。"四曰："文章得失寸心知，
千古朱弦屬子期。愛殺溪南辛老子，相從何止十年遲。"五
曰："平世何曾有稗官，亂來史筆亦燒殘。② 百年遺稿天留在，
抱向空山掩淚看。"

家鉉翁《題〈中州詩集〉後》："世之治也，三光五嶽之氣鍾而爲
一代人物，其生乎中原，奮乎齊、魯、汴、洛之間者，固中州人
物也；亦有生於四方，奮於遐外而道學文章爲世所宗，功化德
業被於海內，雖謂之中州人物可也。蓋天爲斯世而生斯人，
氣化之全、光嶽之英，實萃於是，一方豈得而私其有哉？迨夫
宇縣中分，③南北異壤，而論道統之所自來，必曰宗於某，言文
脈之所從出，必曰派於某，又莫非盛時人物範模憲度之所流
衍。故壤地有南北，而人物無南北，道統文脈無南北，雖在萬
里外，皆中州也，況於在中州者乎。余嘗有見於此，自燕徙而
河間，稍得與儒冠縉紳游，暇日獲觀遺山元子所裒《中州集》
者，百年而上，南北名人節士鉅儒達官所爲詩，與其平生出
處，大致皆采錄不遺。而宋建炎以後，銜命見留與留而得歸
者，其所爲詩，與其大節始終，亦復見記。凡十卷，總而名之

---

① "東"，原誤作"海"，據《遺山集》卷十三改。
② "燒"，原誤作"摧"，據《遺山集》卷十三改。
③ "夫"，原誤作"乎"，據《遺山集·附錄》及《元文類》卷三十八改。

曰《中州集》。盛矣哉，元子之爲此名也！廣矣哉，元子之用心也！夫生於中原，而視九州四海之人物，猶吾同國之人。生於數十百年後，而視數十百年前人物，猶吾生並世之人。片言一善，殘編佚詩，搜訪惟恐其不能盡，余於是知元子胸懷卓犖，過人遠甚。彼小智自私者，同室藩籬，一家爾汝，視元子之宏度偉識，溟涬下風矣。嗚呼，若元子者，可謂天下士矣。數百載以下，必有謂余言爲善者。"

《四庫全書總目》卷一百八十八："《中州集》十卷，附《中州樂府》一卷，內府藏本。金元好問編。好問有《續夷堅志》，已著錄。是集錄金一代之詩，①首錄顯宗二首，章宗一首，不入卷數。其餘分爲十集，以十干紀之。辛集目錄旁注'別起'二字，其人亦復始於金初，似乎七卷以前爲正集，七卷以後爲續集也。壬集自馬舜以下，②別標諸相一門，列劉豫等十六人；狀元一門，列鄭子聃等八人；異人一門，列王中立等四人；隱德一門，列薛繼先、宋可、張潛、曹珏四人詩，而獨標繼先名，疑傳寫訛脫。癸集列知己三人，曰辛愿、李汾、李獻甫；南冠五人，曰司馬朴、滕茂實、何宏中、姚孝錫、朱弁，而附見宋遺民趙滋及好問父兄詩於末。前有好問自叙，稱魏道明作《百家詩略》，商衡爲附益之。好問又增以己之所錄，以成是編。《序》作於癸巳，蓋哀宗天興二年也。其例每人各爲小傳，詳具始末，兼評其詩。或一傳而附見數人，如乙集張子羽下，附載僧可道、鮮于可、高鶚、③王景徽、吳演之類。或附載他文，如丙集党懷英下，附載《誅永蹈詔書》之類。或兼及他事，如乙集祝簡下，附載所論王洙不注杜詩之類。大致主於借詩以存

---

① "集"字原脱，據《四庫全書總目》卷一百八十八補。
② "以"，《四庫全書總目》卷一百八十八作"之"。
③ "鶚"，原誤作"鵑"，據《四庫全書總目》卷一百八十八改。

史,故旁見側出,不主一格。至壬集賈益謙條下,述其言世宗大定三十年中能暴海陵蟄惡者得美仕,史官修實録,誣其淫毒狠鷙,遺臭無窮,自今觀之,百無一信。又稱衛王勤儉,慎惜名器,較其行事,中材不能及者多。如斯之類,尤足存一代之公論。王士禎《池北偶談》嘗論其記蔡松年事,不免曲筆,然亦白璧之瑕,不足以累全體矣。惟大書劉豫國號、年號,頗乖史法。然豫之立國,實金朝所命。好問,金之臣子,宜有内詞,固不得而擅削之,亦未可以是爲咎也。其選録諸詩,頗極精審,實在宋末江湖諸派之上。故卷末自題有'若從華實評詩品,未便吴儂得錦袍'及'北人不拾江西唾,未要曾郎借齒牙'句,士禎亦深不滿之,殆以門户不同歟?後附《中州樂府》一卷,與此集皆毛晉所刊。卷末各有晉跋,稱初刻《中州集》佚其樂府,後得陸深家所藏樂府,乃足成之。今考集中小傳,皆兼評其樂府,是樂府與《中州集》合爲一編之明證。今亦仍舊本録之,不別入詞曲類焉。本編以之別入詞曲類。"

按,黃、倪、金、龔目皆有。

又按,有元刊本、誦芬室影元本、汲古閣本。

清康熙御定《全金詩》即由《中州集》擴編而成,故書内每卷首行皆題"御訂全金詩增補中州集"。康熙五十年辛卯冬日《御製全金詩序》曰:"金有天下,武功文治,燦然昭明。人材之萃,多在大定、明昌之間,駸駸乎盛矣。然北元南宋,終金之世,爭伐聘問,殆無暇日。其典章名物,湮没於當時而不傳於後者,不知凡幾也。太原元好問撰《中州集》,以人屬詩,以事屬人,後世有'詩史'之目。而渾源劉祁亦著《歸潛志》,可與《中州集》相參互證焉。蓋其人文之可考者,猶賴此兩書之存也。朕嘗覽《金史》,多採用好問《中州集》,益信所謂'詩史'不虚也。因是亦欲得金詩之全,以補《金史》之所未備,卓然成一代之書。會有《全金詩》之進，遂命更加搜緝，凡金人集之斷簡殘篇有可存者，皆令附以入。及諸山經、地志、川澤之紀聞，綴摭薈蕞，鉅細不遺，使觀者弗厭其詳，而皆有以自擇焉。夫金世德久遠，涵濡蒸育，才俊輩出，迄今反覆斯編，可以見邦國之光與篤生之富矣。顧金去今垂六百年，其禮樂聲明，載在藝林之咏言者，若非《中州》《歸潛》二書，後之人亦烏從而知之。況夫兼二書之所未備，可不永其傳也哉。"附郭元釪奏曰："臣少時里居，性耽吟咏，嘗讀金人元好問所選《中州集》詩，清真淡宕，有宋詩之新而無其鄙俚，有元詩之麗而無其纖巧，文質得宜，正變有體。而好問所作小傳，詞意斐亹，足以鼓吹風雅，爲史氏所採擇。然其載詩未備，紀事與劉祁《歸潛志》往往不合。元郝經稱好問著《中州集》一百卷，而今存者止十卷，其間必有殘缺，未爲全書。臣竊私念，金有天下一百一十有七年，大定、明昌、承平底定，文治之盛不減於他代。今世間唐、宋、元、明詩皆有備本，獨金無之，使不薈萃表彰，則河嶽精英，久愈散失。以故不揣愚陋，留意收拾，數年以來，見金人詩《中州集》所無者即錄藏篋笥，載筆内廷，編纂餘暇，復於天下郡縣志中採輯遺逸，漸成卷軸。小傳之下，參以《歸潛志》及金元人銘、表、題跋，並説部諸書，凡金人入元不仕者皆入其末，而即終之以元好問、劉祁。同異互存，洪纖不失，期於一代文獻，歷歷可考。然臣拿鄙無學，金人遺集傳於今世者，恐有未見，或致疏漏。伏乞皇上聖鑑，賜之刊正，使有成書，將一代人文，千載如見，不惟存詩而已。臣卑庸，忝竊無所似肖，不勝恐悚之至。"

《全金詩總目》謂原集十一卷，今增補六十三卷，共七十四卷；原集二百四十六人，今增補一百一十二人，共三百五十八人；

原集詩一千九百八十二首,今增補詩三千五百六十二首,共五千五百四十四首。

又《四庫全書總目》卷一百九十曰:"《御定全金詩》七十四卷,康熙五十年聖祖仁皇帝御定。宋自南渡以後,議論多而事功少,道學盛而文章衰。中原文獻,實併入於金。特北人質樸,性不近名,不似江左勝流,動刊梨棗,迨汝陽版蕩,散佚遂多。元好問撰《中州集》,掇拾畸零,得詩一千九百八十餘首,作者二百四十餘人,併樂府釐爲十一卷。每人各以小傳述其軼事,頗爲詳悉。然好問之意,在於借詩以存史,故於詩不甚求全,所錄未能賅備。郭元釪因取好問原本,重爲葺綴,所增之人,視舊加倍,所增之詩,視舊三倍。仍存好問之小傳,而取劉祁《歸潛志》,以拾其遺,別題曰'補'。又雜取《金史》及諸家文集說部,以備考核,別題曰'附'。元釪有所論說,亦附見焉。金源一代之歌咏,彬彬乎備矣。書成奏進,仰蒙聖祖仁皇帝製序刊行。伏讀序文,知是編薈粹排纂,實經御筆。而目錄之首,猶題臣郭元釪補緝一條。大聖人善與人同,一長必錄之盛心,尤足以昭示千古也。"

明昌辭人雅製　　　　　　　　　　〇六〇四

趙秉文集党承旨、趙東山、路司諫、劉之昂、尹無忌、周德卿、王逸賓七人詩。一作《明昌雅製》。

按,龔目有。

二妙集六卷　　　　　　　　　　　〇六〇五

段克己、段成己撰。《全金詩》卷五十六:"克己字復之,河東人,世居絳之稷山。幼時與弟成己並有才名,禮部尚書趙秉文識之,目之曰'二妙',大書'雙飛'二字名其里。金末以進士貢。北渡後,與成己辟地龍門山中,餘廿年而卒,人稱爲遁庵先生。泰定間,吏部侍郎輔合克己、①成己遺文爲《二妙集》,刻之家塾。臨川吳澄爲之《序》曰:河東二段先生,心廣而識超,氣盛而才雄。其詩如:'寃血流未盡,白骨如山丘。''四海疲攻戰,何當洗甲兵。'蓋陶之達、杜之憂,兼而有之者也。"又卷五十八:"成己字誠之,克己仲弟。登金正大進士第,授宜陽主簿。克己殁後,自龍門山徙晋寧北郭,閉門讀書。元世祖降璽書,即其家起爲平陽儒學提舉,不赴。年過八十,優游以終,世稱菊軒先生。祭酒周文懿評其文在班、馬之間,河汾遺老之卓然一門,未有如段氏者也。"

《四庫全書總目》卷一百八十八:"《二妙集》八卷,江蘇巡撫採進本,金段克己、段成己兄弟詩集也。克己字復之,號遯庵。成己字誠之,號菊軒。稷山人。克己金末嘗舉進士,入元不仕。成己登正大間進士,授宜陽主簿,元初起爲平陽府儒學提舉,堅拒不赴。兄弟並以節終。初,克己、成己均早以文章擅名,金尚書趙秉文嘗目之曰'二妙',故其合編詩集即以爲名。泰定間,克己之孫輔,官吏部侍郎,以示吳澄,始序而傳之。② 朱彝尊《曝書亭書目》於《二妙集》下,乃題作段鏞、段鐸撰。考虞集所作《段氏世德碑》,鏞、鐸實克己、成己之五世祖。鐸官至防禦使,未嘗有集行世。彝尊蓋偶誤也。集凡詩六卷、樂府二卷,本編以樂府二卷別著錄於詞曲類,故本條衹著錄六卷。大抵骨力堅勁,意致蒼涼,值故都傾覆之餘,悵懷今昔,流露於不自知。吳澄《序》言其有感於興亡之會,故陶之達、杜之憂,其詩兼而有之。所評良允。房祺編《河汾諸老詩》八卷,皆金之遺民從元好問游者,克己兄弟與焉。而好問編《中州集》,金源一代作者畢備,乃獨無二人之詩。蓋好問編《中州集》

---

① "吏"上,清文淵閣《四庫全書》本《元詩選》卷六十八有"孫"字。
② "始序",原誤作"序始",據《四庫全書總目》卷一百八十八乙正。

時，爲金哀宗天興二年癸巳，方遭逢離亂，留滯聊城，自序稱據商衡《百家詩略》及所記憶者錄之，必偶未得二人之作，是以不載。故又稱嗣有所得，當以甲乙次第之，非削而不錄也。《河汾諸老詩集》所載，尚有克己《楸花》詩一首、成己《蘇氏承顏堂》等詩七首，皆不在此集中。疑當時所自刪削。又此集成己《冬夜無寐》一首、《中秋》二首、《雲中暮雨》一首，《河汾諸老詩集》皆題爲克己作。此集出自段氏家藏，編次必無舛錯，當屬房祺誤收。今姑各仍其舊，而特識其同異於此焉。"
按，黃、倪、龔目皆有。
又按，有《四庫全書》本、《石蓮盦彙刻九金人集》本、《元詩選》本、成化鈔本。

詩文評類

雅曲史 〇六〇六

金世宗撰。《金史》："金初得宋，始有金石之樂，然而未盡其美也。① 及乎大定、明昌之際，日修月葺，粲然大備。其隸太常者，即郊廟、祀享、大宴、大朝會宫懸二舞是也。② 隸教坊者，則有鐃歌鼓吹，天子行幸鹵簿導引之樂也。有散樂，有渤海樂，有本國舊音，世宗嘗寫其意度爲雅曲，史錄其一，其俚者弗載云。③"

詩質 〇六〇七

趙秉文撰。
按，金目有。

―――――――――

① "其"字原脱，據《金史》卷三十八補。
② "懸"，《金史》卷三十八作"縣"。
③ "其"字原脱，據《金史》卷三十八補。

滹南詩話三卷 　　　　　　　　　　　　　　　○六〇八

王若虛撰。

按，有《知不足齋叢書》乾隆至道光本、景乾隆至道光本。本、《龍威秘書》本、《古今說部叢書》本、《歷代詩話續編》本、《筆記小說大觀》本、《叢書集成初編》本、舊鈔本。

鼎新詩話 　　　　　　　　　　　　　　　　○六〇九

魏道明撰。《中州集》："道明字元道，易縣人。父遼，天慶中登科，仕國朝爲兵部郎中。子上達、元真、元化、元道俱第進士，又皆有詩學，元道最知名，仕至安國軍節度使。莫年居雷溪，自號雷溪子，有《鼎新詩話》行於世。元道《春興》云：'燕來燕去烏衣巷，花落花開穀雨天。'《高麗館偏涼亭》云：'碧海半彎蝸角國，春風十里鴨頭波。'《中秋》云：'丹桂知經幾寒暑，冰壺別是一山川。'"

按，錢、龔目皆有。

范墀詩話 　　　　　　　　　　　　　　　　○六一〇

范墀撰。《中州集》卷八："墀字元涉，系出潁川，有詩話行於世。"

按，龔目有。

盧洵詩學 　　　　　　　　　　　　　　　　○六一一

盧洵撰。《中州集》卷八："洵字仁甫，高平人。李承旨致美見所作上梁文，勉使就舉。六十一歲，始造牓登科，①歷河南府教授、河陽丞、宜陽令。致仕後居伊陽，年八十三卒。仁甫有詩學，以《鞏原》及《赤壁圖》詩著名。《招飲》云：'南園仙杏猩紅破，北渚官醪玉汗醇。②已約尊前成二老，全勝月下作三人。'"

詩文自警一卷

元好問撰。

按，黃、倪、金、龔目皆有。

---

① "始"，《中州集》卷八作"呂"。
② "渚"，原誤作"清"，據《中州集》卷八改。

卷八　集部四

詞曲類上

詞別集之屬

蕭閑老人明秀集注三卷　　　　　　　　　　〇六一三

蔡松年撰，魏道明注解。

按，龔目有。

又按，有《四印齋所刻詞》光緒本、景光緒本。本、《石蓮盦彙刻九金人集》本。另有《金源七家文集補遺》本，題《明秀集補遺》一卷。

菊莊樂府一卷　　　　　　　　　　　　　　〇六一四

段成己撰。

按，黃、倪、龔目皆有，龔目題《菊軒樂府》。

又按，有《景刊宋金元明詞》本、①《景汲古閣鈔宋金詞》本、《彊村叢書》本、《百家詞》本。另有《涉園續刊》本、朱氏刊本，皆題《菊軒樂府》。

遁齋樂府一卷　　　　　　　　　　　　　　〇六一五

段克己撰。

按，黃、倪、龔目皆有。

又按，有《景刊宋金元明詞》本、②《彊村叢書》本、《百家詞》本。另有《涉園續刊》本、朱氏刊本，皆題《遁庵樂府》。

---

① "詞"字原脫，據上下文意及本書體例補。
② "詞"字原脫，據上下文意及本書體例補。

孟宗獻詞集 　　　　　　　　　　　〇六一六

孟宗獻撰。《歸潛志》曰："金以律、賦著名者曰孟宗獻友之、趙樞子克,其主文有藻鑑多得人者曰張景仁御史、鄭子時侍讀。故一時爲之語曰:'主司非張、鄭,秀才非趙、孟。'律、賦至今學者法之。然其源出於我高祖南山翁。故老云,孟晚進,初不識翁,因少年不第,①發憤,闢一室,取翁賦,剪其八韻,類之帖壁間,坐臥諷咏深思,②已而盡得其法,下筆造微妙。再試,魁於鄉、於府、於省、於御前,天下號孟四元,迄今學者以吾祖孟師也。孟雖仕,不甚貴。作詩詞有可稱,自號虛靜居士。頗恬淡,留意養生術。嘗著《金丹賦》行於世,其詩詞亦有集。"是當時宗獻有詞集可證。

按,《中州樂府》中尚存其《菩薩蠻》回文一首。

竹溪詞 　　　　　　　　　　　　　〇六一七

党懷英撰。《歸潛志》:"党承旨懷英與辛尚書棄疾俱山東人,少同舍屬。金國初遭亂,俱在兵間。辛一旦率數千騎南渡,顯於宋;党在北方,擢第,入翰林,有名,爲一時文字宗主。二公雖所取不同,③皆有功業,寵榮視前朝陶穀、韓熙載亦相況也。後辛退閒,有詞《鷓鴣天》云:'壯歲旌旗擁萬夫,④錦襜突騎渡江初。燕兵夜娖銀胡䩮,⑤漢箭朝飛金僕姑。思往事,嘆今吾,春風不染白髭鬚。都將萬字平戎策,換得東郊種樹書。'蓋紀其少時事也。"

《金史》:"懷英與郝俁充《遼史》刊修官,應奉翰林文字移剌

---

① "不",《歸潛志》卷七作"下"。
② "咏",原誤作"味",據《歸潛志》卷七改。
③ "取",《全金詩》卷八同,《歸潛志》卷八作"趣",民國《遼海叢書》本《稼軒先生年譜》作"趨"。
④ "擁",原誤作"雍",據《歸潛志》卷八改。
⑤ "娖",原誤作"捉";"䩮",原誤作"录"。據《歸潛志》卷八改。

益、趙渢等七人爲編修官。凡民間遼時碑銘、墓誌及諸家文集，或記憶遼時舊事，①悉送官。② 是時，章宗初即位，好尚文辭，旁求文學之士以備侍從，謂宰臣曰：'翰林缺人如之何？'張汝霖對曰：'郝俁能屬文，宦業亦佳。'上曰：'近日制詔唯党懷英最善。'移剌履進曰：'進士擢第後，更不讀書，③近日始知爲學矣。'上曰：'近日進士甚滅裂，④《唐書》中事亦多不知，朕殊不喜。'⑤上謂宰臣曰：'郝俁賦詩頗佳，舊時劉迎能之，李晏不及也。'明昌元年，懷英再遷國子祭酒。六年，⑥有事於南郊，懷英攝中書侍郎讀祝册，上曰：'讀册至朕名，聲微下，雖曰尊君，然在郊廟，禮非所宜，當平讀之。'泰和元年，增修《遼史》編修官三員，⑦詔分紀、志、列傳刊修官，有改除者以書自隨。久之，懷英致仕。章宗詔直學士陳大任繼成《遼史》云。"按，《中州樂府》尚存懷英詞《青玉案》《感皇恩（賦疊羅花）》《鷓鴣天》《感皇恩》《月上海棠》五首。

王翼長短句 ○六一八

王翼撰。説見前王翼《古律詩》條。

拙軒詞一卷 ○六一九

王寂撰。

按，有《彊村叢書》本、朱氏刊本。

---

① "時"字，《金史》卷一百二十五無。
② "悉"下，《金史》卷一百二十五有"上"字。
③ "進士擢第後，更不讀書"，《金史》卷一百二十五作"進士擢第後，止習吏事，更不復讀書"。
④ "近日"，《金史》卷一百二十五作"今時"。
⑤ "殊"，原誤作"殆"，據《金史》卷一百二十五改。
⑥ "六年"，《金史》卷一百二十五作"七年"。
⑦ "編修"二字原脱，據《金史》卷一百二十五補。

莊靖先生樂府一卷 〇六二〇

李俊民撰。

按，有《彊村叢書》本、朱氏刊本。

彦高詞集一卷 〇六二一

吳激撰。

《歸潛志》："先翰林嘗談國初宇文太學叔通主文盟時，吳深州彦高視宇文爲後進，宇文止呼爲小吳。因會飲，酒間有一婦人，宋宗室子，流落，諸公感嘆，皆作樂章一闋。宇文作《念奴嬌》，有'宗室家姬，陳王幼女，曾嫁欽慈族，干戈浩蕩，事隨天地翻覆'之語。次及彦高，作《人月圓》云：①'南朝千古傷心事，猶唱《後庭花》。舊時王謝堂前燕子，飛向誰家。偶然相見，仙肌勝雪，雲鬢堆鴉。江州司馬，青衫淚濕，同是天涯。'宇文覽之，大驚。自是人乞詞，輒曰：'當詣彦高也。'彦高詞集篇數雖不多，皆精微盡善，雖多用前人詩句，其剪截綴輯，②皆若天成，③真奇作也。先人嘗云，詩不宜用前人語。若夫樂章，則剪截古人語亦無害，但要能使用爾。如彦高《人月圓》，半是古人句，其思致含蓄甚遠，不露圭角，不猶勝於宇文自作哉。"

按，有《校輯宋金元人詞》本，題《東山樂府》一卷。

耶律文獻公詞一卷 〇六二二

耶律履撰。

按，有《校輯宋金元人詞》本。

東浦詞一卷 〇六二三

韓玉撰。玉字温甫，北平人，鳳翔府判官。

---

① "云"上，《歸潛志》卷八有"詞"字。
② "輯"，《歸潛志》卷八作"點"。
③ "皆"字，《歸潛志》卷八無。

按，黄、倪、龔目皆有。

遺山樂府二卷 　　　　　　　　　　　　○六二四

元好問撰。

按，黄、倪、龔目皆有，龔目作五卷，黄目題爲《遺山長短句》。又按，有《宛委別藏》本、《元遺山先生全集》本、《百家詞》本、《景刊宋金元明詞》本、①明藍格鈔本、勞氏鈔本、《涉園續刊》本、朱氏刊本，《彊村叢書》本題《遺山樂府》三卷，附《校記》一卷。另有《殷禮在斯堂叢書》本，舊鈔本題《遺山新樂府》五卷，《石蓮盦彙刻九金人集》本題《新樂府》五卷《補遺》一卷。

天籟集 　　　　　　　　　　　　　　○六二五

白樸撰。《全元散曲》曰：②"樸字太素，一字仁甫，號蘭谷。隩州人，後居真定，故又爲真定人。祖，元遺山爲作墓表，所謂善人白公是也。父華，字文舉，號寓齋，仕金貴顯，爲樞密院判。仁甫爲寓齋仲子，於遺山爲通家姪。甫七歲，遭壬辰之難，寓齋以事遠適。明年春，京城變，遺山遂挈以北渡。自是不茹葷血，人問其故，曰：'俟見吾親則如初。'數年，寓齋北歸，以詩謝遺山云：'顧我真成喪家狗，賴君曾護落巢兒。'居無何，父子卜築於滹陽。律賦爲專門之學，而仁甫有能聲，爲後進翹楚。遺山每遇之，必問爲學次第，嘗贈之詩曰：'元白通家舊，諸郎獨汝賢。'仁甫學問博覽。然自幼經喪亂，倉皇失母，便有滿目山川之嘆。逮亡國，恒鬱鬱不樂，以故放浪形骸，期於適意。中統初，史天澤將以所業薦之於朝，再三遜謝，栖遲衡門，視榮利蔑如也。至元一統後，徙家金陵，從諸遺老放情山水間，日以詩酒優游，用示雅志，詩詞篇翰，在在有之。後以子貴，贈嘉議大夫，掌禮儀院太卿。仁甫尤工於

---

① "詞"字原脱，據上下文意及本書體例補。
② "全"，原誤作"金"，據上下文意改。

曲，與關漢卿、馬致遠、鄭光祖稱四大家，有詞集《天籟集》，清初楊友敬掇拾其散曲附於集後，曰《摭遺》。著雜劇十六種，今存三種：《梧桐雨》《牆頭馬上》《東牆記》。所作散曲雜劇，以綺麗婉約見長，與王德信爲一派，《梧桐雨》一劇，尤爲有名。"

按，倪、龔目皆有。

詞總集之屬

中州樂府一卷　　　　　　　　　　　　　〇六二六

元好問撰。錄吳內翰彥高、蔡丞相伯堅、蔡太常正甫、高內翰士談、劉內翰鵬南、鄧千江、趙內翰獻之、任南麓君謨、馮臨海士美、李承旨致美、劉龍山致君、劉記室無黨、案《歷代詩餘》有無黨《錦堂春》二闋，爲《中州樂府》所未收。党承旨世傑、王內翰子端、王隱君逸賓、密國公子瑜、禮部閑閑趙公、胥莘公和之、許司諫道真、馮內翰子駿、溪南詩老辛敬之、李右司欽叔、王右司仲澤、李扶風正臣、景伯仁、宗室文卿、高仲常、王予可、王監使正之、趙內翰子充、孟內翰友之、張太尉信甫、王玄佐、趙愚軒宜之、先東巖君、折治中元禮詞共一一四闋。

按，黃、倪、龔目皆有。

又按，有《四庫全書》本、《摛藻堂四庫全書薈要》本、《元遺山先生全集》本、《誦芬室叢刊初編》本、《景刊宋金元明詞》本、《四部叢刊》初次印本、二次印本、縮印二次印本、本、《金元總集》本、《彊村叢書》本。

散曲之屬

自然集一卷　　　　　　　　　　　　　〇六二七

無名氏撰。盧前《飲虹簃所刻曲》本《跋》曰："《自然集》見錢大昕《補元史藝文志》，不著撰人姓氏。余從《道藏》第七百八十七卷同字第一卷中得之，計十一葉，首葉作十五行，餘皆二十行,行十七字,爲套數六,每套不詳宮調。【一枝花】套中【哭皇天】,'哭'誤作'告'。【新水令】套【鴛鴦煞】誤作'歇',指調第四套【端正好】誤置【倘秀才】後,第五套但書【正宮】,復混【端正好】【滾綉毬】爲一,又以【尾聲】與【醉太平】相聯,並爲校正。最後一套注【又正宮】三字,亦【端正好】【滾綉毬】也,惟二調不能成套,其下必有佚文。余初疑此集爲丹陽馬自然作,顧丹陽之時,不應有此完整套數。要是北曲最早之結集,然未必先於諸宮調也。盧前記。"

按,有《道藏》正統本、景正統本。本、《重刊道藏輯要》本、《飲虹簃所刻曲》本。

天籟集摭遺一卷　　　　　　　　　　　〇六二八

白樸撰。盧前《飲虹簃所刻曲》本《跋》曰:"《天籟集摭遺》一卷,江都任氏補輯本,據《陽春白雪》《太平樂府》《堯山堂外紀》《樂府新聲》《太和正音譜》,得小令三十六,套數四。案,白樸字蘭谷,又字太素,號仁甫,官禮儀院太卿,贈嘉議大夫,所爲詞曰《天籟集》,《摭遺》則專收散曲。《正音譜》評云:'如鵬搏九霄。'又曰:'風骨磊塊,詞源滂沛。'昔王觀堂以唐詩爲喻,謂仁甫似劉夢得,宋詞爲喻,則如蘇東坡。此殆指其雜劇而言,散曲微有不逮,亦元初一大家也。丁亥暮春冀野徵獻樓記。"

按,有《飲虹簃所刻曲》本。

諸宮調之屬

劉知遠諸宮調十二則　　　　　　　　　〇六二九

無名氏撰。向覺明手抄本《題記》曰:"述劉知遠傳戲文殘本一册,現存四十二葉,藏俄京研究院亞洲博物館。一九〇七年至一九〇八年,俄國柯智洛夫探險隊考察蒙古、青海,發掘張掖黑水故城,獲西夏文甚夥,古文湮沈,至是復顯。此劉知遠事戲文殘本四十二葉，即黑水故城所得諸古書之一也。柯氏所得有時次者，有乾佑二十年_{南宋光宗紹熙元年，公元一一九〇年。}刊《觀彌勒上生兜率天經》《金剛般若波羅密經》《大方廣佛華嚴普賢行願品》，二十一年刊骨勒茂材之《蕃漢合時掌中珠》，又有平陽姬氏刊《歷代美女圖》版畫，大都爲十二世紀左右之物，此劉知遠事戲文當亦與之同時也。"

按，《題記》稱爲"戲文"，誤，實爲諸宮調。現代曲學家論之極詳，兹不具引。

崔韜逢雌虎諸宮調 　　　　　　　　　〇六三〇
鄭子遇妖狐諸宮調 　　　　　　　　　〇六三一
井底引銀瓶諸宮調 　　　　　　　　　〇六三二
雙女奪夫諸宮調 　　　　　　　　　　〇六三三
倩女離魂諸宮調 　　　　　　　　　　〇六三四
崔護謁漿諸宮調 　　　　　　　　　　〇六三五
雙漸趕蘇卿諸宮調　商衢撰　　　　　〇六三六
柳毅傳書諸宮調 　　　　　　　　　　〇六三七

按，諸宮調始創於宋孔三傳。耐得翁《都城紀勝》云："孔三傳編撰傳奇靈怪，入曲説唱。"孟元老《東京夢華錄》有"孔三傳《耍秀才諸宮調》"語。則三傳所撰諸宮調多種，今可知其名稱者，僅《耍秀才》一本。此外，周密《武林舊事》卷十載有諸宮調名稱二種，即《諸宮調霸王》與《諸宮調卦册兒》是，[①]不知誰作？且皆不存。此既出於宋人記載，自不應列於金藝文志中。

兹考諸宮調，實盛行於金時。董解元《西廂記諸宮調》開卷曾曰："【太平賺】……比前覽樂府不中聽，在諸宮調裏卻着數

---

① "册"，原誤作"鋪"，據民國影印明《寶顔堂秘笈》本《後武林舊事》卷四改。

一個個旖旎風流濟楚,不比其餘。【柘枝令】也不是《崔韜逢雌虎》,也不是《鄭子遇妖狐》,①也不是《井底引銀瓶》,也不是《雙女奪夫》,也不是《離魂倩女》,也不是《謁漿崔護》,也不是《雙漸豫章城》,也不是《柳毅傳書》。"以此可證,在《董解元西廂記》前,已有上列八種諸宮調在流行。

又按,《全元散曲》商衢小傳曰:"衢字正叔,或作政叔,曹州濟陰人。其先本姓殷氏,避宋宣祖趙弘殷諱,改姓商。兄衡,字平叔,②金崇慶進士,正大末充秦藍總帥府經歷,元兵劫之使降,不屈死。衢滑稽豪爽,有古人風,曾編《雙漸小（當爲蘇之誤。）卿諸宮調》,今不傳。官至學士,與元好問董游,好問有《商正叔隴山行役圖》詩。兄衡之子挺,亦有曲傳於世。"觀於兄衡及友好問之情形,衢所官學士當在金末,此八種諸宮調之作,當在金時董解元《西廂》之前可知。目前限於資料,他日當更詳考之。

又按,今存諸宮調,尚有元王伯成《天寶遺事諸宮調》等殘本或佚文,以其不應屬於金,故不錄。

董解元西廂一本　圖一卷　附考據一卷　　　〇六三八

董解元撰。考據(民國)劉世珩輯,董之名已佚,至解元則爲其時士人之通稱。

按,劉氏考據本有《彙刻傳劇》本,至《會真六幻》本正文則分爲二卷,其餘板刻亦多,不一一具列。

院本之屬上

《輟耕錄》卷二十五"院本名目":"唐有傳奇,宋有戲曲、唱諢、詞說,金有院本、雜劇、諸宮調。院本、雜劇,其實一也。國

---

① "不",原誤作"可",據明嘉靖刻本《董解元西廂記》卷一改。
② "平",原誤作"尹",據《金史》卷一百二十四改。

朝，院本、雜劇始釐而二之。院本則五人，一曰副淨，古謂之參軍。一曰副末，古謂之蒼鶻。鶻能擊禽鳥，末可打副淨，故云。一曰引戲，一曰末泥，一曰孤裝。又謂之五花爨弄。或曰：'宋徽宗見爨國人來朝，衣裝鞵履巾裹，傅粉墨，舉動如此，使優人效之以爲戲。'又有焰段，亦院本之意，但差簡耳。取其如火焰，易明而易滅也。其間副淨有散說，有道念，有筋斗，有科汎。教坊色長魏、武、劉三人鼎新編輯。魏長於念誦，武長於筋斗，劉長於科汎，至今樂人皆宗之。偶得院本名目載於此，[①]以資博識者之一覽。"

和曲院本

月明法曲 〇六三九

按，此當叙月明和尚度柳翠故事。用此題材寫成之話本及戲劇極多，分爲二說：一叙觀音菩薩淨瓶中之楊柳枝，偶佔微塵，罰往人間爲名妓柳翠。三十年後，菩薩命月明尊者下降度脫之，復返本還原。一叙杭州太守柳宣教遣妓紅蓮計破高僧玉通戒體。玉通乃投生柳家爲女，即柳翠，後流落爲妓，敗其門風，以爲報復。最後由另一高僧月明度脫之，始返本來面目。前者有元李壽卿雜劇《月明和尚度柳翠》；有《元曲選》本。後者有話本《月明和尚度柳翠》，即《古今小說》卷二十九。傳奇文《月明和尚度柳翠》見《綉谷春容仁集》。《紅蓮女淫玉禪師》何大掄《燕居筆記》九。《柳府尹遣紅蓮破月明和尚記》，余公仁《燕居筆記》八。元佚名雜劇《月明和尚度柳翠》，與李作全不同，有《古名家雜劇》本。明徐渭雜劇《四聲猿》之一《玉禪師翠鄉一夢》，吳士科之《紅蓮案》。但不知院本所叙爲何者。

---

① "目"下，《四部叢刊三編》影印元本《南村輟耕錄》（以下《南村輟耕錄》皆據此本，不再注明）卷二十五作有"用"字。

鄆王法曲 ○六四○

按，鄆王爲宋徽宗第三子，初名焕，後改名楷，累封嘉王，歷十一節度使。重和元年，廷策進士，唱名第一，徽宗不欲其居魁首，遂改王昂爲狀元。靖康之難，與諸王皆被擄至北方。《宋史》有傳。王明清《揮麈餘話》記徽宗欲傳位太子時，[①]諸內侍擁鄆王至殿門，爲殿帥何瓘所拒，始辟易而退。但不知法曲所叙，以何事爲中心。其他戲劇或話本叙鄆王事者尚無所見。

燒香法曲 ○六四一

按，戲劇或話本中叙及"燒香"事者甚多，但最著名者當推元王德信《西廂記》雜劇中"張生偷窺鶯鶯燒夜香"，及關漢卿《才子佳人拜月庭》中之"瑞蘭月下庭中燒夜香"。如果二者必居其一，則與其前同題材者，有宋趙令畤《蝶戀花》鼓子詞、金《董解元西廂記》諸宫調、宋官本雜劇《鶯鶯六么》《西廂記》戲文，以及明人之《南西廂記》，又宋人話本中有《鶯鶯傳》；見《醉翁談録》卷首《舌耕叙引》目中。後者尚有南戲《拜月亭》。一名《幽閨記》，相傳爲元施惠作。

送香法曲 ○六四二

按，元本"香"作"使"。

上墳伊州 ○六四三

按，"伊州"爲大曲名。疑叙《劉文龍菱花鏡》故事。宋元戲文有《劉文龍》，見《永樂大典》，《南詞叙録》作《劉文龍菱花鏡》，《傳奇品》作《菱花》。原書已佚，僅存殘曲於《九宫正始》等書中。又有唱本名《説唱劉文龍菱花鏡記》四卷，見伯遥《劉文龍菱花鏡考》，載《戲劇月刊》四卷七期。尚有傳本，得以窺見整個故事。劉文龍爲唐朝登州人，娶妻蕭貞娘。文龍上京應舉，戀妓女雪嬌，不歸。貞娘在

---

① "麈"，原誤作"塵"，據上下文意改。

家，爲後姑宋氏逼嫁其內侄宋元仲，貞娘不願，擬在其父母墳上自縊。適文龍中進士，立功回來，遂得救。菱花鏡爲文龍、貞娘分離時各藏其半，至此遂得重合。京戲有《小上墳》，故事輪廓相似，惟主角爲劉祿金與蕭素貞，姓同名異。但夫婦重圓，亦在女方上墳之時。

燒花新水 　　　　　　　　　　　　　　○六四四

按，"燒"一作"澆"。

又按，"新水"亦大曲名。宋官本雜劇中有與此同名者一種，本事不詳。元關漢卿及李文蔚各有《盧亭亭挑水澆花旦》雜劇，惜皆不傳，無從考其題材是否相同。

熙州駱駝 　　　　　　　　　　　　　　○六四五

按，"熙州"爲大曲名。宋官本雜劇有《駱駝熙州》，題材當同。惜無其他同題材之話本或戲劇發現，以致無從窺見本事之一二。

列良贏府 　　　　　　　　　　　　　　○六四六

病鄭逍遙樂 　　　　　　　　　　　　　○六四七

按，"逍遙樂"爲大曲名。宋官本雜劇中有與此同名者一本。劇中之"鄭"，不知指誰。倘係指鄭元和，則當寫唐人白行簡《李娃傳》所叙鄭公子因戀妓李娃，以致爲父所逐，求乞唱挽歌度日，一病幾殆，卒賴娃之救助，得父子重圓，娃亦封一品夫人事。唐時已有人説"一枝花"_{李娃小名，見《類説》及《醉翁談錄》。故事，見元稹詩自注}。話本有《李亞仙》_{見《醉翁談錄》引目}。及鄭元和《嫖遇李亞仙記》_{載《燕居筆記》卷七}。雜劇有元高文秀《鄭元和風雪打瓦罐》，石君寶及明朱有燉改本《李亞仙詩酒曲江池》_{一見《元曲選》，一見《誠齋樂府》}。戲文有《九宮正始》中所引《李亞仙》，以及明人薛近兗傳奇《繡襦記》。

四皓逍遥樂 　　　　　　　　　　　　　○六四八

按，此當係叙漢初"商山四皓"故事。四皓爲東園公、角里先生、綺里季、夏黄公，秦末避亂隱商山，年皆八十餘，鬚眉皓白。漢高祖即位，欲致之而不能。後高祖欲廢太子，吕后從張良計，厚禮迎四人至，從太子見高祖。高祖謂太子得此四人，羽翼已成，卒得不廢。此事出於正史，當爲實事。

四酸逍遥樂 　　　　　　　　　　　　　○六四九

按，此目元本無。

賀貼萬年歡 　　　　　　　　　　　　　○六五〇

按，"萬年歡"亦爲大曲名。王國維《曲録》云："宋官本雜劇有《喝貼萬年歡》，不知即此本否？"二者果似同爲一本。但"賀"之與"喝"，不知孰正孰訛？其本事亦無可考。

拚縻降黄龍 　　　　　　　　　　　　　○六五一

列女降黄龍 　　　　　　　　　　　　　○六五二

按，"降黄龍"亦爲大曲名。宋官本雜劇中有同名者一種。元庾天錫有《列女青陵臺》雜劇，似爲同題材。據《曲海總目提要》，《列女青陵臺》係叙《列女傳》"韓憑妻何氏"事。韓憑爲楚康王舍人，其妻何氏貌美，康王將其奪去，而下韓憑於獄。憑自殺，何氏遂投於青陵臺下而死，遺命願與憑合葬。康王卻將渠等分葬。閲一日，忽有梓木各生於冢，枝連於上，根交於下，又有雙鴛鴦常雙栖在樹上，朝夜悲鳴。但在他書中，楚康王多作宋康王。

上皇院本

壺春堂① 　　　　　　　　　　　　　　○六五三

按，在元人雜劇中，僅有《玉壺春》，或《玉堂春》，而無《壺堂

---

① 據上下文意，疑應作"壺堂春"。

春》，疑必爲兩者之一之誤文。《玉壺春》有武漢臣及賈仲明所作《李素蘭風月玉壺春》。武作今尚存，叙李斌別號"玉壺春"，與名妓李素蘭相戀，終受幾許波折而獲成功。見《元曲選》。《玉堂春》有關漢卿所作《老女婿金馬玉堂春》及武漢臣《鄭瓊娥梅雪玉堂春》，兩者名目雖不盡相同，內容大體相似。情節當同清陳二白之《雙官誥》傳奇，亦即皮簧戲之《三娘教子》，因爲關作題目爲《小夫人玉輦金花誥》，其身份正似《雙官誥》中之"碧蓮"。

太湖石　　　　　　　　　　　　　　○六五四

按，此當係叙宋朱勔搜取南方花石以媚徽宗事，以致激成後來方臘之亂。宋袁褧《楓窗小牘》云："宣和五年，朱勔取太湖石，高廣數丈，載以大舟，挽以千夫，數月乃至。會初得燕山之地，賜號'敷慶神運石'。"院本所叙，或即以此事爲中心。元佚名有《搬運太湖石》雜劇，目見《太和正音譜》。顧名思義，題材當相同。清佚名有《花石綱》傳奇，見《曲海》目。當亦叙及此事。惜皆已佚失，無從考證。

金明池　　　　　　　　　　　　　　○六五五

按，當係宋洪邁《夷堅志》中吳小員外事。宋人話本有《愛愛詞》，目見《醉翁談錄》。當即明馮夢龍編《警世通言》卷三十《金明池吳清逢愛愛》。明范文若亦作有《金明池》傳奇。《南詞新譜》有殘曲。話本叙吳清於金明池上逢酒家女愛愛，愛愛因想念成疾而卒，鬼魂與吳清會，終乃借屍還魂，得成眷屬。《夷堅志》僅云吳小員外，無名字，亦無最後"借屍還魂"一段。《情史》卷十六轉載此事，題曰《金明池當壚女》。

戀鰲山　　　　　　　　　　　　　　○六五六

按，此當叙宋徽宗宣和六年大賞花燈事。據《大宋宣和遺事》所載，自隔年冬至日起，下手於大內前架造鰲山高燈，長十六丈，闊二百六十五步，中間有二條鼇柱，長二十四丈。兩下用金龍纏柱，每一龍口中，點一盞燈，謂之雙龍啣照。因慮元宵陰雨，有妨行樂，所以從隔年臘月初一日直點燈至宣和六年正月十五夜。到正月十四夜，放百姓們至鼇山下看燈。又命貴官在宣德門撒下金錢銀錢，由百姓搶拾。到十五夜，又賞燈百姓，不論貴賤男女，每人御酒一杯。當時繁華情形，可以想見。

六變妝 〇六五七
萬歲山 〇六五八

按，"萬歲山"係徽宗所造艮嶽之原名。宣和七年，詔戶部侍郎孟揆董工增築禁城西北隅崗阜，取象餘姚鳳凰山，名曰萬歲山，多運花石粧砌。後因神降，有"艮嶽排空"之語，改萬歲山名曰艮嶽。後又有金枝產於萬歲峰，又改名壽嶽。院本所敘，當即以此山為中心。

打草陣 〇六五九
賞花燈 〇六六〇

按，疑與前《戀鼇山》同題材，宋官本雜劇有《看燈胡渭州》，宋元戲文有《翫燈時》，《九宮正始》有遺曲。內容不知是否相同。

錯入內 〇六六一

按，王國維以為宋徽宗時事，不知何據。或以意度之，此"內"字當指"大內"，亦即皇宮之內。其本事容再檢考。

問相思 〇六六二
探花街 〇六六三
斷上皇 〇六六四

按，所謂"斷上皇"，恐係"上皇御斷"之意。案元人雜劇敘"上皇御斷"之案件凡二：一為關漢卿的《宋上皇御斷鴛鴦簿》；一為鄭廷玉的《宋上皇御斷金鳳釵》，今惟後者尚存。見《孤本元明雜劇》。叙狀元趙鶚因謝恩失儀落職，以致貧困賣詩，諫議大夫張天覺微行遇之，贈以金鳳釵十支。孰知爲偷兒李虎用從殺人奪得之銀匙私下換去，而鶚未知。案發，鶚以殺人犯下獄論死。張天覺知其冤，奏請覆審，而金鳳釵亦自李虎處發現，案情乃得大白。

打毬會　　　　　　　　　　　　　　　　　　〇六六五

按，宋官本雜劇有《打毬大明樂》，當與此同題材。元雜劇有佚名的《打毬會》，目見《太和正音譜》。未知是否即此院本。打毬爲宋時流行之一種高等娛樂，高俅即以熟於此技而爲進身之階。此事見於《忠義水滸傳》，似爲小説家言，實則宋王明清《揮麈錄》中亦有詳載，①確爲事實。當時且有蹴球社之組織，如齊雲社，與演雜劇之緋緣社、唱賺之遏雲社並列。見《武林舊事》及《夢梁錄》。此院本當即以打毬事爲叙寫中心。

春從天上來　　　　　　　　　　　　　　　　〇六六六

按，《詞林紀事》載吴彦高詞，有故事注釋，疑與此有關。

題目院本

柳絮風　　　　　　　　　　　　　　　　　　〇六六七

按，此當叙晉才女謝道韞詠雪故事，出南北朝宋劉義慶《世説新語》。道韞有才辯，一日天雪，叔父謝安問："何所似也？"安兄子朗曰："散鹽空中差可擬。"道韞曰："未若柳絮因風起。"後世因稱有文才之女子爲"柳絮才"或"詠絮才"。清人洪昇仿徐渭《四聲猿》例，作《四嬋娟》，其第一種爲《詠雪》，即叙道韞"柳絮風"事。

紅索冷　　　　　　　　　　　　　　　　　　〇六六八
牆外道　　　　　　　　　　　　　　　　　　〇六六九

---

① "麈"，原誤作"塵"，據上下文意改。

共粉淚 〇六七〇

楊柳枝 〇六七一

按,此未知是否叙唐許堯佐《章台柳傳》故事。宋人話本有《章台柳》,目見《醉翁談錄》。另有明熊龍峰刊《蘇長公章台柳傳》,前半事迹同唐人小説,惟易韓翃爲蘇東坡,即《章台柳》《楊柳枝》二詩亦襲用。元雜劇有鍾嗣成《寄情韓翃章台柳》,戲文有佚名《章台柳》,《九宫正始》引。皆叙韓翃所戀妓柳氏爲番將所劫,有俠客爲之奪回,而得團圓事。此外明人楊文奎有《玉盒記》、梅鼎祚有《玉合記》、張四維有《章台柳》、吴長儒有《練囊記》,亦以韓、柳事爲戲劇中心。

蔡消閑① 〇六七二

按,此當叙金丞相蔡松年作《石州慢》詞贈妓事。"消"係"蕭"字之訛。吴梅《中國戲曲概論》云:"元李文蔚有《蔡蕭閑醉寫石州慢》,當從此出。案金蔡相松年,號蕭閑老人,奉使高麗還,作此詞贈妓。《明秀集》殘本,未載此作,見楊朝英《陽春白雪》卷首。則是劇與戴善夫之《陶學士風光好》劇相類矣。②"内容可考者僅見於此。

方偷眼 〇六七三

呆太守 〇六七四

畫堂前 〇六七五

夢周公 〇六七六

按,此未知是否叙孔子夢周公事。《論語·述而》篇記孔子語云:"甚矣,吾衰也!久矣,吾不復夢見周公!"宋邢昺疏曰:"此孔子嘆其衰老,言盛時嘗夢見周公,欲行其道,今則久多時矣,吾更不復夢見周公,知是吾衰老甚矣。"按,此事並無事

---

① "閑",原誤作"間",據上下文意改。
② "夫",原誤作"之",據吴梅《詞學通論 中國戲曲概論》(長春:吉林出版集團股份有限公司,2016年10月,第142頁)改。

迹可叙,未知院本所寫爲何事。
梅花底 〇六七七
三笑圖 〇六七八
　　按,此當叙"虎溪三笑"事,唐大畫家李龍眠曾爲之繪圖。宋陳舜俞《廬山記》云:"流泉匝寺,下入虎溪,昔遠法師送客過此,虎輒號名,故名。時陶元亮居栗里山,山南陸修靜亦有道之士,遠師嘗送此二人,與語合道,不覺過之,因相與大笑。今世傳《三笑圖》,蓋本於此。"清墨浪子《西湖佳話》卷十《虎溪笑迹》亦寫"虎溪三笑"事,惟移其時代於宋神宗時,易其地爲西湖,以遠師爲辯才,而所送之客爲蘇東坡,於是全變爲小説家言。院本所叙,當從前説。宋官本雜劇有《三笑月中行》,似爲同題材。

窄布衫 〇六七九
呆秀才 〇六八〇
隔年期 〇六八一
　　按,此疑叙"鴛鴦燈"故事。此事出宋羅燁《醉翁談錄》,亦見《歲時廣記》引《蕙畝拾英集》。叙宋天聖時有張生拾得一紅帕所裹之香囊,上有細字,約於來年元夕往會,以鴛鴦燈爲記。後果如約往,得與貴人李公之妾私會。李公死後,女往歸張,時張已別娶,訟於官,得斷團聚。話本有《鴛鴦燈》,目見《醉翁談錄》卷首。《彩鸞燈記》目見《寶文堂書目》,有明熊龍峰刊本,名《張生彩鸞燈傳》,亦即《古今小説》卷二十三《張舜美元宵得麗女》。引作入話,宋元戲文有《張資鴛鴦燈》,《永樂大典》卷一三九八五有目,《九宮正始》等有遺曲。皆從一型脱出。

賀方回 〇六八二
　　按,"方回"係宋代大詞人賀鑄之字。又自號慶湖遺老。時人因服其《青玉案》詞中"試問閑愁都幾許?一川煙草,滿城風絮，梅子黄時雨"句，稱爲賀梅子。又因其貌奇醜，爲題綽號曰賀鬼頭。此外不聞其有何佳話。不知此院本所寫爲何事。

王安石　　　　　　　　　　　　　　　　　　〇六八三

按，王安石係宋代大政治家，又爲有名古文家，不知院本作者採取其生平何項事迹寫成院本。在同時或較後取其事迹寫成話本或戲劇者，話本有《拗相公》見《京本通俗小説》卷第十四，亦即《警世通言》卷四《拗相公飲恨半山堂》。及《王安石三難蘇學士》。《警世通言》卷三。前者叙安石行新政，民怨沸騰，罷官途中受到種種侮辱；後者叙蘇東坡譏其作詩失典，因而謫往黄州使之自悟，及辨别三峽水味事。前者似出於反對派之手，後者乃欽服安石博學之人所作。戲劇則有元喬吉的《荆公遺妾》雜劇，本事出宋邵伯温《邵氏聞見録》，叙安石知制誥時，吴夫人爲買一妾，詢知伊夫爲軍將，因運米失舟，致賣妻以償，安石乃遣之歸，夫婦得重圓。

斷三行　　　　　　　　　　　　　　　　　　〇六八四
競尋芳　　　　　　　　　　　　　　　　　　〇六八五
雙打梨花院　　　　　　　　　　　　　　　　〇六八六

霸王院本

悲怨霸王　　　　　　　　　　　　　　　　　〇六八七
范增霸王　　　　　　　　　　　　　　　　　〇六八八
草馬霸王　　　　　　　　　　　　　　　　　〇六八九
散楚霸王　　　　　　　　　　　　　　　　　〇六九〇
三官霸王　　　　　　　　　　　　　　　　　〇六九一
補塑霸王　　　　　　　　　　　　　　　　　〇六九二

諸雜大小院本

喬託孤　　　　　　　　　　　　　　　　　　〇六九三

按，元本"託"作"托"。

旦判孤　　　　　　　　　　　〇六九四
計算孤　　　　　　　　　　　〇六九五
雙判孤　　　　　　　　　　　〇六九六
百戲孤　　　　　　　　　　　〇六九七
哨咭孤　　　　　　　　　　　〇六九八
燒棗孤　　　　　　　　　　　〇六九九
孝經孤　　　　　　　　　　　〇七〇〇
菜園孤　　　　　　　　　　　〇七〇一

按，"孤"係角色名，明朱權《太和正音譜》以爲"孤"爲劇中飾官之人。此院本疑叙唐李復言《續玄怪錄》中張老事。張老爲揚州六合縣園叟，用厚禮娶得韋姓少女後，即歸天壇山。女兄往訪，其家富麗異常，始知張老實爲仙人，贈以大量金錢而遣歸。宋人話本有《種叟神記》，目見《醉翁談錄》。當即《古今小説》卷三十三的《張古老種瓜娶文女》。元、明有《太平錢》傳奇，見《曲海總目提要》卷十八。則以張老爲張果老，情節亦全採唐人小説。

貨郎孤　　　　　　　　　　　〇七〇二

按，"貨郎"爲一種職業人名稱，即在街巷間挑擔，搖鼗鼓，叫賣婦女用品之人，又稱"貨郎兒"。在數十年前，上海尚可見到。寫貨郎事爲雜劇者，有元人吳昌齡《貨郎末泥》、沈和《祈甘雨貨郎朱蛇記》、佚名《風雨像生貨郎旦》。今僅最後一種尚存，叙長安富翁李彦和爲妾所害，喪家失子，後以與子乳母張三姑同唱'貨郎兒'，因而與子相逢事。未知院本是否亦叙此事？

合房酸　　　　　　　　　　　〇七〇三
麻皮酸　　　　　　　　　　　〇七〇四
花酒酸　　　　　　　　　　　〇七〇五

狗皮酸 〇七〇六

還魂酸 〇七〇七

按，"酸"爲角色名。金、元間稱秀才爲"細酸"，因而爲扮書生角色之名稱。見《少室山房筆叢》。此院本當爲明人湯顯祖《牡丹亭還魂記》傳奇所祖，濫觴於宋郭彖之《睽車志》。據《睽車志》所叙，有士人寓三衢佛寺，與前郡倅馬公之女絢娘鬼魂私合。後肉身得復生，同遁於湖湘間，生有二子。其後馬公來遷葬其女，棺空無物，追究其事，始知已還魂復生。但《牡丹亭》則以主角爲柳夢梅與杜麗娘。

別離酸 〇七〇八

王纏酸 〇七〇九

按，元本"王"作"三"。

謁食酸 〇七一〇

三揲酸 〇七一一

哭貧酸 〇七一二

插撥酸 〇七一三

按，陳暘《樂書》一八七有："唐時謂優人辭捷者爲砑撥，今謂之雜劇也。""砑撥"終與"插撥"爲一音之轉。

酸孤旦 〇七一四

毛詩旦 〇七一五

老孤遣旦 〇七一六

按，宋官本雜劇中有與此同名者一種。此戲只有角色名，不知所演何事？但從"遣旦"一事推測，疑叙唐詩人白居易開閣放楊枝事。清人桂馥有《放楊枝》，《後四聲猿》之一。石韞玉有《樂天開閣》，《花間九奏》之一。皆寫此事。居易暮年老病，思遣去愛妾與愛馬，置酒爲別。結果妾不肯去，馬亦悲嘶，悵然而罷。見唐范攄《雲溪友議》。

纏三旦	〇七一七
禾哨旦	〇七一八
哮賣旦	〇七一九
貧富旦	〇七二〇
書櫃兒	〇七二一
紙襴兒	〇七二二
蔡奴兒	〇七二三

按，蔡奴係宋時名妓，聲價極高。周密《癸辛雜識記》一有關軼事云："吳興人沈偕游京師，欲示其豪富，於蔡奴門外茶肆中故意與一賣珠人議價，再三不售，撒其珠於屋上，而盡償其值。蔡奴在簾中窺見，唯恐其不至。後數日往，其家喜相報曰：'前日撒珠郎來了！'遂殷勤接待。"未知院本是否亦演此事。"兒"似爲扮女子之角色名，與"旦"相同，但在古書中似無人説過，不妨存疑。

剃毛兒	〇七二四
喜牌兒	〇七二五
卦册兒	〇七二六
绣篋兒	〇七二七

按，此疑演《朱文太平錢》故事，見《宋元戲文輯佚》。

粥碗兒	〇七二八
似娘兒	〇七二九
卦鋪兒	〇七三〇
師婆兒	〇七三一

按，"師婆"即女巫，會爲人降神治病。元楊顯之有《借通縣跳神師婆旦》雜劇，未知是否與院本同題材。又明初劉兑《嬌紅記》下本第六折中，有院本《師婆旦》，在男主角申純臥病招巫降神時一場中演出，惜未叙明情節。然從名目上看來，疑與

此爲一劇。而且從"師婆旦"此一名目上，可以爲前文疑"兒"與"旦"爲同一角色之旁證。

教學兒 　　　　　　　　　　　　　　　　〇七三二

雞鴨兒 　　　　　　　　　　　　　　　　〇七三三

黃丸兒 　　　　　　　　　　　　　　　　〇七三四

按，青木正兒《中國近世戲曲史》所說，則"黃丸"當爲醫生用之丸藥。在劉兌《嬌紅記》下本第三折中，有院本《黃丸兒》，在申純臥病召醫者診察時一場中演出，可惜亦未叙出情節。從角色名稱看，大約戲中醫生亦是由女子所扮者。

稜角兒 　　　　　　　　　　　　　　　　〇七三五

田牛兒 　　　　　　　　　　　　　　　　〇七三六

小丸兒 　　　　　　　　　　　　　　　　〇七三七

按，元本"丸"作"九"。

醜奴兒 　　　　　　　　　　　　　　　　〇七三八

病襄王 　　　　　　　　　　　　　　　　〇七三九

按，宋官本雜劇有《巫山夢彩雲歸》，不知是否爲同題材。元鄭光祖《㑳梅香》雜劇第三折有云："劈面的便搶白殺那病襄王，呀，怎生來番悔了巫山窈窕娘？"可見此題材爲元人所習用。元佚名有《巫娥女醉赴陽臺夢》，見《也是園書目》。楊景言有《楚襄王夢會巫娥女》，王子一有《楚陽臺》，從劇名論，可知內容必相同。本事出宋玉《高唐》《神女》二賦，但夢見神女者乃宋玉而非襄王。宋沈括在《夢溪筆談》中曾爲之辯正，可惜後人誤用至今，仍相沿不改。

馬明王 　　　　　　　　　　　　　　　　〇七四〇

按，"馬明王"乃蠶神馬頭娘之俗稱，見明郎瑛《七修類稿》。馬頭娘爲原始神話中人物之一，《原化傳拾遺》載："女當高辛時，父爲鄰部所掠，惟所乘馬在。母誓有得父還者，以女嫁之。馬聞言躍去，父果乘馬而歸。自此馬嘶鳴不食。父詢得其故，殺馬而曝皮於庭。女過其側，馬皮忽卷女飛去，栖於桑樹之上，女化爲蠶，食桑吐絲成繭。後人因祀爲蠶神，稱爲馬頭娘。"宋官本雜劇有《馬頭中和樂》，與院本當爲同題材。《太和正音譜》錄有佚名之《明皇村院會佳期》，或以爲亦演此事。

鬧學堂 〇七四一
鬧浴堂 〇七四二
寬布衫 〇七四三
泥布衫 〇七四四
趕湯瓶 〇七四五
紙湯瓶 〇七四六
鬧旗亭 〇七四七

按，元本"旗"作"棋"。

又按，此院本當寫唐代大詩人王之渙等"旗亭畫壁"故事，出唐薛用弱《集異記》。《文房小説》本。清人盧見曾與金椒各有《旗亭記》，張龍文有《龍亭宴》，裘璉有《旗亭館》，皆演此事爲戲劇。叙王之渙與高適、王昌齡齊名開元時，一日，天寒微雪，共詣旗亭即市樓。小飲。忽有梨園伶官及樂妓等偕至，及唱詩，先唱昌齡、高適所作，二人頗自得。之渙乃指一最美之妓曰："此子所唱如非吾詩，當甘拜下風。"及發聲，果之渙所作"黄河遠上白雲間"一絶也，因大諧笑。諸伶詢知其故，競請同宴，歡飲竟日。

芙蓉亭 〇七四八

按，元本"芙蓉"作"夫容"。

又按，元王德信有《韓彩雲絲竹芙蓉亭》雜劇，《北詞廣正譜》《雍熙樂府》中有遺曲。① 當爲同題材。曾瑞《王月英元夜留鞋記》首折中

---

① "北"，原誤作"此"，據上下文意改。

有句云："韓彩雲芙蓉亭遇故知，崔伯英兩團圓直到底。"可知劇中的男主角爲崔伯英。其餘事迹皆無考。戲文亦有《韓彩雲》，見《九宮正始》引。

壞食店 ○七四九

鬧酒店 ○七五○

壞粥店 ○七五一

莊周夢 ○七五二

按，莊周夢爲蝴蝶事，出《莊子·齊物論》。後人因《莊子》中有"莊子妻死，莊子鼓盆而歌"一段，遂造作莊子假死，化爲楚王孫，誘其妻再嫁，劈棺復生一事。話本有明人作《莊子休鼓盆成大道》，《警世通言》卷二，亦即《今古奇觀》卷二十。雜劇有元李壽卿作《鼓盆歌莊子嘆骷髏》、史九敬先作《花間四友莊周夢》、王子一作《花間四友》、佚名作《莊周半世蝴蝶夢》，傳奇有清石龐作的《蝴蝶夢》、佚名作的《蟠桃宴》，皆叙莊子妻死或修道事。

花酒夢 ○七五三

蝴蝶夢 ○七五四

按，元人雜劇中寫"蝴蝶夢"故事者有二種：一爲莊周事，一爲包公事。但本目中前既有《莊周夢》，則此當爲叙包公事。據關漢卿《包待制三勘蝴蝶夢》雜劇，則此院本當叙：農人王老有子三人。王老爲土豪葛彪打殺，三人往舁父屍，亦將葛彪打斃。鄰衆控解至包公處，三人各自認殺人罪。後包公夢見蝴蝶，因悟必有冤屈，遂以盜馬賊趙頑驢抵罪，而脫三人於法。

三出舍 ○七五五

按，宋官本雜劇中有同名者一種，內容不詳。

三人舍　　　　　　　　　　　　　　　　　　　〇七五六

按，此條情形同上條。

瑶池會　　　　　　　　　　　　　　　　　　　〇七五七

按，當叙西王母瑶池祝壽事。宋官本雜劇亦有《宴瑶池爨》，題材當同。西王母在《山海經》中本爲獸面人身之怪物，在《穆天子傳》裏始變成一位文雅之國王，在《漢武故事》中更變爲一位美麗而長生不死之女仙。元、明寫此事爲雜劇者，有鍾嗣成之《宴瑶池王母蟠桃會》、佚名之《西王母祝壽瑶池會》、朱有燉之《瑶池會八仙慶壽》。清朱素臣復有《宴瑶池》傳奇。此等劇本，大都爲祝壽而演唱，殊少文藝價值。

八仙會　　　　　　　　　　　　　　　　　　　〇七五八

按，"八仙"普通係指漢鍾離、張果老、韓湘子、李鐵拐、曹國舅、呂洞賓、藍采和、何仙姑。寫其事迹較有頭緒者，有明人吳元泰的《東游記上洞八仙傳》，除分寫每人出身外，以"過海鬧龍宮"事爲全書頂點。在元人雜劇中，除在叙呂洞賓故事劇中連帶叙及其餘七仙外。八仙並叙者僅有佚名之《爭玉板八仙過滄海》，專叙八仙"過海鬧龍宮"事。至朱有燉的《瑶池會八仙慶壽》，則以祝壽爲主，不過用八仙來作爲點綴而已。

蟠桃會　　　　　　　　　　　　　　　　　　　〇七五九

按，此院本當與《瑶池會》相近，亦以西王母爲主體。元、明雜劇有鍾嗣成《宴瑶池王母蟠桃會》、朱有燉《群仙慶壽蟠桃會》，大致皆爲祝壽而作。

洗兒會　　　　　　　　　　　　　　　　　　　〇七六〇

按，此不知是否演"唐楊貴妃爲安禄山洗三"事。宋人葉氏《愛日齋叢鈔》云：①"楊太真以錦綉裹安禄山，云貴妃三日洗

---

① "齋"，原誤作"廬"，據清宣統三年刻本《元書》卷二十三改。

兒也。"元白樸《唐明皇秋夜梧桐雨》雜劇中亦寫及此事，且以貴妃與祿山有私，而祿山之造反，即爲欲得貴妃。但此事不載於唐白居易《長恨歌》、陳鴻《長恨歌傳》及宋樂史《楊太真外傳》，實對貴妃污衊過甚，故清洪昇作《長生殿》傳奇，即棄置不用。

藏闉會 〇七六一

按，元關漢卿有與此同名之雜劇，惜已不傳，無從考見其內容。

打五臟 〇七六二

蘭昌宮 〇七六三

按，元庚天錫有《薛昭誤入蘭昌宮》雜劇，題材當同。本事出宋李昉《太平廣記》卷六十九引傳記，有單篇題《薛昭傳》。叙薛昭因任俠犯罪，夜匿蘭昌宮，與女鬼張雲容等唱和，女等自言生前爲楊貴妃侍兒。雲容與昭幽合，肉身得復生，遂啓瘞與昭遁居他處偕老。話本亦有《蘭昌幽會》，見《寶文堂書目》。不知何代人所作。

廣寒宮 〇七六四

按，當係寫唐明皇游月宮故事。施法術與明皇同游月宮者，共有三説：《異聞錄》以爲申天師與洪都客，①《唐逸史》以爲羅公遠，《集異記》則以爲葉法善，不知孰是。但此本係迷信傳説，本不必有其事實。元白樸作《唐明皇游月宮》雜劇，亦以此事爲全劇中心。

鬧結親 〇七六五
倦成親 〇七六六
強風情 〇七六七

---

① "聞"下原衍"説"字，據明刻本《七修類稿》卷二十八刪。

大論情 〇七六八
三圍子 〇七六九
紅娘子 〇七七〇
太平還鄉 〇七七一
　　按，此疑是寫唐薛仁貴衣錦還鄉事，因仁貴爲山西龍門太平莊人，故曰"太平還鄉"，以別於下文漢高祖等之"衣錦還鄉"。相傳爲元人羅本所作之《說唐征東全傳》，即叙仁貴出身、招親、投軍、建功、封帥、榮歸等等事迹，爲民間最流行之通俗小說。元張國賓有《薛仁貴衣錦還鄉》，有《元曲選》本。佚名有《賢達婦龍門隱秀》，有《孤本元明雜劇》本。二雜劇，明人有《薛平遼金貂記》傳奇，内容輪廓與小說完全相似。

衣錦還鄉 〇七七二
　　按，除薛仁貴外，元人所寫"衣錦還鄉"雜劇有四種：一爲張國賓之《漢高祖衣錦還鄉》、白樸之《高祖歸莊》，以漢高祖爲主角；一爲佚名之《蘇秦衣錦還鄉》，有《元曲選》本。以蘇秦爲主角；一爲佚名之《米伯通衣錦還鄉》，以米伯通爲主角；一爲佚名之《漢公卿衣錦還鄉》有《孤本元明雜劇》本。以張良、英布等爲主角。院本所寫，不知近似何劇。

四論藝 〇七七三
殿前四藝 〇七七四
競敲門 〇七七五
都子撞門 〇七七六
呆大郎 〇七七七
四酸擂 〇七七八
問前程 〇七七九
十樣錦 〇七八〇
　　按，元尚仲賢有《武成廟諸葛論功》雜劇，一名《十樣錦諸葛論功》，有《孤本元明雜劇》本。當與此同題材。叙宋初李昉與張齊賢奉旨建武功廟，選太公望、管仲、范蠡、孫武子、田穰苴、樂毅、白起、張良、韓信、諸葛亮、李靖、李勣、郭子儀十三人入廟，方欲排定其位次，而張齊賢忽夢見此十三人入廟自定坐位，中間諸葛亮與韓信互有爭論，並有夏侯惇、周瑜二人闖入，因無座位不服等事。

長慶館	○七八一
癲將軍	○七八二
兩相同	○七八三
競花枝	○七八四
五變妝	○七八五

按，《錄鬼簿續編》及《太和正音譜》均錄有佚名之《四國旦》雜劇，其題目爲《八十知風流五變妝》，正名是《十樣配像生四國旦》。"八十知"當是"八不知"之誤。但不知所叙爲何事。

洪福無疆	○七八六
白牡丹	○七八七

按，白牡丹大約係宋時有名妓女。元人雜劇寫及白牡丹事當有二種：一爲吳昌齡《花間四友東坡夢》，有《元曲選》本。寫東坡用妓女白牡丹誘佛印返俗事；一爲佚名之《呂洞賓戲白牡丹》，當爲叙呂洞賓度妓女白牡丹成仙事。後者亦見於明吳元泰的《東游記上洞八仙傳》小説。後文别有《佛印燒猪》一題，則此院本當以叙呂洞賓事爲近似。

赤壁鏖兵	○七八八

按，此院本當叙諸葛亮與周瑜在赤壁大敗曹操八十萬大軍事。赤壁一戰，爲後來三國鼎峙之重大關鍵，故歷史家、如司馬光《資治通鑑》。平話家如羅本《三國志通俗演義》。皆爲之加倍煊染。元王仲文有《破曹瞞諸葛祭風》雜劇，亦專寫此事，惜已佚亡。

窮相思　　　　　　　　　　　　　〇七八九
金壇謁宿　　　　　　　　　　　　〇七九〇
調雙漸　　　　　　　　　　　　　〇七九一
　按，雙漸、蘇卿爲元劇中時常提起的一對歷盡艱苦而終竟團圓之情人。雙漸實有其人，《中國人名大辭典》中收有其小傳。王德信有《蘇小卿月夜販茶船》，紀君祥有《信安王斷復販茶船》，庾天錫有《蘇小卿詩酒麗春園》，佚名有《豫章城人月兩團圓》雜劇，所寫皆爲渠等之浪漫史，惜皆不傳。同時復有《蘇小卿月夜販茶船》戲文，見《永樂大典》卷一三九七五。清李玉復著《千里舟》傳奇，現亦不見。此故事與馬致遠的《江州司馬青衫淚》情節相似，出於一型，不過換去主角名字而已。

官吏不和　　　　　　　　　　　　〇七九二
鬧巡鋪　　　　　　　　　　　　　〇七九三
判不由己　　　　　　　　　　　　〇七九四
大勘刀　　　　　　　　　　　　　〇七九五
同官不睦　　　　　　　　　　　　〇七九六
鬧平康　　　　　　　　　　　　　〇七九七
　按，此疑叙趙匡胤大鬧御勾欄事。明人《北宋志傳》第四十回"匡胤大鬧御勾欄"亦叙此事，話本《趙太祖千里送京娘》《警世通言》卷二十一。中亦曾提及。匡胤未達時，一日，醉後與鄭恩等在汴梁城中御勾欄觀女伶大雪、小雪扮演雜劇，時已無空座，匡胤遂去坐設爲皇帝座位金交椅上，險致惹禍。後來二雪唱畢，向匡胤等討賞，一言不合，給匡胤打得落花流水，官軍上前攔阻，亦被打散。歸家後爲父所責，乃索性入御勾欄將二雪殺死，遁往他處。清人邱園著有《鬧勾欄》傳奇，不知是否亦叙寫此事。

趕門不上　　　　　　　　　　　　〇七九八

賣花容	○七九九
同官賀授	○八○○
無鬼論	○八○一

按，《醉翁談録》所録話本目中，有與此同名者一種。本事出宋李獻民《雲齋廣録》，叙隴右人黃肅不得志於科場，久寓都下，聚學爲業。一日，將著《無鬼論》以解世人之惑，方欲運筆，忽夢一村僕迎往一大莊，主人紫袍金帶，請其教授二子。歸後復夢，主人又妻以女。居月餘，主人忽云將赴南憲使任，遣之歸。肅乃與妻訣，歸後遂不復夢。

四酸諱偌	○八○二
鬧襯闌	○八○三

按，"襯闌"或作"蹦欄"，爲宋元游樂場所。

雙藥盤街	○八○四
鬧文林	○八○五
四國來朝	○八○六
雙捉婿	○八○七
酒色財氣	○八○八

按，明天一閣鈔本《北曲拾遺》中有《俏書生斷酒色財氣》四套，極類雜劇之四折，疑與此院本同題材。明末人又著有《四大癡》雜劇，其中：《酒癡》叙姜應詔得不義之財，遂以酒敗家，爲李九標所作；《色癡》叙莊子搧坟，其妻劈棺事，作者不詳；《財癡》叙盧員外一文錢事，即徐復祚所作之《一文錢》；《氣癡》叙黃巢以不第造反事，係説孟稱舜《英雄成敗》改作。此劇當然曾受院本之影響。

醫作媒	○八○九
風流藥院	○八一○
監法童	○八一一

漁樵問話 ○八一二

按，清錢曾《也是園書目》著録有《石耶溪漁樵問話》雜劇，今有《孤本元明雜劇》本，"問話"作"閑話"，當以"閑話"爲是。此劇叙漁、樵、耕、牧四人，煮酒清談世事，意在小補風俗，未知與院本所叙是否相同。

鬥鵪鶉 ○八一三

杜甫游春 ○八一四

按，此當叙唐代大詩人杜甫一生事迹。與此同題材者，有元范康《曲江池杜甫游春》，明王九思《杜子美詩酒游春》、沈采《杜子美曲江記》、《四節記》之一。僧湛然《曲江春》，皆爲雜劇。從題目看，諸劇大致出於一型。

鴛鴦簡 ○八一五

按，宋官本雜劇有《裴少俊伊州》，與此爲同題材。叙洛陽李總管女千金，於牆頭窺見馬上郎裴少俊，兩情相悦，遂苟合私奔。後來歷經風霜，終得家長諒解而成正式眷屬。元白樸有《裴少俊牆頭馬上》雜劇，一名《鴛鴦簡牆頭馬上》，亦叙此事。有《元曲選》本。宋、元戲文亦有《裴少俊牆頭馬上》，目見《南詞叙録》。今僅有遺曲。見《南九宫譜》等書。

四酸提候 ○八一六

滿朝歡 ○八一七

月夜聞箏 ○八一八

按，此故事出《麗情集》，見《歲時廣記》引，《緑窗新話》引作《崔寶羨薛瓊彈箏》。元白樸有《薛瓊瓊夜月銀箏怨》、鄭光祖有《崔懷寶月夜聞箏》雜劇，皆寫此事。戲文亦有《月夜聞箏》，《九宫正始》等書中有遺曲。惜已失傳。戲曲所叙爲唐玄宗時崔懷寶與薛瓊瓊的婚姻故事。渠二人本有婚約，後來瓊瓊被選入宫，懷寶亦秘密入宫與瓊瓊相會。事將發覺，賴高力士的援助，二人得偕逃出外，終成眷屬，與《麗情集》稍有不同。

鼓角將 　　　　　　　　　　　　　　　　　　　　〇八一九
鬧芙蓉城 　　　　　　　　　　　　　　　　　　　〇八二〇

按，元本作"夫蓉城"。

雙鬥醫 　　　　　　　　　　　　　　　　　　　　〇八二一

按，明弘治戊午刊本《新刊奇妙全相注釋西廂記》卷之三第四折寫夫人著長老請太醫爲張生治病，文云："潔引淨扮太醫上，雙鬥醫科範了，下。"可見此院本已成爲元人雜劇中常用的插科打諢材料，因其常用，故不必叙明，演者亦素知之。元劇中此例極多。此院本本事雖不詳，但定爲對於醫病者打諢，而用以打破劇情沉寂或緊張者。

張生煮海 　　　　　　　　　　　　　　　　　　　〇八二二

按，元李好古與尚仲賢各有《沙門島張生煮海》雜劇，今前者尚存，見《元曲選》。叙張羽寄寓東海濱之石佛寺，因撫琴感動龍女，約於中秋晚重會，屆期而龍女弗至。後經仙人指點，命羽在沙門島上汲海水煮之，果得與龍女再見。院本當亦演此事。清初李漁更融合唐人小説中"柳毅傳書"事而寫《蜃中樓》傳奇，劇情遂形複雜。

賒饅頭 　　　　　　　　　　　　　　　　　　　　〇八二三

按，元本"賒"下有"除"字。

文房四寶 　　　　　　　　　　　　　　　　　　　〇八二四
謝神天 　　　　　　　　　　　　　　　　　　　　〇八二五
陳橋兵變 　　　　　　　　　　　　　　　　　　　〇八二六

按，此當叙趙匡胤陳橋兵變、黃袍加身事，出於正史，小説戲劇中亦常寫及。宋人話本有《飛龍記》，[①]目見《醉翁談録》。明人

---

① "話"，原誤作"活"，據上下文意改。

小説有《北宋飛龍傳》，元雜劇有羅本《趙太祖龍虎風雲會》，① 明清傳奇有李玉《風雲會》，皆叙匡胤一生事迹，而以陳橋兵變爲重要關目。

雙揭榜　　　　　　　　　　　　○八二七
矇啞質庫　　　　　　　　　　　○八二八
雙福神　　　　　　　　　　　　○八二九
院公狗兒　　　　　　　　　　　○八三○
告和來　　　　　　　　　　　　○八三一
佛印燒猪　　　　　　　　　　　○八三二

按，此故事當出宋人小説。清褚人穫《堅瓠集》轉述其事云："東坡喜食燒猪肉，佛印住金山時，每燒猪以待。一天，爲人竊食，東坡至而無肉，乃戲作詩曰：'遠公沽酒飲陶潛，佛印燒猪待子瞻。採得百花成蜜後，不知辛苦爲誰甜。'"元楊景賢有《佛印燒猪待子瞻》雜劇，當導演此事。又吳昌齡《花間四友東坡夢》雜劇，亦曾寫及佛印爲東坡備猪肉事，惟非重要關目。

酸賣俫　　　　　　　　　　　　○八三三
琴劍書箱　　　　　　　　　　　○八三四
花前飲　　　　　　　　　　　　○八三五
五鬼聽琴　　　　　　　　　　　○八三六
白雲庵　　　　　　　　　　　　○八三七
迓鼓二郎　　　　　　　　　　　○八三八

按，"迓鼓"一作"訝鼓"，係一種舞名，爲宋王子醇所創。亦爲雜劇名，宋官本雜劇中有《迓鼓熙州》及《迓鼓孤》。又宋官本雜劇演二郎神事者，有《二郎熙州》《鶻打兔變二郎》②及《二郎

---

① "風雲"，原誤作"群臣"，據鈔本《錄鬼簿續編》改。
② "變"字原脱，據民國影印《寶顏堂秘笈》本《後武林舊事》卷四補。

神變二郎神》。二郎是蜀中治水之神，或以爲秦太守李冰，或以爲隋太守趙昱，後又與小説《西游記》《封神傳》中的楊戩融合，一變而爲楊猛將，至今吴中民間仍崇奉之。民間傳説中又説渠乃玉帝之外孫、沈香太子之舅父。元雜劇有《灌口二郎斬健蛟》，叙趙昱成神除蛟事。又有《二郎神鎖齊天大聖》，叙二郎神奉命擒獲齊天大聖事，全同小説《西游記》。又有《二郎神醉射鎖魔鏡》，叙二郎神醉後誤射破鎖魔鏡，致群魔逃散，後奉命收復，將功折罪事。三劇皆不知作者，但皆有《孤本元明雜劇》本。

壞道場	〇八三九
獨脚五郎	〇八四〇
賣花聲	〇八四一
進奉伊州	〇八四二
錯上墳	〇八四三
醫五方	〇八四四
打五鋪	〇八四五
拷梅香	〇八四六

按，未知叙《西廂記》中"拷紅"事，抑叙鄭光祖《㑩梅香翰林風月》中"拷樊素"事，不敢遽斷。

四道姑	〇八四七
隔簾聽	〇八四八
硬行蔡	〇八四九

按，元本"行"字似"竹"。

義養娘	〇八五〇
咭師姨	〇八五一
論蟬秋	〇八五二
劉盼盼	〇八五三

按，元關漢卿有《劉盼盼鬧衡州》雜劇，戲文亦有《劉盼盼》，見《南詞叙録》。皆失傳，不知所叙爲何事。依戲文遺曲看，劉盼盼當是妓女之名。

牆頭馬 ○八五四

按，"馬"下當脱一"上"字。此院本即上文的《鴛鴦簡》，説亦詳前。

刺董卓 ○八五五

按，此當叙漢末王允設計使吕布刺殺董卓事。元雜劇有佚名《錦雲堂美女連環記》，有《息機子雜劇選》及《元曲選》本。其題目即爲《銀臺門吕布刺董卓》，可見兩者爲同題材。羅本《三國志通俗演義》中亦有叙寫，明人王濟更作《連環記》傳奇。元雜劇另有佚名《關大王月下斬貂蟬》，見《也是園書目》。已不傳，未知是否亦曾叙及刺董卓事。

鋸周朴 ○八五六

按，明本末字似"村"又似"朴"，元本作"朴"。

四柏板 ○八五七

大論談 ○八五八

搀龍舟 ○八五九

按，此當叙隋煬帝坐龍舟到揚州去看瓊花事。此事本出宋人《海山記》《大業拾遺記》等書。元關漢卿有《隋煬帝搀龍舟》、庚天錫有《隋煬帝游幸錦帆舟》雜劇，皆已不傳。宋、元話本有《隋煬帝逸游召譴》，見《醒世恒言》卷二十四。明小説有《隋煬帝艷史》，内容略同。又小説《唐隋志傳》《説唐全傳》《隋唐演義》諸書之開頭，亦皆曾寫及此事。

擊梧桐 ○八六○

按，此當叙唐明皇與楊貴妃故事。元王伯成《天寶遺事諸宮調》的引子中有句云："笑攜玉箸擊梧桐，巧稱彫盤按霓裳。"

上句即指此院本所演。元人雜劇中寫此事者極多，有關漢卿《唐明皇啟瘞哭香囊》、白樸《唐明皇秋夜梧桐雨》及《唐明皇游月宮》、庚天錫《楊太真霓裳怨》及《楊太真浴罷華清宮》、岳伯川《羅光遠夢斷楊貴妃》。清洪昇更著《長生殿》《舞霓裳》《沈香亭》諸傳奇，萬澍亦有《舞霓裳》，唐英有《長生殿補闕》，而《長生殿》尤爲著名。

洧藍橋　　　　　　　　　　　　　　　〇八六一

按，此當叙古信士尾生事，出《戰國策》及《漢書注》。尾生與女期於橋下，待之不至，遇水而死。或謂尾生即微生高，春秋魯人，《論語》中孔子曾提及微生高。元李直夫有《尾生期女洧藍橋》雜劇，題材當同。

入桃園　　　　　　　　　　　　　　　〇八六二

按，此當作"入桃源"。元人雜劇寫入桃源事有兩類：一叙劉晨、阮肇誤入天臺桃源洞，與二仙女爲配事，如馬致遠及陳伯將《晋劉阮誤入桃源》、汪元亨《劉晨阮肇桃源洞》、王子一《劉晨阮肇誤入桃源》皆是；一叙陶淵明歸隱後從桃源漁父仙去事，如尚仲賢《陶淵明歸去來辭》、佚名《陶淵明東籬賞菊》都是。清尤侗及楊恩壽各有《桃花源》，石韞玉有《桃源漁父》，亦皆以陶淵明爲主體。不知院本所演爲何類。

雙防送　　　　　　　　　　　　　　　〇八六三

海棠春　　　　　　　　　　　　　　　〇八六四

按，元本"棠"作"常"。

香藥車　　　　　　　　　　　　　　　〇八六五

四方和　　　　　　　　　　　　　　　〇八六六

九頭頂　　　　　　　　　　　　　　　〇八六七

鬧元宵　　　　　　　　　　　　　　　〇八六八

按，此係寫梁山泊盧俊義故事之院本。俊義本爲大名富户，力敵萬人，其妻賈氏與管家李固私通，陷之於獄。梁山遣石秀等劫法場，事未成，乃於元宵夜趁賞燈之時，遣兵將諸人劫出，並擒李固等歸寨。元人雜劇有佚名《宋公明鬧元宵》《小李廣大鬧元宵夜》及《村姑兒_{謂一丈青。}鬧元宵》。清朱佐朝與李素甫又各有《元宵鬧》傳奇。元施耐庵《忠義水滸傳》寫此事尤有聲有色。

趕村禾 〇八六九
眼藥孤 〇八七〇
　按，宋官本雜劇有《眼藥酸》，題材當同而角色不同。
兩同心 〇八七一
　按，宋官本雜劇有《兩同心卦鋪兒》，題材當同，而此院本並未寫出所用曲調名。
更漏子 〇八七二
陰陽孤 〇八七三
提頭巾 〇八七四
　按，此疑當作"勘頭巾"。元人雜劇有孫仲章及陸登善《河南府張鼎勘頭巾》，前者今存《元曲選》中，敘道士王知觀與劉平遠妻奸通，害死平遠，而嫁禍於王小二，以頭巾等為贓證。後孔目張鼎為之勘明，使沉冤得以大白。或是"提頭鬼"之訛，參見後衝撞引首五《提頭帶》。
三索債 〇八七五
　按，宋官本雜劇有《三索梁州》，題材似相同，而此不具曲調名。
防送哨 〇八七六
偌賣旦 〇八七七
是耶酸 〇八七八
怕水酸 〇八七九

回回梨花院 〇八八〇

按,"梨花院"爲曲調名。古稱回教徒或回教爲回回。元人雜劇有于伯淵之《丁香回回鬼風月》、吴昌齡之《老回回探狐洞》及《浪子回回賞黄花》,皆以回回爲主角,惜已不傳,不知所叙爲何事。

晋宣成道記 〇八八一

卷九　集部五

詞曲類中

院本之屬中
院　么

海棠軒	〇八八二
海棠園	〇八八三
海棠怨	〇八八四
海棠院	〇八八五
魯李王	〇八八六
慶七夕	〇八八七
再相逢	〇八八八
風流婿	〇八八九
王子端捲簾記	〇八九〇
紫雲迷四季	〇八九一

按，此疑叙唐杜牧事。紫雲爲李愿家妓，聲色均著。牧爲御史，分司洛陽時，嘗飲於李愿府中，指名請見。牧凝睇良久，道："名不虛傳，宜以見惠！"愿俯而笑。牧又長吟作詩，歡飲終日。事出唐于鄴《揚州夢記》。元喬吉《杜牧之詩酒揚州夢》中似亦叙及其事。清嵇永仁更作有《揚州夢》傳奇。

張與夢孟楊妃	〇八九二
女狀元春桃記	〇八九三

按，清焦循《劇説》引《續筆談》云："元人《女狀元黄崇嘏春桃記》，今不傳，僅《輟耕録》有其目，大抵如《琵琶》等記。"明徐

渭作有《女狀元》雜劇，《四聲猿》之一。佚名更有《春桃記》傳奇，見《楊升庵外集》。皆叙蜀黃崇嘏事。本事出《玉溪編事》。崇嘏爲黃使君之女，以失火當下獄，貢詩於蜀相周庠。庠召見應對詳敏，即命釋放。後又薦攝府司戶參軍。逾一載，周欲妻以女，乃作詩自陳爲女子。遂乞罷，歸隱臨邛舊居以終。

粉牆梨花院 ○八九四
妮女梨花院 ○八九五

按，宋人話本有《妮子記》，目見《醉翁談錄》。關漢卿有《詐妮子調風月》雜劇，戲文亦有佚名《鶯燕事春詐妮子調風月》，目見《永樂大典》卷一三九七七。"妮女""妮子"意義相同，所叙不知是否相同。

龐方溫道德經 ○八九六
大江東注 ○八九七

按，清吳喬《圍爐詩話》記契丹曾演《大江東去》，疑即此劇。

吳彥舉 ○八九八

按，"舉"字疑爲"高"字之誤。彥高爲吳激之字。激，宋建州人，大書家米芾之婿。嘗奉使至金，被留不遣，命爲翰林待制。《堅瓠集》記其在會寧府時，遇一老姬，善彈琵琶。自言梨園舊籍，因而有感，賦《春從天上來》詞。院本所叙，不知與此事有關否。

不抽關 ○八九九

按，元本"關"作"開"。

不掀簾 ○九○○
紅梨花 ○九○一

按，元張壽卿有《謝金蓮詩酒紅梨花》雜劇，叙趙汝州與名妓謝金蓮相戀，以紅梨花爲表記，後卒成眷屬。黃文暘《曲海總目提要》云：①"事見小説《趙汝舟傳》。"院本或亦演叙此事。

---

① "总"，原誤作"説"，據民國十七年清史館本《清史稿·藝文志》改。

明徐復祚更爲作《紅梨記》傳奇。有《六十種曲》本。王元壽作《紅梨花記》,《遠山堂曲品》,有《古本戲曲叢刊》本。題材並同。

玎璫天賜暗媾緣　　　　　　　　　　　　〇九〇二

　　按,元本"媾"作"姻"。

諸雜院爨

鬧夾棒六么　　　　　　　　　　　　　　〇九〇三
鬧來棒法曲　　　　　　　　　　　　　　〇九〇四

　　按,元本"來"作"夾"。

望嬴法曲　　　　　　　　　　　　　　　〇九〇五
分拐法曲　　　　　　　　　　　　　　　〇九〇六
送宣道人歡　　　　　　　　　　　　　　〇九〇七
消遙樂打馬鋪　　　　　　　　　　　　　〇九〇八
扯彩延壽樂　　　　　　　　　　　　　　〇九〇九
諱老長壽仙　　　　　　　　　　　　　　〇九一〇
夜半樂打明星　　　　　　　　　　　　　〇九一一

　　按,元本"星"作"皇"。

　　按,"夜半樂"爲詞調名。"打"字與"打字謎"之"打"字同意,下文又有《雪詩打樊噲》《打王樞密》等,與此相同,大致即當時所謂"商謎"者,用譬喻、象徵、拆字等方法來演出一段故事。叙述明皇事之戲劇,已見前述,不再複叙。

歡呼萬里　　　　　　　　　　　　　　　〇九一二
山水日月　　　　　　　　　　　　　　　〇九一三
集賢賓打三教　　　　　　　　　　　　　〇九一四
打白雪歌　　　　　　　　　　　　　　　〇九一五
地水火風　　　　　　　　　　　　　　　〇九一六
夜深深三磕胞　　　　　　　　　　　　　〇九一七
佳景堪游　　　　　　　　　　　　　　　〇九一八

琴棋書畫　　　　　　　　　　　　　　〇九一九
喜遷鶯刹草鞋　　　　　　　　　　　　〇九二〇
大公家教　　　　　　　　　　　　　　〇九二一
十五郎　　　　　　　　　　　　　　　〇九二二
　　按，元本作"十四十五郎"。
滕王閣鬧八妝　　　　　　　　　　　　〇九二三
　　按，元有佚名《滕王閣》雜劇，《永樂大典》卷二〇七三九有目。明人鄭瑜與清人曹錫黼亦有同名作品，清佚名又作有《滕王閣》傳奇。話本則有《馬當神風送滕王閣》。《醒世恒言》卷四十。諸作皆敘王勃離家省父，舟抵馬當山，山神助以順風，一夜歷七百里程抵南昌，詣閻都督作《滕王閣序》。本事出王定保《唐摭言》，惟不言馬當神風送事。院本無疑係演此事。
鬧八妝　　　　　　　　　　　　　　　〇九二四
　　按，宋官本雜劇有《鬧八妝爨》，與此事同題材。
春夏秋冬　　　　　　　　　　　　　　〇九二五
風花雪月　　　　　　　　　　　　　　〇九二六
　　按，宋官本雜劇有《風花雪月爨》，題材當同。元吳昌齡有《張天師夜斷辰鉤月》雜劇，一名《張天師斷風花雪月》。有《元曲選》本。敘陳世英因於中秋節夜撫琴，感動桂花仙子下凡，與之歡好通宵。臨別，約於明年此夕再會。及期而仙子弗至，世英遂病。後由張天師設法，二人始得再見。明朱有燉《誠齋樂府》中有同名者一本，係改吳作而成。
上小樓衮頭子　　　　　　　　　　　　〇九二七
噴水胡僧　　　　　　　　　　　　　　〇九二八
汀注論語　　　　　　　　　　　　　　〇九二九
恨秋風鬼點偌　　　　　　　　　　　　〇九三〇
詩書禮樂　　　　　　　　　　　　　　〇九三一

論語謁食	〇九三二
下角瓶大醫淡	〇九三三
再游恩地	〇九三四
累受恩深	〇九三五
送羹湯放火子	〇九三六
擂鼓孝經	〇九三七
香茶酒果	〇九三八
船子和尚四不犯	〇九三九

按，元李壽卿有《船子和尚秋蓮夢》、高文秀有《志公和尚四坐禪》雜劇，皆不傳，不知院本所叙爲何種。志公爲六朝時高僧，金城朱氏子，宋齊之交，頗著靈迹。梁武帝迎入華林園，甚見敬禮，呼爲"志公"。高作一名《志公和尚問啞禪》，其本事亦不詳。

徐演黄河	〇九四〇
單兜望梅花	〇九四一
皇都好景	〇九四二
四偌大提猴	〇九四三
雙聲叠韻	〇九四四

按，曲牌有此名。

上皇四軸畫	〇九四五
三偌一卜	〇九四六
調猿卦鋪	〇九四七
倬刀饅頭	〇九四八
河轉迓鼓	〇九四九

按，此疑演宋王子醇裝軍士爲訝鼓隊破敵事，後乃成爲一種舞名，宋官本雜劇有《迓鼓熙州》及《迓鼓孤》。《朱子語類》云："始舞訝鼓，其間男子、婦人、僧、道雜色，無所不有，但都

是假的。"可見內容一斑。"河轉"爲曲調名。

背箱伊州 〇九五〇
酒樓伊州 〇九五一
蓑衣百家詩 〇九五二
埋頭百家詩 〇九五三
偷酒牡丹春 〇九五四
雪詩打樊噲 〇九五五

按，此當借雪詩以咏樊噲事。"打"字之義已見前述。樊噲爲漢代開國功臣，出身屠狗，嘗衛高祖於鴻門，卒賴以出險。高祖即位，封舞陽侯。但不知雪詩所咏爲何事。

抹麵長壽仙 〇九五六
四偌賈諢 〇九五七
四偌祈雨 〇九五八
松竹龜鶴 〇九五九
王母祝壽 〇九六〇

按，此當與《瑤池會》《蟠桃會》等同題材，已見前文，不再複叙。

四偌抹紫粉 〇九六一
四偌劈馬椿 〇九六二
截紅鬧浴堂 〇九六三
和燕歸梁 〇九六四
蘇武和番 〇九六五

按，漢蘇武使匈奴，至白首始得歸國事，本一極佳悲劇題材。元周文質有《持漢節蘇武還朝》雜劇，遺曲中有句云："誰不知蘇武和番，李陵入塞，何時歸漢？"可知"蘇武和番"四字成爲當時習用的口頭語。從全部遺曲見《太和正音譜》《雍熙樂府》《北詞廣正譜》等書。看來，除上述李陵入塞勸降，爲武所拒絕外，亦叙及雁足寄書等事。宋、元有戲文《牧羊記》,《曲品》以爲馬致遠作,不確。今尚存,則兼及武與胡女名張嬌者爲婚,餘全同正史所載。

羹湯六么 〇九六六

按,"六么"爲大曲名,宋官本雜劇有與此同名者一種。疑叙伊尹佐湯事,因伊尹出身庖人也。元關漢卿有《伊尹扶湯》雜劇,見楊維楨《元宮詞》。今不傳。鄭光祖亦有《放太甲伊尹扶湯》,存《孤本元明雜劇》中,專寫伊尹一生事迹,全依古史所載。

河陽舅舅 〇九六七
偌請都子 〇九六八
雙女賴飯 〇九六九

按,元本"賴"作"頗"。

一貫質庫兒 〇九七〇
私媒質庫兒 〇九七一
清朝無事 〇九七二
豐稔太平 〇九七三
一人有慶 〇九七四
四海民和 〇九七五
金皇聖德 〇九七六
皇家萬歲 〇九七七
背鼓千字文 〇九七八
變龍千字文 〇九七九
摔盒千字文 〇九八〇
錯打千字文 〇九八一
木驢千字文 〇九八二
埋頭千字文 〇九八三
講來年好 〇九八四
講聖州序 〇九八五

講樂章序　　　　　　　　　　　　　〇九八六
講道德經　　　　　　　　　　　　　〇九八七
神農大説藥　　　　　　　　　　　　〇九八八
食店大提猴　　　　　　　　　　　　〇九八九
人參腦子爨　　　　　　　　　　　　〇九九〇
　按，"爨"或作"爂"，下同。
斷朱温爨　　　　　　　　　　　　　〇九九一
　按，朱温爲五代梁開國之君，初從黄巢作亂，後變節歸唐，賜名全忠，攻滅黄巢及秦宗權等。官至節度使，封梁王。後殺唐明宗及哀帝，自爲皇帝，國號梁。在位六年，爲子友珪所殺。宋人《新編五代史平話》中叙其出身甚詳。院本所叙，似涉報應之説，惜一時無考。
變二郎爨　　　　　　　　　　　　　〇九九二
　按，當與前述《迓鼓二郎》同題材，兹不複考。
講百果爨　　　　　　　　　　　　　〇九九三
講百花爨　　　　　　　　　　　　　〇九九四
講蒙求爨　　　　　　　　　　　　　〇九九五
講百禽爨　　　　　　　　　　　　　〇九九六
講心字爨　　　　　　　　　　　　　〇九九七
變柳七爨　　　　　　　　　　　　　〇九九八
　按，當演宋大詞人柳永之浪漫故事。永一生醉歌於紅粉場中，宋人著作中記其軼事艷聞極多。宋、元話本有《柳耆卿記》，見《寶文堂書目》，有清平山堂刊本，亦載《綉谷春容》《燕居筆記》及《萬錦情林》。元雜劇有戴善甫與楊景言之《柳耆卿詩酒翫江樓》，戲文亦有同名者一種，目見《永樂大典》卷一三九八〇。皆叙耆卿用計賺妓女周素蟾，話本及雜劇皆作周月仙。終乃與之爲歡事。關漢卿有《錢大尹智寵謝天香》、鄭廷玉有《子父夢秋夜灤城驛》，亦寫耆卿事，今僅前者尚存，而後者又有同名之戲文。《宦門子弟錯立身》戲文引。明人有話本《衆名姬春風弔柳七》，《古今小説》卷十二。則以名妓謝玉英與耆卿的戀愛史爲主，兼及其他妓人。

三跳澗爨 ○九九九
打王樞密爨 一○○○

按，"打"字之義見前。此當叙宋初楊家將故事。王樞密名欽若，官樞密，私通遼國，每暗中陷害忠良，尤常與楊家作對。元王仲元有《楊六郎私下三關》雜劇，題目爲"王樞密知流二國"，叙楊六郎私從三關回家，爲欽若所獲，奉命監斬，長國姑劫之去。其時欽若通敵之人爲孟良於三關截獲，奏之朝，因而反治欽若之罪云。明人小説《北宋楊家將》中亦叙及之。按，王欽若爲真宗時人，官至同平章事，有奸佞之名，戲劇及小説或即據此而作。

水酒梅花爨 一○○一
調猿香字爨 一○○二
三分食爨 一○○三
煎布衫爨 一○○四
賴布衫爨 一○○五
雙揲紙爨 一○○六
謁金門爨 一○○七
跳布袋爨 一○○八
文房四寶爨 一○○九
開山五花爨 一○一○

按，"五花爨弄"爲院本之別名。元陶宗儀《輟耕錄》云："國朝院本五人：一曰副淨，一曰副末，一曰引戲，一曰末泥，一曰孤裝，又謂之五花爨弄。"據今人考證，所以名爲"五花"者，係用女子五人扮演之故。"開山"疑叙南北朝宋謝靈運開山臨海事，清人張聲玠有《游山》短劇，《春水軒雜齣》之一。題材全同。靈運爲劉宋時大詩人，性好山水，專治開鑿，曾自始寧南山伐木開徑，直至臨海，從者數百人，臨海太守驚駭，疑爲山盜。事出正史，當爲實事。

沖撞引首

打三十	一〇一一
打謝樂	一〇一二
打八哥	一〇一三
錯打了	一〇一四
錯取兒	一〇一五
說狄青	一〇一六

按，狄青爲宋代名將，清人小說有《五虎平西傳》與《平南傳》專叙其事。元人雜劇有吳昌齡《狄青撲馬》，今不傳。又有佚名《狄青復奪衣襖軍》，有《孤本元明雜劇》本。叙狄青由軍功爲范文正所識拔，押衣襖軍以酒醉被昝雄奪去，青復奪回之。大約院本所叙，亦爲此類史實。

憨郭郎 一〇一七

按，此疑叙郭華買胭脂事。宋人話本有《粉合兒》，目見《醉翁談錄》。元雜劇有曾瑞《才子佳人誤元宵》、一名《王月英元夜留鞋記》，有《元曲選》本。邾經《胭脂女子鬼推門》，戲文有佚名《王月英月下留鞋》，《九宮正始》等書有遺曲。傳奇有明人童養中《胭脂記》，《遠山堂曲品》，有《古本戲曲叢刊》本。所叙皆同。本事出《太平廣記》引《幽明錄》，叙郭華戀一賣胡粉女子，乃日往買粉。女詢得其故，感之，遂夜往與之私合。華不勝歡悦而死。其父母搜得滿笥胡粉，察得女迹，因訴之官。女臨尸慟哭，華忽復活，得斷爲夫婦。《幽明錄》男女皆無姓名，郭華、王月英之名俱後人所造。宋人《綠窗新話》有《郭華買脂慕粉郎》，亦無"王月英"

之名。

枝頭巾 　　　　　　　　　　　　　　　　一〇一八
小鬧摑 　　　　　　　　　　　　　　　　一〇一九

按,"鬧摑"應是"鬧聒"之異寫,"鬧聒"即聒噪、胡鬧之意。

鶯哥貓兒 　　　　　　　　　　　　　　　一〇二〇
大陽唐 　　　　　　　　　　　　　　　　一〇二一

按,"陽唐"或是"行唐"之異寫,"行唐"元劇中習見,有魯莽從事之意。

小陽唐 　　　　　　　　　　　　　　　　一〇二二
歇貼韻 　　　　　　　　　　　　　　　　一〇二三
三般尿 　　　　　　　　　　　　　　　　一〇二四
大驚醒 　　　　　　　　　　　　　　　　一〇二五
小驚醒 　　　　　　　　　　　　　　　　一〇二六
大分界 　　　　　　　　　　　　　　　　一〇二七
小分界 　　　　　　　　　　　　　　　　一〇二八
雙雁兒 　　　　　　　　　　　　　　　　一〇二九
唐韻六貼 　　　　　　　　　　　　　　　一〇三〇
我來也 　　　　　　　　　　　　　　　　一〇三一

按,此爲一智慧故事,出宋人沈俶《諧史》。敘趙師翼爲臨安尹時,有竊賊每竊物後必書"我來也"三字於門壁,哄傳京邑,緝之不獲。一日忽獲一賊,指爲即"我來也",以無贓證不肯服罪,繫之獄。賊乃賂守卒,縱之歸去一次。明日,某府來報被盜,其門上寫"我來也"三字。府尹遂以獄中人爲枉,縱之去。

情知本分 　　　　　　　　　　　　　　　一〇三二
喬捉蛇 　　　　　　　　　　　　　　　　一〇三三
鐺鍋釜甑 　　　　　　　　　　　　　　　一〇三四

代元保	一〇三五
母子御頭	一〇三六
嘴苗兒	一〇三七

按,元本"苗"作"笛"。

山梨柿子	一〇三八
打淡的	一〇三九

按,或爲"打談的"之訛。"打談的"即元時説書人稱謂,明時當有此稱。

一日一箇	一〇四〇
村城詩	一〇四一
胡椒雖小	一〇四二
蔡伯喈	一〇四三

按,此當爲元高明《琵琶記》之初祖。在《琵琶記》之先,宋已有《趙貞女蔡二郎》戲文。徐渭《南詞叙錄》云:"即蔡伯喈棄親背婦,爲暴雷震死,里俗妄作也。"高明因其結局荒誕,且不忍見古人之被誣,故特易之爲團圓,而名之曰《忠孝蔡伯喈琵琶記》。如此改易,實際上卻違反"里俗"之要求與希望。宋陸游詩有云"斜陽古道趙家莊,負鼓盲翁正作場。身後是非誰管得?滿村聽唱蔡中郎。"則當時不僅有院本與戲文,且有盲詞。但三者皆不傳,今人所見,惟最後出的《琵琶記》而已。

遮截架解	一〇四四
窨磚兒	一〇四五
三打步	一〇四六
穿百倬	一〇四七
盤榛子	一〇四八
四魚名	一〇四九
四坐山	一〇五〇

提頭帶 　　　　　　　　　　　　　　　一〇五一
　　按，疑當作"提頭鬼"。元人武漢臣有《四哥哥神助提頭鬼》雜劇，已失傳，不知所叙爲何事。
天下樂 　　　　　　　　　　　　　　　一〇五二
四怕水 　　　　　　　　　　　　　　　一〇五三
四門兒 　　　　　　　　　　　　　　　一〇五四
説古人 　　　　　　　　　　　　　　　一〇五五
山麻稭 　　　　　　　　　　　　　　　一〇五六
喬道傷 　　　　　　　　　　　　　　　一〇五七
　　按，或是"喬道場"之訛。
黄風蕩蕩 　　　　　　　　　　　　　　一〇五八
貪狼觀 　　　　　　　　　　　　　　　一〇五九
通一母 　　　　　　　　　　　　　　　一〇六〇
串梆子 　　　　　　　　　　　　　　　一〇六一
　　按，元本作"串邦子"。
拖下來 　　　　　　　　　　　　　　　一〇六二
啞伴哥 　　　　　　　　　　　　　　　一〇六三
劉千劉義 　　　　　　　　　　　　　　一〇六四
　　按，元佚名有《劉千病打獨角牛》雜劇，有《孤本元明雜劇》本。叙劉千在擂台上打敗獨角牛，石州馬用的外號。因而得做深州饒陽縣令事。但劇中無劉義，疑即屢被獨角牛打敗的劉千之叔父折拆驢。因院本只提及外號而無名字，在院本中或曾有之。此劇當與院本同題材。
歡會旗 　　　　　　　　　　　　　　　一〇六五
生死鼓 　　　　　　　　　　　　　　　一〇六六
搗練子 　　　　　　　　　　　　　　　一〇六七
三群頭 　　　　　　　　　　　　　　　一〇六八

酒糟兒　　　　　　　　　　　　　　一〇六九
淨瓶兒　　　　　　　　　　　　　　一〇七〇
　　按，此疑叙月明和尚度柳翠事，參見前《月明法曲》。
賣官衣　　　　　　　　　　　　　　一〇七一
苗青根白　　　　　　　　　　　　　一〇七二
調笑令　　　　　　　　　　　　　　一〇七三
鬥鼓笛　　　　　　　　　　　　　　一〇七四
柳青娘　　　　　　　　　　　　　　一〇七五
　　按，元武漢臣《李素蘭風月玉壺春》雜劇中有句云："則這個玉壺生，更和這素蘭女，則索告你個柳青娘。"可見柳青娘是當時人所熟識之故事中的人物。明佚名《玉環記》傳奇中叙及雜劇院本名，有云："柳青娘，仗錦箋。"可見此院本明時還存在而上演，而劇中的重要關目爲"錦箋"。余因此翻查周螺冠《錦箋記》中女主角姓名，但只有柳淑娘而無柳青娘。或者院本本來爲柳青娘，情節全似《錦箋記》，而由作傳奇的人改爲柳淑娘也？又元曲中又常用柳青娘爲凶惡的鴇母之代名，然則《玉環記》之柳青娘或反是柳淑娘之筆誤。

調劉袞　　　　　　　　　　　　　　一〇七六
請車兒　　　　　　　　　　　　　　一〇七七
身邊有藝　　　　　　　　　　　　　一〇七八
論句兒　　　　　　　　　　　　　　一〇七九
霸王草　　　　　　　　　　　　　　一〇八〇
　　按，元本"王"作"工"。
　　又按，當叙西楚霸王故事，參見前"霸王院本"一類的總說明。
難古典　　　　　　　　　　　　　　一〇八一
左必來　　　　　　　　　　　　　　一〇八二
香供養　　　　　　　　　　　　　　一〇八三

合五百	一〇八四
嬭嬭嘖	一〇八五
一借一與	一〇八六
巳巳巳	一〇八七
舞秦始皇	一〇八八

按，此當爲演秦始皇故事之雜劇。元王廷秀有《秦始皇坑儒焚典》雜劇，不知取材是否與院本相同。

學像生	一〇八九

按，宋官本雜劇有《像生爨》，當爲同題材。"像生"係一種以演院本爲業之婦女。《西湖繁勝錄》云："選像生有顏色者三四十人，戴冠子花朵，著艷色衫子。"可見渠等裝飾之一斑。元人雜劇演"像生"事者，有佚名之《風雨像生貨郎旦》《十樣配像生四國旦》《像生番語括噐旦》三種，惜皆不傳，無從考見其內容。

支道饅頭	一〇九〇
打調劫	一〇九一
驢城白守	一〇九二
呆木大	一〇九三
定魂刀	一〇九四
說罰錢	一〇九五
年紀大小	一〇九六
打扇	一〇九七
盤蛇	一〇九八
相眼	一〇九九
告假	一一〇〇
捉記	一一〇一
照淡	一一〇二

矇啞	一一〇三
投河	一一〇四
略通	一一〇五
調賊	一一〇六
多筆	一一〇七
僉押	一一〇八
扯狀	一一〇九
羅打	一一一〇
記水	一一一一
求楞	一一一二

按，元本"求"作"來"。

燒奏	一一一三
轉花枝	一一一四
計頭兒	一一一五
長嬌憐	一一一六

按，元本"憐"作"倦"。

歇後語	一一一七
蘆子語	一一一八
迥且語	一一一九
大支散	一一二〇

拴搐艷段

襄陽會 　　　　　　　　　　一一二一

按，元高文秀有《劉玄德獨赴襄陽會》雜劇，有《孤本元明雜劇》本。敘玄德應劉表之招赴襄陽，表次子琮欲害之，長子琦示意玄德速遁，玄德遂出城，坐的盧馬一躍過檀溪，始免於難。院本當亦演此事。後羅本《三國志通俗演義》中亦寫此事，與雜劇全同。

轆軸不了　　　　　　　　　　　　　　一一二二
　　按，元本此下多"抛綉毬"一目，考證附後。
鞭敲金鐙　　　　　　　　　　　　　　一一二三
門簾兒　　　　　　　　　　　　　　　一一二四
天長地久　　　　　　　　　　　　　　一一二五
　　按，元本此下爲"眼藥里"一目，考證附後。
衙府則例　　　　　　　　　　　　　　一一二六
金含稜　　　　　　　　　　　　　　　一一二七
天下太平　　　　　　　　　　　　　　一一二八
　　按，宋官本雜劇有《天下太平爨》，係一種字舞。宋周密《齊東野語》云："州郡遇聖節賜宴，率命猥妓數十，群舞於庭，作'天下太平'字，殊爲不經。而唐王建《宮詞》云：'每遇舞頭分兩向，①太平萬歲字當中。'則此事由來久矣。"可見此種字舞在當時流行之盛。

歸塞北　　　　　　　　　　　　　　　一一二九
　　按，詞牌有此名。
春夏秋冬　　　　　　　　　　　　　　一一三〇
鬥百草　　　　　　　　　　　　　　　一一三一
　　按，此爲唐代大曲名，古代民間節令游戲之一。
叫子蓋頭　　　　　　　　　　　　　　一一三二
大劉備　　　　　　　　　　　　　　　一一三三
　　按，此本未知是否叙劉備東吳招親事。元朱凱有《劉玄德醉走黃鶴樓》（《北詞廣正譜》中有遺曲）。雜劇，未知與羅本《三國志通俗演義》中所叙是否完全相同，且與院本爲同一題材。
石榴花詩　　　　　　　　　　　　　　一一三四

---

① "遇"，原誤作"個"，據明正德刻本《齊東野語》卷十改。

啞漢書　　　　　　　　　　　　　　　　　一一三五
説古捧　　　　　　　　　　　　　　　　　一一三六
　按，結婚喜事，司禮人所贊名曰"古捧"。
唱拄杖　　　　　　　　　　　　　　　　　一一三七
日月山河　　　　　　　　　　　　　　　　一一三八
胡餅大　　　　　　　　　　　　　　　　　一一三九
觜搵地　　　　　　　　　　　　　　　　　一一四〇
屋裏藏　　　　　　　　　　　　　　　　　一一四一
罵呂布　　　　　　　　　　　　　　　　　一一四二
　按，呂布爲《三國志》中有名英雄，元人寫其故事爲雜劇者，有武漢臣與鄭光祖《虎牢關三戰呂布》、于伯淵《白門斬呂布》、佚名《張翼德單戰呂布》與《錦雲堂美女連環記》，今鄭作及佚名兩作皆存。明王濟亦作有《連環記》傳奇。除《連環記》外，餘劇皆有與院本同題材之可能，且其故事皆見收於後來的《三國志通俗演義》中。
張天覺　　　　　　　　　　　　　　　　　一一四三
　按，張天覺爲宋代名臣，元人雜劇叙其事者，有鄭廷玉《宋上皇御斷金鳳釵》、楊顯之《臨江驛瀟湘夜雨》。且有同名之戲文，見《宦門子弟錯立身》戲文引。前者爲公案劇，已於前文《斷上皇》一目下叙述過，天覺因以金鳳釵助書生趙鶚，反使鶚因而蒙冤，終乃得天覺爲昭雪事；後者爲婚姻劇，叙天覺與女相失，女爲人救起，嫁一書生，後爲所棄，歷盡苦難，終乃遇父得雪冤事。院本所演，似爲後者。
打論語　　　　　　　　　　　　　　　　　一一四四
十果頑　　　　　　　　　　　　　　　　　一一四五
十般乞　　　　　　　　　　　　　　　　　一一四六
還故里　　　　　　　　　　　　　　　　　一一四七

按，所叙疑同《衣錦還鄉》院本，見前。

劉金帶 　　　　　　　　　　　　　　一一四八
四草蟲 　　　　　　　　　　　　　　一一四九
四廚子 　　　　　　　　　　　　　　一一五〇
四妃艷 　　　　　　　　　　　　　　一一五一
望長安 　　　　　　　　　　　　　　一一五二
長安住 　　　　　　　　　　　　　　一一五三
罵江南 　　　　　　　　　　　　　　一一五四
風花雪月 　　　　　　　　　　　　　一一五五

按，前"諸雜院爨"中已有同名者一種，此處當爲重出。

錯寄書 　　　　　　　　　　　　　　一一五六

按，宋官本雜劇有《簡帖薄媚》，當同叙一事。宋人話本有《簡帖和尚》，見《寶文堂書目》，有清平山堂刊本，亦即《古今小説》卷三十五《簡帖僧巧騙皇甫妻》。戲文有《洪和尚錯下書》。見《宦門子弟錯立身》戲文引。本事出宋洪邁《夷堅支志》，惟男主角不姓皇甫而爲王武功，其妻爲一僧所戀，假錯送書及飾物以疑其夫，夫果中其計，與妻脫輻。僧乃返俗娶之。後僧偶在妻前洩其奸謀，妻訴於官，遂置僧於法。

睡起教柱 　　　　　　　　　　　　　一一五七
打婆束 　　　　　　　　　　　　　　一一五八
三文兩撲 　　　　　　　　　　　　　一一五九
大對景 　　　　　　　　　　　　　　一一六〇
小護鄉 　　　　　　　　　　　　　　一一六一
少年游 　　　　　　　　　　　　　　一一六二
打青提 　　　　　　　　　　　　　　一一六三

按，"打"字之義已見前。"青提"爲目連母名，此院本當叙"目連救母"故事。此故事係自印度傳來，在唐時已有目連變文多種盛行民間。元佚名亦有《行孝道目連救母》雜劇，明鄭之珍更作《目連救母》戲文，各處地方戲演此事者亦極多。總之，此乃一偉大之宗教劇，故戲劇家用種種形式敷衍出來，影響一般人迷信心理極深，收獲宗教宣傳效果極大。

千字文 　　　　　　　　　　　　　　　一一六四
酒家詩 　　　　　　　　　　　　　　　一一六五
三拖旦 　　　　　　　　　　　　　　　一一六六
睡馬杓 　　　　　　　　　　　　　　　一一六七
　　按，喬夢符散曲《情詞》"有打不覺頭毒如睡馬杓"，殆演貪睡故事。
四生厲 　　　　　　　　　　　　　　　一一六八
　　按，元本"厲"作"屬"。

喬唱諢 　　　　　　　　　　　　　　　一一六九
桃李子 　　　　　　　　　　　　　　　一一七〇
麥屯兒 　　　　　　　　　　　　　　　一一七一
大菜園 　　　　　　　　　　　　　　　一一七二
喬打聖 　　　　　　　　　　　　　　　一一七三
杏湯來 　　　　　　　　　　　　　　　一一七四
謝天地 　　　　　　　　　　　　　　　一一七五
十隻脚 　　　　　　　　　　　　　　　一一七六
　　按，元本"脚"作"足"。

請生打納 　　　　　　　　　　　　　　一一七七
建成 　　　　　　　　　　　　　　　　一一七八
　　按，建成爲唐高祖長子，嗜酒好色，所從皆賭徒、游俠之流。高祖即帝位，立爲太子，而秦王世民削平隋末各地方軍，功冠天下，一時英雄，都歸於其帳下。建成乃與其弟齊王元吉通謀，內結妃嬪以自固，欲借兵起事，遂爲秦王殺之於臨湖殿。

此事在明人小説《隋唐志傳》《説唐全傳》等書内皆有叙述，元于伯淵《尉遲恭病立小秦王》及尚仲賢《尉遲恭單鞭奪槊》《尉遲恭三奪槊》三雜劇亦寫建成、元吉謀世民事，叙二人欲先去世民爪牙尉遲恭，結果反致失敗。

縛食 　　　　　　　　　　　　　　　　　　一一七九
毬捧豔 　　　　　　　　　　　　　　　　　一一八〇

按，"豔"或作"艷"。

破巢艷 　　　　　　　　　　　　　　　　　一一八一

按，"艷"爲"艷段"的縮稱。當叙李克用平滅黄巢事。黄巢因應舉落第，遂憤而作亂。攻入長安時，大殺官吏與文士，自稱大齊皇帝。但不久即失敗而自殺。宋人《新編五代史平話》述其出身極詳，明人《五代殘唐》小説中亦有叙寫。在《目連救母》故事中亦曾叙及，謂高巢殺人八百萬，所殺者皆其前身目連救母時誤開地獄而放出之罪鬼。明孟稱舜有《英雄成敗》雜劇，亦以黄巢爲主角。

開封艷 　　　　　　　　　　　　　　　　　一一八二
鞍子艷 　　　　　　　　　　　　　　　　　一一八三
打虎艷 　　　　　　　　　　　　　　　　　一一八四

按，此未知是否演水滸"武松打虎"事。宋人話本有《武行者》，目見《醉翁談録》。宋人《大宋宣和遺事》中亦曾寫到武松。元施耐庵在《忠義水滸傳》中寫松在景陽岡打虎一段，比在叙松其他事時尤有聲色。元紅字李二有《折擔兒武松打虎》及《窄袖兒武松》二雜劇。明沈璟有《義俠記》傳奇，所寫爲武松一生。

四王艷 　　　　　　　　　　　　　　　　　一一八五
蝗蟲艷 　　　　　　　　　　　　　　　　　一一八六
撅子艷 　　　　　　　　　　　　　　　　　一一八七

七捉艷 一一八八

按，此疑叙三國蜀諸葛亮征南蠻時"七擒孟獲"故事。事出正史，元羅本《三國志通俗演義》中所寫極爲生動，在皮簧戲中亦常見演出。明紀振倫有《武侯七勝記》傳奇，亦專寫此事。

修行艷 一一八九

般調艷 一一九〇

棗兒艷 一一九一

蠻子艷 一一九二

快樂艷 一一九三

慈烏艷 一一九四

眼裏喬 一一九五

訪戴 一一九六

按，元佚名有《憶故人戴王訪雪》雜劇，與此爲同題材。本事出南北朝宋劉義慶《世説新語》，叙王徽之爲桓温參軍，嘗於雪夜泛舟剡溪訪戴逵，造門未入即返，人問故，曰："乘興而來，興盡而返，何必見戴？"後世因稱訪友爲"訪戴"。

衆半 一一九七

按，元本"半"作"牛"。

陳蔡 一一九八

譚曰：疑叙孔子被扼於陳蔡間事。宋彭乘《墨客揮犀》載孔子去衛適陳，道逢採桑娘，孔子戲之曰："南枝窈窕北枝長。"採桑娘答曰："夫子行陳必絶糧。九曲明珠穿不過，回來問我採桑娘。"及至陳，果被圍絶糧，陳侯以九曲明珠命孔子穿之，能穿過則解圍。孔子遂命子貢往訪採桑娘，悉其穿法，始免於難。此雖不經之談，但頗傳説於民間，不知院本亦叙此事否。明清有傳奇名《九曲珠》，見《曲海》目及《曲考》。

范蠡 　　　　　　　　　　　　　　　　一一九九

按，此當演范蠡助越王勾踐，進西施滅吳，功成歸隱事。本事不見正史，只見於《吳越春秋》《越絕書》等雜史。元關漢卿有《姑蘇臺范蠡進西施》、趙明道有《滅吳王范蠡歸湖》雜劇，惜皆不傳。明梁辰魚有《浣紗記》傳奇，爲崑腔名作，尤常見於歌場演唱。

扯休書 　　　　　　　　　　　　　　　　一二〇〇
鞭塞 　　　　　　　　　　　　　　　　　一二〇一

按，《叢書集成》本作"鞭寨"。

枚扒掃竹 　　　　　　　　　　　　　　　一二〇二
感吾智 　　　　　　　　　　　　　　　　一二〇三
諸宮調 　　　　　　　　　　　　　　　　一二〇四

按，此"諸宮調"當爲院本名而非文體名。宋官本雜劇有《諸宮調卦册兒》，"卦册兒"疑"卦鋪兒"之訛。爲曲調名，正與此同。元戴善夫與石君寶皆有《諸宮調風月紫雲亭》雜劇，叙善唱諸宮調之妓女韓楚蘭守志不屈，終於得到良好結果。院本所演，或亦爲此事。

金鈴 　　　　　　　　　　　　　　　　　一二〇五
彫出板來 　　　　　　　　　　　　　　　一二〇六
套靴 　　　　　　　　　　　　　　　　　一二〇七
舌智 　　　　　　　　　　　　　　　　　一二〇八

按，此疑叙《三國志》諸葛亮赴東吳舌戰群儒事，時間在前述《赤壁鏖兵》之前，羅本《三國志通俗演義》中叙寫頗爲生動。

俯飲 　　　　　　　　　　　　　　　　　一二〇九

按，元本作"俯飲"。

釵髮多 　　　　　　　　　　　　　　　　一二一〇
襄陽府 　　　　　　　　　　　　　　　　一二一一

仙哥兒 一二一二

抛綉球 一二一三

按，此目不載於普通本《輟耕録》，僅元刊本《南村輟耕録》中有之。按，"抛球招親"事在宋元戲劇中所見者爲吕蒙正事。元關漢卿與王德信各有《吕蒙正風雪破窰記》、馬致遠有《吕蒙正風雪齋後鐘》雜劇，宋劇文亦有《吕蒙正風雪破窰記》，《永樂大典》卷一三九八四有目。今僅王作及戲文尚存。清人更爲作《彩樓記》傳奇。叙吕蒙正未達時，遇劉月娥擲彩球招婿，適中蒙正，遂嫁之，同居破窰中。後中狀元，始與婦翁歡好。

眼藥里 一二一四

按，此目亦爲普通本所不載。"里"字疑爲訛文。宋官本雜劇有《眼藥酸》，本目前已有《眼藥孤》，當與同題材。惜皆不知所叙爲何事。

卷十　集部六

詞曲類下
院本之屬下
打略拴搐

星象名	一二一五
果子名	一二一六
草名	一二一七
軍器名	一二一八
神道名	一二一九
燈火名	一二二〇
衣裳名	一二二一
鐵器名	一二二二
書集名	一二二三
節令名	一二二四
虀菜名	一二二五
縣道名	一二二六
州府名	一二二七
相撲名	一二二八
法器名	一二二九
門名	一二三〇
草名	一二三一
按，與前重出，元本同。	
軍名	一二三二

魚名 一二三三
菩薩名 一二三四
睹撲名
　照天紅 一二三五
　琴家弄 一二三六
著棋名
　按,元本"著"作"䐗"。
　袞骸子 一二三七
樂人名
　悶葫蘆 一二三八
　握䱅 一二三九
　按,元本"樂人名"在"菩薩名"下。
官職名
　說駕頑 一二四〇
　敲待制 一二四一
　上官赴任 一二四二
　押剌花赤 一二四三
　按,"官職名"四種之一。亦作"達魯花赤",由於譯言的不同。元代於各行省,凡路、府、州、縣、司等機關,皆置押剌花赤爲長官,由蒙古人任之。元姚桐壽《樂部私語》載:"也先不花爲睦州達魯花赤,值秋濤大作,潮聲震撼城市,又誤聽門者之語,以爲水發,合門大慟。巡徼官聞哭聲,以爲衙中有變,因急扣門。不花以爲潮水沖入,愈令堅閉,全家升屋呼救。及同僚詢知,不覺共爲絕倒。"院本或即寫此幽默故事。
飛禽名
　青䳨 一二四四
　老鴉 一二四五

厮料　　　　　　　　　　　一二四六
　　鷹鷉鵰鶻　　　　　　　　　一二四七
花名
　　石竹子　　　　　　　　　　一二四八
　　調狗　　　　　　　　　　　一二四九
　　散水　　　　　　　　　　　一二五〇
喫食名
　　厨難偌　　　　　　　　　　一二五一
　　蘑菇菜　　　　　　　　　　一二五二
佛名
　　成佛板　　　　　　　　　　一二五三
　　爺娘佛　　　　　　　　　　一二五四
難字兒
　　盤驢　　　　　　　　　　　一二五五
　　害字　　　　　　　　　　　一二五六
　　劉三　　　　　　　　　　　一二五七
按，"難字兒"四種之一，疑寫"高祖還鄉"事，參見前《衣錦還鄉》目。元睢景臣有《高祖還鄉》散曲一套，寫一鄉民發現所謂"高祖"，原來就是好酒的劉三，並曾偷奪過鄉民麻豆，借欠鄉民米麥，皆未還清時，不覺氣憤萬分，尾聲中道："少我的錢，差發內旋撥還；欠我的粟，稅糧中私準除。只道劉三，誰肯把你揪摔住？白甚麼改了姓，更了名，喚做漢高祖？"寫農民心理真樸可喜。高祖行三，故稱劉三。
　　一板子　　　　　　　　　　一二五八
酒下拴
　　數酒　　　　　　　　　　　一二五九
　　三元四子　　　　　　　　　一二六〇
按，元本作"四子三元"。

唱尾聲

孟姜女　　　　　　　　　　　　　　　　　　一二六一

按，此爲"唱尾聲"四種之一。孟姜女爲民間最流行故事，出於《左傳》《列女傳》《郡國志》《古今注》諸書，姓名事迹雖彼此有不同，然姜女之夫死於邊事，姜女因之殉節，則各書所載皆同。元有鄭廷玉《孟姜女千里送寒衣》雜劇及佚名《孟姜女送寒衣》戲文，《永樂大典》卷一三九六六。話本有《姜女尋夫》，目見《醉翁談錄》。明清且有《長城記》傳奇、《孟姜女尋夫》彈詞及鼓詞。姜女過關時關吏逼女唱《十二月送寒衣》曲，在數十年前幾成爲人人會哼唱之民歌。

遮蓋了　　　　　　　　　　　　　　　　　　一二六二

詩頭曲尾　　　　　　　　　　　　　　　　　一二六三

虎皮袍　　　　　　　　　　　　　　　　　　一二六四

按，此亦爲"唱尾聲"四種之一。疑叙崔韜逢雌虎事。宋官本雜劇有《崔智韜艾虎兒》及《雌虎》，原注：崔智韜。宋人話本有《崔智韜》，目見《醉翁談錄》。元雜劇有佚名《人頭峰崔生盜虎皮》。與院本同時，尚有《崔韜逢雌虎》諸宮調。見董解元《西廂記諸宮調》引。本事出唐薛用弱《集異記》，普通本不載，見《太平廣記》卷四三二引。叙蒲州崔韜秀才在旅中與一雌虎精所化婦人結合而藏去了虎皮。後來生子升官，路過舊地，雌虎於誆得原皮後仍化爲虎，將丈夫及兒子皆吃掉後遁去。

猜謎

杜大伯　　　　　　　　　　　　　　　　　　一二六五

大黃　　　　　　　　　　　　　　　　　　　一二六六

和尚家門

禿醜生　　　　　　　　　　　　　　　　　　一二六七

按，《叢書集成》作"禾醜生"談。

  窗下僧　　　　　　　　　　　　一二六八
  坐化　　　　　　　　　　　　　一二六九
  唐三藏　　　　　　　　　　　　一二七〇
按，"和尚家門"四種之一。當演唐三藏西天取經事。宋話本有《大唐三藏取經詩話》，別本又名《取經記》。元雜劇有吳昌齡的《唐三藏西天取經》、楊景言的《西游記》。除吳作外，餘皆存。又，元人亦有《西游記》殘文見《永樂大典》卷一三一三九。小說，在明吳承恩所作而現在流行之《西游記》前，惜無全書可見，據殘文得知，當與吳作輪廓相同，而與《取經詩話》則全無關。明楊志和又刪改吳作《西游記》，列爲四游記之一。朱鼎臣又刪節爲《唐三藏西游釋尼傳》。

先生家門
  入口鬼　　　　　　　　　　　　一二七一
  則要胡孫　　　　　　　　　　　一二七二
  大燒餅　　　　　　　　　　　　一二七三
  清閒真道本①　　　　　　　　　一二七四
秀才家門
  大口賦　　　　　　　　　　　　一二七五
  六十八頭　　　　　　　　　　　一二七六
  拂袖便去　　　　　　　　　　　一二七七
  紹運圖　　　　　　　　　　　　一二七八
  十二月　　　　　　　　　　　　一二七九
  胡說話　　　　　　　　　　　　一二八〇
  風魔賦　　　　　　　　　　　　一二八一
  療丁賦　　　　　　　　　　　　一二八二

---

① "閒"，原誤作"間"，據《南村輟耕錄》卷二十五改。

捧著駱駝　　　　　　　　　　　一二八三
　　看馬胡孫　　　　　　　　　　　一二八四
列良家門
　　說卦象　　　　　　　　　　　　一二八五
　　由命賦　　　　　　　　　　　　一二八六
　　混星圖　　　　　　　　　　　　一二八七
　　柳簸箕　　　　　　　　　　　　一二八八
　　二十八宿　　　　　　　　　　　一二八九
　　春從天上來　　　　　　　　　　一二九〇
　　按，"列良家門"六種之一，疑叙吳彦舉遇老妓事，見前"院么"門，不重贅。

禾下家門
　　萬民快樂　　　　　　　　　　　一二九一
　　咬的響　　　　　　　　　　　　一二九二
　　莫延　　　　　　　　　　　　　一二九三
　　九斗一石　　　　　　　　　　　一二九四
　　共牛　　　　　　　　　　　　　一二九五
大夫家門
　　三十六風　　　　　　　　　　　一二九六
　　傷寒　　　　　　　　　　　　　一二九七
　　按，元本作"傷寒賦"。
　　合死漢　　　　　　　　　　　　一二九八
　　馬屁勃　　　　　　　　　　　　一二九九
　　安排鍬钁　　　　　　　　　　　一三〇〇
　　三百六十骨節　　　　　　　　　一三〇一
　　撒五穀　　　　　　　　　　　　一三〇二
　　便癱賦　　　　　　　　　　　　一三〇三

卒子家門
  針兒綫　　　　　　　　　　　　　一三〇四
  按，元本"針"作"計"。
  田仗庫　　　　　　　　　　　　　一三〇五
  按，王氏《曲錄》"田"作"甲"，合義頗似。
  軍鬧　　　　　　　　　　　　　　一三〇六
  陣敗　　　　　　　　　　　　　　一三〇七
良頭家門
  方頭賦　　　　　　　　　　　　　一三〇八
  水龍吟　　　　　　　　　　　　　一三〇九
邦老家門
  脚言脚語　　　　　　　　　　　　一三一〇
  則是便是賊　　　　　　　　　　　一三一一
都子家門
  後人收　　　　　　　　　　　　　一三一二
  桃李子　　　　　　　　　　　　　一三一三
  按，與"拴搐艷段"重出。
  上一上　　　　　　　　　　　　　一三一四
  按，元本"都子"作"都下"。
孤下家門
  朕聞上古　　　　　　　　　　　　一三一五
  刀包待制　　　　　　　　　　　　一三一六
  按，元本"刀"作"刁"。
  絹兒來　　　　　　　　　　　　　一三一七
司吏家門
  罷筆賦　　　　　　　　　　　　　一三一八
  是故榜　　　　　　　　　　　　　一三一九
  按，元本"是"作"事"。

仵作行家門

　一遍生活　　　　　　　　　　　　一三二〇

撅俠家門

　受胎成氣　　　　　　　　　　　　一三二一

　　　　　　諸雜砌

模石江　　　　　　　　　　　　　一三二二

梅妃　　　　　　　　　　　　　　一三二三

　按，"梅妃"爲唐明皇的寵妃江采蘋封號。開元中，高力士使閩越，選歸侍明皇，大見寵幸。及楊妃入宮，明皇爲所格，不得往。妃怨之，以千金壽高力士，求詞人擬司馬相如爲《長門賦》，冀回帝意。力士妄報無人解賦，乃自作《樓東賦》示意。明皇曾密賜珍珠一斛，妃不受，作詩付使者。帝覽詩悵然，令樂府以新聲度之，號"一斛珠"。妃後死於祿山之亂，埋骨溫泉湯池側。明皇回宮啓視，脅下有刀痕，以妃禮易葬。而明人《隋唐志傳》中則寫其在祿山亂時，避居尼庵，得無恙，後明皇回鑾，訪得之，迎回宮中重圓。明吳世美有《驚鴻記》傳奇、程枚有《一斛珠》，亦皆以梅妃爲主角。

浴佛　　　　　　　　　　　　　　一三二四

　按，"浴佛"一稱"灌佛"，係一種宗教儀節。印度於平時行之，我國多於四月八日佛生日行之，所以稱四月八日爲浴佛節。院本所叙，或以此事爲故事中重要之關目。

三教　　　　　　　　　　　　　　一三二五

　按，此爲宋時雜戲之一，宋官本雜劇有《三教安公子》("安公子"爲曲調名。)《雙三教》《三教鬧著棋》《打三教庵宇》《普天樂打三教》《滿皇州打三教》《領三教》等。宋孟元老《東京夢華錄》云："十二月，即有貧者三教人爲一火，裝婦人神鬼，敲鑼擊鼓，巡門乞錢，俗呼爲'打夜胡'。"可見此種係迷信戲。

姜武 一三二六

救駕 一三二七

按,此不知係演薛仁貴沙灘救駕,抑演尉遲恭奪槊救駕。此二故事已見前述。元楊景賢有《偃時救駕》雜劇,亦不知所叙爲何事。

趙娥娥 一三二八

按,此當叙孝女趙娥爲父報仇事,出《後漢書》卷一一四《列女傳》。父龐濟,《三國志·魏書》亦有傳。娥,酒泉人,父爲同縣人所殺,娥兄弟三人俱因病物故,仇家喜而自賀。娥感憤,潛備刀以候,十餘年不能得。後遇於都亭,刺殺之,詣縣自首。縣尹同情之,欲棄官與之同逃亡,娥不願,遂入獄,後遇大赦得免。此故事甚有意義,後代畫家常取爲題材,但在文藝作品中卻僅見此院本。

石婦吟 一三二九

變貓 一三三〇

案,宋官本雜劇亦有《變貓卦鋪兒》,疑叙唐蕭淑妃事,參看後文《武則天》一目。

水母 一三三一

按,元本"母"作"毋"。

又按,元高文秀有《泗州大聖降水母》、須子壽有《泗州大聖澆水母》雜劇,寫作題目爲"木叉行者降妖怪",由此可略覘其内容。"水母"當爲造成水患之女妖怪。木叉即木吒,據元陸西星一作明許仲琳《封神傳》小説,爲哪吒三太子之兄,托塔天王李靖之次子,普賢真人之弟子,在《西游記》雜劇及小説中亦曾寫及,乃是觀音大士之徒弟,法名惠岸。清皮簧戲有《泗州城》,亦演降水妖事。水妖自稱水母娘娘,愛太守之子時廷芳,欲與結婚,廷芳不願逸去,水母怒而水淹泗州城,觀音大士憐人民遭難，率神將而降服之。劇中雖亦有木吒，但已非主角。清人有《升仙傳》小說，似亦寫及泗州降妖事。

玉環 一三三二

按，此本初以爲叙楊玉環事，後知不確，而實爲叙玉簫再世姻緣事。本事出唐范攄《雲溪友議》。元喬吉有《玉簫女兩世姻緣》雜劇，明初人有《玉環記》傳奇，疑元人作，有明本《古玉環記》。陳與郊更作有《鸚鵡洲》傳奇，話本有《玉簫女兩世姻緣》，見《寶文堂書目》，即《石點頭》卷九《玉簫女再世玉環緣》。皆是相同題材。叙唐西川節度使韋皋少與友人婢玉簫有婚約，贈以玉環而別。及約期而皋不至，女乃絶食死。後皋爲節度使，得東川歌妓，亦名玉簫，面目亦全同，中指且有玉環隱出，正與女臨死時所戴相同，乃知爲玉簫再世，遂特加寵愛。但雜劇及傳奇則以玉簫本爲妓女。

走鸚哥 一三三三

上料 一三三四

瞎脚 一三三五

易基 一三三六

武則天 一三三七

按，元關漢卿有《武則天肉醉王皇后》雜劇，題材當同。唐高宗爲武氏所惑，廢王皇后與蕭淑妃，立武氏爲后。一日，高宗至別院見后妃，惻然傷之，將有所處置。武后聞之大怒，遣人杖王皇后及蕭淑妃各一百，斷去手足，捉置酒甕中，曰："令二嫗骨醉！"數日不死，又斬之。淑妃臨刑罵曰："願他生我爲貓，阿武爲鼠，生生扼其喉！"由是宮中不敢畜貓。後武后在宮常見二人爲祟，故多居洛陽不歸長安。事出正史，當爲實事。

告子 一三三八

按，告子名不害，戰國時人，嘗學於孟子，兼治儒墨之學。生平事迹,並無可以演爲戲劇之處,院本所演,或另爲一人。

拔蛇 一三三九

鹿皮 一三四〇

新太公 一三四一
　按,元本作"新公太"。

黄巢 一三四二
　按,事見前《破巢艷》。

恰來 一三四三

蛇師 一三四四

汲字碑 一三四五
　按,"汲"元本作"没",見《五總志》,有"無字碑"。

臥草 一三四六
　按,元本作"臥單"。

衲襖 一三四七

封陟 一三四八
　又案,普通本皆作"封碑",不可解,此從元刊本更正。本事出唐《裴鉶傳奇》,亦有單篇名《少室仙姝傳》,又見《太平廣記》卷六十八。宋官本雜劇有《封陟中和樂》,元有庚天錫之《封鷺先生罵上元》及楊文奎之《封陟遇上元》雜劇,皆演此事。封陟爲一見色不動之秀才,讀書於少室山,夜有仙姝降其室,求爲配偶,陟再三拒絶。後陟病死,魂魄爲鬼使追往泰山,途遇上元夫人,判增壽一紀。陟覘知夫人即少室所見仙姝,蘇醒後,懊悔莫及。

鋸周村 一三四九
　按,"村"或作"朴"。

史弘肇 一三五〇
　按,宋元話本有《史弘肇傳》,見《寶文堂書目》,亦即《古今小説》卷十五《史

_{弘肇龍虎君臣會}》。戲文有《史弘肇故鄉宴》,目見_{《南詞叙錄》}。當與院本同題材。弘肇爲五代漢時人,從劉知遠以武功顯。知遠薨,弘肇亦爲忌者譖死。及郭威爲周帝,始爲昭雪。正史有傳。宋人《新編五代史平話》中叙其事迹甚詳,惜京書有缺文,不能全見。

懸頭梁上 一三五一

按,此疑演漢孫敬事。敬字文寶,性嗜學,入洛,在太學讀書,夜深欲睡,乃以繩縛頭髻懸於梁上。嘗入市,市人稱爲"閉户先生"。見《楚國先賢傳》。後人以與蘇秦刺股事並稱,借爲勤學之喻。

卷十一　書名索引

高志彬原編　李兵重編

李兵按：本書卷十一《書名索引》、卷十二《著者索引》原爲高志彬先生所編，按照筆劃寡多排序。筆者在整理過程中發現原索引存在下列三方面問題：一是部分字的筆劃不準確，導致排列錯亂，如將"防""似"歸於七劃，將"陳""陶"歸於十一劃等；二是相同筆劃的字，未嚴格按照筆順規範排序；三是此次整理採用新字形、規範異體字後，部分字的筆劃發生變化，需要重新編排，如"吕"改作"呂"、"鬪"改作"鬥"、"墻"改作"牆"、"遜"改作"遁"等。故在原索引基礎上予以重編。

一劃
一人有慶	〇九七四
一日一筒	一〇四〇
一日獲三十六熊賦	〇五九八
一板子	一二五八
一借一與	一〇八六
一貫質庫兒	〇九七〇
一遍生活	一三二〇
乙未元曆	〇三六五

二劃
二十八宿	一二八九
二妙集	〇六〇五
十二月	一二七九
十二訓	〇二六八
十七史蒙求	〇二二五
十五郎	〇九二二
十形三療附雜記	〇三〇三
十果頑	一一四五
十隻脚	一一七六
十般乞	一一四六
十樣錦	〇七八〇
七捉艷	一一八八
人倫大統賦	〇三七三
人參腦子饗	〇九九〇
入口鬼	一二七一
入桃園	〇八六二
八仙會	〇七五八
九斗一石	一二九四
九頭頂	〇八六七

刀包待制	一三一六	大金弔伐録	〇一一二
		大金國志	〇一〇九
三劃		大金集禮	〇一六九
三十六風	一二九六	大金儀禮	〇一七〇
三十家易解	〇〇〇六	大金禮儀	〇一七一
三入舍	〇七五六	大定治績	〇一三九
三元四子	一二六〇	大定官制	〇一八七
三分食饔	一〇〇三	大定重較類篇	〇〇五七
三文兩撲	一一五九	大定律例	〇一九一
三打步	一〇四六	大定遺訓	〇〇九五
三出舍	〇七五五	大定編制	〇一九二
三百六十骨節	一三〇一	大定職方志	〇二〇八
三住老人集	〇四八〇	大勘刀	〇七九五
三拖旦	一一六六	大黃	一一六六
三官霸王	〇六九一	大菜園	一一七二
三索債	〇八七五	大陽唐	一〇二一
三笑圖	〇六七八	大對景	一一六〇
三偌一卜	〇九四六	大遼古今録	〇一二二
三般尿	一〇二四	大遼事迹	〇一二三
三消論	〇二九五	大劉備	一一三三
三教	一三二五	大論情	〇七六八
三教入易論	〇四二五	大論談	〇八五八
三揲酸	〇七一一	大學本旨	〇〇三九
三跳澗饢	〇九九九	大學發微	〇〇三八
三園子	〇七六九	大學解	〇〇三七
三群頭	一〇六八	大燒餅	一二七三
士民須知	〇一九七	大驚睡	一〇二五
下角瓶大醫淡	〇九三三	上一上	一三一四
大口賦	一二七五	上小樓衮頭子	〇九二七
大支散	一一二〇	上官赴任	一二四二
大分界	一〇二七	上皇四軸畫	〇九四五
大公家教	〇九二一	上乘修真三要	〇四三九
大六壬玉連環一字訣	〇三七五	上料	一三三四
大江東注	〇八九七	上清太玄九陽圖	〇四三四

		四劃	
上清太玄集	〇四三七		
上清太玄鑑誡論	〇四三六	王子小傳	〇一五五
上壇伊州	〇六四三	王子端捲簾記	〇八九〇
小丸兒	〇七三七	王母祝壽	〇九六〇
小分界	一〇二八	王安石	〇六八三
小亨集	〇五六二	王敏夫集	〇五三三
小兒痘疹方論	〇三一九	王翼古律詩	〇五六三
小陽唐	一〇二二	王翼長短句	〇六一八
小鬧攔	一〇一九	王礎詩	〇五〇四
小學語錄	〇二六五	王纏酸	〇七〇九
小護鄉	一一六一	王鬱集	〇五八一
小驚睡	一〇二六	天下太平	一一二八
山水日月	〇九一三	天下樂	一〇五二
山林長語	〇四九〇	天文主管釋義	〇三五八
山梨柿子	一〇三八	天文祥異賦	〇三五七
山麻稭	一〇五六	天文精義賦	〇三五六
千字文	一一六四	天長地久	一一二五
千秋錄	〇一五二	天倪集	〇五三四
巳巳巳	一〇八七	天象傳	〇三五三
女狀元春桃記	〇八九三	天眷新官制	〇一八四
女真小字	〇〇五九	天游集	〇五四五
女真字太公書	〇二七二	天德朝起居注	〇〇七九
女真字百家姓	〇〇六〇	天興墨淚	〇一三一
女真字伍子胥書	〇二七三	天籟集	〇六二五
女真字孝經	〇〇五三	天籟集摭遺	〇六二八
女真字貞觀政要	〇一四二	元氏集驗方	〇三四八
女真字家語	〇二四七	元遺山詩集箋注	〇五五二
女真字孫臏書	〇二七四	木庵詩集	〇五四九
女真字黃氏女書	〇〇六二	木驢千字文	〇九八二
女真字盤古書	〇〇六一	五星聚井辨	〇三五五
女真字譯尚書	〇〇一七	五鬼聽琴	〇八三六
女真字譯易經	〇〇一一	五經辨惑	〇〇五五
女真郡望姓氏譜	〇一四六	五經譯解	〇〇五六
		五篇靈文	〇四一三

五聲姓譜	〇一四七	牛底引銀瓶諸宮調	〇六三二
五變妝	〇七八五	毛詩旦	〇七一五
支道饅頭	一〇九〇	壬辰雜編	〇一二六
不抽關	〇八九九	分拐法曲	〇九〇六
不掀簾	〇九〇〇	公論	〇三八七
不貴異物民乃足賦	〇五九六	月明法曲	〇六三九
太乙新曆	〇三六三	月夜聞箏	〇八一八
太上太清天童護命妙經注	〇四三五	丹崖集	〇五九〇
太上老君說常清靜經頌注	〇四三三	丹陽神光燦	〇四一七
太上黃庭中景經	〇四三八	丹陽真人語錄	〇四一九
太古集	〇五五六	丹源釣徒集	〇五七一
太平還鄉	〇七七一	勾股雜說	〇三六七
太宗實錄	〇〇八四	六二法門	〇三〇五
太祖實錄	〇〇八三	六十八頭	一二七六
太湖石	〇六五四	六壬祛惑鈐	〇三七八
太微仙君功過格	〇四二七	六經考	〇〇五四
少年游	一一六二	六經傳變直格	〇二九三
日月山河	一一三八	六變妝	〇六五七
中州集	〇六〇三	文中子	〇二五三
中州樂府	〇六二六	文房四寶	〇八二四
中國心學	〇二六一	文房四寶纍	一〇〇九
中庸分章	〇〇四二	方偷眼	〇六七三
中庸指歸	〇〇四三	方頭賦	一三〇八
中庸集解	〇〇四一	孔氏祖庭廣記	〇一五〇
中庸說	〇〇四〇	孔氏實錄	〇一四八
中聖人賦	〇六〇一		
中說類解	〇二五二	**五劃**	
中興事迹	〇一二八	玉峰散人集	〇四九六
內外傷寒辨	〇三三七	玉峰閑情集	〇五九四
內外傷辨惑論	〇三三一	玉環	一三三二
水母	一三三一	示教直言	〇四二六
水酒梅花纍	一〇〇一	打八哥	一〇一三
水雲前後集	〇五四二	打三十	一〇一一
水龍吟	一三〇九	打王樞密纍	一〇〇〇

打五鋪	〇八四五	田牛兒	〇七三六
打五臟	〇七六二	田仗庫	一三〇五
打白雪歌	〇九一五	田秀實集	〇五六八
打青提	一一六三	由命賦	一二八六
打虎艷	一一八四	史弘肇	一三五〇
打草陣	〇六五九	史旭詩	〇五〇三
打扇	一〇九七	史記注	〇〇七〇
打淡的	一〇三九	史記辨惑	〇〇七一
打婆束	一一五八	史記譯解	〇〇七二
打毬會	〇六六五	叫子蓋頭	一一三二
打論語	一一四四	四王艷	一一八五
打調劫	一〇九一	四方和	〇八六六
打謝樂	一〇一二	四生屬	一一六八
正隆郡志	〇二〇七	四妃艷	一一五一
正隆續降制書	〇〇九七	四坐山	一〇五〇
世宗幸金蓮川疏	〇一〇三	四拍板	〇八五七
世宗起居注	〇〇八〇	四門兒	一〇五四
世宗實錄	〇〇八八	四怕水	一〇五三
古器類編	〇二一六	四草蟲	一一四九
本草歌括	〇三五〇	四偌大提猴	〇九四三
本朝譜牒	〇一四三	四偌抹紫粉	〇九六一
左氏賦	〇〇二八	四偌祈雨	〇九五八
左必來	一〇八二	四偌賈諢	〇九五七
石竹子	一二四八	四偌劈馬椿	〇九六二
石婦吟	一三二九	四海民和	〇九七五
石鼓辨	〇三七九	四書集注說	〇〇四七
石榴花詩	一一三四	四書語錄	〇〇四九
平水集	〇五一五	四書精要	〇〇四八
平遼議	〇二七〇	四書譯解	〇〇五〇
北風揚沙錄	〇一三〇	四國來朝	〇八〇六
北新子	〇二七一	四魚名	一〇四九
北遷錄	〇一一九	四朝聖訓	〇〇九四
旦判孤	〇六九四	四厨子	一一五〇
甲寅通和錄	〇一二〇	四皓逍遙樂	〇六四八

四道姑	○八四七	西方文教	○四五三
四酸逍遥樂	○六四九	西湖行記	○二○一
四酸提候	○八一六	西溪老人集	○五二一
四酸搖	○七七八	西漢書譯解	○○七三
四酸諱偌	○八○二	西嶽華山志	○四二○
四論藝	○七七三	西巖集	○四九七
四聲篇海	○○六三	百里指南	○一八八
生天經頌解	○四三二	百斛珠	○四○六
生死鼓	一○六六	百戲孤	○六九七
禾哨旦	○七一八	列子	○二三九
代元保	一○三五	列子章句	○二三七
仙哥兒	一二二二	列子補注	○二三六
仙樂集	○五六一	列女降黃龍	○六五二
白氏策林	○四○一	列良贏府	○六四六
白牡丹	○七八七	成佛	一二五三
白雲庵	○八三七	成都大悲寺集	○四五二
用藥法象	○三三八	成真集	○五九一
外科精義	○三四三	成趣園詩	○五九三
玄虛子鳴真集	○五五七	此事難知	○三四○
汀注論語	○九二九	曲全子詩集	○五六九
母子御頭	一○三六	同官不睦	○七九六
		同官賀授	○八○○

六劃

釘璫天賜暗媚緣	○九○二	回回梨花院	○八八○
刑統賦刪要	○一九○	年紀大小	一○九六
老子解	○二三○	朱瀾集	○五一六
老孤遺旦	○七一六	舌智	一二○八
老鴉	一二四五	竹堂集	○五○○
地水火風	○九一六	竹溪先生文集	○四八二
共牛	一二九五	竹溪詞	○六一七
共粉淚	○六七○	任詢詩	○五○一
臣事實辨	○二二二	自公記	○一六六
再相逢	○八八八	自然集	○六二七
再游恩地	○九三四	似娘兒	○七二九

全真前後韜光集	〇五四一	村城詩	一〇四一
合五百	一〇八四	杏湯來	一一七四
合死漢	一二九八	李氏家譜	〇一五三
合房酸	〇七〇三	李氏脾胃論	〇三三三
多筆	一一〇七	李汾詩	〇五八五
次韻蒙求	〇二二七	求楞	一一一二
衣裳名	一二二一	更漏子	〇八七二
衣錦歸鄉	〇七二二	迓鼓二郎	〇八三八
州府名	一二二七	吳彥高詩集	〇四七四
汝南遺事	〇一三五	吳彥舉	〇八九八
宇文虛中文集	〇四七二	呆大郎	〇七七七
字書	〇〇五八	呆木火	一〇九三
安排鍬钁	一三〇〇	呆太守	〇六七四
防送哨	〇八七六	呆秀才	〇六八〇
如庵小稿	〇四六五	串梛子	一〇六一
如積釋瑣細草	〇三七〇	別離酸	〇七〇八
		告子	一三三八
七劃		告和來	〇八三一
		告假	一一〇〇
戒嚴記	〇一三七	我來也	一〇三一
扯休書	一二〇〇	禿醜生	一二六七
扯狀	一一〇九	私媒質庫兒	〇九七一
扯彩延壽樂	〇九〇九	身邊有藝	一〇七八
走鸚哥	一三三三	佛印燒猪	〇八三二
赤壁鏖兵	〇七八八	希聖解	〇二六二
孝經孤	〇七〇〇	坐化	一二六九
孝經傳	〇〇五二	狂愚集	〇五七七
投河	一一〇四	删集孟子解	〇〇四四
芙蓉亭	〇七四八	删集論語解	〇〇三一
花前飲	〇八三五	判不由己	〇七九四
花酒夢	〇七五三	兌齋文集	〇五四〇
花酒酸	〇七〇五	沖虛至德真經四解	〇二三八
杜大柏	一二六五	泛說	〇三九八
杜甫游春	〇八一四	沒字碑	一三四五
杜詩學	〇四六二		

快樂艷	一一九三	苗青根白	一〇七二
完顏勖集	〇五六五	范增霸王	〇六八八
宋俘記	〇一三三	范塈詩話	〇六一〇
宏道集	〇五六七	范蠡	一一九九
初政錄	〇二一八	直言治病百法	〇二〇二
君臣政要	〇二二〇	茅亭詩	〇五三八
君事實辨	〇二二一	林泉集	〇五四四
改併五音集韻	〇〇六五	枝頭巾	一〇一八
改定太乙新曆	〇三六四	枚扒掃竹	一二〇二
改證活人書	〇三〇七	松竹颭鶴	〇九五九
附廣肘後方	〇二七八	松堂集	〇五七四
		東山集	〇四七三
八劃		東坡詩雅	〇四六三
武則天	一三三七	東垣試效方	〇三三六
青宮譯語節本	〇一三二	東狩射虎賦	〇五九九
青烏先生葬經注	〇三七四	東皐傳	〇五三一
青鵠	一二四四	東巖集	〇五三五
抹麵長壽仙	〇九五六	臥草	一三四六
長生真人至真語錄	〇四二二	刺刺孟	〇〇四五
長安住	一一五三	刺董卓	〇八五五
長慶館	〇七八一	兩同心	〇八七一
長嬌憐	一一一六	兩相同	〇七八三
卦冊兒	〇七二六	虎皮袍	一二六四
卦鋪兒	〇七三〇	尚書要略	〇〇一五
拔蛇	一三三九	尚書無逸直解	〇〇一八
拋綉球	一二一三	尚書義粹	〇〇一六
押剌花赤	一二四三	果子名	一二一六
拖下來	一〇六二	門名	一二三〇
拂袖便去	一二七七	門簾兒	一一二四
拙軒集	〇五〇五	明三傳例	〇〇二五
拙軒詞	〇六一九	明昌辭人雅製	〇六〇四
坡軒集	〇五〇八	易基	一三三六
耶律文獻公詞	〇六二二	易略釋	〇〇〇七
耶律履文集	〇四六七	易集說	〇〇〇八

易解		金壇謁宿	〇七九〇
〇〇〇二	〇〇〇九	金關玉鎖訣	〇四一〇
〇〇一〇		金纂修雜錄	〇一七四
易説	〇〇〇四	受胎成氣	一三二一
易學集説	〇〇〇五	周易卜筮斷	〇〇一四
易叢説	〇〇〇一	周易參同契簡要釋義	〇二五一
易繫辭説	〇〇一三	周禮辨	〇〇二〇
忠臣猶孝子詩	〇五九五	剃毛兒	〇七二四
和燕歸梁	〇九六四	狗皮酸	〇七〇六
佳景堪游	〇九一八	夜半樂打明星	〇九一一
征蒙記	〇一一六	夜深深三磕胞	〇九一七
金大明曆	〇三六一	卷瀾集	〇五七六
金元勛傳	〇一五四	法言微旨	〇二四四
金丹口訣	〇四一五	法器名	一二二九
金丹賦	〇四四八	河南北官通注格	〇一八五
金含楞	一一二七	河陽舅舅	〇九六七
金初州郡志	〇二〇六	河間劉先生十八劑	〇二八六
金明池	〇六五五	河轉迓鼓	〇九四九
金重修玉牒	〇一四四	注太白詩	〇四六一
金皇聖德	〇九七六	注李淳風天文類要注	〇三五九
金格	〇一八三	注東坡樂府	〇四六四
金剛般若經注	〇四五四	注叔和脈訣	〇三二一
金國文具錄	〇一三八	泫水集	〇五二六
金國世系	〇一四五	泥布衫	〇七四四
金國刑統	〇一八九	治法機要	〇三二五
金國志		治法雜論	〇三〇四
〇一〇七	〇一〇八	治病心印	〇二八五
金國官制	〇一八一	治病撮要	〇二九七
金國節要	〇一一〇	怕水酸	〇八七九
金鈴	一二〇五	定魂刀	一〇九四
金源君臣言行錄	〇一六一	官吏不和	〇七九二
金源野史	〇一二七	建成	一一七八
金圖經	〇一一一	承安庚申登科記	〇一八〇
金德運議	〇一一三	承安律義	〇一九五

孟子辨惑	○○四六	南冠錄	○一五一
孟宗獻文集	○四七○	南華略釋	○二四一
孟宗獻詞集	○六一六	南游北歸	○四七五
孟姜女	一二六一	南榮集	○五七○
姑汾漫士集	○五一七	南遷錄	○一一八
妮女梨花院	○八九五	相眼	一○九九
始祖以下十帝實錄	○○八二	相撲名	一二二八
		柳青娘	一○七五
九劃		柳絮風	○六六七
春秋地理源委	○○二三	柳溪集	○五二○
春秋紀咏	○○二七	柳毅傳書諸宮調	○六三七
春秋握奇圖	○○二二	柳簸箕	一二八八
春秋備忘	○○二四	束浦詞	○六二三
春秋傳	○○二六	背鼓千字文	○九七八
春夏秋冬		背箱伊州	○九五○
○九二五	一一三○	貞觀政要申鑑	○二一七
春從天上來		是耶酸	○八七八
○六六六	一二九○	是故榜	一三一九
珍珠囊指掌補遺藥性賦	○三四四	則要胡孫	一二七二
封涉	一三四八	則是便是賊	一三一一
拷梅香	○八四六	星象名	一二一五
指迷賦	○三四五	品第法書名畫記	○三八○
指微論	○三一三	咬的響	一二九二
草名		迴且語	一一一九
一二一七	一二三一	看馬胡孫	一二八四
草馬霸王	○六八九	香山賦	○六○○
草書韻會	○○六九	香供養	一○八三
草堂集	○五六○	香茶酒果	○九三八
故物譜	○三八四	香藥車	○八六五
胡椒雖小	一○四二	秋山應制詩	○五八四
胡餅大	一一三九	重修大明曆	○三六二
胡說話	一二八○	重陽分梨十化集	○四一八
南北史志	○○七四	重陽立教十五論	○四一二
南征錄彙	○一一七	重陽全真集	○四○九

重陽授丹陽二十四訣	○四一一	洪福無疆	○七八六
重陽教化集	○四一四	洹水集	○五一○
重編改併五音篇海	○○六四	洞玄金玉集	○四一六
便宜十事書	○一四○	洗兒會	○七六○
便癰賦	一三○三	恰來	一三四三
修行艷	一一八九	恨秋風鬼點俗	○九三○
皇制	○一九八	宣明方論	○二八九
皇都好景	○九四二	宣宗玉冊	○一○一
皇華記	○一六四	宣宗哀冊	○一○○
皇家萬歲	○九七七	宣宗實錄	○○九三
皇極引用	○二五五	穿百倬	一○四七
皇極經世圖説	○二五四	軍名	一二三二
皇極疑事	○二五六	軍前權宜條理	○○九八
皇統制	○○九六	軍闘	一三○六
侯大中詩集	○五八七	軍器名	一二一八
衍慶宮功臣圖像	○一六七	衲襖	一三四七
律呂律曆禮樂雜志	○○二一	神川遁士集	○五五四
律身日錄	○二六三	神道名	一二一九
後人收	一三一二	神農大説藥	○九八八
食店大提猴	○九八九	屋裏藏	一一四一
風花雪月		屏山內外稿	○四八九
	○九二六 一一五五	屏山杜氏春秋遺説	○○二九
風科集驗各方	○三三○	屏山居士金剛經別解	○四五二
風流婿	○八八九	屏山居士傳	○一五六
風流藥院	○八一○	屏山故人外傳	○一五七
風魔賦	一二八一	屏山翰林佛事	○四五一
計算孤	○六九五	屏山贅談	○四○七
計頭兒	一一一五	陣敗	一三○七
彥高詞集	○六二一	韋齋集	
帝王鏡略	○二二六	○五二三	○五七三
姜武	一三二六	胥莘公家傳	○一五九
送香法曲	○六四二	院公狗兒	○八三○
送宣道人歡	○九○七	紅索冷	○六六八
送羹湯送火子	○九三六	紅娘子	○七七○

新補金史藝文志 445

紅梨花	〇九〇一	莊靖集	〇五三六
		桃李子	
十劃		一一七〇	一三一三
泰和律令	〇一〇二	校正天文主管	〇三六〇
泰和律義	〇一九四	校正地理新書	〇三七七
泰和新定律令敕條格式	〇一九三	校評崔真人脈訣	〇三四二
泰和編類陳言文字	〇四〇二	校補兩漢策要	〇四〇四
素問玄機原病式	〇二八八	破巢艷	一一八一
素問注	〇三五二	套靴	一二〇七
素問注疑難	〇三四九	鬥百草	一一三一
素問要旨論	〇二八七	鬥鼓笛	一〇七四
素問病機氣宜保命集	〇二七九	鬥鵪鶉	〇八一三
素問標注	〇三二〇	逍遙樂打馬鋪	〇九〇八
馬屁勃	一二九九	党學士詩集	〇四八三
馬明王	〇七四〇	哮賣旦	〇七一九
馬定國集	〇四七八	哨喏孤	〇六九八
埋頭千字文	〇九八三	哭貧酸	〇七一二
埋頭百家詩	〇九五三	秘錄奇方	〇二九九
捉記	一一〇一	倩女離魂諸宮調	〇六三四
都子撞門	〇七七六	偌賣旦	〇八七七
換官格	〇一八六	偌請都子	〇九六八
華山志	〇二一〇	倬刀饅頭	〇九四八
莫延	一二九三	俯飲	一二〇九
晉宣成道記	〇八八一	倦成親	〇七六六
晉真人語錄	〇四四三	師婆兒	〇七三一
晉陽志	〇二〇九	徒單克寧圖像	〇一六八
真仙直指語錄	〇四四〇	徐演黃河	〇九四〇
莊子略解	〇二四二	般調艷	一一九〇
莊子解	〇二四〇	針兒綫	一三〇四
莊列賦	〇二四三	針經	〇三〇九
莊周夢	〇七五二	朕聞上古	一三一五
莊靖先生樂府	〇六二〇	記水	一一一一

病鄭逍遙樂	○六四七	○二四八		○二四九	
病襄王	○七三九	陰陽孤	○七三九...	○八七三	
袞骸子	一二三七	陶然集		○五三七	
唐三藏	一二七○	通一母		一○六○	
唐詩鼓吹	○六○二	通理集		○五九二	
唐韻六貼	一○三○	紙湯瓶		○七四六	
粉牆梨花院	○八九四	紙襴兒		○七二二	
益古衍段	○三七二				
酒色財氣	○八○八	**十一劃**			
酒家詩	一一六五	教學兒		○七三二	
酒樓伊州	○九五一	探花街		○六六三	
酒糟兒	一○六九	著述辨惑		○三九三	
海陵實錄	○○八六	黃山集		○四九五	
海棠春	○八六四	黃丸兒		○七三四	
海棠怨	○八八四	黃風蕩蕩		一○五八	
海棠院	○八八五	黃庭內景玉經注		○四二二	
海棠軒	○八八二	黃帝陰符經注		○二五○	
海棠園	○八八三	黃華山主集		○四八八	
浴佛	一三二四	黃巢		一三四二	
浚水老人集	○五三○	菜園孤		○七○一	
害字	一二五六	菊莊樂府		○六一四	
窄布衫	○六七九	菩薩名		一二三四	
窄磚兒	一○四五	梅妃		一三二三	
書集名	一二二三	梅花底		○六七七	
書櫃兒	○七二一	麥屯兒		一一七一	
陳規章奏	○一○六	救駕		一三二七	
陳蔡	一一九八	曹望之詩集		○五六四	
陳橋兵變	○八二六	雪詩打樊噲		○九五五	
孫不二元君法語	○四四六	雪溪堂帖		○三八一	
孫不二元君傳述丹道秘書	○四四五	虛舟居士集			
陰符經注		○四九九		○五○七	

處言	〇二六四	彫出板來	一二〇六
常山集	〇四九四	魚名	一二三三
常清靜經注	〇四二九	象數雜說	〇〇一二
眼裹喬	一一九五	許古章奏	〇一〇五
眼藥里	一二一四	許悅詩集	〇五八六
眼藥孤	〇八七〇	訪戴	一一九六
啞伴哥	一〇六三	麻皮酸	〇七〇四
啞漢書	一一三五	鹿皮	一三四〇
問相思	〇六六二	章宗飛龍記	〇一二一
問前程	〇七七九	章宗起居注	〇〇八一
略通	一一〇五	章宗實錄	
蛇師	一三四四	〇〇八九	〇〇九〇
累受恩深	〇九三五	望長安	一一五二
唱拄杖	一一三七	望瀛法曲	〇九〇五
咭師姨	〇八五一	清和真人北游語錄	〇四四四
國朝憲章	〇一〇四	清朝無事	〇九七二
國語老子	〇二三五	清閒真道本	一二七四
國語新唐書	〇〇七六	清臺記	〇一六三
崑崙集	〇五二七	清漳集	〇五一八
崔韜逢雌虎諸宮調	〇六三〇	混成篇	
崔護謁漿諸宮調	〇六三五	〇四二八	〇五四六
毬棒豔	一一八〇	混星圖	一二八七
偷酒牡丹香	〇九五四	淨瓶兒	一〇七〇
貨郎孤	〇七〇二	淨髮須知	〇四五六
進奉伊州	〇八四二	情知本分	一〇三二
從容庵錄	〇五四七	寂照居士集	〇五二八
船子和尚四不犯	〇九三九	鄆王法曲	〇六四〇
釵髮多	一二一〇	啟真集	〇五五八
貪狼觀	一〇五九	張子和汗下吐法	〇二九六
貧富旦	〇七二〇	張天覺	一一四三
脚言脚語	一三一〇	張氏經驗方	〇三〇一

張生煮海	〇八二二	董解元西廂	〇六三八
張仲經詩集	〇五二九	葆光集	〇五五九
張行簡文集	〇四七一	敬齋古今黈	〇三九九
張侯言行錄	〇一六〇	朝宗禪林記	〇四五五
張庭玉集	〇五三二	極學	〇二五七
張與夢孟楊妃	〇八九二	棗兒艷	一一九一
強風情	〇七六七	厨雖偌	一二五一
紹運圖	一二七八	硬行蔡	〇八四九
		雲光集	〇四二一

十二劃

		雲庵妙選方	〇三一八
琴家弄	一二三六	雲巖文集	〇五七八
琴棋書畫	〇九一九	雅曲史	〇六〇六
琴劍書箱	〇八三四	悲怨霸王	〇六八七
琴辨	〇三八三	紫雲迷四季	〇八九一
揲蓍說	〇三六六	貽溪先生文集	〇五三九
提頭巾	〇八七四	鼎新詩話	〇六〇九
提頭帶	一〇五一	開山五花爨	一〇一〇
揚子	〇二四五	開封艷	一一八二
喜牌兒	〇七二五	閑閑外集	〇四八五
喜遷鶯刹草鞋	〇九二〇	悶葫蘆	一二三八
插撥酸	〇七一三	單兜望梅花	〇九四一
壺春堂	〇六五三	無鬼論	〇八〇一
握龜	一二三九	無隱論	〇三八六
捽虞降黃龍	〇六五一	喬打聖	一一七三
散水	一二五〇	喬捉蛇	一〇三三
散楚霸王	〇六九〇	喬託孤	〇六九三
萬民快樂	一二九一	喬唱諢	一一六九
萬歲山	〇六五八	喬道傷	一〇五七
萬壽道藏經目錄	〇二一三	筆錄	〇三八八
萬壽語錄	〇四五八	集注難經	〇三一一
葛仙翁太極沖玄至道心傳	〇四四二	集賢賓打三教	〇九一四

彙半	一一九七	賀方回	〇六八二
遁齋詩集	〇五七五	賀貼萬年歡	〇六五〇
遁齋樂府	〇六一五	登科記	〇一七九
復軒集	〇五八二		
爺娘佛	一二五四	## 十三劃	
爲善記	〇一六五	鼓角將	〇八一九
飲食勞倦傷論	〇三三四	搗練子	一〇六七
評唱天童拈古請益後錄	〇四六〇	聖經心學篇	〇二六〇
評唱天童頌古	〇五四八	夢周公	〇六七六
馮子翼集	〇五〇二	蓬門先生集	〇四九三
道之要	〇二六七	蓑衣百家詩	〇九五二
道德真經四子古道集解	〇二三二	蒙古備錄	〇一三四
道德真經全解	〇二三一	蒙城集	〇四七七
道德真經集解	〇二二九	楊柳枝	〇六七一
道德經取善集	〇二三三	楊晦叟遺集	〇五五五
道德經注	〇二三四	楊雲翼文集	〇五七九
道學發源	〇二五八	楞嚴外解	〇四四九
測圓海鏡	〇三七一	感吾智	一二〇三
渭濱野叟集	〇五一九	觜搵地	一一四〇
渰藍橋	〇八六一	虞仲文詩	〇五八三
窗下僧	一二六八	睡馬杓	一一六七
運氣要旨論	〇二八〇	睡起教柱	一一五七
補正水經	〇一九九	愚軒集	〇五一三
補塑霸王	〇六九二	歇後語	一一一七
畫堂前	〇六七五	歇貼韻	一〇二三
粥碗兒	〇七二八	照天紅	一二三五
疏注指微鍼賦	〇三一二	照淡	一一〇二
疏注通玄指要賦	〇三一七	跳布袋釁	一〇〇八
疏注經絡井榮圖歌訣	〇三一四	鳴鳴集	〇四七九
隔年期	〇六八一	稜角兒	〇七三五
隔簾聽	〇八四八	節令名	一二二四

節義事實	〇一六二	群書會要	〇四〇〇
傷寒	一二九七	殿前四藝	〇七七四
傷寒心要	〇二八三	叠代世範	〇一九六
傷寒心鏡		經史辨惑	〇三九〇
〇二八四	〇二九八	絹兒來	一三一七
傷寒直格	〇二八二	綉篋兒	〇七二七
傷寒直格論方	〇二九〇		
傷寒明理論	〇二七六	**十四劃**	
傷寒會要	〇三四一	瑤山往鑑	〇二二四
傷寒歌括	〇三五一	瑤池會	〇七五七
傷寒標本心法類萃	〇二九一	趙娥娥	一三二八
傷寒論	〇三〇八	趕村禾	〇八六九
傷寒論注	〇二七五	趕門不上	〇七九八
傷寒醫鑑	〇二九二	趕湯瓶	〇七四五
傷寒類證	〇二九四	截江鬧浴堂	〇九六三
傷寒纂類	〇三〇六	摔盒千字文	〇九八〇
衛府則例	一一二六	搏著駱駝	一二八三
僉押	一一〇八	搏龍舟	〇八五九
會同朝獻禘祫喪葬錄	〇一七六	蔡奴兒	〇七二三
詩文自警	〇六一二	蔡伯喈	一〇四三
詩書禮樂	〇九三一	蔡松年文集	〇四七六
詩賈	〇六〇七	蔡珪文集	〇四八六
詩頭曲尾	一二六三	蔡消閑	〇六七二
資暇錄	〇一二五	熙州駱駝	〇六四五
新太公	一三四一	熙宗尊號冊文	〇〇九九
新唐書辨惑	〇〇七五	熙宗實錄	〇〇八五
義養娘	〇八五〇	模石江	一三二二
煎布衫襴	一〇〇四	監法童	〇八一一
慈烏艷	一一九四	酸孤旦	〇七一四
煬王江上錄	〇一二九	酸賣徠	〇八三三
滏水集	〇四八四	厮料	一二四六

碣石志	〇二〇四	淮南詩話	〇六〇八
睿宗實錄	〇〇八七	淮南遺老集	〇四九二
賒饅頭	〇八二三	漁樵問話	〇八一二
鳴道集說	〇三八九	漳川集	〇四六八
圖解地理新書	〇三七六	慵夫集	〇四九一
舞秦始皇	一〇八八	寬布衫	〇七四三
箋太玄贊	〇二四六		
算術	〇三六九	**十五劃**	
銅人鍼經密語	〇三四六	撒五穀	一三〇二
鳳山思遠記	〇一三六	撅子豔	一一八七
語孟旁通	〇〇五一	賣花容	〇七九九
說古人	一〇五五	賣花聲	〇八四一
說古捧	一一三六	賣官衣	一〇七一
說狄青	一〇一六	增注禮部韻略	〇〇六六
說卦象	一二八五	增廣分門類林雜說	〇四〇三
說詩	〇〇一九	鞍子豔	一一八三
說罰錢	一〇九五	橫溪翁集	〇五一二
說駕頑	一二四〇	標幽賦	〇三一六
敲待制	一二四一	樗軒居士集	〇五八九
廣寒宮	〇七六四	憂國如飢渴論	〇二六九
遮蓋了	一二六二	遼史	
遮截架解	一〇四四	〇〇七七	一〇七八
齊記補	〇二〇〇	遼東行部誌	〇二〇二
精要宣明論	〇二八一	遼禮儀志	〇一七七
鄭子聃詩文	〇四六九	鬧八妆	〇九二四
鄭子遇妖狐諸宮調	〇六三一	鬧元宵	〇八六八
漢武中興賦	〇五九七	鬧文林	〇八〇五
漢隸分韻	〇〇六八	鬧平康	〇七九九
滿朝歡	〇八一七	鬧巡鋪	〇七九三
漆園集	〇五二四	鬧芙蓉城	〇八二〇
漸悟集	〇四四七	鬧夾棒六么	〇九〇三

鬧酒店	〇七五〇	劉盼盼	〇八五三
鬧浴堂	〇七四二	劉豫集	〇四六六
鬧棒法曲	〇九〇四	請生打納	一一七七
鬧結親	〇七六五	請車兒	一〇七七
鬧棚闌	〇八〇三	諸宮調	一二〇四
鬧旗亭	〇七四七	諸真內丹集要	〇四四一
鬧學堂	〇七四一	諸書辨惑	〇三九一
賞花燈	〇六六〇	諸禮記錄	〇一七五
瞎腳	一三三五	論方	〇二七七
噴水胡僧	〇九二八	論句兒	一〇七九
數酒	一二五九	論秋蟬	〇八五二
遺山先生文集	〇五五〇	論道編	〇二五九
遺山集補遺	〇五五三	論語小義	〇〇三六
遺山詩集	〇五五一	論語旁通	〇〇三三
遺山樂府	〇六二四	論語章旨	〇〇三五
遺山題跋	〇三八二	論語集義	〇〇三四
蝴蝶夢	〇七五四	論語謁食	〇九三二
蝗蟲艷	一一八六	論語辨惑	〇〇三二
罷筆賦	一三一八	調狗	一二四九
樂善老人傳	〇五六六	調笑令	一〇七三
衛王事迹	〇〇九二	調賊	一一〇六
盤蛇	一〇九八	調猿卦鋪	〇九四七
盤榛子	一〇四八	調猿香字纂	一〇〇二
盤驢	一二五五	調劉袞	一〇七六
滕王閣鬧八妝	〇九二三	調雙漸	〇七九一
魯李王	〇八八六	瘡瘍經驗全書	〇三四七
劉三	一二五七	慶七夕	〇八八七
劉千劉義	一〇六四	瑩禪師詩集	〇五七二
劉中文集	〇五〇六	潔古本草	〇三二二
劉知遠諸宮調	〇六二九	潔古老人醫學啓元	〇三二四
劉金帶	一一四八	潔古珍珠囊	〇三二六

潔古家珍	〇三二八	錯上墳	〇八四三
潔古雲岐鍼法	〇三二七	錯打了	一〇一四
窮相思	〇七八九	錯打千字文	〇九八一
憨郭郎	一〇一七	錯取兒	一〇一五
		錯寄書	一一五六
		錦溪集	〇五二三

十六劃

擂鼓孝經	〇九三七	錦機集	〇四〇五
燕王墓辯	〇二一二	鋸周朴	
蕭貢文集	〇五一一	〇八五六	一三四九
蕭開老人明秀集注	〇六一三	獨脚五郎	〇八四〇
賴布衫爨	一〇〇五	鴛鴦簡	〇八一五
醜奴兒	〇七三八	謁金門爨	一〇〇七
歷代登科記	〇一七八	謁食酸	〇七一〇
歷年係事記	〇一一五	諱老長壽仙	〇九一一
霖堂集	〇四八一	凝陽董真人遇仙記	〇四三〇
盧洵詩學	〇六一一	龍山集	〇四八七
縣道名	一二二六	龍角山記	〇二一一
鴨江行記	〇二〇五	龍南集	〇五二五
鴨江行部誌	〇二〇三	燒花新水	〇六四四
嘴苗兒	一〇三七	燒奏	一一一三
罵呂布	一一四二	燒香法曲	〇六四一
罵江南	一一五四	燒棗孤	〇六九九
還故里	一一四七	燈火名	一二二〇
還魂酸	〇七〇七	澹軒遺稿	〇五〇九
積年雜說	〇三六八	壁書叢削	〇三九七
興亡全鏡錄	〇二二三	縛食	一一七九
學之急	〇二六六		
學易記	〇〇〇三	## 十七劃	
學像生	一〇八九	藏府標本藥式	〇三二九
儒門事親	〇三〇〇	藏闔會	〇七六一
錯入內	〇六六一	擊梧桐	〇八六〇

龜鏡萬年錄	〇二一九	轉花枝	一一一四
龜鑑	〇一四一	醫五方	〇八四四
鍼經指南	〇三一五	醫作媒	〇八〇九
講心字爨	〇九九七	醫學啓元	〇三一〇
講百花爨	〇九九四	醫學發明	〇三三九
講百果爨	〇九九三	豐稔太平	〇九七三
講百禽爨	〇九九六	叢辨	〇三八五
講來年好	〇九八四	矇啞	一一〇三
講道德經	〇九八七	矇啞質庫	〇八二八
講聖州序	〇九八五	蟠桃會	〇七五九
講蒙求爨	〇九九五	雙女奪夫諸宮調	〇六三三
講樂章序	〇九八六	雙女賴飯	〇九六九
謝天地	一一七五	雙打梨花院	〇六八六
謝神天	〇八二五	雙防送	〇八六三
襄陽府	一二一一	雙判孤	〇六九六
襄陽會	一一二一	雙捉婿	〇八〇七
應制集	〇五八〇	雙鬥醫	〇八二一
療丁賦	一二八二	雙揲紙爨	一〇〇六
禮例纂	〇一七二	雙揭榜	〇八二七
禮纂	〇一七三	雙雁兒	一〇二九
彌陀偈	〇四五七	雙福神	〇八二九
牆外道	〇六六九	雙漸趕蘇卿諸宮調	〇六三六
牆頭馬	〇八五四	雙聲叠韻	〇九四四
嫻嫻噴	一〇八五	雙藥盤街	〇八〇四
總格	〇一八二	歸塞北	一一二九
		歸潛志	〇一二四
十八劃		雞肋集	〇五八八
鞭塞	一二〇一	雞鴨兒	〇七三三
鞭敲金鐙	一一二三	謬誤雜辨	〇三九五
藥性賦	〇三三五	雜辨	〇三九四
蘑菇菜	一二五二	離峰老人集	〇五四三

斷三行	○六八四	**二十一劃**	
斷上皇	○六六四	歡呼萬里	○九一二
斷朱溫釁	○九九一	歡會旗	一○六五
		霸王草	一○八○
十九劃		鐵器名	一二二二
壞食店	○七四九	鐺鍋釜甕	一○三四
壞道場	○八三九	癩將軍	○七八二
壞粥店	○七五一	鶯哥貓兒	一○二○
難古典	一○八一	續古今考	○三九六
難經注	○三二三	續列仙傳	○四二四
蘆子語	一一一八	續夷堅志	○四○八
蘇武和番	○九六五	續金石遺文跋尾	○二一五
羅打	一一一○	續屏山杜氏春秋遺說	○○三○
龐方溫道德經	○八九六	續資治通鑑	○一一四
韻類節事	○二二八	續歐陽文忠公集錄金石遺文	
羹湯六么	○九六六		○二一四
		續編祖庭廣記	○一四九
二十劃		纏三旦	○七一七
攖寧集	○四九八		
蘭昌宮	○七六三	**二十二劃**	
蘭泉集	○五一四	蘁菜名	一二二五
蘭室秘藏	○三三二	體玄真人顯異錄	○四三一
懸象賦	○三五四		
懸頭梁上	一三五一	**二十三劃**	
鐘鼎集韻	○○六七	顯宗實錄	○○九一
釋氏新聞	○四五九	變二郎釁	○九九二
議論辨惑	○三九二	變柳七釁	○九九八
競花枝	○七八四	變貓	一三三○
競尋芳	○六八五	變龍千字文	○九七九
競敲門	○七七五	戀鰲山	○六五六

二十四劃

鷹鷉鷗鶻　　　　　　一二四七

二十五劃

蠻子艷　　　　　　　一一九二

二十六劃

驢城白守　　　　　　一〇九二
驢軸不了　　　　　　一一二二

卷十二　著者索引

高志彬原編　李兵重編

二劃
又玄子　　　　　〇四二七

三劃
兀欽仄　　　　　〇三七四

四劃
王天鐸
王元節　　　　　〇五七五
王文郁　　　　　〇〇六六
王世賞　　　　　〇五三〇
王吉昌　　　　　〇四三二
王成棣　　　　　〇一三二
王若虛
　〇〇一六　　　〇〇三二
　〇〇四六　　　〇〇四七
　〇〇五五　　　〇〇七一
　〇〇七五　　　〇〇九〇
　〇〇九三　　　〇二二一
　〇二二二　　　〇三九〇
　〇三九一　　　〇三九二
　〇三九三　　　〇三九四
　〇三九五　　　〇四九一
　〇四九二　　　〇六〇八
王朋壽　　　　　〇四〇三
王庭筠

〇三八〇　　　〇三八一
〇三八五　　　〇四八八
〇五八四
王處一
　〇二一〇　　　〇四二〇
　〇四二一
王敏夫　　　　　〇五三三
王寂
　〇一一九　　　〇二〇二
　〇二〇三　　　〇五〇五
　〇六一九
王宷　　　　　　〇五六九
王琢　　　　　　〇五一七
　〇二二七
　〇六〇一
王喆
　〇四〇九　　　〇四一〇
　〇四一一　　　〇四一二
　〇四一三　　　〇五四一
王磐　　　　　　〇一三九
王頤中　　　　　〇四一九
王翼
　〇三四九　　　〇三五〇
　〇三五一　　　〇三六九
　〇五六三　　　〇六一八
王礎　　　　　　〇五〇四

王繪		史肅	○五○九
○一二○	○四六一	白君舉	○五三八
王鶚		白賁	○○五二
○○三四	○一三五	白雲子	○五六○
王鬱		白樸	○六二五
○一五五	○五八一	白寶瑩	○五七二
元好問		玄全子	
○一二六	○一二七	○四四○	○四四一
○一五一	○一五二	玄虛子	○五五七
○一六一	○二二六		
○三四八	○三七○	**六劃**	
○三八二	○三八四	邢安國	○五九○
○三九六	○四○五	成無己	
○四○八	○四六二	○二七五	○二七六
○四六三	○五五○	○二七七	
○五五一	○五五二	呂子羽	○一五八
○五五三	○六○二	呂中孚	○五一八
○六○三	○六一二	呂貞幹	○二○四
○六二四	○六二六	呂造子	○○一五
元德明	○五三五	呂豫	○○○四
木庵	○五四九	朱之才	○四八一
毛麾	○五一五	朱瀾	○五一六
尹志平		任詢	○五○一
○四四四	○五五九	宇文虛中	
孔元措	○一五○	○○二七	○四七二
孔瓌	○一四九	宇文懋昭	○一○九
允成	○五六六		
		七劃	
五劃		杜佺	○五二三
可恭	○一三三	杜瑛	
田秀實	○五六八	○○二一	○○二三
史公奕		○○三三	○○五一
○○九五	○五一○	○二五五	○二五六
史旭	○五○三	○二五七	

李大諒	〇一一六	李餘慶	〇二〇〇
李千乘	〇四三八	李慶嗣	
李之翰	〇五二四	〇三〇六	〇三〇七
李天民	〇一一七	〇三〇八	〇三〇九
李世弼	〇一七九	〇三一〇	
李仲略	〇五七一	李霖	〇二三三
李汾	〇五八五	李獻甫	〇五三四
李杲		吳廷秀	〇二二五
〇三三一	〇三三二	吳激	
〇三三三	〇三三四	〇四七三	〇四七四
〇三三五	〇三三六	〇六二一	
〇三三七	〇三三八	利鑾孫	〇〇二二
〇三三九	〇三四〇	何宏中	
〇三四一	〇三四二	〇五九一	〇五九二
〇三四三	〇三四四	何若愚	
李治		〇三一二	〇三一三
〇三七一	〇三七二	完顏匡	
〇三九七	〇三九八	〇〇八八	〇〇九一
〇三九九		完顏守貞	〇〇八一
李俊民		完顏㚖迭	〇一二八
〇一五三	〇五三六	完顏希尹	〇〇五八
〇六二〇		完顏勗	
李祐之	〇一九〇	〇〇八二	〇〇八三
李純甫		〇〇九九	〇一四六
〇〇二九	〇〇四一	〇五六五	〇五九九
〇一五六	〇一五七	完顏綱	〇四〇二
〇二三〇	〇二四〇	宋元吉	〇四〇二
〇二六一	〇三八九	阿離合懣	〇一四三
〇四〇七	〇四四九		
〇四五〇	〇四五一	**八劃**	
〇四五二	〇四五三	武亢	〇三六〇
〇四八九		耶律履	
李愈	〇五七七	〇三六五	〇三六六
李演	〇四五五	〇四六七	〇六二二

苗秀實	○三八三	姚孝錫	○五八八
范拱	○二一八	紇石烈良弼	
范墀	○六一○	○○八四	○○八七
岳熙載		紀天錫	○三一一
○三五六	○三五七		
○三五八	○三五九	**十劃**	
金世宗	○六○六	秦志安	○五四四
周昂	○四九四	秦略	○五二一
宗叙	○○七九	馬定國	
宗經	○五七八	○○二六	○○五四
孟宗獻		○三七九	○四七八
○四四八	○四七○	馬居易	○○六八
○六一六		馬鈺	
		○四一四	○四一五
九劃		○四一六	○四一七
封仲堅	○三五二	○四一八	○四一九
郝大通		○四四七	
○二五一	○四二五	馬餌	○二七一
○四二六	○五五六	袁從義	
郝侯	○四九九	○○○七	○二三七
段成己		○二四二	○三一八
○六○五	○六一四	晉氏	○四四三
段克己		党懷英	
○六○五	○六一五	○○六七	○四八二
侯大中	○五八七	○四八三	○六一七
侯氏	○四二九	畢履道	○三七六
侯善淵		晁會	○五二六
○二五○	○四三四	徒單公履	○一六○
○四三五	○四三六	徒單鎰	
○四三七		○○七二	○○七三
施宜生		○一四二	○二六六
○四八○	○五九八	○二六七	○四○一
祝簡		○五六七	○五九七
○○一九	○四七九	徐世隆	○一三九

徐次賓	○三七五	張天錫		○○六九	
高士談	○四七七	張元素			
高守元	○二三八	○三二一		○三二二	
高道寬	○四三九	○三二三		○三二四	
郭用中	○五二八	○三二五		○三二六	
郭伯英	○六○○	○三二七		○三二八	
郭長倩	○五二七	○三二九			
唐淳	○二四九	張公藥		○五○○	
陳大任		張氏		○○○九	
○○七八	○一七七	張邦彥		○五七四	
陳文中	○三一九	張行簡			
陳規		○一三七		○一六三	
○一○六	○二六三	○一六四		○一六五	
孫不二		○一六六		○一七二	
○四四五	○四四六	○一七六		○三六四	
孫鎮		○三七三		○四七一	
○一七八	○四六四	張汝芳		○三八○	
桑之維	○五三一	張守愚		○二七○	
		張克忠			
十一劃		○○五○		○○五六	
		張建		○五一四	
曹之謙	○五四○	張居中		○三七八	
曹望之	○五六四	張珍		○一九六	
曹鈺	○五七六	張庭玉		○五三二	
常彥修	○四○四	張珣		○四五四	
移剌愷	○一九一	張特立			
許古	○一○五	○○○八		○一一五	
許安仁	○三八六	張師顏		○一一八	
許悅	○五八六	張浩		○一九八	
麻革	○五三九	張從正			
商衡	○六三六	○二九六		○二九七	
梁氏	○五九三	○二九八		○二九九	
梁有修	○四二四	○三○○		○三○一	
梁襄	○一○三	○三○二		○三○三	
寇才質	○二三二	○三○四		○三○五	

張斛	〇四七五	馮延登	
張琚	〇五二二	〇〇〇三	〇五一二
張棣	〇一〇七	温迪罕締達宗璧阿魯	
張匯	〇一一〇	〇〇五〇	〇〇五六
張暐		禄昭聞	〇四三〇
〇一七三	〇一七五		
張鉉	〇五七三	**十三劃**	
張澄	〇五二九	楊用道	〇二七八
張謙	〇三七七	楊邦基	〇〇八〇
張翼	〇三五三	楊廷秀	
		〇〇九四	〇五五五
十二劃		楊伯雄	〇二二四
		楊叔能	〇五六二
萬松老人		楊圃祥	〇四〇六
〇四五八	〇四五九	楊雲翼	
〇四六〇	〇五四七	〇〇一二	〇〇二〇
〇五四八		〇〇二八	〇一一四
董守志	〇四四二	〇一七一	〇二一九
董師中	〇四六八	〇二二〇	〇二四三
董國華	〇二五九	〇三五四	〇三五五
董解元	〇六三八	〇三六七	〇三六八
敬鉉		〇五七九	
〇〇二四	〇〇二五	楊興宗	〇五二五
敬儼		楊鵬	〇五三七
〇〇三〇	〇一〇四	雷思	〇〇〇二
閆咏	〇五八二	虞仲文	〇五八三
景覃	〇五一九	路鐸	
單渢	〇〇〇六	〇二六八	〇五〇七
喬宇	〇四〇二		
傅慎微	〇二二三	**十四劃**	
馮子翼	〇五〇二	趙大中	〇三三〇

趙元	○五一三	齊伯顔	○一九二
趙可		鄭子聃	
○四九六	○五九四	○○八五	○○八六
趙抱淵		○二六九	○四六九
○四二八	○五四六	○五九五	○五九六
趙知微	○三六二	鄭昌時	
趙秉文		○一六二	○二二八
○○○一	○○一八	○四○○	
○○三一	○○三七		
○○四○	○○四四	**十五劃**	
○○八九	○一一四	黎立武	
○一二五	○一四一	○○三八	○○三九
○一八八	○二一七	○○四二	○○四三
○二一九	○二二○	滕秀穎	○一三六
○二二九	○二三六	劉中	○五○六
○二四一	○二四四	劉因	
○二四六	○二五二	○○一三	○○四八
○三二○	○四八四	○四九	○二六二
○四八五	○六○四	○二六五	○二七九
○六○七		○二八○	○二八一
趙渢	○四九五	○二八二	○二八三
蔡松年		○二八四	○二八五
○四七六	○六一三	○二八六	○二八七
蔡珪		○二八八	○二八九
○○七四	○一九九	○二九○	○二九一
○二○九	○二一二	○二九二	○二九三
○二一四	○二一五	○二九四	○二九五
○二一六	○四八六	劉仲尹	○四八七
斡道冲		劉汲	○四九七
○○一四	○○三六	劉祁	
熙宗	○○五九	○一二四	○二六四

	〇五五四	盧洵	〇六一一
劉志淵	〇五五八	閻長言	
劉迎	〇四九〇	〇二〇五	〇三八八
劉迹	〇五七〇	閻明廣	〇三一四

十七劃

劉炳	〇一四〇	韓玉	
劉莊孫	〇〇三五	〇一五四	〇五八〇
劉通微	〇四三三	〇六二三	
劉處玄		韓孝彥	〇〇六三
〇二三四	〇二四八	韓道昭	
〇四二二	〇四二三	〇〇六四	〇〇六五
〇五六一		魏道明	〇六〇九
劉從益	〇四九三		
劉章	〇〇四五	## 十八劃	
劉豫	〇四六六		
劉瞻	〇四九八	璹仲寶	〇四六五
劉鐸	〇五二〇	離峰老人	〇五四三
潘希孟		## 十九劃	
〇一〇〇	〇一〇一	譚處端	〇五四二

十六劃

二十劃

薛元	〇〇一〇	釋圓機	〇四五七
薛玄		竇傑	
〇二五四	〇二六〇	〇三一五	〇三一六
蕭永祺	〇〇七七	〇三一七	
蕭貢		竇默	
〇〇七〇	〇一〇二	〇三四五	〇三四六
〇一四七	〇三八七	〇三四七	
〇五一一			
蕭頤	〇一八五	## 二十一劃	
蕭顯之	〇二〇一	酈權	〇五〇八